Economia Para leigos

As pessoas precisam fazer escolhas por causa da *escassez*, o fato de não haver recursos suficientes para satisfazer seus desejos. A *economia* estuda como as pessoas alocam recursos entre usos alternativos. A macroeconomia estuda a economia nacional, e a microeconomia estuda o comportamento de pessoas e empresas individualmente. Os economistas supõem que as pessoas trabalham para maximizar sua *utilidade*, ou felicidade, enquanto as empresas agem para maximizar seus lucros.

ANALISANDO AS QUATRO ESTRUTURAS BÁSICAS DE MERCADO

Uma indústria consiste em todas as empresas que fabricam produtos semelhantes ou idênticos. A estrutura de mercado de uma indústria depende do número de empresas do setor e de como elas concorrem entre si. Aqui estão as quatro estruturas básicas de mercado:

- **A concorrência perfeita acontece quando muitas empresas pequenas, que fabricam produtos semelhantes,competem entre si. As empresas oferecem níveis socialmente mais eficientes de produção ao menor custo possível por unidade.**

- **Um monopólio é uma empresa que não possui concorrentes. Ela reduz a produção para elevar os preços e aumentar seus lucros. Fazendo assim, oferece um nível de produção socialmente menos eficiente a custos bem mais elevados do que as empresas competitivas.**

- **Um oligopólio é um ramo de negócio com poucas empresas. O conluio entre elas reduz a produção e eleva os lucros, do mesmo modo como faz o monopólio. Entretanto, devido a fortes incentivos para trapacear nesses acordos, as empresas em oligopólio frequentemente terminam competindo umas com as outras.**

- **A concorrência monopolística ocorre quando uma indústria reúne muitas empresas concorrentes, cada qual com um produto semelhante, mas ao menos ligeiramente diferente. Por exemplo, todos os restaurantes servem comida, mas de tipos diferentes e em diferentes locais. Os custos de produção estão acima do que poderia ser atingido se todas as empresas vendessem produtos idênticos, mas os consumidores se beneficiam da variedade.**

CB018743

ENCONTRANDO PREÇO E QUANTIDADE DE EQUILÍBRIO

Compradores e vendedores interagem em mercados. O *equilíbrio de mercado* ocorre quando o desejo dos compradores e vendedores está perfeitamente alinhado de modo que nenhum grupo tem motivo para mudar o comportamento. O preço de equilíbrio de mercado, p^*, e a quantidade de equilíbrio, q^*, são determinados por onde a curva de demanda dos compradores, D, cruza a curva de oferta dos vendedores, S. A esse preço, a quantidade demandada pelos compradores se iguala à quantidade oferecida pelos vendedores.

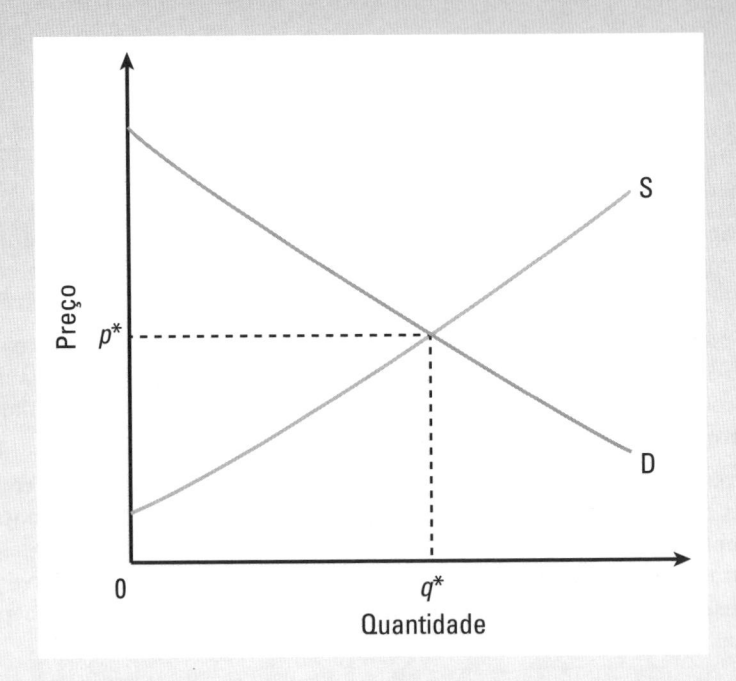

Na ausência de *externalidades* (custos ou benefícios que recaem sobre as pessoas não diretamente envolvidas na atividade), a quantidade de equilíbrio do mercado, q^*, é também o nível de produção socialmente mais adequado. Para cada unidade de 0 até q^*, a curva de demanda está acima da curva de oferta, o que significa que as pessoas estão dispostas a pagar mais para comprar aquelas unidades do que elas custam para ser produzidas. Há ganhos de produção e de consumo sobre aquelas unidades.

Economia

Para leigos

Economia

Para leigos

Tradução da 3ª Edição

Sean Masaki Flynn

ALTA BOOKS
EDITORA
Rio de Janeiro, 2019

Produção Editorial	Produtor Editorial	Marketing Editorial	Vendas Atacado e Varejo	Ouvidoria
Editora Alta Books	Thiê Alves	marketing@altabooks.com.br	Daniele Fonseca	ouvidoria@altabooks.com.br
Gerência Editorial		**Editor de Aquisição**	Viviane Paiva	
Anderson Vieira		José Rugeri	comercial@altabooks.com.br	
		j.rugeri@altabooks.com.br		

Equipe Editorial	Adriano Barros	Juliana de Oliveira	Larissa Lima	Paulo Gomes
	Bianca Teodoro	Kelry Oliveira	Leandro Lacerda	Thales Silva
	Ian Verçosa	Keyciane Botelho	Maria de Lourdes Borges	Thauan Gomes
	Illysabelle Trajano			

Tradução	Copi c/ Tradução	Revisão Gramatical	Revisão Técnica	Diagramação
Alexandre Callari	Wendy Campos	Hellen Suzuki	Elizete Lemos	Lucia Quaresma
		Jana Araujo	Pós-graduada em Política Econômica e Finanças nas Empresas pela FUMEC – MG	

Erratas e arquivos de apoio: No site da editora relatamos, com a devida correção, qualquer erro encontrado em nossos livros, bem como disponibilizamos arquivos de apoio se aplicáveis à obra em questão.

Acesse o site www.altabooks.com.br e procure pelo título do livro desejado para ter acesso às erratas, aos arquivos de apoio e/ou a outros conteúdos aplicáveis à obra.

Suporte Técnico: A obra é comercializada na forma em que está, sem direito a suporte técnico ou orientação pessoal/exclusiva ao leitor.

A editora não se responsabiliza pela manutenção, atualização e idioma dos sites referidos pelos autores nesta obra.

Dados Internacionais de Catalogação na Publicação (CIP) de acordo com ISBD

F648e   Flynn, Sean Masaki

Economia Para Leigos / Sean Masaki Flynn ; traduzido por Alexandre Callari. - Rio de Janeiro : Alta Books, 2019.
432 p. : il. ; 17cm x 24cm. – (Para Leigos)

Tradução de: Economics For Dummies
Inclui índice e anexo.
ISBN: 978-85-508-1105-5

1. Economia. I. Callari, Alexandre. II. Título. III. Série.

	CDD 330
2019-1069	CDU 33

Elaborado por Vagner Rodolfo da Silva - CRB-8/9410

Rua Viúva Cláudio, 291 — Bairro Industrial do Jacaré
CEP: 20.970-031 — Rio de Janeiro (RJ)
Tels.: (21) 3278-8069 / 3278-8419
www.altabooks.com.br — altabooks@altabooks.com.br
www.facebook.com/altabooks — www.instagram.com/altabooks

ASSOCIADO

Sobre o Autor

Sean Masaki Flynn é professor adjunto de economia na Scripps College, em Claremont, Califórnia.

Comentarista habitual no rádio e na televisão, Sean é bacharel em economia pela Universidade do Sul da Califórnia e doutor em economia pela Universidade da Califórnia, Berkeley, onde concluiu sua tese sob a supervisão do Prêmio Nobel George Akerlof.

Como um dos principais educadores de economia nos EUA, Sean é coautor, juntamente com Campbell McConnell e Stanley Brue, do best-seller *Economics: Principles, Problems, and Policies* (McGraw-Hill) usado em faculdades de economia no mundo todo. A popularidade do livro é tal que ele também é o livro universitário mais vendido entre todos os temas.

Sua pesquisa se concentra no comportamento frequentemente enigmático e irracional dos investidores da bolsa de valores, mas ele também investiga temas cujo alcance é tão amplo quanto os fatores que afetam o comportamento dos consumidores ao dar gorjeta em restaurantes e por que só há funcionários sindicalizados em determinados segmentos de negócios.

Seu foco recente tem se dirigido à incorporação de soluções econômicas comprovadas diretamente à lei.

Dedicatória

Para minha mãe, tenente-comandante Mikiko Flynn, que me mostrou diretamente o quanto um imigrante pode realizar quando ele se muda para um país como o nosso, que adota educação, trabalho duro e políticas econômicas sensatas que beneficiam a todos. Mãe, eu amo você.

Agradecimentos do Autor

Eu gostaria de agradecer aos muitos ótimos economistas que conseguiram colocar coisas na minha cabeça, apesar de ela ser muito dura.

Entre meus professores, não posso deixar de agradecer à Caroline Betts, Tim Cason, Richard Ciccetti, Michael DePrano, Richard Easterlin, Robert Kalaba, Timur Kuran, Jeffrey Nugent e Morton Shapiro pelo excelente ensino que recebi como estudante de graduação na Universidade do Sul da Califórnia.

Tive igual privilégio na UC Berkeley, onde completei o doutorado sob orientação de verdadeiros gigantes intelectuais, incluindo George Akerlof, David Card, J. Bradford DeLong, Jan deVries, Barry Eichengreen, Richard Gilbert, Daniel McFadden, Maurey Obstfeld, Matthew Rabin, David Romer, Christina Romer e Janet Yellen. Foi especialmente divertido quando os professores McFadden e Akerlof venceram seus respectivos prêmios Nobel durante meus dois últimos anos na universidade.

Entretanto, meus amigos, estudantes de economia, muitas vezes fizeram mais que meus professores para me explicar o que eu não conseguia entender. E eles continuam a me ensinar até hoje. Então, um obrigado do fundo do coração para Corinne Alexander, Lorenzo Blanco, Mark Carlson, Carlos Dobkin, Tim Doede, Mike Enriquez, Fábio Ghironi, Petra Geraats, Aaron Green, Galina Hale, Alan Marco, Carolina Marquez, Marcelo Moreira, Petra Moser, Marc Muendler, Stefan Palmqvist, Doug Park, Raj Patel, Steve Puller, Desiree Schaan, Doug Schwalm, Mark Stehr, Sam Thompson, Carla Tully, Jeff Weinstein e Marta Wosinska.

Também quero agradecer aos meu antigos e atuais alunos na Faculdade Scripps, Faculdade Vassar College e UC Berkeley. Ter que responder às suas muitas perguntas inteligentes fizeram de mim um economista muito melhor.

Um grande muito obrigado à minha agente literária, Linda Roghaar, e ao meu velho amigo Mike Jones, por conseguirem para mim este trabalho. Eles ouviram Leigos e imediatamente pensaram em mim.

Lindsay Lefevere, Corbin Collins e toda a equipe de produção da Wiley também merecem muitos elogios. Todas as suas edições, sugestões e formatação acabaram criando um livro muito melhor do que eu jamais poderia ter feito sozinho.

Tenho ainda que agradecer profundamente ao Dr. Robert Harris, cujos comentários e sugestões tornaram este livro muito melhor do que eu teria feito.

Finalmente, meu profundos agradecimentos aos meus pais por sempre me obrigarem a fazer a lição de casa.

Sumário Resumido

Sumário

PARTE 4: MACROECONOMIA: A CIÊNCIA DO CRESCIMENTO ECONÔMICO E DA ESTABILIDADE 265

CAPÍTULO 18: Entendendo Origens e Efeitos de Crises Financeiras

PARTE 5: A PARTE DOS DEZ

CAPÍTULO 19: Dez Falácias Sedutoras da Economia

Introdução

conomia é, acima de tudo, a luta da humanidade para alcançar a felicidade em um mundo cheio de restrições. Nunca há tempo ou dinheiro suficientes para fazer tudo o que as pessoas desejam. E coisas como curar o câncer ainda são impossíveis, porque as tecnologias necessárias ainda não foram desenvolvidas. Mas as pessoas são espertas. Elas mexem e inventam, refletem e inovam. Olham para o que possuem e para o que podem fazer, e tomam providência no sentido de se certificarem de que, se não podem ter tudo, terão pelo menos tanto quanto for possível.

A escolha é parte fundamental da vida cotidiana. A ciência que estuda *como* as pessoas escolhem — economia — é indispensável se você realmente deseja entender os seres humanos, tanto individualmente quanto membros de grandes organizações.

Escrevi este livro para que você possa entender economia com rapidez e facilidade pelo que ela é — uma ciência séria que estuda um assunto sério e que desenvolveu meios sérios para explicar o comportamento humano no bastante sério mundo real. A economia está presente em praticamente todas as coisas, assim, o ganho ao ler este livro é enorme. Você vai entender muito mais sobre pessoas, governos, relações internacionais, negócios e até questões ambientais.

Sobre Este Livro

O historiador escocês Thomas Carlyle chamou a economia de a "ciência sombria", mas vou me esforçar para que você não concorde com ele. Organizei este livro para tentar que você assimile o máximo de economia do jeito mais rápido e fácil possível. Também me esforcei para torná-lo leve e divertido.

Ao ler este livro, você encontrará as mais importantes teorias econômicas, hipóteses e descobertas, sem milhares de detalhes obscuros, exemplos obsoletos ou "provas" matemáticas complexas. Entre os tópicos abordados estão:

» Como o governo combate a recessão e o desemprego.

» Como e por que o comércio internacional é bom para as pessoas e nações.

» Por que direitos de propriedade mal concebidos são responsáveis pelos problemas ambientais, como aquecimento global, poluição e extinção de espécies.

» Como o lucro guia as empresas a produzir os bens e serviços que fazem parte de nosso dia a dia.

- **»** Como incentivos econômicos afetam custos, preços e eficiência da saúde.

- **»** Por que empresas competitivas são, quase sempre, melhores para a sociedade do que os monopólios.

- **»** Como o Federal Reserve [Banco Central dos EUA] controla, ao mesmo tempo, a oferta de moeda, as taxas de juros e a inflação.

- **»** Por que as políticas governamentais, como o controle de preços e os subsídios, geralmente causam muito mais mal do que bem.

- **»** Como o simples modelo de oferta e procura pode explicar os preços de tudo, de histórias em quadrinhos a cirurgias cardiovasculares.

Você pode ler os capítulos em qualquer ordem e pode pular imediatamente para o assunto que precisa saber, sem ter que ler uma porção de coisas pelas quais não se interessa.

Economistas gostam de competição, assim, não se surpreenda por existirem muitos pontos de vista e paradigmas antagônicos. De fato, somente por meio de debates vigorosos e uma cuidadosa revisão das evidências é que a profissão aprimora sua compreensão de como o mundo funciona. Este livro contém ideias e conceitos fundamentais que os economistas concordam serem verdadeiros e importantes — tento me afastar de modismos ou ideias que geram muito conflito. (Se você quiser saber de minhas opiniões e teorias preferidas, terá que me pagar uma bebida.)

Nota: A economia está repleta de duas coisas que talvez não ache muito atraentes: jargões e álgebra. Para reduzir a confusão, sempre que introduzo um termo novo, eu o coloco em *itálico* e logo em seguida apresento uma definição de fácil compreensão. Além disso, sempre que trago álgebra para a discussão, uso o útil *itálico* de novo para que você saiba que estou me referindo a uma variável matemática. Por exemplo, *I* é abreviação de investimento, e você poderá ver uma frase como: Eu acho que o *I* é alto demais.

Tentamos manter um mínimo de equações, mas às vezes elas realmente ajudam a esclarecer os fatos. Em casos assim, às vezes tenho que usar várias equações, uma após a outra. Para evitar confusão sobre à qual delas estou me referindo em determinado momento, dou a cada uma um número que será colocado entre parênteses. Por exemplo:

(1) $E = mc^2$

(2) $MTV = ESPN + CNN^2$

Penso que...

Escrevi este livro pensando algumas coisas a seu respeito:

- » Você é inteligente, sério e interessado em como o mundo funciona.

- » Você é estudante do ensino médio ou universitário tentando complementar o que está aprendendo em aula, ou é um cidadão do mundo que percebeu que um bom fundamento em economia o ajudará a entender todas as coisas, desde negócios e política até questões sociais, como pobreza e degradação ambiental.

- » Você quer aprender sobre economia, mas também é muito ocupado e tem uma vida cheia. Consequentemente, embora queira os fatos cruciais, não quer ter que ler um monte de detalhes para encontrá-los.

- » Você não se intimida totalmente por números, fatos e figuras. De fato, você lhes dá boas-vindas, porque gosta de ter as coisas provadas, em vez de aceitar cegamente o que algum idiota com título de doutor diz.

- » Você gosta de aprender *por que* e também *o quê.* Ou seja, quer saber por que as coisas acontecem e como elas funcionam, em vez de apenas memorizar factoides.

Ícones Usados Neste Livro

Para tornar este livro mais fácil de ler e simples de ser usado, incluímos alguns ícones que podem ajudá-lo a encontrar e sondar ideias e informações centrais.

LEMBRE-SE

Este ícone o alerta de que estamos explicando um fato ou conceito realmente fundamental da economia. Isso economiza seu esforço e tempo de marcar com uma canetinha todos os pontos importantes do livro.

PAPO DE ESPECIALISTA

Este ícone lhe diz que as ideias e informações que o acompanham são um pouco mais técnicas ou matemáticas do que em outras seções do livro. Essas informações podem ser interessantes e esclarecedoras, mas eu elaborei o livro para que você não precise entendê-las para assimilar o panorama geral sobre o que está ocorrendo. Fique à vontade para pular essas partes.

DICA

Este ícone mostra poupadores de tempo e energia. Eu o coloco junto a sugestões do que fazer ou pensar sobre fatos que podem poupar seu esforço.

CUIDADO

Este ícone discute quaisquer áreas complicadas na economia que você precisa conhecer. Fique de olho nele para notar possíveis dificuldades.

Além Deste Livro

Para ver a Folha de Cola deste livro, basta ir para `www.altabooks.com.br`; procure pelo nome/ISBN do livro para um guia de referência útil que responde a perguntas comuns sobre economia.

De Lá para Cá, Daqui para Lá

Este livro foi criado de forma que você possa abri-lo em qualquer seção e entender o que está lendo. O livro também está dividido em partes independentes para que você possa, por exemplo, ler tudo sobre microeconomia sem precisar ler nada a respeito de macroeconomia. E o sumário e o índice podem ajudá-lo a encontrar facilmente os tópicos específicos. Mas, se não souber por onde começar, faça a coisa mais fora de moda possível e comece do começo.

1

Economia: A Ciência de Como as Pessoas Lidam com a Escassez

Capítulo **1**

O que É Economia e por que Devemos Nos Importar

conomia é a ciência que estuda como as pessoas e as sociedades tomam decisões que lhes permitam obter o máximo de proveito dos escassos recursos de que dispõem. E pelo fato de que cada país, cada empresa e cada pessoa têm que lidar com restrições e limitações, a economia está, literalmente, em todo lugar. Por exemplo, você poderia estar fazendo alguma outra coisa agora em vez de ler este livro: se exercitando, assistindo a um filme ou conversando com um amigo. A única razão para você estar lendo este livro é que ele é a melhor opção para o seu tempo extremamente limitado. Da mesma maneira, você espera que o papel e a tinta gastos na composição deste livro tenham sido usados da melhor forma e que todo o dinheiro arrecadado com impostos por seu governo esteja sendo usado da melhor maneira.

A economia chega ao cerne dessas questões, analisando o comportamento individual e empresarial, assim como instituições sociais e políticas, para entender quão bem eles desempenham a tarefa de converter os limitados recursos da humanidade em bens e serviços que melhor satisfaçam as necessidades e os desejos humanos.

Estudando um Pouco de História da Economia

Para compreender melhor a situação econômica de hoje e que tipo de mudanças políticas e institucionais podem promover maiores avanços, você precisa olhar para trás na história econômica para entender como a humanidade chegou à sua situação atual. Fique conosco: tornaremos essa breve apresentação o menos dolorosa possível.

Ponderando o quanto a vida costumava ser desagradável, brutal e curta

Por muito tempo na história humana, as pessoas não conseguiam extrair muito de seus limitados recursos. Os padrões de vida eram muito baixos e as pessoas eram pobres, com vidas curtas e bastante dolorosas. Considere os seguintes fatos, que mudaram somente há poucos séculos:

>> A expectativa de vida ao nascer era de cerca de 25 anos.

>> Mais de 30% dos recém-nascidos não chegavam ao seu quinto aniversário.

>> Uma mulher tinha 10% de chance de morrer durante o parto.

>> A maioria das pessoas tinha experiência pessoal com doenças terríveis e/ou inanição.

>> O padrão de vida de uma geração não era melhor do que o da geração anterior. Exceto pelos nobres, todas as pessoas viviam em ou próximas a um nível de mera subsistência, século após século.

Entretanto, nos últimos 250 anos, tudo mudou. Um processo de rápida inovação levou à invenção ou exploração da eletricidade, motores, máquinas complicadas, computadores, rádio, televisão, biotecnologia, agricultura científica, antibióticos, aviação e uma série de outras tecnologias. Cada um desses itens capacitou a humanidade a fazer muito mais com as quantidades limitadas de ar, água, solo e mar disponíveis no planeta Terra. O resultado foi uma explosão nos padrões de vida, com expectativa de vida ao nascer superior a 70 anos em todo o mundo e muitas pessoas capazes de proverem melhor habitação, vestuário e alimentos do que se poderia imaginar há algumas centenas de anos.

Naturalmente, nem tudo é perfeito. A opressão da pobreza é real para uma grande parte do mundo, e mesmo as nações mais ricas precisam lidar com urgentes problemas econômicos, como desemprego e como fazer a transição dos empregados de indústrias em declínio para outras em crescimento. Mas a verdade é que o mundo moderno é um lugar muito mais rico do que foi anteriormente, e a maioria das nações agora apresenta crescimento econômico sustentável, o que significa que o padrão de vida melhora ano após ano.

Identificando instituições que melhoram o padrão de vida

A razão óbvia para a elevação dos padrões de vida, que continuam a subir, é que a humanidade descobriu recentemente diversas novas tecnologias e continua inventando cada vez mais. Mas, se você se aprofundar um pouco mais, deve perguntar-se por que uma sociedade tecnologicamente inovadora não aconteceu antes.

Os gregos antigos inventaram um motor a vapor simples e a máquina de venda automática que funcionava com moedas. Eles até desenvolveram a ideia básica dos computadores programáveis. Mas nunca chegaram perto de ter uma revolução industrial e entrar no caminho do desenvolvimento econômico sustentável.

E, embora todas as sociedades sempre tenham tido pessoas realmente inteligentes, foi somente no final do século XVIII, na Inglaterra, que a Revolução Industrial realmente começou e as condições de vida em muitas nações melhoraram substancialmente e de forma consistente ano após ano.

LEMBRE-SE

Portanto, quais fatores combinados aceleraram tão radicalmente o crescimento da economia no final do século XVIII? A resposta é que as seguintes instituições estavam presentes:

>> **Democracia:** Como as pessoas comuns excediam os nobres em número, a chegada da democracia significou que, pela primeira vez, os governos refletiam os interesses da sociedade em geral. Um resultado importante disso foi a criação de políticas de governo que favoreciam mercadores e fabricantes, e não a nobreza.

>> **A empresa de sociedade limitada:** Sob essa estrutura empresarial, os investidores poderiam perder somente o montante de seus investimentos e não serem responsabilizados por eventuais dívidas que a empresa não pudesse pagar. A responsabilidade limitada reduziu grandemente os riscos de investimentos em negócios e, consequentemente, levou a investir muito mais.

>> **Direitos de patente para proteger os inventores:** Antes das patentes, os inventores viam suas ideias serem roubadas antes que pudessem ganhar algum dinheiro. Ao garantir aos inventores o direito exclusivo para comercializar e vender suas invenções, as patentes deram um incentivo financeiro para a produção de muitas invenções. De fato, depois que as patentes passaram a

existir, o mundo viu seus primeiros inventores de tempo integral — pessoas que ganhavam a vida inventando coisas.

» **Expansão da alfabetização e educação:** Sem inventores com educação de alto nível, as novas tecnologias não seriam inventadas. E, sem uma força de trabalho qualificada, não haveria produção em massa. Consequentemente, a decisão tomada por várias nações de tornar obrigatória a educação primária e secundária pavimentou o caminho para um crescimento econômico rápido e sustentável.

Instituições e políticas como essas nos proporcionaram um mundo de crescimento e oportunidades e uma abundância sem precedentes na história humana, tanto que um dos maiores problemas de saúde pública da atualidade, em muitos países, é a obesidade.

Olhando para o futuro

Para o futuro, o desafio é obter ainda mais do que as pessoas querem a partir dos limitados recursos do mundo. Esse desafio precisa ser enfrentado, pois problemas como mortalidade infantil, trabalho infantil, desnutrição, doenças endêmicas, analfabetismo e desemprego são aliviados por padrões de vida mais elevados e pelo aumento da capacidade de pagar por soluções.

Nesse sentido, é importante ressaltar que muitos problemas relacionados à pobreza podem ser resolvidos estendendo a nações mais carentes instituições que comprovadamente foram úteis para o aumento no padrão de vida de países ricos. Além disso, nações em desenvolvimento também podem aprender com os erros cometidos pelos países ricos quando estavam no processo de descobrir como aumentar seu padrão de vida — erros relativos à promoção do crescimento econômico sem causar muita poluição, extinção de numerosas espécies ou esgotamento generalizado de recursos.

DICA

Portanto, há duas excelentes razões inter-relacionadas para que você leia este livro e aprenda um pouco mais sobre economia:

» **Você descobrirá como as economias modernas funcionam.** Isso lhe dará não só compreensão do motivo de elas terem proporcionado um aumento nos padrões de vida, mas também onde precisam de melhorias.

» **Você adquirirá conhecimento dos principais fundamentos da economia, o que o tornará apto a julgar por si mesmo as propostas para a política econômica que políticos e outros promovem.** Após ler este livro, você será capaz de distinguir o joio do trigo.

Enquadrando a Economia Como a Ciência da Escassez

A *escassez* é um fenômeno fundamental e inevitável que cria uma necessidade para a ciência da economia. Praticamente não há tempo ou coisas suficientes para satisfazer todos os desejos, de modo que as pessoas precisam fazer escolhas difíceis sobre o que produzir e consumir para que, se não puderem ter tudo, pelo menos possam ter o melhor possível naquelas circunstâncias. Sem escassez de tempo, de recursos, de informação, de bens de consumo, de paz e boa vontade na Terra, os seres humanos não teriam falta de nada. O Capítulo 2 aborda a escassez mais profundamente e as trocas que ela obriga as pessoas a fazer.

Economistas analisam as decisões que as pessoas tomam sobre como maximizar a felicidade humana em um mundo de escassez. Esse processo está intimamente ligado a um fenômeno conhecido como *rendimentos decrescentes*, que descreve o triste fato de que cada quantidade adicional de um recurso colocado em um processo de produção gera quantidades sucessivamente menores de produto final.

Como a escassez, rendimentos decrescentes são inevitáveis, e no Capítulo 3 explico como as pessoas podem lidar com esse fenômeno de maneira inteligente, de modo a obterem o máximo de um conjunto de recursos limitados da humanidade.

Separando Microeconomia e Macroeconomia

O princípio organizacional principal que usamos neste livro é dividir economia em duas partes amplas: macroeconomia e microeconomia:

» A **microeconomia** se concentra em indivíduos e empresas. Ela explica como os indivíduos se comportam quando encaram decisões sobre onde gastar seu dinheiro ou como investir suas economias. Para os negócios, ela explica como empresas que maximizam os lucros se comportam individualmente e quando estão competindo com outras no mercado.

» A **macroeconomia** analisa a economia como um todo orgânico, concentrando-se em fatores como taxas de juros, inflação e desemprego. Ela também abrange o estudo do crescimento econômico e como os governos utilizam a política monetária e fiscal para tentar moderar os prejuízos causados pela recessão.

Há alguns princípios básicos inerentes à microeconomia e à macroeconomia, como a escassez e a diminuição de rendimentos. Consequentemente, passarei o restante da Parte I explicando esses fundamentos antes de mergulhar na microeconomia, nas Partes II e III, e na macroeconomia, na Parte IV. Antes, porém, esta seção oferece uma visão geral da microeconomia e da macroeconomia.

Ficando próximo e pessoal: Microeconomia

A microeconomia analisa os pormenores, estudando os agentes econômicos mais importantes: indivíduos e empresas. Esta seção se aprofunda no aspecto micro da economia, incluindo informações sobre oferta e procura, concorrência, direitos de propriedade, problemas com mercados e a economia da saúde.

Equilibrando oferta e procura

Na economia moderna, os indivíduos e empresas produzem e consomem tudo que é produzido. Oferta e procura determinam os preços e os níveis de produção em mercados competitivos. Os produtores determinam a oferta, os consumidores determinam a procura, e a interação de ambos no mercado determina o que é produzido e seu custo (veja detalhes no Capítulo 4).

Os indivíduos tomam decisões econômicas para obter a máxima satisfação dos seus parcos recursos. Eles o fazem avaliando antes quanta *utilidade,* ou satisfação, cada curso de ação lhes proporcionaria. Em seguida, comparam custos e benefícios para escolher o curso de ação que renderá a maior utilidade possível considerando seus recursos limitados. Essas decisões geram curvas de demanda que afetam níveis de preço e de produção nos mercados. Falo sobre as decisões e curvas de demanda no Capítulo 5.

De modo semelhante, as decisões de maximização dos lucros das empresas geram curvas de demanda que afetam os mercados. Cada empresa vai decidir o que e quanto produzir comparando custos e receitas. Uma unidade de produção só será produzida se ela aumentar o lucro do fabricante. Especificamente, uma empresa só produzirá uma unidade se o aumento na receita gerado por sua venda exceder o custo de produção da unidade. Esse comportamento sustenta a inclinação positiva das curvas de oferta e como elas afetam preços e níveis de produção nos mercados, como discuto no Capítulo 6.

Analisando por que a competição é tão grande

Você pode não se sentir entusiasmado e acalentado quanto às empresas que maximizam seus lucros, mas os economistas as adoram – contanto que elas estejam presas a indústrias competitivas. A razão é que empresas que são obrigadas a competir acabam por satisfazer duas maravilhosas condições:

> » Empresas competitivas são *alocativamente eficientes,* o que significa simplesmente que elas produzem bens e serviços que os consumidores desejam muito consumir.

> » Empresas competitivas são *produtivamente eficientes,* o que significa que elas produzem esses bens e serviços ao menor custo possível.

A eficiência alocativa e produtiva de empresas concorrentes são a base da famosa *mão invisível* de Adam Smith — a ideia de que quando forçada pela concorrência, a ganância de cada empresa acaba levando-a a agir de maneira socialmente ideal, como se orientada para fazer a coisa certa por meio de uma mão invisível. Discuto essa ideia e muitos outros benefícios da concorrência no Capítulo 7.

Examinando problemas causados por ausência de concorrência

Infelizmente, nem toda empresa tem concorrentes. E, quando isso acontece, as empresas frequentemente não agem de forma socialmente correta. O caso mais extremo é o *monopólio,* uma situação em que apenas uma empresa atua em determinado segmento – o que significa que ela não tem absolutamente nenhum concorrente. Os monopólios se comportam muito mal, restringem a produção para aumentar os preços e inflar os lucros. Essas ações, que prejudicam os consumidores, continuam de forma indefinida a menos que o governo intervenha.

O caso menos radical de ausência de concorrência é o oligopólio, uma situação em que há apenas um pequeno número de empresas em um determinado ramo. Em tais situações, as empresas podem promover acordos para não competirem umas com as outras, de forma a manter os preços elevados e obter maiores lucros. Entretanto, muitas vezes, essas firmas têm dificuldade em manter os acordos umas com as outras. Muitas vezes, esse fato significa que as empresas acabam concorrendo apesar de todos os esforços para que isso não aconteça. Consequentemente, a regulação do governo nem sempre é necessária. Leia mais sobre monopólios no Capítulo 8 e oligopólios no Capítulo 9.

Melhoria nos direitos de propriedade

Os mercados e a concorrência só podem ser chamados à responsabilidade para produzir resultados que beneficiem a sociedade se esta criar um bom sistema de direitos de propriedade. O *direito de propriedade* confere à pessoa autoridade exclusiva para determinar como um recurso produtivo pode ser usado. Assim, por exemplo, uma pessoa que tem o direito de propriedade (posse) sobre um lote de terra pode determinar se ele vai ser usado para cultivo, como parque de diversões ou reserva natural. Todas as questões de poluição, bem como todos os casos de extinção de espécies, são o resultado direto de direitos de propriedade mal concebidos, que geram incentivos perversos a coisas ruins. Os economistas levam esse problema muito a sério e têm feito o melhor para reformar os direitos de propriedade a fim de atenuar a poluição e reduzir a ameaça da extinção de espécies animais. Discuto essas questões em detalhes no Capítulo 10.

Lidando com outras falhas comuns do mercado

Monopólios, oligopólios e direitos de propriedade mal concebidos levam ao que os economistas gostam de chamar de *deficiências de mercado* — situações em que os mercados não distribuem resultados socialmente apropriados. Duas outras causas comuns de falha do mercado são informações assimétricas e bens públicos:

>> **Informação assimétrica:** Refere-se a situações nas quais o comprador ou o vendedor sabe mais que sobre a qualidade do bem que estão negociando que a outra parte. Devido a essa desigualdade entre as duas partes e as suspeitas que ela cria, muitas transações econômicas potencialmente benéficas não chegam a se concretizar.

>> **Bens públicos:** São bens ou serviços que são impossíveis de ser fornecidos a apenas uma pessoa; se você os provê para uma pessoa terá que provê-los para todo mundo (pense em uma exibição pirotécnica, por exemplo). O problema é que a maioria das pessoas tenta conseguir o benefício sem pagar por ele.

Discuto ambas as situações e as maneiras para lidar com elas no Capítulo 15.

Diagnosticando a economia da saúde

Quase todo mundo se preocupa profundamente com assistência médica acessível e de alta qualidade — oferecida por sistemas nacionais de saúde geridos pelo governo, por seguros-saúde patrocinados pelos empregadores ou por pagamento direto realizado pelos consumidores. Cada sistema oferece diferentes incentivos que podem afetar a eficiência, o uso e o custo — às vezes, de forma muito negativa. O Capítulo 12 o atualiza sobre incentivos, regulamentações e políticas que determinam como a cobertura e disponibilidade podem ser melhoradas do ponto de vista econômico.

Compreendendo a economia comportamental

As pessoas nem sempre são racionais, e isso é importante porque a maior parte da economia foi desenvolvida com base no que uma pessoa racional faria em uma situação ou outra. A *economia comportamental* preenche as lacunas analisando a tomada de decisões quando as pessoas não são racionais. Quatro bilhões de anos de evolução nos deixaram com um cérebro propenso a cometer erros, incluindo autoconfiança e excesso de foco no presente, facilidade de se confundir com informações irrelevantes e incapacidade de analisar o cenário geral ao tomar decisões financeiras. Uso o Capítulo 13 para explicar racionalmente todo esse comportamento irracional. É absurdamente divertido.

A visão do todo: Macroeconomia

A macroeconomia trata a economia como um todo integrado. Estudar macroeconomia é útil porque alguns fatores, tais como taxas de juros e política tributária, têm largos efeitos sobre a economia e também porque, quando a economia entra em recessão ou em "boom", cada pessoa e empresa são afetadas. Esta seção lhe oferece uma visão geral da macroeconomia.

Medindo a economia

Os economistas medem o *produto interno bruto* (PIB), o valor de todos os bens e serviços produzidos na economia em um determinado período de tempo, normalmente um trimestre ou um ano. Totalizar esse número é absolutamente vital, porque se você não puder medir como a economia está indo, não poderá dizer se as políticas governamentais destinadas a melhorá-la estão ajudando ou piorando. O Capítulo 14 explica o PIB em mais detalhes.

A *inflação* mede a variação dos preços na economia ao longo do tempo. Esse tópico, que é o foco do Capítulo 15, é crucial porque altas taxas inflacionárias geralmente acompanham enormes problemas econômicos, incluindo recessões profundas e incapacidade de países pagarem suas dívidas.

Estudar a inflação também é importante porque uma política governamental insatisfatória é a única culpada pelas altas taxas de inflação — o que significa que os governos são responsáveis quando altas taxas de inflação acontecem.

Analisando o comércio internacional

O comércio internacional ocorre quando consumidores, empresas ou governos compram produtos ou recursos feitos em outros países. Como os produtos importados muitas vezes concorrem com produtos locais, o comércio internacional é sujeito a constantes controvérsias e tentativas de criar encargos de importação e cotas numéricas para impedir os bens estrangeiros de entrarem e, assim, facilitar a vida dos produtores domésticos.

Essas disputas são intensificadas por preocupações com condições de trabalho humanas no exterior, com subsídios injustos a produtores estrangeiros por parte de seus governos e se as taxas de câmbio são manipuladas por governos estrangeiros para oferecer às suas empresas uma vantagem de custo em outros países. O Capítulo 14 explica como os economistas analisam essas e outras questões de globalização.

Entendendo e combatendo recessões

Uma *recessão* ocorre quando o total de bens e serviços produzidos em uma economia diminui. Recessões são muito penosas por dois motivos:

» Produção menor significa consumo menor.

» Muitos empregados perdem o emprego porque as empresas precisam de menos mão de obra para fabricar uma quantidade menor de produtos.

As recessões perduram porque fatores institucionais na economia tornam a queda de preços muito difícil. Se os preços *pudessem* cair de forma rápida e fácil, as recessões se resolveriam rapidamente. Mas como os preços não baixam de forma rápida e fácil, os economistas precisaram desenvolver políticas antirrecessivas para ajudar as economias a se recuperarem o mais depressa possível.

O principal responsável pelo desenvolvimento de políticas antirrecessivas foi o economista inglês John Maynard Keynes que, em 1936, escreveu o primeiro livro de macroeconomia sobre como lutar contra a recessão. O Capítulo 16 apresenta seu modelo de economia e como ele leva em conta explicitamente o fato de que os preços não podem baixar de forma rápida e fácil para que se saia de recessões. Ele serve como veículo perfeito para ilustrar as duas coisas que podem ajudar a sair de uma recessão.

O Capítulo 17 discute os dois fatores que os governos podem usar para combater a recessão:

» **Política monetária:** A política monetária usa as mudanças na oferta de dinheiro para alterar as taxas de juros, a fim de estimular a atividade econômica. Por exemplo, se o governo provoca a queda das taxas de juros, os consumidores pegam mais dinheiro emprestado para comprar bens, como casas e carros, estimulando assim a atividade econômica e ajudando-a a se movimentar mais rapidamente.

» **Política fiscal:** A política fiscal se refere ao aumento das despesas públicas ou a diminuição das alíquotas de impostos para ajudar a combater a recessão. Por exemplo, se o governo comprar mais bens e serviços, aumentará a atividade econômica. De modo semelhante, se o governo reduzir alíquotas de impostos, os consumidores terão maiores rendimentos após o pagamento de impostos que, quando gastos, aumentarão a atividade econômica.

Nas primeiras décadas após as ideias antirrecessivas de Keynes terem sido colocadas em prática, elas pareciam realmente funcionar. Entretanto tais ideias não se saíram tão bem durante os anos de 1970 e ficou evidente que, embora as políticas monetária e fiscal fossem poderosas ferramentas antirrecessão, elas tinham suas limitações.

Por essa razão, o Capítulo 17 também analisa como e por que as políticas monetária e fiscal têm sua eficácia limitada. O conceito-chave é chamado de *expectativas racionais*. Ele explica como as pessoas racionais muitas vezes mudam seu comportamento em resposta às mudanças nas formas políticas que limitam a eficácia daquelas alterações. Esse é um conceito que você precisa entender se quiser oferecer opiniões esclarecidas sobre os debates atuais da política macroeconômica.

As crises financeiras são deflagradas pela falha de instituições financeiras importantes em manter suas promessas. Muitas vezes, essas falhas ocorrem depois que consumidores ou empresas assumem dívidas excessivas e não conseguem pagar os empréstimos aos bancos. Às vezes, elas ocorrem quando o governo incorre em muitas dívidas e não consegue pagar os credores. O Capítulo 18 discute as causas e consequências das crises financeiras.

Entendendo Como os Economistas Usam Modelos e Gráficos

Economistas gostam de ser lógicos e precisos, motivo pelo qual usam muita álgebra e outros cálculos matemáticos. Mas eles também gostam de apresentar suas ideias de um modo de fácil compreensão e altamente intuitivo, o que os faz usar muitos gráficos.

Economistas utilizam gráficos que são, quase sempre, representações visuais de modelos econômicos. Um *modelo econômico* é uma simplificação matemática da realidade, que permite a você concentrar-se naquilo que realmente é importante, ignorando muitos detalhes irrelevantes. Por exemplo, o modelo dos economistas para demanda do consumo concentra-se em como os preços afetam as quantidades de bens e serviços que as pessoas desejam comprar. Obviamente outras coisas, como mudanças nos estilos e gostos, também afetam a demanda de consumo, mas o preço é fundamental.

Para evitar o pânico induzido por gráficos como os que você verá nas páginas deste livro, ofereço uma amostra para ajudá-lo a se familiarizar com o que encontrará nos outros capítulos. Respire bem fundo; prometo que não vai doer.

Apresentando seu primeiro modelo: A curva da demanda

Quando os economistas analisam a demanda, para simplificar, eles se concentram nos preços. Considere o suco de laranja, por exemplo. O preço do suco de laranja é o principal aspecto que afeta a quantidade de suco de laranja que as pessoas compram (não me importa a dieta que está na moda – se o suco de laranja custar $50 o litro, você provavelmente achará outra dieta). Portanto, é útil abstrair todo o resto e se concentrar apenas em como o preço do suco de laranja afeta a quantidade de suco que as pessoas desejam comprar.

Suponha que os economistas saiam e façam uma pesquisa com os consumidores perguntando-lhes quantos litros de suco de laranja eles gostariam de comprar a cada mês, ao custo de três preços hipotéticos: $10 por litro; $5 por litro; e $1 por litro. Os resultados estão resumidos na Tabela 1-1:

Litros de Suco de Laranja que os Consumidores Querem Comprar

Preço	Litros
$10	1
$5	6
$1	10

Os economistas se referem às quantidades que as pessoas estão dispostas a comprar a preços variados, como a *quantidade exigida*, ou a *demanda*, para aqueles preços. Ao olhar para os dados da Tabela 1-1, você descobre que os preços do suco de laranja e sua quantidade demandada têm uma *relação inversa* um com o outro – significando que quando um sobe o outro desce.

LEMBRE-SE

Porque essa relação inversa entre preço e quantidade exigida se aplica a quase todos os bens e serviços, os economistas se referem a ela como *lei da demanda*. Mas, francamente, a lei da demanda se torna muito mais imediata e interessante se você puder *vê-la* em vez de apenas pensar nela.

Criando a curva de demanda com a representação gráfica de dados

A melhor maneira de *ver* a quantidade demandada a vários preços é colocando-a em um gráfico. No gráfico de demanda padrão, o eixo horizontal representa a quantidade, e o eixo vertical mede os preços.

Na Figura 1-1, apliquei os dados sobre o suco de laranja da tabela anterior em um gráfico e marquei três pontos como *A*, *B* e *C*. O eixo horizontal da Figura 1-1 mede a quantidade de litros de suco de laranja que as pessoas procuram a cada mês a vários preços por litro. O eixo vertical mede os preços.

O ponto *A* é a representação visual dos dados do topo da Tabela 1-1. Isso nos diz que a $10 por litro as pessoas querem comprar apenas 1 litro por mês de suco de laranja. Do mesmo modo, o ponto B nos diz que os consumidores comprariam 6 litros por mês ao preço de $5, enquanto que o ponto C nos diz que eles comprariam 10 litros por mês ao preço de $1 por litro.

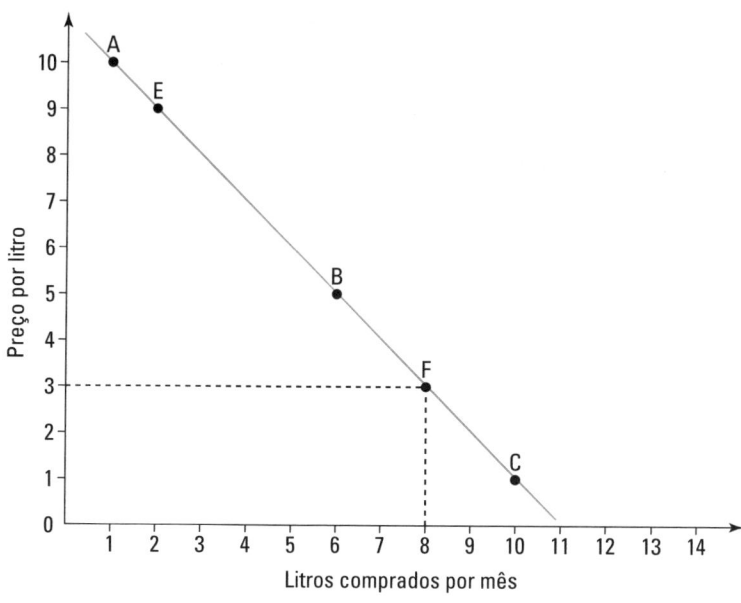

FIGURA 1-1:
Gráfico de demanda para suco de laranja.

© John Wiley & Sons, Inc.

Repare que os pontos A, B e C foram conectados com uma linha. Nós fizemos isso para compensar o fato de que os economistas que conduziram a pesquisa perguntaram o que as pessoas fariam somente com esses três preços. Se tivessem tido um orçamento grande o suficiente para perguntar aos consumidores sobre cada um dos preços possíveis ($8,46 por litro, $2,23 por litro e assim por diante), haveria uma quantidade infinita de pontos no gráfico. Mas como eles não fizeram isso, desenhei uma linha reta passando pelos pontos de dados, o que deve calcular de modo satisfatório quais são as demandas por preços que os economistas não pesquisaram.

A linha reta conectando os pontos na Figura 1-1 é chamada de *curva de demanda*. Sabemos que ela não faz curva alguma, mas para simplificar os economistas usam o termo *curva de demanda* para se referir a todas as relações demonstradas entre preço e quantidade demandada, independentemente do fato de serem linhas retas ou curvas.

Reta ou curva, agora você pode visualizar o fato de que preço e quantidade de demanda têm uma *relação inversa*. A relação inversa implica que a curva de demanda se inclina para baixo. Você agora pode ver que, quando os preços sobem, a quantidade de demanda desce. A relação inversa implica que as curvas de demanda caiam.

Generalizando um pouco, você também pode ver que a inclinação na curva da demanda lhe dá uma rápida visão sobre a sensibilidade da relação inversa entre preço e quantidade demandada. Se a curva de demanda for muito inclinada, você sabe que seria necessária uma grande mudança no preço para provocar uma pequena mudança na quantidade demandada. Por contraste, uma curva de demanda muito reta lhe diz que uma pequena mudança no preço resultaria em uma grande mudança na quantidade demandada.

Prolongando esse raciocínio, pode-se ver que as curvas de demanda com inclinações diferentes (ou seja, curvas de demanda que não são linhas perfeitamente retas) mostram que a relação entre preço e quantidade demandada varia. Nas partes mais inclinadas dessas curvas, uma mudança no preço causa uma mudança relativamente pequena. Na parte mais plana dessas curvas, uma alteração no preço causa uma mudança relativamente grande na quantidade demandada.

Usando a curva de demanda para fazer previsões

A representação gráfica da curva de demanda também permite uma maior capacidade para fazer previsões rápidas. Por exemplo, a linha reta da Figura 1-1 pode ser usada para estimar que a um preço de $9 por litro, as pessoas gostariam de comprar 2 litros por mês de suco de laranja. Identificamos esse ponto como E no gráfico.

Suponha que seja possível apenas observar os dados da Tabela 1-1 e não possa ver a Figura 1-1. Você seria capaz de fazer uma estimativa de quantos litros as pessoas gostariam de comprar ao mês se o preço do suco de laranja fosse $3 por litro? Olhando para a segunda e a terceira linhas da Tabela 1-1, você conclui que as pessoas demandarão algo em torno de 6 a 10 litros por mês. Mas descobrir exatamente quantos litros serão demandados levaria um pouco mais de tempo e requereria alguns cálculos irritantes.

Em comparação, se olhar para a Figura 1-1, é fácil descobrir quantos litros por mês as pessoas demandariam ao preço de $3 por litro. Comece com $3 no eixo vertical, mova lateralmente para a direita até atingir a curva de demanda no ponto F e desça verticalmente até chegar ao eixo horizontal, no qual descobrirá que está em 8 litros por mês (para esclarecer o que queremos dizer, desenhamos este caminho em linha pontilhada). Como pode ver, usar um gráfico em vez de uma tabela simplifica muito fazer previsões baseadas em um modelo.

Desenhando sua própria curva de demanda

Tente realizar um exercício simples que envolva traçar alguns pontos e desenhar linhas entre eles. Imagine que o governo tenha divulgado um relatório de pesquisa mostrando que as pessoas que bebem suco de laranja têm pressão arterial mais baixa, menos AVCs (acidente vascular cerebral) e uma vida sexual muito melhor do que as pessoas que não bebem suco de laranja. O que você pensa que aconteceria com a demanda de suco de laranja? Obviamente ela iria aumentar.

Para verificar isso, nossa intrépida equipe de economistas pesquisadores vai a campo mais uma vez e pergunta para as pessoas quanto suco de laranja elas gostariam de comprar agora, por mês, aos três preços listados anteriormente na seção "Apresentando seu primeiro modelo: A curva da demanda": $10, $5 e $1. As novas respostas estão aqui:

Litros de SL que Consumidores Querem Comprar Após Ler o Novo Relatório do Governo

Preço	Litros
$10	4
$5	9
$1	13

Sua tarefa, caso escolha aceitá-la, é representar esses três pontos na Figura 1-1. Depois que fizer isso, conecte-os em uma linha reta (sim, você pode escrever no livro!).

O que você acabou de criar é uma nova curva de demanda que reflete as novas preferências das pessoas pelo suco de laranja, à luz da pesquisa governamental. O aumento da demanda está refletido no fato de que, a qualquer preço dado, elas agora demandam uma maior quantidade de suco de laranja do que antes. Por exemplo, considerando que antes elas queriam apenas 1 litro por mês ao preço de $10, agora estarão dispostas a comprar 4 litros por mês pelo mesmo preço.

Ainda há uma relação inversa entre preço e quantidade demandada, significando que, apesar de os benefícios à saúde fazerem as pessoas demandarem mais suco, elas ainda são suscetíveis aos aumentos de preço. Preços altos ainda significam demanda menor e sua nova curva de demanda ainda está inclinada para baixo.

Use sua nova curva de demanda para descobrir quantos litros por mês as pessoas vão querer comprar ao preço de $7 e ao preço de $2. Perceber essas coisas a partir dos dados na Tabela 1-2 seria difícil, mas descobri-los usando sua nova curva de demanda deverá ser fácil.

Capítulo **2**

Biscoitos ou Sorvete? Examinando as Escolhas do Consumidor

E conomia é tudo o que diz respeito a como grupos e indivíduos fazem escolhas e *por quê*. Os economistas têm gasto muito tempo analisando como os grupos fazem escolhas, mas como o comportamento de fazer escolhas em grupo geralmente é muito semelhante ao individual, meu foco neste capítulo está nos indivíduos.

Para simplificar, minha explicação sobre o comportamento das escolhas individuais foca o *comportamento do consumidor*, porque a maioria das escolhas que as pessoas fazem no seu dia a dia envolve quais mercadorias e serviços elas irão consumir. As pessoas são constantemente forçadas a escolher, porque seus desejos quase sempre superam seus recursos. Recursos limitados, ou *escassez*, são a essência não só da economia, mas também da ecologia e biologia. A evolução darwiniana trata de animais e plantas que competem por recursos limitados para produzir o máximo de descendentes possível. A economia trata de pessoas escolhendo entre opções limitadas a fim de maximizar a felicidade.

Descrevendo o Comportamento Humano com um Modelo de Escolha

Os seres humanos podem ser criaturas complicadas, com comportamentos por vezes misteriosos, mas a maioria é relativamente previsível e consistente e costuma ter comportamento semelhante ao dos demais. Pode-se ganhar muito ao estudar o comportamento de escolha porque, se pudermos entender as escolhas feitas pelas pessoas no passado, há uma boa chance de entender as escolhas que farão no futuro.

Entender (e até mesmo prever) o comportamento das escolhas futuras é muito importante porque grandes mudanças no ambiente econômico são, tipicamente, o resultado de milhões de pequenas decisões individuais somadas a uma tendência maior. Por exemplo, as circunstâncias sob as quais milhões de indivíduos optam por procurar emprego ou continuar estudando se combinam para produzir efeitos significativos na taxa de desemprego. E as escolhas que esses indivíduos fazem sobre quanto poupar ou gastar de seus salários determina se as taxas de juros aumentam ou diminuem, e também se o Produto Interno Bruto (PIB) e o rendimento econômico geral aumentam ou diminuem (discutirei o PIB no Capítulo 14).

LEMBRE-SE

Para prever como pessoas egocêntricas fazem suas escolhas, os economistas criaram um modelo do comportamento humano que presume a racionalidade e a habilidade de calcular sutis trocas entre possíveis escolhas. Este modelo é um processo de três estágios:

1. Avaliar como cada opção pode fazê-lo mais feliz.

2. Analisar as restrições e trocas que limitam suas opções.

3. Escolher a opção que maximiza sua felicidade geral.

Embora não seja uma descrição completa do comportamento de escolha do ser humano, esse modelo geralmente faz previsões exatas. Contudo, muitas pessoas questionam essa explicação do comportamento humano. Aqui estão três objeções comuns:

» As pessoas são realmente tão egoístas? As pessoas não são motivadas pelo que é melhor para os outros?

» As pessoas estão, de fato, conscientes de suas opções todo o tempo? Como esperam fazer uma escolha racional em meio a coisas novas que elas nunca experimentaram?

» As pessoas são realmente livres para tomar decisões? Elas não são constrangidas por padrões legais, morais e sociais?

Passarei as próximas seções deste capítulo complementando o conceito do modelo de escolha econômico e abordando as objeções a ele.

Buscando Felicidade Pessoal

Economistas gostam de pensar nos seres humanos como agentes livres, com vontade própria. Para os economistas, as pessoas geralmente são racionais e capazes de tomar decisões sensatas. Mas isso levanta a questão do que as motiva e, por sua vez, quais escolhas fariam com o seu livre arbítrio.

Em resumo, os economistas assumem que a motivação básica que impulsiona a maioria das pessoas, na maior parte do tempo, é o desejo de ser feliz. Essa suposição implica em que as pessoas façam suas escolhas baseadas no fato de se elas as farão felizes ou não, dadas suas circunstâncias. Esta seção analisa como a busca da felicidade afeta o comportamento do consumidor.

Usando a utilidade para medir a felicidade

Se as escolhas das pessoas estão baseadas no máximo de satisfação que terão, então elas precisam encontrar um modo de comparar quanta satisfação cada possibilidade trará. De forma similar, os economistas assumem que as pessoas obtêm um senso de satisfação ou prazer das coisas que a vida oferece. O pôr do sol é agradável. Tomar sorvete é agradável. A amizade é agradável. E eu gosto de dirigir depressa.

LEMBRE-SE

Os economistas supõem que é possível comparar tudo o que se pode experimentar com uma medida comum de felicidade ou satisfação, que eles chamam de *utilidade*. Coisas de que você gosta muito têm grande utilidade, ao passo que coisas que gosta pouco têm pouca utilidade. E coisas que detesta, como lixo tóxico ou alimentos que causam reações alérgica, têm utilidade negativa. A utilidade age como denominador comum que permite às pessoas comparar até coisas radicalmente diferentes com sensatez.

O conceito de utilidade é muito amplo. Para um hedonista, utilidade pode ser a satisfação física obtida com prazeres sensuais. Mas, para uma pessoa moralmente conscienciosa, utilidade pode ser o senso de satisfação moral que vem ao fazer a coisa certa em determinada situação. O importante para os economistas é que as pessoas sejam capazes de averiguar e comparar as utilidades de várias atividades possíveis.

Levando o altruísmo em consideração

Os economistas dão como certo que as pessoas fazem escolhas a fim de maximizar sua felicidade pessoal. Esse ponto de vista suscita objeções de imediato, uma vez que as pessoas estão, frequentemente, dispostas a suportar grande sofrimento pessoal para ajudar os outros.

Contudo, os economistas podem encarar o *altruísmo* — o desejo de ajudar os outros — como uma preferência pessoal. A mãe que não come para dar o pouco de comida que tem ao seu filho pode estar perseguindo um objetivo (ajudar a criança), o que maximiza *a própria* felicidade. O mesmo pode ser dito das pessoas que fazem doações para a caridade. Muita gente considera essa generosidade como altruísta, mas ela também é consistente com a hipótese de as pessoas fazerem coisas para se sentirem felizes. Se as pessoas doam porque isso faz com que se sintam bem, seu ato de altruísmo é motivado por intenções egoístas.

Como os economistas encaram a motivação humana como intrinsecamente egoísta, a economia muitas vezes é acusada de imoral; entretanto, a economia se preocupa com a maneira pela qual as pessoas atingem suas metas, em vez de questionar a moralidade destas. Por exemplo, algumas pessoas gostam de mel, outras não. Os economistas não distinguem se as preferências desses dois grupos estão certas ou erradas, mas se interessam em como cada um se comporta em relação a essas preferências. Consequentemente, a economia é amoral, em vez de imoral.

Os economistas também são pessoas e estão bastante preocupados com questões como justiça social, aquecimento global e pobreza. Eles apenas costumam interpretar o desejo de buscar moralidade e justiça como uma meta pessoal que maximiza a felicidade individual, e não como um objetivo coletivo que deveria buscar atingir algum tipo de bem comum.

O egoísmo pode promover o bem comum

Adam Smith, um dos pais da economia moderna, acreditava que se a sociedade fosse corretamente estabelecida, a busca das pessoas por sua felicidade individual proporcionaria felicidade para as outras pessoas também. Como observou de forma contundente em sua obra mais famosa, *A Riqueza das Nações*, publicado em 1776, "Não é da benevolência do açougueiro, do cervejeiro ou do padeiro que podemos esperar o nosso jantar, mas da consideração por seus próprios interesses".

Em outras palavras, o açougueiro, o cervejeiro e o padeiro não proveem os bens de que você necessita porque gostam de você, mas porque querem o seu dinheiro. Contudo, porque querem seu dinheiro, eles terminam produzindo tudo o que é necessário para que você tenha uma refeição agradável. Quando troca seu dinheiro por seus produtos, todos ficam mais satisfeitos. Você pensa que não ter que preparar toda aquela comida vale mais do que guardar o seu dinheiro. E eles pensam que conseguir o seu dinheiro vale mais para eles do que o trabalho pesado que envolve a preparação de toda aquela comida.

Adam Smith expandiu esse conceito dizendo que uma pessoa que busca seus interesses egoístas pode ser "levada por uma mão invisível a promover um fim que não fazia parte do seu propósito". Como os economistas reconhecem essa "mão invisível", eles estão menos preocupados com intenções do que com resultados, e menos preocupados com o que deixa as pessoas felizes do que com o modo como essas pessoas perseguem as coisas que as fazem felizes.

Não Se Pode Ter Tudo: Examinando Limitações

A vida é cheia de limitações. O tempo, por exemplo, sempre é limitado, assim como os recursos naturais. O segundo estágio do modelo econômico de escolhas analisa as restrições que obrigam você a escolher entre suas opções de felicidade.

Por exemplo, o petróleo pode ser usado na manufatura de produtos farmacêuticos, que podem salvar muitas vidas. Mas também pode ser usado para fazer gasolina, importante para movimentar ambulâncias, que igualmente salvam vidas. Ambos os usos, o farmacêutico e a gasolina, são boas formas de utilização do petróleo. Dessa forma, a sociedade deve decidir quanto de petróleo será destinado para cada um desses dois bons usos, tendo consciência de que cada litro de petróleo utilizado em um setor não poderá ser utilizado em outro.

Esta seção apresenta as várias limitações, bem como o custo inevitável — *custo de oportunidade* — de obter o que se deseja. Para saber mais sobre como os mercados utilizam oferta e procura para alocar recursos mediante as restrições, consulte o Capítulo 4.

Limitações de recursos

As restrições mais óbvias à felicidade humana são as limitações físicas da natureza. Não apenas os suprimentos de petróleo, água e peixe são limitados, mas também as frequências de rádio, nas quais enviamos sinais, e as horas de sol para dirigir carros movidos a energia solar. Em suma, simplesmente não há recursos naturais suficientes para que todos tenham tudo o que desejam.

O fornecimento limitado de recursos naturais está alocado de várias maneiras diferentes. Em certos casos, como ocorre com algumas espécies de animais em extinção, as leis garantem que ninguém possa ter nenhum desses recursos. No caso do espectro eletromagnético, os governos disponibilizam porções do espectro para a radiodifusão ou para operadoras de telefonia celular. Mas, em sua maior parte, a propriedade privada e os preços controlam a alocação dos recursos naturais.

Com tal sistema, a utilização do recurso vai para a melhor oferta. Embora esse sistema possa discriminar os pobres, porque eles não têm muito para oferecer, ele garante que o suprimento limitado do recurso pelo menos vá para as pessoas que mais o valorizam — em outras palavras, para aqueles que escolheram esse recurso para maximizar sua felicidade.

Limitações tecnológicas

Nosso padrão de vida é muito mais elevado do que o de nossos ancestrais. Sua vida é mais confortável devido aos avanços na tecnologia para converter recursos naturais em objetos que as pessoas gostam de usar. Porém, como a tecnologia evolui vagarosamente, nossas escolhas são limitadas pelo avanço dela em cada época. Portanto, é natural pensar na tecnologia como uma restrição que limita nossas escolhas.

Conforme a tecnologia melhora com o passar do tempo, as pessoas tornam-se capazes de produzir mais a partir dos limitados recursos de nosso planeta. Ou, colocando de forma um pouco diferente, à medida que a tecnologia evolui, nós temos mais e melhores escolhas a fazer. Nos últimos 200 anos, as pessoas descobriram como imunizar crianças contra doenças fatais, como utilizar a eletricidade para obter luz e força mecânica, como construir um foguete capaz de transportar pessoas até a lua e como melhorar significativamente a produção agrícola com que podemos alimentar mais pessoas. Apenas nos últimos 30 anos, a internet e os telefones celulares acessíveis revolucionaram todas as áreas, desde o entretenimento eletrônico até a forma como os governos se comunicam com seus cidadãos.

Limitações de tempo

O tempo é um recurso precioso. Pior ainda, o tempo é um recurso de suprimento fixo. Portanto, o melhor que a tecnologia pode fazer é permitir que as pessoas produzam mais na limitada quantidade de tempo de que dispõem ou conceder-lhes mais alguns anos de vida graças à melhoria na tecnologia médica.

Mas, mesmo com um tempo de vida maior, você só pode estar em um lugar por vez e tem uma quantidade de tempo limitada para usar. Isso significa que você precisa alocar seu tempo limitado para o lazer e o trabalho, e escolher o tempo em que vai fazer as coisas que gosta e vender seu tempo para empregadores para ganhar um salário e pagar pelas coisas de que gosta. Essa troca implica que o tempo é um bem precioso em relação ao qual as pessoas precisam fazer escolhas sérias.

Custo de oportunidade:
Um custo inevitável

A ideia econômica de *custo de oportunidade* está intimamente ligada à ideia de restrição de tempo. Você só pode fazer uma coisa por vez, o que significa que, inevitavelmente, está sempre abrindo mão de muitas outras coisas.

O *custo de oportunidade* de qualquer atividade é o valor da melhor escolha que poderia ter sido feita em seu lugar. Por exemplo, imagine que nesta manhã eu poderia ter batido um papo ao telefone com um amigo, assistido à TV ou me concentrado em escrever este capítulo. Escolhi bater papo com meu amigo porque isso me deixou mais feliz. (Não conte ao meu editor!) Das duas coisas que não escolhi, pensei em escrever o capítulo como sendo melhor do que assistir à TV. Assim, o custo de oportunidade de bater papo ao telefone foi não gastar o tempo de trabalhar neste capítulo.

O custo de oportunidade depende do valor da próxima melhor alternativa, porque você sempre pode reduzir uma escolha complicada, com diversas opções, para uma escolha simples, entre duas coisas: a opção X versus a melhor alternativa dentre todas as outras. Não importa se você tem três opções ou três mil.

Simplificar a decisão entre apenas duas opções facilita a escolha. Você deve escolher a opção X (em vez da melhor opção alternativa) só se o prazer que a opção X lhe proporcionar exceder o custo de oportunidade de não usufruir a melhor opção alternativa. E você deve escolher a melhor opção alternativa apenas se o custo de oportunidade de renunciar a ela exceder o prazer que teria de consumir a opção X.

Suponha que você possa escolher somente um item de uma seleção de sobremesas que inclui sorvete de nozes-pecã, donuts, biscoitos de gotas de chocolate e torta de pêssego. Escolha uma delas ao acaso — por exemplo, sorvete de nozes-pecã. Então, entre todas as outras, identifique a que gosta mais. Em meu caso, seriam os biscoitos de gotas de chocolate.

Minha decisão sobre qual sobremesa comer agora se resume simplesmente a comparar como me sinto em relação ao sorvete de nozes-pecã e aos biscoitos de gotas de chocolate. Escolher o sorvete significa suportar o custo de oportunidade de não comer os biscoitos. Eu farei isso somente se o prazer de tomar o sorvete exceder o custo de oportunidade de desistir dos biscoitos de gotas de chocolate. E vou optar pelos biscoitos de gotas de chocolate apenas se o custo de oportunidade de desistir deles exceder o prazer que eu teria ao tomar o sorvete.

Fazendo a Sua Escolha: Decidindo o que e Quanto Você Quer

Basicamente, o terceiro estágio do modelo econômico de escolhas nada mais é do que a análise de custo-benefício. No terceiro estágio, você simplesmente escolhe a opção em que os benefícios superam os custos pela margem maior.

O modelo custo-benefício de como as pessoas tomam decisões é muito poderoso no que parece descrever corretamente como a maioria das decisões são tomadas. Mas esta versão da análise de custo-benefício pode dizer-lhe apenas *se* as pessoas escolhem uma determinada opção. Em outras palavras, este modelo só é bom para descrever todas as decisões ou nenhuma, como tomar ou não sorvete. Uma versão muito mais poderosa da análise de custo-benefício usa o conceito de *utilidade marginal* para lhe dizer não só se vou tomar o sorvete, mas *quanto* sorvete vou decidir tomar.

Para ver como a utilidade marginal funciona, reconhecer que a quantidade de utilidade que determinada coisa traz geralmente depende do quanto dessa coisa a pessoa já teve. Por exemplo, se você estiver com muita fome, o primeiro pedaço de pizza que come lhe traz muita utilidade. O segundo pedaço também é agradável, mas não tão bom quanto o primeiro, porque você já não está mais faminto. O terceiro, por sua vez, traz menos utilidade que o segundo. E, se você se forçar a comer mais, descobrirá que o décimo segundo ou décimo terceiro pedaços irão na verdade fazer com que se sinta mal e trarão uma utilidade negativa.

Os economistas referem-se a esse fenômeno como *utilidade marginal reduzida*. Cada pedaço de pizza adicional, ou *marginal*, traz menos utilidade que o anterior, de forma que a utilidade extra, ou *utilidade marginal*, gerada por cada pedaço adicional diminui à medida que você come mais e mais. Aqui, cada pedaço sucessivo de pizza traz com ele menos utilidade adicional, ou marginal, que a fatia anterior.

Para ver de que maneira a utilidade marginal reduzida prediz como as pessoas tomam decisões sobre quanto de alguma coisa irão consumir, considere ter $10 para gastar em fatias de pizza ou saquinhos de batatas fritas que custam $2. Os economistas supõem que a meta das pessoas com um orçamento limitado é ajustar as quantidades de cada possível item que queiram consumir a fim de maximizar sua *utilidade total.*

Se você comprar apenas quatro pedaços de pizza, então terá $2 livres para gastar em um saquinho de fritas. E como este será seu primeiro saquinho de fritas, comê-lo provavelmente lhe trará muita utilidade marginal. De fato, se a utilidade marginal obtida com as fritas exceder a utilidade marginal perdida por desistir do quinto pedaço de pizza, você definitivamente fará a troca. E continuará ajustando as quantidades de cada comida até encontrar a combinação que maximize quanto de utilidade total poderá comprar usando seus $10.

Porque pessoas diferentes têm preferências diferentes, as quantidades de cada produto que irão maximizar a utilidade total de cada pessoa geralmente serão diferentes. Alguém que deteste fritas gastará seus $10 em pizza. Uma pessoa que não suporta pizza irá gastar todo seu dinheiro em fritas. E, para aqueles que escolherem ter um pouco de cada, a quantidade certa de cada coisa dependerá de seus próprios sentimentos pelos dois produtos e de quão depressa sua utilidade marginal decresce. Para obter informações detalhadas sobre a utilidade marginal reduzida e como ela provoca curvas de demanda descendentes, consulte o Capítulo 9. Consulte o Capítulo 5 para ler mais detalhes sobre utilidade marginal reduzida e como ela faz as curvas de demanda se inclinarem para baixo.

Permitir a utilidade marginal reduzida torna esse modelo de comportamento por escolhas muito poderoso. Ele não só lhe diz o que as pessoas escolherão, mas também informa a quantidade de cada item que será escolhido. Entretanto, o modelo não é perfeito. Por exemplo, ele assume que as pessoas têm uma boa noção da utilidade de várias coisas, uma boa ideia do quão rápido a utilidade marginal diminui e nenhum problema em fazer comparações. Discuto essas críticas substanciais na próxima seção.

UTILIDADE MARGINAL É PARA OS PÁSSAROS!

Os economistas estão muito seguros de que a análise do custo-benefício e utilidade marginal diminuída são boas descrições para o processo de tomada de decisão, porque há muitas evidências de que outras espécies também se comportam de maneira coerente com esses conceitos.

Por exemplo, os cientistas podem treinar pássaros para bicarem um botão para ganhar comida e outro botão para ganhar tempo na esteira. Se os cientistas aumentam o custo de uma das opções aumentando o número de cliques necessários para obtê-las, os pássaros respondem de forma racional não clicando muito no botão para essa opção. Mas, ainda mais interessante, é que eles também mudam para clicar no botão da outra opção.

Os pássaros parecem entender que têm apenas um número limitado de cliques que podem fazer antes de ficar exaustos e distribuem esses cliques entre duas opções, maximizando assim sua utilidade total. Consequentemente, quando os custos e benefícios correspondentes às opções mudam, eles alteram seu comportamento muito racionalmente em resposta.

Muitas espécies também parecem ser afetadas pela utilidade marginal reduzida e ficam indiferentes às unidades marginais (ou seja, adicionais) de algo que recentemente gostaram muito. Dessa forma, embora os modelos de comportamento humano dos economistas pareçam ignorar alguns fatores relevantes, eles levam em conta certos comportamentos fundamentais e universais.

Explorando Violações e Limitações do Modelo de Escolha dos Economistas

Por questões de simplicidade, muitas vezes os economistas assumem que as pessoas são totalmente informadas e racionais quando tomam decisões. Talvez você ache que isso confere muito crédito às pessoas, mas os modelos baseados nessas suposições funcionam surpreendentemente bem grande parte do tempo.

Entretanto, no mundo real, as pessoas nem sempre têm informações sobre as decisões que tomam e nem sempre são sensatas como os economistas supõem. Nesta seção, observo algumas limitações do modelo de escolha e explico por que elas podem ser importantes no longo prazo.

Compreendendo a tomada de decisões desinformada

Quando os economistas aplicam o modelo de escolhas, eles presumem uma situação em que a pessoa conhece todas as opções possíveis, quanta utilidade cada opção trará e o custo de oportunidade de cada uma. Mas como você avalia se sentar-se no topo do Monte Everest por cinco minutos é melhor que voar de asa delta sobre o Rio Amazonas por dez minutos? Se você não experimentou nem um, nem outro, não está bem informado sobre as restrições e custos da escolha e, provavelmente, nem ao menos sabe qual é a utilidade das duas opções.

Políticos com novos programas pedem frequentemente aos eleitores para fazerem escolhas desinformadas. Eles fazem suas propostas soarem tão boas quanto possível, mas, em muitos casos, ninguém sabe ao certo o que esperar.

As coisas são igualmente sombrias com escolhas que envolvem sorte ou incerteza. As pessoas compram bilhetes de loteria, mas não têm a menor ideia sobre a possibilidade de ganhar, porque inclusive o tamanho do prêmio depende de quantos bilhetes foram vendidos antes do sorteio. As pessoas que escolhem jogar na loteria também costumam fazer altos "chutes" sobre suas chances de ganhar.

Economistas explicam essa realidade supondo que, quando confrontadas com decisões desinformadas, as pessoas dão seus melhores palpites não apenas sobre possíveis resultados, como também sobre quanto gostam ou não das coisas com as quais ainda não tiveram uma experiência. Embora isso possa parecer lorota, como as pessoas no mundo real estão obviamente tomando decisões em situações assim (elas, de fato, compram muitos bilhetes de loteria), elas devem estar se enganando um pouco também.

É difícil dizer se as pessoas fazem boas escolhas quando estão desinformadas. Obviamente, elas preferem estar bem informadas antes de escolherem. E algumas delas evitam opções mais duvidosas. Mas, de forma geral, o modelo econômico do comportamento de escolha parece bastante capaz de lidar com situações de informação incompleta e incertezas sobre os resultados aleatórios.

Entendendo a irracionalidade

Mesmo quando as pessoas estão completamente informadas sobre suas opções, elas frequentemente cometem erros lógicos ao avaliar os custos e benefícios de cada alternativa. Nas próximas seções, falo sobre os três erros de escolha mais comuns. Não se assuste com a possibilidade de cometer esses erros: depois que são explicados, as pessoas geralmente deixam de cometê-los e passam a se comportar de maneira mais consistente com a racionalidade, comparando a margem de benefícios e a margem de custos.

Custo irrecuperável é irrecuperável!

LEMBRE-SE

Os economistas se referem a custos já realizados e que, portanto, não deveriam afetar suas tomadas de decisão atuais e futuras como *custos irrecuperáveis*. Racionalmente falando, considere apenas os custos e benefícios marginais potenciais marginais futuros de suas opções atuais.

Vamos supor que você gaste $15 para ir a um restaurante de rodízio de sushi. Quanto você deverá comer? Mais especificamente, enquanto decide quanto deve comer, você deveria levar em consideração quanto pagou para entrar no restaurante? Para um economista, a resposta para a primeira questão é: coma exatamente a quantidade de comida que o faz mais feliz. E a resposta para a segunda pergunta é: quanto custa para você ir ao restaurante não importa, porque se comer um sushi ou oitenta o custo será o mesmo.

Em outras palavras, como o custo de entrar no restaurante está agora no passado, ele não deveria ter relação alguma com a sua decisão atual do quanto comer. Afinal, se subitamente lhe oferecessem $1.000 para sair do restaurante de sushi e comer no concorrente ao lado, você recusaria simplesmente porque sentiria que precisava comer muito no restaurante de sushi para fazer valer os $15 que gastou? Claro que não.

Infelizmente, a maioria das pessoas tende a permitir que os custos irrecuperáveis afetem sua tomada de decisão, até que um economista mostre a elas que os custos irrecuperáveis são irrelevantes, ou, como os economistas nunca cansam de dizer, "custo irrecuperável é irrecuperável"! (Por outro lado, os que não são economistas rapidamente se cansam de ouvir essa frase.)

Confundindo uma grande porcentagem com uma grande quantia de dinheiro

Custos e benefícios são absolutos, mas as pessoas se enganam ao pensar em custos e benefícios como porcentagens ou proporções. Em vez disso, você deve comparar os custos totais com os benefícios totais, porque o benefício de, por exemplo, ir até uma cidade próxima para obter um desconto é a quantidade absoluta de dinheiro que você poupar, não a porcentagem que economiza.

Suponha que você decida economizar 10% em uma celular fazendo uma viagem de ida e volta de uma hora até outra cidade para comprá-lo por apenas $90, em vez de adquiri-lo em sua cidade por $100. Em seguida, pergunte-se também se gostaria de dirigir uma hora para comprar um home theater por $1.990 na próxima cidade, em vez de por $2.000 na loja local. Você faz as contas e, como economizaria apenas 0,5%, decide comprar o sistema por $2.000 na sua cidade. Você pode pensar que está sendo esperto, mas apenas se comportou de uma maneira colossalmente irracional e inconsistente. No primeiro caso, você estava disposto a dirigir uma hora para economizar $10. No segundo caso, não.

Confundindo marginal com média

Suponha que seu governo local tenha construído recentemente três pontes ao custo total de $30 milhões. Há um custo médio de $10 milhões por ponte. Um economista local faz um estudo e estima que o total dos benefícios das três pontes para a economia local será de $36 milhões, ou uma média de $12 milhões por ponte.

Um político, então, começa a tentar construir uma quarta ponte, argumentando que, em razão de as pontes custarem em média $10 milhões, mas seus benefícios serem em média de $12 milhões, seria tolice não construir outra ponte. Você deveria acreditar nele? Afinal de contas, se cada ponte trouxer para a sociedade um ganho líquido de $2 milhões, você vai querer construir pontes eternamente.

LEMBRE-SE

O que realmente importa nessa decisão são os custos *marginais* e os benefícios *marginais*, e não as *médias* (consulte a seção "Fazendo a Sua Escolha: Decidindo o que e Quanto Você Quer" para rever a utilidade marginal para saber mais). Quem se importa com os custos e benefícios que todas as pontes anteriores trouxeram consigo? Você deve comparar os custos dessa ponte extra marginal com os benefícios dela. Se os benefícios marginais excederem a margem de custos, você deve construir a ponte. Se os benefícios marginais excederem os custos marginais, então não deve.

Por exemplo, suponha que um grupo independente de vigilantes contrate um engenheiro para avaliar o custo de construção de mais uma ponte e um economista para estimar os benefícios da construção. O engenheiro acha que, porque as três primeiras pontes já foram feitas nas três partes mais estreitas do rio, a quarta ponte terá que ser mais longa. Na verdade, o comprimento extra aumentará o custo da construção para $15 milhões.

Ao mesmo tempo, o economista faz uma pesquisa e descobre que uma quarta ponte não é realmente necessária. Na melhor das hipóteses, gerará apenas $8 milhões por ano em benefícios. Consequentemente, essa quarta ponte não deveria ser construída, porque sua margem de custo de $15 milhões excede seu benefício marginal de $8 milhões. Ao contar aos eleitores apenas os custos e benefícios *médios* das pontes passadas, o político que apoia o projeto os está iludindo grosseiramente. Então, fique atento sempre que alguém tentar lhe vender uma ponte.

Capítulo **3**

Produzindo Coisas para Maximizar a Felicidade

mbora os seres humanos enfrentem a escassez e não possam ter tudo o que desejam (como discuti no Capítulo 2), eles têm muitas opções. A tecnologia da produção está tão avançada agora que as pessoas podem converter os limitados recursos do planeta em uma extraordinária variedade de bens e serviços, incluindo carros, computadores, aviões, tratamentos contra o câncer, videogames e até mesmo os incríveis livros Para Leigos, como este aqui.

De fato, graças às tecnologias avançadas, as pessoas têm mais possibilidades de escolhas. A enorme variedade de bens e serviços que podem ser produzidos significa que as pessoas devem escolher sabiamente se quiserem converter os escassos recursos do planeta em bens e serviços que irão prover a maior felicidade possível quando consumidos.

Este capítulo explica como os economistas analisam o processo pelo qual as sociedades escolhem exatamente o que produzir, a fim de maximizar a felicidade humana. Para qualquer sociedade, o processo pode ser dividido em dois passos simples:

1. **Descobrir todas as possíveis combinações de bens e serviços que pode produzir, dados os recursos limitados e a tecnologia disponível.**

2. **Escolher uma dessas combinações de produção — presumivelmente a combinação que maximiza a felicidade.**

Os economistas veem sucesso em cada um dos dois passos, em termos de dois tipos específicos de eficiência:

» **Eficiência produtiva:** Produzir qualquer produto ou serviço usando a menor quantidade de recursos possível.

» **Eficiência alocativa:** Alocar os recursos limitados da sociedade para empresas e indústrias de modo a fabricar os produtos mais desejados pelos consumidores.

Este capítulo mostra como uma sociedade atinge a eficiência produtiva e alocativa — ou seja, como a sociedade pode produzir as coisas que as pessoas mais querem ao menor custo possível. Ofereço informações detalhadas sobre diminuição de rendimentos, gráficos de curva de possibilidade de produção (isso, gráficos!) e a interação entre mercados e governos.

Descobrindo o que É Possível Produzir

Ao determinar o que é possível produzir em uma economia, os economistas listam dois fatores importantes que afetam as quantidades máximas e os tipos de produtos que serão produzidos:

» **Recursos limitados:** O primeiro fator é óbvio. Se os recursos fossem ilimitados, bens e serviços também o seriam.

» **Rendimentos decrescentes:** Quanto mais unidades você produz de algo, maior é o custo da produção. Mesmo na produção em massa, depois de certo nível de rendimento, o custo de produzir unidades adicionais começará a aumentar. Por fim, o aumento do custo excede o benefício de produzir unidades adicionais. Naturalmente, isso limita quanto mais do produto em questão você vai querer produzir, mesmo que seja seu item favorito. Nessas situações, os recursos devem ser realocados para produzir unidades de outros produtos para os quais os benefícios ainda superam os custos.

O principal resultado dos rendimentos decrescentes é que as sociedades geralmente ficam em melhor situação quando dedicam os recursos limitados pra produzir quantidades moderadas de muitos bens em vez de produzir uma quantidade enorme de apenas um item.

Esta seção mostra os detalhes de como os recursos limitados e os rendimentos decrescentes determinam possibilidades de produção. Ela também mostra como representar essas possibilidades graficamente.

Classificando recursos

Você não pode obter produção sem o insumo de recursos. Os economistas tradicionalmente dividem insumos, ou fatores de produção, em três classes:

» **Terra:** Para os economistas, terra significa um pouco mais do que apenas a propriedade imobiliária. Terra se refere a todos os recursos naturais que podem ser utilizados para produzir coisas que as pessoas desejam consumir. Inclui clima, vida animal e vegetal, energia geotermal e o espectro eletromagnético.

» **Trabalho:** O trabalho que as pessoas devem fazer a fim de produzir coisas. Uma árvore não se torna uma casa sem a intervenção humana.

» **Capital:** Máquinas fabricadas pelo homem, ferramentas e estruturas que não são consumidas diretamente, mas são utilizadas na produção de outras coisas que as pessoas consomem diretamente. Por exemplo, um carro, que você dirige por prazer é um bem de consumo, enquanto que um carro idêntico que você utiliza para rebocar tijolos em seu trabalho de construção é capital. Capital inclui fábricas, estradas, esgotos, rede elétrica, a internet e assim por diante.

» **Capacidade empreendedora:** Um recurso humano, diferente do trabalho, que combina outros três fatores de produção (terra, trabalho e capital) para produzir novos produtos ou criar inovações na produção de produtos existentes. A diferença entre trabalho e capacidade empreendedora é que o trabalho é simplesmente fazer uma atividade conhecida e a capacidade empreendedora é a habilidade de aprimorar o modo de fazer um produto existente ou os meios para inventar um produto completamente novo. Sem a capacidade empreendedora, ficaríamos presos fazendo as mesmas coisas da mesma maneira para sempre.

Esclarecendo o que é o capital humano

Em relação ao fator de produção conhecido como trabalho, os economistas costumam falar do *capital humano*, que é o conhecimento e a habilidade que as pessoas utilizam para ajudá-las a produzir. Por exemplo, tenho muito capital humano no que diz respeito a ensinar economia, mas pouquíssimo capital humano no que diz respeito à pintura e ao canto.

Se você colocar uma pessoa para trabalhar em uma função na qual ela possui alto capital humano, ela produzirá muito melhor ou muito mais que uma pessoa com baixo capital humano, mesmo que ambas produzam a mesma quantidade de trabalho em termos de horas trabalhadas. Uma consequência importante é que funcionários hábeis (alto capital humano) são mais bem pagos do que os menos habilitados (baixo capital humano). Por consequência, uma boa maneira das sociedades se tornarem mais ricas é melhorar as habilidades de sua mão de obra através de educação e treinamento. Se as sociedades puderem elevar os níveis de capital humano de seus trabalhadores, não apenas poderão produzir mais com os mesmos insumos limitados de terra, trabalho e capital, mas seus trabalhadores serão mais bem pagos e desfrutarão de padrões de vida mais altos.

Entretanto, construir capital humano é dispendioso e em momento algum você deveria pensar no nível de capital humano em uma sociedade como sendo fixo. Combinada com as limitações na quantidade de terra, trabalho e capital, a limitação do capital humano significa que a sociedade é capaz de produzir somente uma quantidade limitada de produtos. E, assim, as decisões sobre onde é melhor alocar esses recursos limitados torna-se crucial, porque os recursos devem ser utilizados para produção de bens e serviços, que trarão uma maior quantidade de felicidade consigo (para saber mais sobre recursos limitados e possibilidades de produção, consulte a seção mais adiante: "Alocando recursos").

Rendimentos decrescentes

LEMBRE-SE

Rendimentos decrescentes são, provavelmente, o fator econômico mais importante para determinar o que produzir dentre todas as coisas que poderiam ser produzidas, dados os limites do abastecimento de recursos. Isso se refere ao fato de que, para praticamente tudo o que as pessoas produzem, a quantidade de produto adicional obtido de cada unidade adicional de saída diminui à medida que você usa mais e mais do insumo.

Esse termo é às vezes chamado em inglês de *low-hanging fruit principle* (o princípio da fruta pendurada no galho baixo). Imagine ser mandado para um pomar de maçãs na época da colheita para apanhá-las. Durante a primeira hora, você apanha muitas maçãs porque procura as que estão penduradas nos galhos mais baixos, que são as mais fáceis de alcançar. Na segunda hora, entretanto, você não pode colher tantas porque terá que começar a alcançar, atabalhoadamente, as frutas que estão no alto. Durante a terceira hora, você apanha uma quantidade ainda menor; agora você precisa pular toda vez que tentar colher uma maçã, porque as únicas que sobraram estão ainda mais distantes. A Tabela 3-1 demonstra como sua produtividade — sua produção para uma dada quantidade de insumo — diminui a cada hora adicional de trabalho.

Outra maneira para ver o efeito da diminuição dos rendimentos é notar o crescimento dos custos de produção. Se você paga aos operários $6 por hora para colherem maçãs, seu custo para ter 300 maçãs apanhadas na primeira hora é de $0,02 centavos por maçã, como mostrado na Tabela 3-1. A segunda hora rende apenas 200 maçãs, custando-lhe $0,03 centavos por maçã (porque você ainda tem que pagar ao operário $6 por aquela hora de trabalho). Apenas 120 foram apanhadas na terceira hora, portanto, o custo do trabalho por maçã subiu para $0,05 centavos. Em determinado momento, os efeitos do rendimento decrescente resultam em preços tão altos que você para de dedicar mais recursos para colher mais maçãs.

TABELA 3-1

Rendimentos Decrescentes na Colheita de Maçãs

Hora Trabalhada	Maçãs Colhidas	Custo da Mão de Obra por Maçã
1ª hora	300	2 centavos
2ª hora	200	3 centavos
3ª hora	120	5 centavos

Praticamente, todos os processos de produção mostram rendimentos decrescentes e não apenas em razão do trabalho. Quantidades adicionais de qualquer insumo específico, geralmente resultam em incrementos de produção cada vez menores, mantendo todos os outros insumos constantes.

Alocando recursos

Como os rendimentos decrescentes asseguram que o processo de produção eventualmente ficará mais caro, uma sociedade normalmente aloca seus recursos limitados amplamente para muitos processos de produção diferentes.

Imagine que você possa alocar operários para colher maçãs ou laranjas. Ambas as frutas são vendidas por $1 cada, mas sua produção envolve rendimentos decrescentes, de forma que os operários adicionais, atuando como apanhadores, renderão sucessivamente menos incrementos de produção, independente de qual fruta estejam colhendo.

Alocar todos os seus empregados na colheita de laranjas, por exemplo, é improdutivo, porque a produção que você obtém do ultimo operário colhendo laranjas será muito menor que a produção que obtém do primeiro. A coisa mais inteligente a fazer é retirar um operário da colheita de laranjas é transferi-lo para a colheita das maçãs. Como o último operário colhendo laranjas, ele não produz muito. Mas, como primeiro colhendo maçãs, ele colherá muitas delas. Como você lhe paga o mesmo salário independentemente da que fruta colhe, você usa o trabalho dele mais de modo mais inteligente ao tê-lo colhendo maçãs, porque uma maçã é vendida pelo mesmo preço que uma laranja.

Você pode querer transferir um segundo operário, e talvez um terceiro ou um quarto. Mas, porque os rendimentos decrescentes se aplicam tanto a colheita de maçãs quanto a de laranjas, não é bom transferir todos os operários. Cada operário adicional transferido para colher maçãs produz menos que os primeiros apanhadores. Em certo momento, mover operários adicionais da colheita de laranjas para colher maçãs não irá mais beneficiá-lo, e você alcançou o que os economistas chamam de alocação otimizada de seus recursos de trabalho. Assim que atingir esse ponto, você não terá outro incentivo para mover os operários da colheita de uma fruta para outra, porque nenhuma movimentação adicional de operários aumentará a quantidade total de frutas colhidas. Nesse ponto, você maximizou seu potencial de colheita.

Representação gráfica de suas possibilidades de produção

Os economistas possuem um gráfico convenientemente chamado de fronteira de possibilidades de produção (FPP), que lhe permite visualizar o efeito dos rendimentos decrescentes e ver as concessões de realocar insumos da produção de uma coisa para a de outra. A fronteira de possibilidade de produção, também chamada de curva de possibilidade de produção (CPP) mostra como recursos limitados restringem sua habilidade para a saída de produção. A Figura 3-1 mostra um gráfico FPP que corresponde aos dados da Tabela 3-2.

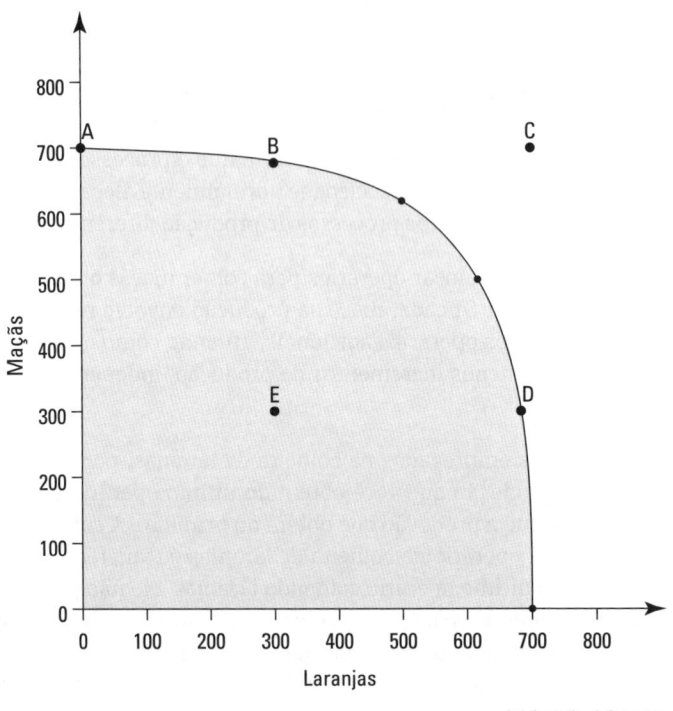

FIGURA 3-1:
A fronteira (ou curva) de possibilidade de produção (FPP) para os dados na Tabela 3-2.

A Tabela 3-2 mostra como o total da produção de maçãs e laranjas muda quando você faz alocações diferentes de cinco operários disponíveis para colher maçãs ou laranjas. Por exemplo, se você colocar as cinco pessoas para colher apenas maçãs por um dia inteiro, você obterá 700 maçãs colhidas e zero laranjas colhidas. Se você mover um operário para as laranjas (quatro estarão colhendo maçãs e um colhendo laranjas), você obterá 680 maçãs e 300 laranjas colhidas. Por causa dos rendimentos decrescentes, tirar um operário das maçãs reduz sua produção de maçãs em apenas 20 unidades. Mas mover o operário para as laranjas aumenta sua produção em 300, porque aquele operário é o primeiro colhendo laranjas e pode colher as frutas penduradas nos galhos mais baixos.

TABELA 3-2 **Produção de Maçãs e Laranjas Conforme Mudanças na Alocação do Trabalho**

	Combo 1	Combo 2	Combo 3	Combo 4	Combo 5	Combo 6
Operários colhendo laranjas	0	1	2	3	4	5
Operários colhendo maçãs	5	4	3	2	1	0
Produção de laranjas	0	300	500	620	680	700
Produção de maçãs	700	680	620	500	300	0

Representação gráfica das combinações

Você pode criar um gráfico de suas possibilidades de produção plotando no gráfico as diversas combinações da produção de dois produtos variando a quantidade de recursos que são alocados entre eles. A Figura 3-1 representa graficamente as seis combinações de produção resultantes das variações na alocação dos trabalhadores na Tabela 3-2, desse modo, representando graficamente todas as possibilidades de produção. O ponto A corresponde a colocar todos os trabalhadores para colher maçãs. O ponto B corresponde à produção que você obtém de quatro trabalhadores colhendo maçãs e um colhendo laranjas.

Note que cada um dos seis pontos é atingível, no sentido de que você pode produzir efetivamente as quantidades correspondentes de cada fruta, por meio de algumas alocações dos cinco trabalhadores. Por outro lado, um ponto como C não é atingível. Você não pode alocar seus cinco trabalhadores de forma alguma para produzir tantas maçãs e laranjas. Talvez, se tivesse mais trabalhadores, pudesse produzir uma combinação de produção como essa, mas está limitado a apenas cinco trabalhadores.

Imagine que, em vez de alocar o trabalho por trabalhador, nós alocássemos o trabalho por tempo. Cada um dos cinco operários trabalharia por dia, assim você teria cinco trabalhadores/dia de trabalho para alocar. Agora você pode alocar, por exemplo, 3,2 trabalhadores/dia para colher maçãs e 1,8 trabalhadores/dia para colher laranjas. Esse arranjo permite que você preencha o gráfico e desenhe uma linha conectando os seis pontos que correspondem às combinações de produção que obtém quando aloca o trabalho por operário.

LEMBRE-SE

Essa linha é chamada de fronteira de possibilidade de produção (ou FPP), porque ela divide a área do gráfico em duas partes: as combinações de saída que podem ser produzidas considerando seus limites de suprimento de trabalho estão abaixo da linha; e aquilo que não é possível produzir está acima dela. Desse modo, o gráfico FPP captura o efeito dos escassos recursos de produção. Algumas combinações de saída não podem ser reproduzidas dado o limitado suprimento de mão de obra (trabalho).

A FPP é uma simplificação do mundo real, derivada pela alocação de um insumo (input) entre apenas duas saídas (outputs). No mundo real, é claro, é bem mais complicado, com muitos recursos alocados entre muitos produtos diferentes. Mas os princípios dos recursos limitados e dos rendimentos decrescentes que surgem claramente no gráfico FPP também se aplicam a uma variedade muito maior tanto de insumos quanto de produtos do mundo real.

Interpretando o formato do gráfico

A curvatura para fora do gráfico FPP ilustra os efeitos dos rendimentos decrescentes. Na Figura 3-1, a alteração na inclinação conforme nos movemos pela linha de fronteira mostra que os trade-offs entre a produção de maçãs e a de laranjas dependem do ponto em que você inicia. Se você está no ponto A, em que todos os seus recursos estão alocados na produção de maçãs, você pode, pela realocação de recursos, produzir muito mais laranjas ao custo de abrir mão de poucas maçãs. Mas, se você começar no ponto D, no qual já está produzindo muitas laranjas, terá que desistir de muitas maçãs para conseguir apenas umas poucas laranjas.

Em jargão econômico, a alteração na inclinação da FPP em face dos rendimentos decrescentes se deve ao fato de os custos de oportunidade de produção variarem dependendo de sua atual alocação de recursos (veja o Capítulo 2 para saber mais sobre custos de oportunidade, que é igual ao valor da melhor opção que você não escolheu). Se você já está produzindo muitas maçãs, os custos de oportunidade de empregar ainda mais trabalho para uma maior produção de maçãs é muito alto porque você está abrindo mão de uma grande produção potencial de laranjas. Por outro lado, os custos de oportunidade de dedicar esse trabalho para a produção de laranjas são muito baixos, porque você tem que abrir mão de produzir apenas umas poucas maçãs. Claramente, deve dedicar o trabalho para colher a fruta que tem o menor custo de oportunidade porque, neste exemplo, ambas as frutas trazem o mesmo benefício: $1 por fruta vendida.

Avaliando a eficiência

A FPP também é muito útil porque quaisquer pontos marcados no próprio gráfico (na fronteira ou na curva) mostram claramente as combinações de produção obtidas quando você é produtivamente eficaz — ou não desperdiça nenhum de seus recursos.

No exemplo, você não consegue aumentar a produção de maçãs sem reduzir a produção de laranjas e vice-versa. Se começar no ponto B, o único modo para aumentar a produção de maçãs é seguir a linha de fronteira para cima e ao longo da curva, o que implica em reduzir a produção de laranjas. Você tem que fazer essa concessão (trade-off), uma vez que não tem trabalho desperdiçado e disponível, com o qual poderia obter mais maçãs sem reduzir a quantidade de trabalho já designado para a colheita de laranjas.

Todos os pontos abaixo da linha de fronteira são produtivamente ineficientes. Considere o ponto E na Figura 3-1, que corresponde à produção de 300 maçãs e 300 laranjas. Você produz até um ponto como E somente se estiver sendo produtivamente ineficiente. De fato, pode ver pela Tabela 3-2 que é possível produzir esses números ao mandar apenas um operário para colher maçãs e outro para colher laranjas. Você está utilizando apenas dois de seus cinco operários; a força de trabalho dos outros três está sendo desperdiçada ou não utilizada.

No mundo real, você acaba em um ponto como o E em razão de uma tecnologia de produção ineficiente ou de má gestão. Por uma razão ou por outra, os recursos disponíveis não estão sendo usados para a produção com tanto rendimento quanto poderiam. Qualquer gerente que tenha cinco empregados para alocar, mas produza apenas a combinação E deve ser despedido!

Economias eficientes devem sempre estar produzindo em algum ponto de suas linhas de fronteiras, porque, se estão dentro da linha, estão desperdiçando os recursos limitados e não maximizando a felicidade que poderiam gerar.

Alcançando novas fronteiras com tecnologias melhores

Uma simplificação da FPP é que, além do insumo específico que está alocando, você está implicitamente mantendo constantes todos os outros insumos produtivos, incluindo a tecnologia. Mas o nível de sofisticação tecnológica da humanidade está aumentando constantemente, permitindo às pessoas produzirem muito mais a partir de um dado conjunto de recursos do que antes.

Os economistas representam esse aumento na produtividade movimentando a FPP para fora. Na Figura 3-2, a área sombreada representa novas combinações de produção que, graças a uma melhor tecnologia, podem agora ser produzidas utilizando a mesma quantidade de recursos que antes. A FPP ainda é curva porque melhores tecnologias não se livram dos rendimentos decrescentes. Mesmo com uma tecnologia melhor, se você começar a aumentar a quantidade de um insumo em particular, conseguirá diminuir sucessivamente o acréscimo adicional na produção.

Na Figura 3-2, a nova mudança da nova tecnologia é equilibrada no sentido de que ela melhora sua habilidade para produzir mais de ambas as mercadorias. Um exemplo de alteração por tecnologia equilibrada são as melhorias dos fertilizantes e pesticidas, que incrementam os lucros das colheitas de ambas, maçãs e laranjas.

Mas a maioria das inovações tecnológicas é tendenciosa. Por exemplo, suponha que você esteja considerando um gráfico FPP no qual as mercadorias em produção sejam trigo e aço. Uma melhoria na tecnologia de fabricação do aço obviamente permitiria que você produzisse mais aço a partir dos seus recursos limitados, mas não tem qualquer efeito em sua habilidade para produzir trigo. Consequentemente, como nos mostra a Figura 3-3, a FPP não desvia para fora de maneira uniforme. O gráfico desvia para fora no final, quando todo seu insumo específico (digamos, trabalho) está devotado ao aço, mas permanece fixo no final, quando todo o seu insumo específico está devotado à produção de trigo.

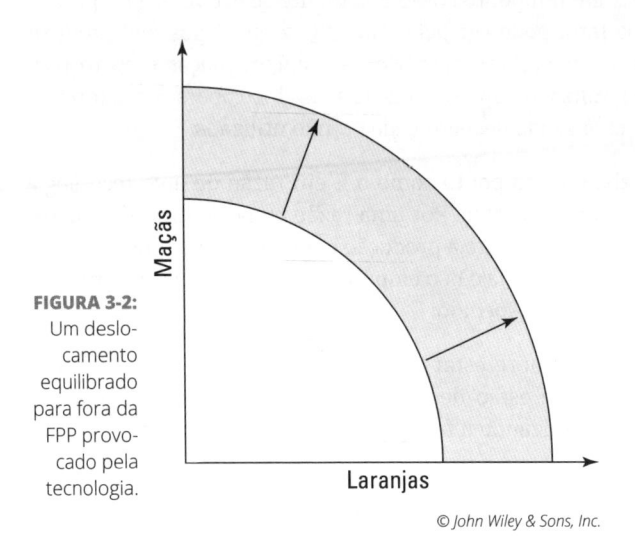

FIGURA 3-2: Um deslocamento equilibrado para fora da FPP provocado pela tecnologia.

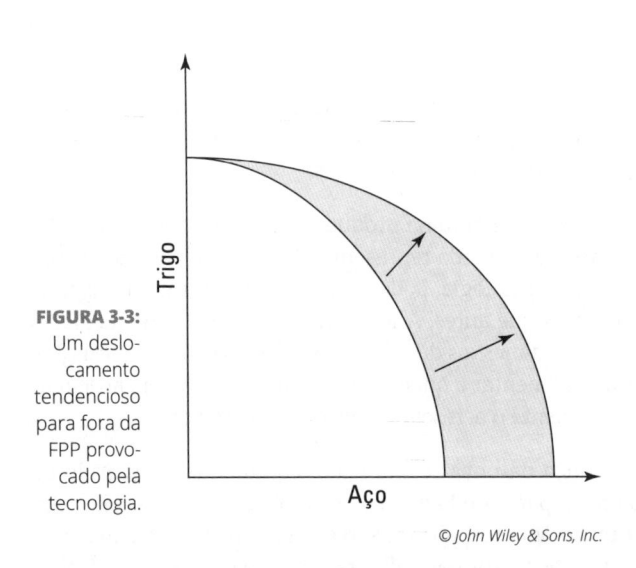

FIGURA 3-3: Um deslocamento tendencioso para fora da FPP provocado pela tecnologia.

Decidindo o que Produzir

Após uma sociedade posicionar a fronteira das combinações eficientes de produção (veja as seções anteriores), o próximo passo é escolher o ponto ao longo da fronteira que produza a combinação de bens e serviços que fará as pessoas mais felizes. Escolher apenas a partir de combinações de fronteira garante a eficiência produtiva. Escolher a única combinação de fronteira que maximize a felicidade assegura a eficiência de alocação.

Como determinar onde a fronteira está situada é, sobretudo, uma questão de engenharia e aplicação da tecnologia atual para os recursos disponíveis, essa questão gera pouca controvérsia. Porém, decidir qual combinação especial de produção uma sociedade como um todo deve escolher é muito mais complicado. As pessoas têm preferências, tanto como indivíduos quanto como grupos, sobre que produtos as tornam mais felizes. A escolha de um indivíduo sobre um determinado ponto em sua própria FPP não gera conflito. Ele só determina que combinações de produtos o tornam mais feliz e então os produz e consome. O processo de tomada de decisão torna-se vastamente mais complicado quando você considera uma FPP de toda uma sociedade. Nesse caso, tenha certeza de um forte descontentamento sobre que tipo de combinação de produtos fabricar com os recursos limitados da sociedade.

Por exemplo, seu vizinho pode não se importar com toda a poluição gerada por ele gostar de dirigir seu SUV dia e noite. Se ele estivesse vivendo em seu próprio mundo, a poluição não importaria, mas como você vive próximo a ele, é afetado pela poluição e desaprova. Talvez você busque a intervenção do governo para limitar o que seu vizinho está fazendo. Da mesma forma, o governo discute o que deveria produzir com seus recursos limitados: algumas pessoas são a favor dos subsídios agrícolas enquanto outras defendem gastos com defesa ou programas de assistência social.

Essas prioridades concorrentes significam que algum tipo de processo de tomada de decisão deve ser estabelecido para determinar o que será, de fato, produzido e para (tentar) assegurar que agradará a maioria das pessoas na maior parte do tempo. Em muitas economias modernas, esse processo é o resultado de decisões tanto públicas quanto privadas atuando através de uma combinação de livre mercado e ação governamental. O processo nem sempre é tranquilo, mas ele tem produzido o mais alto padrão de vida da história mundial.

Nesta seção, discuto os prós e contras dos livres mercados e das intervenções governamentais e por que a maioria dos países optou por sistemas mistos em vez de tentar contar exclusivamente com um ou com outro.

Comparando resultados de mercados e intervenções governamentais

Ao analisar as formas pelas quais as economias e as sociedades modernas escolhem uma combinação de bens e serviços a serem produzidos, é necessário compreender que as leis e as instituições econômicas atuais são o resultado de pressões conflitantes entre:

>> Deixar o mercado por conta de seus próprios dispositivos durante a transformação de recursos em produtos.

>> Utilizar o poder do governo para intervir nos mercados, de modo a garantir um conjunto diferente de resultados.

Tenha em mente os três seguintes fatores quando considerar a disputa entre deixar o mercado por sua conta própria ou intervir:

>> **Complexidade:** As economias modernas são imensamente complicadas, com literalmente milhões de bens e serviços produzidos utilizando recursos limitados de terra, trabalho, capital e capacidade empreendedora. Os mercados gerenciam essas complexidades facilmente, mas as intervenções governamentais normalmente não — o que significa que frequentemente arriscam reduções substanciais na produção e na eficiência da alocação.

>> **Efeitos colaterais:** Alguns bens e serviços, como cocaína e usinas de combustíveis fósseis, têm consequências negativas que geralmente recaem sobre "terceiros" que não estão diretamente envolvidos na produção ou no consumo desses bens. Essas consequências negativas trazem substancial pressão pela intervenção governamental na economia porque esses mercados, se deixados sozinhos, produzirão grandes quantidades desses bens e serviços e, consequentemente, muitos efeitos negativos para terceiros.

>> **Desigualdade:** Algumas pessoas acabam consumindo uma grande proporção dos bens e serviços produzidos, enquanto que outras terminam com muito pouco. Tal distribuição desigual também gera uma grande pressão para a intervenção governamental na economia de maneira a equalizar os padrões de vida.

Esses fatores são tanto a causa como a consequência do fato de nossas economias modernas serem amplamente uma mistura de mercado de produção e intervenção governamental. Para a maior parte, o que produzir, quanto produzir e quem obtém tais produções é decidido por transações voluntárias feitas por indivíduos e empresas. Mas, algumas vezes, o governo utiliza seus poderes coercivos para alcançar resultados que não aconteceriam se os indivíduos e empresas fossem deixados aos seus próprios interesses.

Em ambos os casos, um vasto aparato de leis e tradições que governam as transações econômicas ajuda a sociedade a produzir uma combinação de produtos que seja produtivamente eficaz (de forma que os recursos não sejam desperdiçados) e alocados com eficiência (assim, a economia está produzindo aquilo que as pessoas mais desejam). A seguir, esboçamos os benefícios e as desvantagens que ambos, mercados e governos, trazem para a mesa econômica.

A magia dos mercados: Direcionando recursos automaticamente

Economias de mercado são simplesmente coleções de bilhões de pequenas transações entre compradores e vendedores. Os economistas usam o termo produção de mercado para identificar o que acontece quando um indivíduo se oferece a produzir ou vender algo para outro indivíduo a um preço acordado por ambos.

LEMBRE-SE

Em mercados, a alocação de recursos é facilitada pelo fato de que cada recurso tem um preço, e quem quer que esteja disposto a pagar o preço adquire o recurso. Na verdade, economias de mercado são geralmente chamadas de sistemas de preços porque os preços servem de sinal para direcionar os recursos. Ao manter o fornecimento constante, produtos em alta demanda têm preços altos, e produtos em baixa demanda têm preços baixos. Como as empresas gostam de ganhar dinheiro, normalmente elas seguem os sinais dos preços e produzem mais o que está em alta e menos o que está em baixa. Assim, os mercados tendem a pegar recursos limitados e usá-los para produzir o que as pessoas mais querem — ou, pelo menos, aquilo que as pessoas estão mais dispostas a adquirir.

COMUNISMO, LONGAS FILAS E O PAPEL HIGIÊNICO

Em uma economia *dirigida* toda atividade econômica é feita sob as ordens do governo. Até a queda do muro de Berlim e o subsequente colapso do comunismo no final dos anos 1980 e começo dos anos 1990, uma grande parte da população mundial vivia em países com economias dirigidas. Infelizmente, eles não viviam muito bem.

A escassez de tudo, desde açúcar até roupas e papel higiênico, era constante. Mais sério ainda: médicos muitas vezes careciam de seringas e medicamentos para seus pacientes e os alimentos eram, quase sempre, pouco fornecidos.

Bens e serviços não eram alocados utilizando-se o sistema de preços no qual a produção chegava àqueles que desejavam e podiam pagar por ela. Como todos em um país comunista são ideologicamente iguais, o governo tentou dar a todos uma quota igual dos bens e serviços produzidos. O resultado, no entanto, não foi uma divisão por igual; em vez disso, havia longas filas, e aqueles que eram capazes de ficar longos períodos nessas filas conseguiam mais do que aquilo que lhes era devido. As filas eram tão grandes que as pessoas frequentemente passavam o dia inteiro nelas apenas para conseguir um rolo de papel higiênico. Se você visse uma fila se formando, entrava nela o mais rápido possível, ainda que não soubesse para quê. Como tudo era escasso, o produto quase certamente era algo que você queria.

O que causou essa desordem? Centralização. Em Moscou, funcionários do governo, chamados *planejadores centrais*, tentaram determinar as quantidades corretas a serem produzidas para 24 milhões de itens diferentes! Essa era uma tarefa impossível. Pegue,

(continua)

(continuação)

por exemplo, o papel higiênico. Primeiro, estima-se quantos milhões de rolos de papel higiênico são necessários. Então, era necessário descobrir quantas árvores precisavam ser cortadas para fabricar todo aquele papel e quantos vagões ferroviários eram necessários para transportar todas aquelas árvores até as fábricas de papel e quantos operários para a produção na fábrica. Ao mesmo tempo, é necessário balancear a produção de papel higiênico contra outro zilhão de coisas que também requerem árvores, vagões ferroviários e trabalhadores.

Toda a questão é demasiado complexa e requer uma grande quantidade de informação para ser resolvida. O resultado foi que os recursos eram constantemente mal direcionados e desperdiçados. Por exemplo, os alimentos apodreciam nas fazendas porque os vagões ferroviários para o transporte do produto não eram escalados para trazê-los do campo para a cidade; os funcionários não haviam contabilizado que a colheita poderia ser antecipada e os vagões estavam ocupados em outro lugar. Em um sistema de preços, os agricultores teriam simplesmente pago pela utilização dos vagões. Essa solução não era possível em uma economia centralizada, em que preços não eram utilizados para alocar recursos.

Por exemplo, a pessoa que vende uma TV para você na loja de sua cidade, não faz ideia da demanda total de TVs no mundo, quantas toneladas de aço ou plástico são necessárias para produzi-las, ou quantas outras coisas não foram produzidas porque o aço e o plástico necessários para fazer TVs foram utilizados nelas em vez de em qualquer outra coisa. Tudo o que o vendedor sabe é que você está disposto a pagar pela TV. E, se ele estiver fazendo uma venda lucrativa dessa TV, levará em consideração sua lucratividade e pedirá mais TVs para a fábrica. A fábrica, por sua vez, aumentará a produção, utilizando os recursos da produção de outras coisas.

Os mercados também têm o benefício de calcular, automaticamente, os itens que as pessoas desejam. Para compreender por que isso é tão extraordinário, considere que vivemos em um mundo de aproximadamente 7 bilhões de pessoas. Seria muito difícil para qualquer pessoa reunir informações suficientes para entender o que cada um mais deseja comprar. Levaria muitas vidas para falar com cada um deles apenas para descobrir o que querem para o jantar, deixando de lado todas as outras coisas que eles gostariam de comprar em um dia típico.

Em um mercado competitivo, muitos vendedores competem uns contra os outros para atrair clientes. Veja algumas das vantagens da concorrência:

» **Usar recursos de modo eficiente e manter os preços baixos**: Um mercado competitivo tende a garantir produtividade eficaz porque a melhor maneira para os vendedores manterem os preços baixos é a certeza de que estão utilizando todos os seus recursos de modo eficiente e que nada é desperdiçado. Como a concorrência é contínua, a pressão para ser eficaz é constante.

» Os vendedores também têm um grande incentivo para melhorar sua eficiência, de forma a vender por um preço mais baixo que os seus concorrentes e, assim, roubar deles os clientes.

» **Estimular melhorias na tecnologia:** Em termos de FPP (que discutimos anteriormente na seção "Representação gráfica de suas possibilidades de produção"), a produção do mercado com muita concorrência tende a garantir não apenas que as economias produzam em seus limites, mas também que elas tenham fronteiras que sejam constantemente superadas, conforme as empresas melhoram sua eficiência produtiva graças aos esforços dos empreendedores que fornecem a capacidade empreendedora que gera inovação e invenção.

Os delitos dos mercados: Ignorando a moral e a justiça

Os mercados não são perfeitos. Em particular, eles sofrem de dois grandes problemas:

» Mercados produzem qualquer coisa desde que as pessoas estejam dispostas a pagar por elas, mesmo que essas coisas não sejam necessariamente boas para as pessoas ou para o meio ambiente. Desde que haja lucro, você pode ter certeza de que o fornecimento aumentará para satisfazer qualquer demanda. O fato de drogas ilegais serem amplamente comercializadas a preços baixos — apesar de vigorosos programas dos governos para impedir a produção e a distribuição — provavelmente é o melhor exemplo da robustez dos mercados. Mas, embora seja bom que os mercados sejam tão determinados em oferecer às pessoas o que elas estão dispostas a comprar, as drogas ilegais são um excelente exemplo do fato de que os mercados entregarão qualquer coisa sem se preocupar com seu valor social ou consequências negativas, tais como o vícios, as famílias destruídas e aumento da criminalidade provocada pelas drogas.

» No mesmo sentido, os produtores frequentemente se utilizam de métodos de produção que os consumidores não gostam. O trabalho infantil e o trabalho quase escravo, em alguns estabelecimentos, são os principais exemplos disso. Muitas vezes o governo tem que intervir para mudar isso, quando o sistema de preços não proporciona incentivo suficiente para que os produtores mudem essas práticas condenáveis.

» Os mercados não garantem de forma alguma a igualdade e a justiça. Outro grande problema com os mercados é que eles fornecem a todos aqueles que têm dinheiro para gastar. O sistema de preços incentiva a produção apenas daqueles itens pelos quais as pessoas estão dispostas a pagar. Se a pessoa for pobre, não conseguirá dar aos produtores os incentivos para que produzam sequer os itens básicos para suas necessidades, como medicamentos e comida.

» Um problema relacionado aos mercados é a desigualdade entre renda e riqueza. Como sistemas de mercados recompensam aqueles que estão mais bem preparados para prover bens e serviços que as pessoas querem adquirir, alguns vendedores tornam-se muito ricos porque são melhores em proporcionar às pessoas o que elas desejam. Isso leva invariavelmente a grandes desigualdades em termos de riquezas, que muitos consideram ofensivas.

Os prós da intervenção governamental

Muitas sociedades usam seus governos para intervir e tratar dos problemas que os mercados criaram ou não conseguem resolver. As intervenções governamentais na economia geralmente acontecem de uma dessas três formas:

» **Sanções ou proibição de produção ou consumo de bens e serviços considerados perigosos ou imorais:** Essas proibições frequentemente funcionam apenas de forma parcial, porque o mercado ainda tem grandes incentivos para fornecer esses bens e serviços. Por exemplo, governos podem proibir drogas ou impor "impostos proibitivos" em itens como álcool e tabaco, que, apesar de legais, são considerados produtos cujo uso deve ser desestimulado.

» **Subsídios para estimular a produção de bens e serviços considerados desejáveis:** Por exemplo, a maioria dos governos investe pesado em subsídios para a educação infantil e assistência médica. Eles agem assim por temerem que, sem os subsídios, a educação e a assistência médica oferecidas sejam insuficientes e inadequadas. Educação e assistência médica também oferecem grandes benefícios colaterais ao grande público. Pense nas vacinas. Elas não protegem só as pessoas imunizadas, pois a imunização elimina a possibilidade de infectar uma pessoa que não foi imunizada.

» **Impostos sobre os abastados para prover bens e serviços para os menos afortunados e reduzir as desigualdades de renda e riqueza:** Estes impostos são direcionados para coisas como parques, ar puro e arte, assim como bens e serviços, em prol dos mais pobres. Os governos taxam os indivíduos e as empresas para arrecadar recursos para fornecer esse tipo de coisa.

Em termos do gráfico FPP, cada uma dessas intervenções governamentais obriga a economia a produzir e alocar uma combinação de produção diferente da que a sociedade teria resolvido se os mercados tivessem tomado todas as decisões sobre produção e alocação.

Dependendo da situação, a combinação da produção feita pela intervenção governamental pode ser melhor ou pior que a combinação do mercado em termos de eficácia de produção, eficácia de alocação ou ambas. A melhor combinação depende das especificações de cada caso.

MAIS DINHEIRO PARA AS CABRAS

Mohair é uma lã extremamente quente produzida a partir do pelo de um tipo especial de cabra. Durante a Segunda Guerra Mundial, o governo dos Estados Unidos decidiu que precisava de mohair para aquecer as jaquetas de pilotos de bombardeiros em suas cabines sem aquecimento. Como resultado, o governo começou a oferecer grandes subsídios para estimular a produção de mohair. Mas há quase 70 anos os aviões são aquecidos, e as jaquetas dos pilotos de bombardeiros são feitas de materiais sintéticos. Ainda assim o subsídio para lã mohair permanece, e os produtores recebem milhões de dólares a cada ano. Por quê? Porque os produtores de mohair fazem um pesado lobby junto ao governo dos EUA para renovar esse subsídio. Para cada produtor, o subsídio é bem significativo. E como apenas uma fração de centavo do valor da arrecadação é destinada ao mohair, ninguém protesta. Consequentemente, o subsídio para o mohair sobrevive não porque traz algum benefício à sociedade, mas porque, na democracia, o lobby dá resultados. Muitos outros programas de governo carecem de benefícios sociais abrangentes.

Os contras da intervenção governamental

A intervenção do governo é uma força poderosa para redirecionar a atividade econômica, mas ela não necessariamente torna a economia melhor. Na verdade, existem três boas razões para a intervenção governamental piorar as coisas:

» **Interesses especiais:** Programas governamentais são, frequentemente, resultado de lobbies de interesses pessoais que convencem o legislador a colocar os interesses de um pequeno grupo acima do interesse do público em geral.

» **Ineficiência:** Mesmo quando busca o bem comum, programas governamentais, com frequência, oferecem um serviço de má qualidade, porque não existe concorrência para criar incentivos à produção governamental de bens e serviços eficientes.

» **Inflexibilidade:** As intervenções governamentais geralmente carecem da flexibilidade do sistema de preços, que é capaz de redirecionar constantemente recursos para acomodar as alterações nos desejos das pessoas de pagar mais por um determinado produto do que por outro. Políticas governamentais levam anos para serem aprovadas e as leis são, em geral, escritas de uma maneira bastante precisa que não permite alterações circunstanciais e inovações rápidas — coisas que o sistema de preços controla com facilidade.

Embora os mercados às vezes não consigam entregar tudo que a sociedade deseja, a intervenção governamental não é uma panaceia. Os mercados desempenham bem a distribuição da grande maioria das coisas que as pessoas desejam e, em geral, conseguem fazer isso ao menor custo possível. Consequentemente, a intervenção governamental deveria ser bem ponderada para não tornar as coisas piores.

Optando por uma economia mista

No mundo real, poucas sociedades optam por um tipo extremo de economia, tal como uma totalmente baseada no mercado ou uma cuja característica seja a constante e predominante intervenção governamental. A maioria das sociedades opta pelo entrelaçamento entre mercados, intervenção governamental e ao que os economistas se referem como produção tradicional. Em suas formas originais, estes três tipos de economia podem ser definidos da seguinte maneira:

» **Economia de mercado:** É aquela em que quase todas as atividades econômicas acontecem no mercado com pouca ou nenhuma interferência do governo. Por causa da falta de intervenção governamental, este sistema é também chamado de *laissez faire*, que em francês quer dizer "deixa fazer".

» **Economia dirigida:** É aquela em que toda a atividade econômica é direcionada pelo governo.

» **Tradicional:** É aquela em que produção e distribuição são gerenciadas nos moldes das antigas tradições culturais. Por exemplo, até o sistema de castas ser abolido na Índia, durante o século passado, a produção de praticamente todos os bens e serviços poderia ser feita apenas por aqueles nascidos nas castas apropriadas. Da mesma foram, na Europa medieval, as pessoas não podiam fazer parte do governo ou atingir um alto posto militar a não ser que tivessem nascido na nobreza.

Em razão de quase todas as economias modernas serem uma mistura dessas três categorias, muitas acabam sendo classificadas como economias mistas. Com exceção de algumas poucas sociedades tradicionais isoladas, contudo, a parte da mistura que cabe à economia tradicional tende a declinar em significância, por que a maior parte da produção tem se deslocado para os mercados e porque as restrições da economia tradicional em coisas como idade e gênero têm se tornado cada vez menos importantes (e mais ilegal).

LEMBRE-SE

As economias mistas de hoje são uma mistura dos outros dois tipos puros: a economia dirigida e a economia de mercado. As misturas que você encontra em grande parte dos países tipicamente apresentam governos que, em sua maioria, permitem aos mercados determinarem o que produzir, mas que também possibilitam intervenções para corrigir eventuais desvios decorrentes da autorregulação do mercado.

A precisa natureza dessa mistura depende do país, com os Estados Unidos e o Reino Unido dando maior ênfase aos mercados, enquanto que a França e a Alemanha, por exemplo, têm como característica uma ênfase maior em intervenções governamentais. Por outro lado, alguns poucos regimes totalitaristas, como o da Coreia do Norte, ainda insistem em governar executando a economia dirigida pura, como parte de seus abrangentes regimes autoritários.

Percebendo a falha da economia dirigida e a ausência de *laissez faire*

Economias dirigidas historicamente apresentam falhas deploráveis (veja o box "Comunismo, Longas Filas e o Papel Higiênico" para mais detalhes). Até mesmo governos bem-intencionados não são capazes de reunir informação suficiente sobre produção e distribuição para fazer um bom trabalho de alocação de recursos. Na verdade, eles fazem um trabalho muito pior se comparados aos sistemas de preços.

Consequentemente, o extremo oposto, a absoluta falta de intervenção governamental, pode parecer uma opção atrativa. Esses sistemas *laissez faire* foram sugeridos primeiramente pelos economistas franceses há algumas centenas de anos, em resposta ao hábito dos governantes daquela época de intervir pesadamente nas atividades econômicas. Entretanto, uma economia de *laissez faire* pura jamais existiu e provavelmente jamais existirá. O simples fato é que o bom funcionamento das economias de mercado que utilizam os mecanismos de preços para alocar recursos requer uma grande quantidade de apoio do governo.

Entre outras coisas, as economias de mercado precisam dos governos para:

- » Fazer valer os direitos de propriedade para que as pessoas não as roubem.
- » Fornecer sistemas jurídicos para redigir e fazer cumprir contratos para que as pessoas possam comprar e vender bens e serviços.
- » Aplicar sistemas de pesos e medidas padronizados para que as pessoas saibam que não estão sendo enganadas.
- » Proporcionar um fornecimento estável de dinheiro, seguro contra falsificadores.
- » Concessões de patentes e direitos autorais para incentivar a inovação e a criatividade.

Observe que todas essas coisas devem operar para que os mercados funcionem. Consequentemente, uma versão mais moderada e mais moderna do *laissez faire* diz que o governo deve proporcionar a estrutura institucional necessária para que as economias de mercado funcionem e, em seguida, possa sair do caminho e deixar que as pessoas produzam e vendam o que for necessário.

Decidindo a quantidade de intervenção governamental

Como as economias dirigidas não funcionam e as de livre mercado não existem de fato, a maioria das sociedades optaram por uma forma ou outra de economia mista em que os governos e os mercados dividem as responsabilidades. A natureza precisa dessa mistura varia de país para país, mas todas apresentam alguns exemplos de intervenção governamental direta e controle da atividade econômica interagindo com mercados que usam o sistema de preços para alocar recursos.

A grande maioria das pessoas quer que os governos façam mais do que apenas estabelecer as instituições necessárias ao funcionamento dos mercados. Elas querem que os governos impeçam a produção e a venda de coisas como drogas ou subsidiem a produção de coisas que a economia de mercado não pode fornecer em grande quantidade, como habitação para os pobres. Frequentemente, essas pessoas desejam também que os governos taxem os cidadãos mais abastados para financiar programas governamentais.

Muitos programas governamentais são corriqueiros que você nem mesmo pensa neles como sendo intervenções governamentais. Por exemplo, escolas públicas gratuitas, itens essenciais de segurança nos carros, etiquetas de advertência em embalagens de medicamentos, impostos sobre álcool e tabaco e a contribuição obrigatória ao sistema de aposentadoria são exemplos de intervenções do governo na economia.

As intervenções governamentais necessárias para implantar tais programas são, em muitos casos, ineficientes. Mas muitas pessoas defendem que há mais coisas na vida que eficiência, e, portanto, as ineficiências causadas por muitas das intervenções governamentais são compensadas pelos benefícios que produzem. Para essas pessoas, as intervenções governamentais em questão aumentam totalmente a felicidade, apesar do fato de serem, estritamente falando, ineficientes.

LEMBRE-SE

No fim das contas, todas as intervenções do governo — boas ou más — são resultado de um processo político. Nas democracias, a quantidade de intervenções governamentais é, de modo geral, um reflexo do desejo do povo. Países em que as pessoas têm maior confiança nos mercados, como os Estados Unidos e o Reino Unido, tendem a apresentar economias mistas com menos intervenção governamental do que em países em que as pessoas suspeitam mais de forças de mercado impessoais e corporativas, como a França e a Alemanha.

Promovendo a Tecnologia e a Inovação

A tecnologia é, de diversas maneiras, como qualquer outro bem que pode ser provido por um mercado. Se há o incentivo do lucro para inventar uma nova tecnologia, os empresários arranjarão um modo de inventá-la, da mesma forma que descobriram maneiras para fornecer todas as outras coisas pelas quais as pessoas estavam dispostas a pagar. Entretanto, a menos que o governo estabeleça o conjunto certo de leis e direitos de propriedade, as empresas não acharão lucrativo inovar.

Assim, uma das tarefas governamentais mais importantes é ajudar a promover a invenção de novas tecnologias para que possamos desfrutar de um padrão de vida ainda mais elevado. Veja algumas das diversas maneiras em que o governo pode apoiar a tecnologia:

» **Financiamento de pesquisa:** Governos fornecem grande parte do apoio direto através de verbas de pesquisas e subsídios de universidades.

» **Proteger direitos de propriedade intelectual:** Um item crucial para entender sobre a inovação é o papel indireto que o governo desempenha não ao subsidiar novas tecnologias, mas em salvaguardá-las. Em especial, as patentes concedidas pelos governos proporcionam um grande incentivo econômico para a inovação tanto de indivíduos como empresas. Na maioria dos países, a patente garante aos inventores de novos produtos ou métodos empresariais direitos exclusivos ao lucro obtido por suas inovações, geralmente por um período de 20 anos.

Não é coincidência que o crescimento da economia nos Estados Unidos e na Europa Ocidental decolou 200 anos atrás, logo após as patentes terem se tornado obrigatórias. Pela primeira vez na história do mundo, houve um incentivo financeiro seguro para que as pessoas usassem seus cérebros para inovar. Antes dessa época era extremamente perigoso inovar, porque depois de todos os seus esforços outros poderiam simplesmente copiar sua invenção e vendê-la sem sua permissão.

Os direitos autorais sobre trabalhos de literatura, música e cinema servem a um propósito semelhante. Uma grande quantidade de arte é produzida a mais quando os artistas sabem que podem ganhar a vida com seus produtos. Em vista disso, a facilidade da duplicação e distribuição de mídia digital na internet é um avanço preocupante, porque tem enfraquecido a capacidade dos artistas de cobrarem pela arte que trabalham muito para produzir.

» **Estimular a educação:** Não lhe deve ser surpresa que todos os países ricos do mundo tenham uma política universal de educação primária e secundária, bem como universidades fortes. Novas tecnologias inteligentes requerem pesquisadores preparados e instruídos, e você não os consegue sem bons sistemas educacionais.

Economias avançadas também requerem trabalhadores inteligentes e instruídos para implantar as novas tecnologias. Consequentemente, a educação tem que estar disponível para todas as pessoas se uma economia quiser utilizar o fluxo constante de novos processos e ferramentas que os pesquisadores desenvolvem.

SISTEMAS POLÍTICOS VERSUS SISTEMAS ECONÔMICOS

As três categorias usadas pelos economistas para distinguir sistemas econômicos — de mercado, dirigido e tradicional — têm o único propósito de transmitir informações sobre um sistema econômico de um país. Em contrapartida, termos como comunismo, capitalismo, democracia e socialismo tendem a focar exclusivamente o sistema político de um país ou como um sistema político de um país está entremeado com seu sistema econômico.

Pense na palavra democracia. Ela se refere a um sistema político em que o governo é controlado pelos cidadãos. Se o governo é dirigido para a instituição de um sistema econômico de mercado, dirigido ou tradicional, não está especificado. Em contrapartida, sistemas comunistas e socialistas deveriam conter governos democráticos como os donos e operadores de todos os negócios em uma economia em benefício de seu povo. Ou seja, ambos os sistemas por definição deveriam englobar tanto o sistema político quanto o econômico de um país.

No entanto, observe, que os governos comunistas e socialistas, na prática, tendem a deixar de alcançar suas aspirações políticas democráticas. Os países socialistas e comunistas, como a antiga União Soviética, a Coreia do Norte, Cuba e recentemente a Venezuela, tendem a ter governos totalitários, e não democráticos, que usam de seu controle quase absoluto sobre o comércio como mais uma ferramenta para oprimir seus cidadãos.

Por fim, entenda que o termo *capitalismo* tem muitas definições conflitantes. Para alguns, ele se refere às economias que apresentam propriedade privada e livres mercados. Para outros, ele é definido pela industrialização e utilização de grandes quantidades de capital no processo de produção. Outro grupo usa o termo para descrever um sistema econômico-político em que os ricos proprietários de grandes empresas usam seu poder e influência tanto no comércio quanto no governo para explorar os pobres. Por causa dessas muitas definições conflitantes (e controversas), os economistas tendem a evitar o termo *capitalismo* e optam por termos descritivos mais precisos como *economia baseada em mercado*.

Microeconomia: A Ciência do Comportamento da Empresa e do Consumidor

Descubra as relações entre preços, quantidade de oferta e quantidade demandada, e como as mudanças na oferta ou demanda afetam o equilíbrio do mercado.

Entenda como as pessoas maximizam sua felicidade utilizando a lei da utilidade marginal, pesando alternativas e escolhendo as quantidades certas considerando seus orçamentos limitados.

Saiba como e por que as empresas estabelecem seus níveis de saída para otimizar os lucros e o que elas fazem quando perdem dinheiro.

Confira os benefícios dos mercados, como eles podem maximizar o superavit total e qual o papel dos impostos e dos controles de preços nos mercados.

Descubra o que são e como se comportam os monopólios. Examine o que é conluio e por que algumas oligopólios de conluio funcionam e outros não.

Capítulo **4**

Oferta e Demanda de Forma Fácil

N a economia moderna, a maioria das atividades econômicas acontece em *mercados*, lugares onde os compradores e vendedores se reúnem para trocar dinheiro por bens ou serviços. Um mercado não tem que ser um lugar físico real; na verdade, muitos mercados da atualidade são completamente computadorizados e existem apenas no ciberespaço (lojas de música online, por exemplo). Mas não importa que tipo de arranjo institucional os mercados tenham, todos eles tendem a se comportar da mesma forma.

LEMBRE-SE

Um modelo muito simples chamado *oferta e demanda* descreve com precisão como o mercado funciona, independentemente de qual bem ou serviço está sendo comprado ou vendido. Esse modelo separa logicamente compradores de vendedores e então resume o comportamento de cada grupo com uma simples linha em um gráfico. O comportamento dos compradores é captado pela *curva de demanda*, enquanto o comportamento dos vendedores é capturado pela *curva de oferta*. Ao colocar essas duas curvas no mesmo gráfico, os economistas podem demonstrar como os compradores e vendedores interagem para determinar quanto de qualquer item em particular será vendido, bem como a que preço será vendido.

O modelo de oferta e demanda é uma das mais famosas contribuições dos economistas para a compreensão humana. Ele é útil em inúmeras áreas e esclarece exatamente como os mercados estabelecem preços e alocam recursos, bem como fornecem previsões precisas sobre como as políticas governamentais afetarão o comportamento dos mercados. Esse modelo pode lhe dizer, por exemplo, por que o preço da gasolina sobe durante o verão e por que o do trigo cai depois de uma boa colheita. Ele também é capaz de prever — corretamente — que os subsídios nos preços agrícolas podem provocar uma superprodução de alimentos e que o controle dos aluguéis pode levar a uma escassez de moradias.

Começo este capítulo apresentando vocês aos mercados. Em seguida, explico oferta e procura separadamente e mostro como desenhar e manipular a curva de oferta e a curva de demanda; a curva de demanda capta o comportamento dos compradores, e a curva de oferta capta o comportamento dos fornecedores. O passo seguinte é observar as interações das curvas para ver como ambos os mercados funcionam quando deixados à sua própria sorte e quando sujeitos às regulamentações e intervenções governamentais.

Desconstruindo a Demanda

As pessoas querem comprar coisas e os economistas se referem a esse desejo como *demanda*. Quando dizem *demanda*, os economistas não se referem a sonhos inviáveis ou meras ilusões além das expectativas: "Quero um bilhão de zilhões de bolas de sorvete!" Pelo contrário, quando dizem *demanda*, os economistas têm em mente quanto as pessoas estão *dispostas e são capazes de pagar* por alguma coisa. Então, embora você possa desejar um bilhão de zilhões de bolas de sorvete, esse desejo não é uma demanda, no sentido em que os economistas a compreendem. Na verdade, essa demanda é de três bolas de sorvete, porque é quanto estou disposto e quanto posso pagar na sorveteria local.

Para sermos mais precisos, o que acabo de descrever é minha *quantidade demandada*, que se refere à minha demanda a um preço específico, considerado constante todo o resto, incluindo minha renda, minhas preferências e os preços dos bens e serviços. Em contrapartida, quando um economista usa a palavra *demanda*, ele se refere a toda a gama de quantidades que uma pessoa demanda considerando todos os outros possíveis fatores influenciadores constantes.

Nesta seção, analiso como o preço do próprio produto determina a inclinação de sua curva de demanda, e como as mudanças em quaisquer outros fatores — incluindo as preferências e os preços de outros produtos — podem alterar a posição da curva de demanda.

Preços e outros fatores: Analisando o que afeta a quantidade demandada

Economistas dividem tudo capaz de afetar a quantidade demandada em dois grupos: o preço e o resto. Veja o que está incluído nesse "resto":

» **Gostos e preferências:** O principal dentre os demais fatores são os gostos e preferências. Por exemplo, não importa o quanto um preço seja baixo, eu não comprarei um único pote de sorvete de chocolate com cereja, pois detesto. Ao mesmo tempo, muitas pessoas amam tanto sorvete de chocolate com cereja que, mesmo que o preço seja muito alto, elas ainda estarão dispostas a pagar. Não importa quanto um pote de determinado sabor custa, as pessoas que adoram esse sabor sempre terão uma quantidade demandada mais alta do que a minha. Como isso se aplica a qualquer preço possível, podemos dizer que elas têm uma demanda mais alta do que a minha.

» **Outros preços:** A demanda das pessoas pelo produto X é afetada não apenas pelo preço do produto X, mas também pelos preços de todo os demais produtos que podem comprar. Se, por exemplo, o preço da entrada do cinema aumenta, as pessoas provavelmente não só irão com menos frequência ao cinema como também gastarão o dinheiro que economizaram indo menos ao cinema em outras atividades de lazer, como shows. Assim, a mudança no preço da entrada do *cinema* afetará a quantidade demandada de ingressos de shows — mesmo quando o preço do ingresso do show não mudou.

» **Renda:** À medida que ganha mais dinheiro, você também aumenta sua quantidade demandada para certas mercadorias que sempre gostou e que agora pode comprar mais. Estes são chamados de *bens regulares*. Por outro lado, você diminui a compra daquelas coisas que adquiria apenas porque seu baixo poder aquisitivo não permitia comprar o que realmente desejava. Estes são chamados de *bens inferiores*. Por exemplo, carros novos são bens regulares, enquanto carros realmente velhos, com mau funcionamento, são *bens inferiores*. Da mesma forma, uma salada orgânica fresquinha é um bem regular, já um pão velho de três dias atrás em promoção é um bem inferior.

Dada a complexidade das variáveis, tais como preferências e receita, por que os economistas ainda insistem em dividir tudo que eventualmente pode influenciar nossa quantidade demandada em apenas dois grupos, o preço e o resto? Primeiro, eles fazem isso por que querem se concentrar nos preços. Segundo, quando você traduz o conceito de demanda em um gráfico e cria uma curva de demanda, os preços adquirem um efeito bastante diferente dos das outras variáveis. As alterações nos preços fazem com que você se movimente ao longo da curva de demanda, enquanto as outras variáveis determinam onde a curva está situada e qual o seu formato.

Gráfico da curva de demanda

Os preços têm uma *relação inversa* com a quantidade demandada. Em outras palavras, quanto mais altos forem os preços, menos as pessoas procuram pelo produto (se todas as outras coisas que podem afetar a quantidade demandada forem mantidas constantes). É por isso que a curva de demanda se desloca para baixo.

A Figura 4-1 mostra uma curva de demanda. Digamos que ela represente a demanda por repolhos. No eixo vertical, está o preço do repolho. No eixo horizontal, estão os números ou a quantidade demandada de repolhos a um determinado preço.

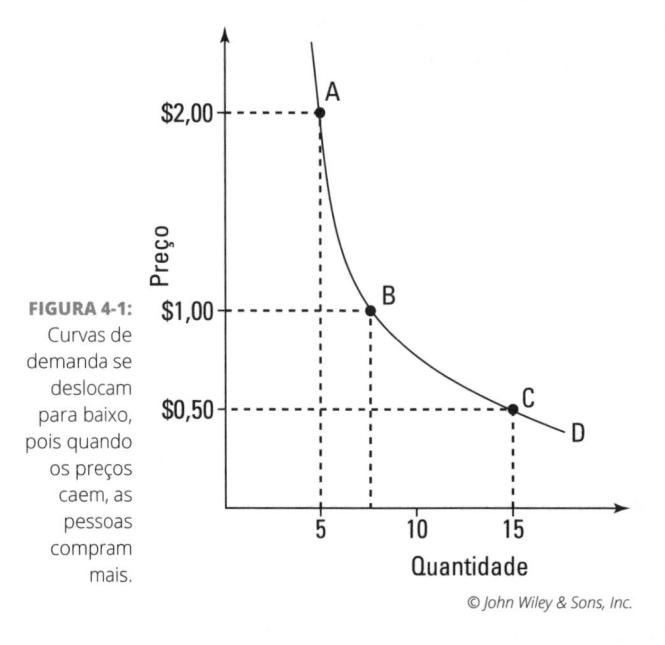

FIGURA 4-1: Curvas de demanda se deslocam para baixo, pois quando os preços caem, as pessoas compram mais.

Como pode ver, a curva de demanda inclina para baixo, refletindo o fato de que há uma relação inversa entre o preço dos repolhos e o número de repolhos que as pessoas desejam comprar. Por exemplo, considere o ponto *A* na curva de demanda. Ao preço de $2 por repolho, as pessoas procuram por cinco repolhos. Entretanto, como você pode notar observando o ponto *B*, se os preços caem para $1 por repolho, as pessoas querem comprar oito repolhos. E, se os preços caem para apenas $0,50 por repolho, as pessoas querem quinze repolhos.

Veja como as alterações no preço e outros fatores se refletem na curva de demanda:

>> Aumentos ou diminuições no preço simplesmente movimentam as pessoas *ao longo* da curva de demanda.

Por exemplo, suponha que um estudo da secretaria da saúde divulgue que o repolho torna as pessoas mais atraentes para os membros do sexo oposto. Naturalmente, a notícia aumentaria a demanda por repolhos, a qualquer preço. Usando o gráfico, o efeito é o deslocamento da curva de demanda para a direita. Ilustrei esse efeito na Figura 4-2, em que o ponto D indica a curva de demanda antes de o estudo ser anunciado, e a curva de demanda após o estudo ser anunciado está rotulada como D'.

Sempre que uma curva de demanda se desloca, os economistas dizem que houve uma *mudança na demanda*. Nesse caso, você pode dizer que a demanda aumentou, ao passo que se a curva tivesse deslocado-se para a esquerda, você diria que a demanda diminuiu. Nesta forma de descrever os movimentos está implícito que as quantidades de demanda aumentam ou diminuem *enquanto os preços forem mantidos constantes.*

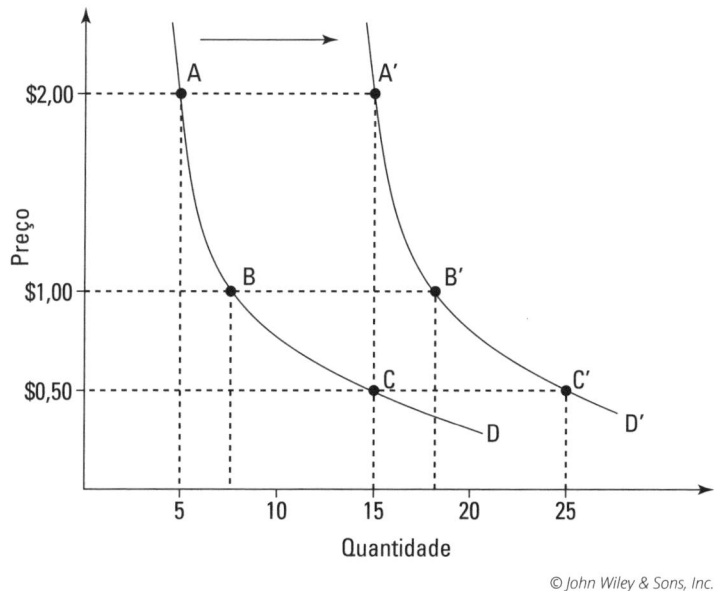

FIGURA 4-2: Um aumento na demanda desloca a curva de demanda para a direita de D para D'.

© John Wiley & Sons, Inc.

CUIDADO É preciso distinguir entre mudanças nas quantidades de demanda que ocorrem por causa de alterações de preços (essas são movimentações ao longo de determinada curva) e as mudanças nas quantidades de demanda que ocorrem porque algo que não é o preço muda (essas são movimentações da curva inteira). Algo além do preço que afete a quantidade demandada desloca a curva para a esquerda ou para a direita.

Para ver a diferença, compare o ponto A e o ponto A', na Figura 4-2. Ambos os pontos dividem o mesmo preço de $2 por repolho, mas, graças ao estudo governamental recentemente divulgado, as pessoas agora procuram por 15 repolhos àquele preço (no ponto A') em vez de 5 repolhos àquele preço (no ponto A). Uma vez que o preço é o mesmo para os dois pontos, você *sabe* que a mudança na quantidade demandada foi causada por alguma outra coisa além do preço. Da mesma forma, você pode observar o que acontece com a quantidade demandada quando o preço é mantido constante em $1: ela aumenta de 8 antes do estudo, para 18 após a divulgação; movendo do ponto B para o ponto B'.

Custos de oportunidade: Determinando a vertente da curva de demanda

O preço de um produto é uma medida de sacrifício, da quantidade de outros bens e serviços que precisam ser deixados de lado para se obter uma unidade do produto em questão. As vertentes da curva de demanda indicam como as pessoas reagem a mudanças nos preços — e, consequentemente, a mudanças em quanto de outros bens e serviços precisam ser sacrificados para obter uma unidade do produto em questão.

Por exemplo, imagine que o preço de uma mercadoria que você compra com frequência baixe de $10 para $9. Qual a sua atitude? Bem, isso depende de como você se sente sobre o bem em questão em relação a outros bens, nos quais poderia gastar seu dinheiro:

>> Você pode comprar muito mais da mercadoria em questão, porque unidades extras dela trazem mais felicidade, e consequentemente você fica grato por ser capaz de comprá-las por $9 em vez de $10.

>> Você praticamente não aumenta sua demanda porque, ao mesmo tempo em que é bom poder comprar a mercadoria por $9 em vez de $10, unidades extras não o deixam mais feliz. Em tais situações, a melhor coisa sobre o corte de preços é que ele libera o dinheiro para a compra de outras coisas.

Em termos de curvas de demanda, essas diferentes reações conduzem a vertentes diferentes. A pessoa que compra em demasia quando o preço cai possui uma curva de demanda sem expressão, enquanto a pessoa cujas compras praticamente não se alteram quando os preços baixam tem uma curva de demanda acentuada.

Para tornar esse discurso mais completo, considere a Figura 4-3, em que mostramos duas curvas de demanda separadas em dois gráficos. O gráfico à esquerda representa a sua demanda por sorvetes de limão. O gráfico à direita representa a demanda de seu colega.

Note que a sua curva de demanda tem uma vertente acentuada, enquanto a do seu amigo tem uma vertente pouco significativa. A diferença é o resultado das diferenças com que reagimos às mudanças nos preços. Você pode ver isso comparando sua quantidade demandada no ponto *A* com a quantidade demandada no ponto *B*. Mesmo que o preço dobre de $1 para $2 por deliciosos sorvetes de limão, sua quantidade demandada cai apenas de seis para cinco unidades. Em contrapartida, quando o preço duplica de $1 para $2, a quantidade demandada de seu amigo cai imensamente de quinze para apenas cinco unidades.

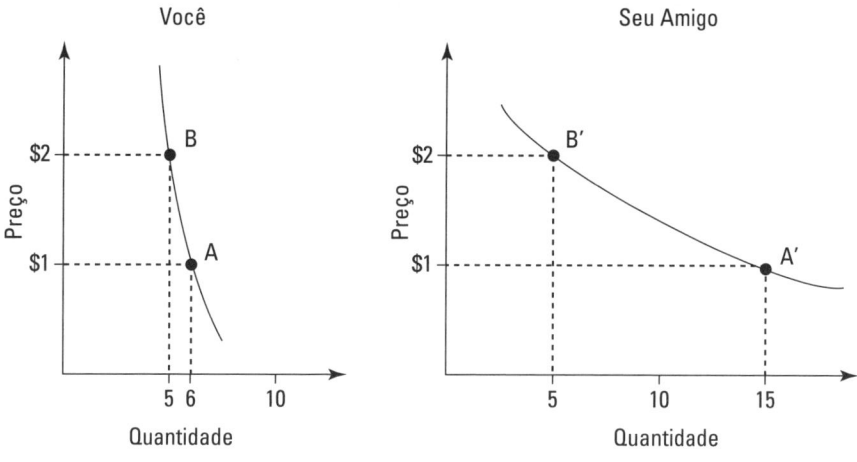

FIGURA 4-3: Duas curvas de demanda para sorvetes de limão.

© John Wiley & Sons, Inc.

De modo simplificado, isso significa que seu amigo é muito menos ligado a sorvetes do que você. Quando você vê o preço dobrar, sua quantidade demandada quase não se reduz, significando que você está disposto a desistir de uma série de outras coisas nas quais poderia ter gasto seu dinheiro para poder continuar comprando quase a mesma quantidade de sorvetes de antes.

Seu amigo, por outro lado, reage de modo muito diferente. Embora ele inicialmente compre mais sorvetes do que você quando o preço é de apenas um real, o dobro do valor faz com que ele corte a compra para dez unidades apenas. Quando o preço dobra, ele decide que é melhor cortar a compra, para gastar seu dinheiro em alguma coisa melhor. Em bom português, ele não é tão louco por sorvetes quanto você.

Elasticidade: Analisando casos de demanda extremos

Os economistas pegaram emprestado a palavra *elasticidade* para descrever como a mudança em uma variável afeta outra variável. Quando eles dizem *elasticidade de demanda*, se referem a quanto a quantidade demandada muda quando os preços mudam. Se a mesma alteração de preços faz com que a sua quantidade demandada caia muito menos que a de seu amigo (como na Figura 4-3), então sua curva de demanda tem muito menos elasticidade do que a dele.

Casos extremos de elasticidade de demanda são ilustrados na Figura 4-4, usando duas curvas de demanda; a primeira começa perfeitamente vertical e a segunda começa perfeitamente horizontal.

Perfeitamente inelástica: Pagando qualquer preço

A curva de demanda vertical, D, é *perfeitamente inelástica*, porque exatamente Q unidades são demandadas, sem importar o preço. Você pode estar se perguntando que tipo de mercadoria teria tal curva de demanda, e uma resposta é: remédios capazes de salvar a vida. Se você precisa de exatamente Q unidades para continuar vivendo, certamente pagará por isso, qualquer que seja o preço. O pagamento do resgate após um sequestro também é perfeitamente inelástico, porque as pessoas estão dispostas a pagar qualquer preço para ter de volta um ente querido. Viciados em drogas provavelmente se comportam assim em relação à sua droga de escolha; eles ficam tão desesperados que não se importam com o preço.

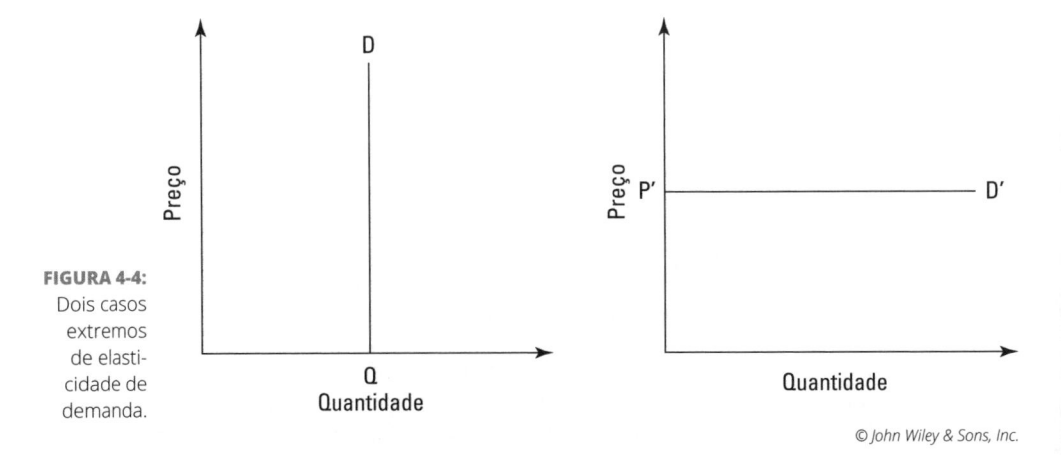

FIGURA 4-4: Dois casos extremos de elasticidade de demanda.

© John Wiley & Sons, Inc.

Perfeitamente elástica: Comprando tudo ou nada

A curva de demanda horizontal D' na Figura 4-4 é chamada de *perfeitamente elástica*. Para entender esse nome, tente imaginar uma curva de demanda gradualmente inclinada, que é quase — mas não totalmente — horizontal. Em uma curva de demanda assim, até mesmo uma pequena alteração nos preços causa uma grande mudança na quantidade demandada. Na verdade, quanto mais plana a curva de demanda se torna, maior é a alteração na quantidade demandada para qualquer preço dado. Por exemplo, olhe a Figura 4-3 mais uma vez. Compare como a mudança de \$1 no preço dos sorvetes causa uma mudança muito maior na quantidade demandada por seu amigo do que na sua curva de demanda muito mais inclinada.

Você pode imaginar uma curva de demanda perfeitamente horizontal como sendo o caso mais extremo deste fenômeno, de modo que até a mínima variação nos preços faz brotar uma mudança bastante grande na quantidade demandada. Isto é, quando os preços estiverem acima de P' à direita no gráfico da Figura 4-4, você não compra nada, ao passo que, se os preços estiverem em P' ou um centavo menor, você compra muito mais. (*Infinito* é uma quantidade muito grande.)

Um exemplo concreto dessa situação seria se você trabalhasse para uma grande cadeia de restaurantes e precisasse comprar toneladas de ketchup. Suas escolhas são a marca X e a marca Y, mas, como têm exatamente o mesmo gosto, a única coisa que importa é o preço. Por conseguinte, quando o preço da marca X está mesmo que ligeiramente menor que o da marca Y, você comprará toneladas da marca X e nada da marca Y. Se o preço da marca X for ligeiramente superior ao da marca Y, você comprará toneladas de Y e nenhum de X.

Perceba que as curvas de demanda perfeitamente elásticas ou perfeitamente inelásticas não são o normal. Praticamente todas as curvas de demanda se inclinam para baixo, o que significa que mudanças moderadas nos preços provocam mudanças moderadas nas quantidades demandadas. No Capítulo 5 explico por que isso ocorre, analisando como os consumidores fazem concessões entre diferentes produtos para maximizar a felicidade obtida através dos gastos de seus limitados recursos.

Entendendo a Oferta

Na visão dos economistas de *oferta* de bens e serviços, um conceito-chave é que fornecer coisas é dispendioso, e é preciso pagar para que as pessoas forneçam as coisas que você quer. Ainda mais interessante é o fato de que quanto mais você deseja que eles lhe forneçam, maiores são os custos deles para o fornecimento de cada unidade adicional. Em outras palavras, as primeiras unidades tendem a ser relativamente mais baratas de se produzir, enquanto as últimas unidades tendem a ser mais caras. No Capítulo 5 explico por que isso é verdade. Se quiser que os produtores façam cada vez mais, terá que pagar cada vez mais.

Nesta seção, explico como os custos crescentes fazem com que as curvas de oferta se inclinem para cima, e como curvas de oferta inteiras podem mudar quando os custos dos insumos (inputs) mudam.

Gráfico da curva de oferta

Uma *curva de oferta* mostra os preços mínimos a que alguém está disposto a vender diversas quantidades de bens ou serviços. Como os custos de produção aumentam quanto mais as pessoas fabricam um produto, os fornecedores exigem mais dinheiro para quantidades maiores. É por isso que curvas de ofertam são inclinadas para cima.

Imagine que um fazendeiro chamado Babbage goste de cultivar repolhos. Na Figura 4-5, fizemos o gráfico da oferta de repolhos e o chamamos de S.

O eixo horizontal exibe o número de repolhos fornecidos, enquanto o eixo vertical exibe o preço por repolho que você tem que pagar para conseguir que o senhor Babbage lhe forneça qualquer quantidade de repolhos. Assim, o ponto A indica que você tem que pagar ao senhor Babbage $0,50 por repolho se quiser que ele lhe forneça 5 repolhos.

Como os custos de produção do senhor Babbage aumentam à medida que ele tenta cultivar mais e mais repolhos, você tem que pagar a ele $1 por repolho se quiser que ele produza 10 repolhos, como mostrado no ponto B. E terá que pagar $1,50 por repolho se quiser que ele lhe forneça 15 repolhos, como mostrado no ponto C.

FIGURA 4-5: Curvas de oferta têm uma inclinação para cima por causa dos custos crescentes de produção.

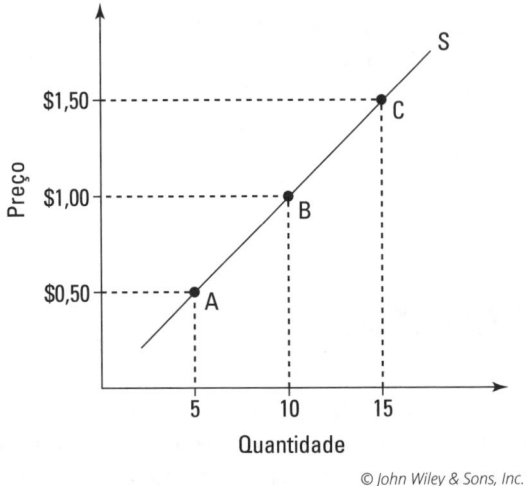

© John Wiley & Sons, Inc.

LEMBRE-SE

Tenha em mente que os pontos na curva de oferta não representam os preços que o senhor Babbage *deseja* receber por qualquer quantidade de repolhos — obviamente, ele quer receber o máximo possível por cada uma delas. Mas o que cada real representa na curva de oferta é o valor mínimo que você poderia pagar e ainda conseguir que ele produza a quantidade necessária. No ponto A, você pode conseguir que ele produza cinco repolhos se pagar $0,50 por unidade; se lhe oferecer $0,49 por unidade, ele recusará. Por quê? Porque ele tem custos (como fertilizantes, mão de obra, tratores, e outras coisas que agricultores precisam comprar) e só consegue cobri-los cobrando $0,50 por repolho, e não com $0,49 por unidade.

Separando o preço de venda e do preço de custo

Os economistas dividem tudo que possa afetar a quantidade fornecida em dois grupos: o preço e o resto. Esse *resto* inclui todos os custos associados à produção — os custos de fornecimento do bem em questão.

Ao observar uma curva de oferta específica, você deve imaginar que ela deriva de uma determinada tecnologia de produção usada pelo fornecedor. Porque cada tecnologia cria sua própria relação entre os níveis de saída e os custos, algumas tecnologias originam curvas de oferta bastante inclinadas, enquanto outras geram curvas bem mais planas. Veja o Capítulo 6 para todos os detalhes sobre curvas de oferta das empresas.

Apesar da forma de inclinação da curva ou de onde ela está posicionada, o fato de que os custos aumentam à medida que a produtividade aumenta significa que você precisa oferecer um preço alto ao fornecedor se quiser obter mais unidades. E é basicamente por esse motivo que os preços se movem ao longo da curva de oferta.

Alterações de preços: Movendo-se ao longo da curva de oferta

Variar o preço de um item move você ao longo de uma determinada curva de oferta, porque a curva de oferta representa o pagamento mínimo que você precisa fazer ao fornecedor para que ele forneça a quantidade de produtos que você deseja.

Fornecedores observam os preços que estão sendo oferecidos e produzem tantas unidades quantas forem rentáveis, mas nada além. Porque os custos sobem a cada unidade adicional produzida, a única forma de conseguir que os fornecedores produzam mais é oferecendo a eles preços mais altos. Por esse motivo, aumentar ou diminuir os preços faz com que você se desloque *ao longo* da curva de oferta, conforme as quantidades oferecidas pelos fornecedores respondem à mudança de preços.

Para ver como isso funciona, vamos tomar o exemplo dos repolhos novamente. Considere o que acontece se você oferecer ao senhor Babbage $1 por repolho e deixá-lo escolher quantos repolhos ele quer produzir. De acordo com a curva de oferta do senhor Babbage na Figura 4-5, ele deseja produzir exatamente dez repolhos e nada mais, porque, para os repolhos de um até nove, o custo de produção é menor do que o valor que você está pagando. Por exemplo, considere o ponto A na Figura 4-5. No ponto A, os custos de produção do Sr. Babbage são de $0,50 por repolho. Isto significa que se você pagar a ele $1 por repolho, ele terá um bom lucro. Da mesma forma, porque seu custo para produzir seis repolhos também é menor que $1 por unidade, ele produzirá a sexta unidade. O mesmo vale para os repolhos de números sete, oito e nove.

No repolho de número dez, o senhor Babbage está desinteressado, porque seu custo por repolho é de $1 e você está oferecendo-lhe $1. O Sr. Baggage fornecerá somente até este ponto. Mas repare que o senhor Babbage não produziria no ponto C se você estivesse oferecendo apenas $1 por repolho, porque seu custo de produção no ponto C é de $1,50 por repolho e ele perderia dinheiro.

Alterações nos custos: Deslocando a curva de oferta

Como uma estrutura de custos do fornecedor determina onde sua curva de oferta está localizada e qual sua inclinação, as mudanças na estrutura dos custos causam alterações na curva de oferta. Na Figura 4-6, os custos de produção do senhor Babbage aumentam, porque o governo impôs a nova lei de agricultura orgânica na qual exige-se que ele produza repolhos sem utilizar pesticidas. Em resposta, ele precisa contratar muitos trabalhadores extras para matar as pragas com ferramentas, em vez de simplesmente pulverizar produtos químicos mais baratos.

A Figura 4-6 mostra a mudança na curva de oferta. Como os custos de produção aumentam, o mínimo que você pagará para que o Sr. Babbage produza qualquer quantidade solicitada de produtos também aumentará. Por conseguinte, sua curva de oferta pode ser entendida como um deslocamento vertical ascendente, de S_0 para S_1.

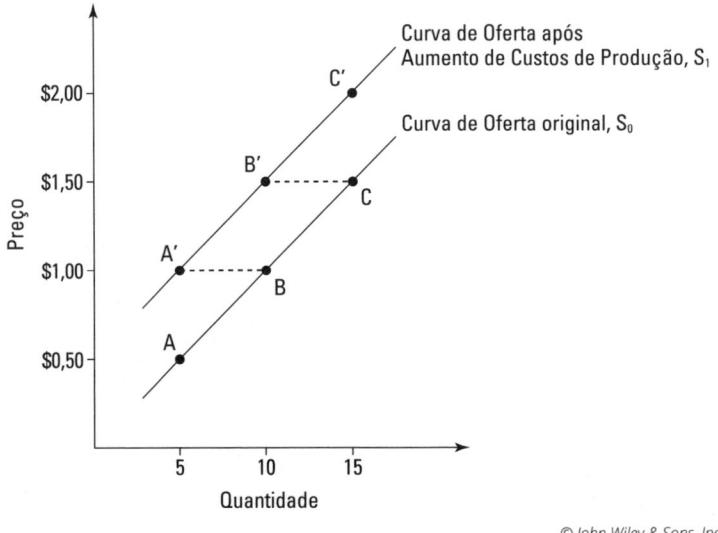

FIGURA 4-6: Aumentos nos custos de produção alteram a curva de oferta.

A figura mostra que o custo de produção do senhor Babbage é $0,50 a mais para cada repolho, não importa quantos repolhos sejam produzidos. Compare os pontos *A* e *A'*. Antes das novas regulamentações ambientais, o senhor Babbage produziria cinco repolhos se você pagasse $0,50 por unidade. Após a mudança política, você precisa pagar $1 para cada repolho, se quiser que ele cultive cinco repolhos.

Da mesma forma, os pontos *B* e *B'* mostram que, antes da regulamentação, ele poderia cultivar seus dez repolhos se você oferecesse a ele $1 por unidade. Agora, você precisa oferecer $1,50 por repolho, se quiser que ele cultive dez.

DICA

É legítimo pensar que as curvas de oferta se movem para a direita e esquerda quando a estrutura de custos se modifica. Podemos dizer que a curva de oferta se move para a *esquerda* quando os custos aumentam, e é possível rapidamente inferir que a diminuição nos custos desloca a curva de oferta para a *direita*.

Por exemplo, considere a quantidade fornecida ao preço de $1, antes e depois do aumento de custos. Antes do aumento, o senhor Babbage estava disposto a lhe fornecer dez repolhos por $1 cada, colocando você no ponto B da curva de oferta original. Mas, após o aumento nos custos, ele fornecerá apenas cinco repolhos por $1 cada, colocando você no ponto A' no deslocamento da curva de oferta. Da mesma forma, ao preço de $1,50 por repolho, o senhor Babbage estava disposto a fornecer quinze unidades (ponto C), entretanto, depois do aumento nos custos, ele fornecerá apenas dez repolhos a este preço (ponto B').

Ter duas formas para interpretar os deslocamentos da curva de oferta é realmente muito útil. Em algumas situações, é mais fácil imaginar os deslocamentos tanto à direita quanto à esquerda, enquanto em outras é mais fácil imaginá-las para cima ou para baixo.

Usando a elasticidade para entender casos extremos de oferta

Duas curvas de oferta extremas nos ajudam a ilustrar como os custos de produção e os preços se combinam para determinar a quantidade que será fornecida a um determinado valor. Esses dois casos são mostrados na Figura 4-7. O gráfico à esquerda mostra uma curva de oferta vertical e ilustra o que os economistas chamam de *oferta perfeitamente inelástica*. O gráfico à direita mostra uma curva de oferta horizontal e ilustra o que os economistas chamam de *oferta perfeitamente elástica*. Falaremos mais sobre estas duas curvas nas próximas duas seções.

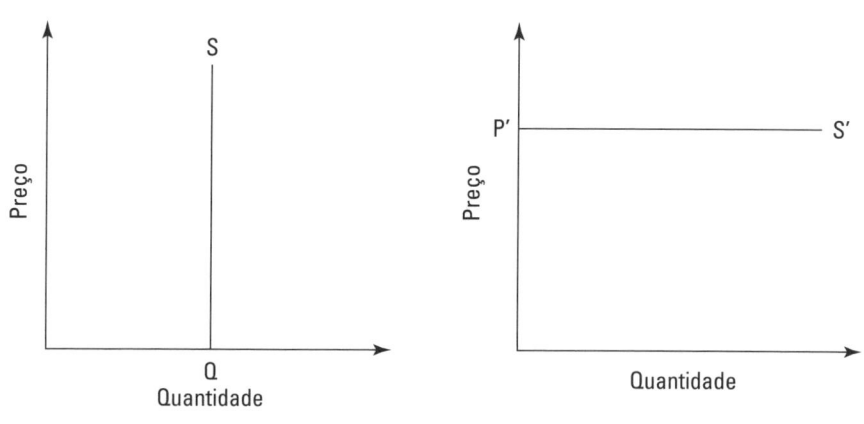

FIGURA 4-7: Curvas extremas de oferta.

© *John Wiley & Sons, Inc.*

Incapaz de Fazer Mais: Oferta Perfeitamente Inelástica

O gráfico à esquerda da Figura 4-7 ilustra uma situação na qual o preço tem um efeito sobre a quantidade fornecida. Como você pode ver no gráfico, não importa quão baixo ou alto o preço está, a quantidade Q é fornecida. Como a quantidade fornecida é totalmente indiferente ao preço, os economistas chamam essa situação de *perfeitamente inelástica*, e situações de oferta que se parecem com esta são geralmente referidas como situações de *oferta perfeitamente inelástica*.

Espero que você esteja curioso para saber que produtos têm curvas de oferta perfeitamente inelásticas. A resposta é: coisas únicas, que não podem ser reproduzidas. Os exemplos incluem:

> » **O Diamante Hope:** Porque ele é o único de sua espécie, não importa o quanto alguém queira pagar, sua curva de oferta será sempre vertical.
>
> » **Terras:** Como disse o comediante Will Rogers no início do século XX: "Compre terra. Não tem ninguém produzindo mais dela."
>
> » **O espectro eletromagnético:** Há apenas um conjunto de frequências de rádio, que todos temos que partilhar, porque não há nenhuma maneira de fazer mais.

Um fato interessante sobre todas essas situações é que não há custo de produção envolvido. Por isso, oferecer um preço ao possuidor não é incentivo como quando você paga para um produtor o suficiente para que ele faça algo para você. Em vez disso, o preço serve apenas para transferir o direito de propriedade e uso de uma pessoa para outra.

Historicamente, o fato de a quantidade de terra ofertada não ter nada a ver com os preços de produção tem sido a justificativa para os impostos sobre a propriedade. Pelo ponto de vista do governo, eles podem tributar as terras o quanto quiserem, porque não é preciso se preocupar que a quantidade de terras — e consequentemente, o fato gerador do imposto — algum dia diminua.

Produzindo o quanto quiser: Oferta perfeitamente elástica

O gráfico à direita na Figura 4-7 ilustra o caso completamente inverso, em que a curva de oferta é perfeitamente horizontal. A ideia aqui é que o fornecedor está produzindo algo que não sofre aumento no custo de produção. Qualquer que seja a quantidade de unidades que se queira produzir, o custo delas será de apenas P' reais para uma unidade. Consequentemente, queira você apenas uma unidade ou um zilhão de unidades, o custo por unidade será sempre de P' reais.

No mundo real provavelmente não existem curvas de oferta que sejam perfeitamente elásticas, porque os custos de produção sempre aumentam com os níveis de produtividade, conforme explico no Capítulo 6. Mas algumas curvas são bem próximas disso. Por exemplo, a curva de oferta de lápis é quase perfeitamente elástica, porque as fabricantes são capazes de aumentar os níveis de produção em milhões de unidades com um minúsculo aumento nos custos.

Interação de Oferta e Demanda

Agora é o momento de juntar as curvas de oferta e de demanda para que possam interagir. Primeiro, trato do ponto de equilíbrio do mercado, em que as curvas de oferta e de demanda se cruzam — mostro como os mercados determinam as quantidades, assim como os preços, de bens e serviços vendidos. Então, explico como os mercados encontram pontos de equilíbrio quando as curvas de demanda e de oferta se deslocam.

Mercado: Em busca do equilíbrio

Curvas de demanda e de oferta são especialmente úteis quando as representamos no mesmo eixo de um gráfico. Na Figura 4-8, mostro uma curva de demanda e uma curva de oferta identificadas como D e S, respectivamente.

LEMBRE-SE

O ponto em que as curvas de oferta e de demanda se cruzam sinaliza o custo de um bem ou serviço e qual a quantidade vendida. Lembre-se: o X marca o local! O preço e a quantidade identificados na intersecção são conhecidos como *preço de mercado* e *quantidade de mercado.*

Na Figura 4-8, denominei o preço de mercado e a quantidade de mercado como P^* e Q^*, respectivamente. O que torna esse preço e essa quantidade especiais é que, ao preço P^*, a quantidade que os compradores demandam é igual ao que os produtores querem fornecer.

Comece pelo preço P^* e mova-se para a direita acompanhando a linha pontilhada. Você pode ver, começando no preço P^* e se movendo horizontalmente para a direita ao longo da linha pontilhada, que os compradores demandam Q^* naquele preço e os vendedores oferecem Q^* naquele preço. Porque a demanda é igual a oferta, tanto produtores quanto consumidores estão satisfeitos. Os consumidores conseguem exatamente a quantidade que desejam comprar ao preço de P^*, e os produtores vendem exatamente a quantidade que querem vender ao preço de P^*.

Os economistas chamam situações como essa, em que todo mundo está feliz, de *equilíbrio*. Com todas as pessoas obtendo tudo o que desejam, ninguém causará qualquer mudança. Em contrapartida, situações em que uma ou ambas as partes têm um incentivo para mudar seu comportamento são chamadas de situações de desequilíbrio.

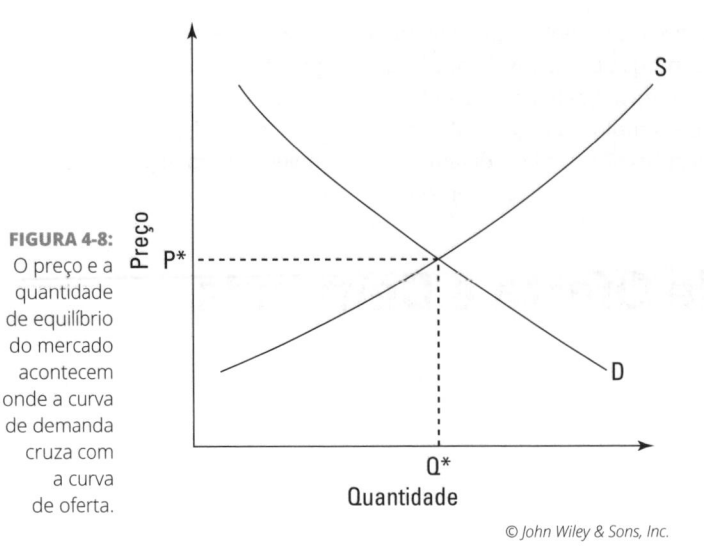

FIGURA 4-8:
O preço e a quantidade de equilíbrio do mercado acontecem onde a curva de demanda cruza com a curva de oferta.

© John Wiley & Sons, Inc.

LEMBRE-SE

O que é ainda mais interessante no modelo de oferta e demanda é que em qualquer outro preço diferente de P^* há sempre algum tipo de pressão exercida, tanto por compradores quanto por vendedores, para trazer o modelo de volta ao equilíbrio do mercado de preço e quantidade. Como consequência, não importa onde o mercado comece, ele sempre volta ao seu equilíbrio — as forças do mercado sempre empurram o preço e a quantidade de volta para esses valores. Assim, o preço de mercado e a quantidade de mercado são também chamados de *preço de equilíbrio* e *quantidade de equilíbrio*.

Demonstrando a estabilidade do equilíbrio de mercado

O equilíbrio do mercado é chamado de *equilíbrio estável*, porque não importa onde o modelo de demanda e oferta começa, ele sempre é atraído de volta ao seu equilíbrio. Isso é bom porque significa que os mercados são autocorretivos, e se você sabe onde as curvas de demanda e oferta estão, sabe onde os preços e as quantidades terminarão. Especialmente gratificante é o fato de que as ações dos participantes do mercado — compradores e vendedores — movem o mercado de volta ao equilíbrio sem que seja necessária qualquer intervenção externa, tal como uma regulamentação governamental.

Nesta seção, demonstro que o equilíbrio de mercado é, de fato, estável. Primeiro, eu me concentro no fato de que, se os preços começam acima de P^*, caem para P^*. Depois disso, mostro que, se os preços começam abaixo de P^*, sobem até P^*. O fato de os preços sempre se moverem em direção a P^* indica que o equilíbrio de mercado é estável.

Excesso de oferta: Reduzindo os preços até que atinjam o equilíbrio

Na Figura 4-9, você pode observar o que acontece quando se tem um preço como P^H, que começa mais elevado que o preço de equilíbrio de mercado, P^*. Ao preço P^H, a quantidade demandada pelos compradores, Q^D, é menor que a quantidade fornecida pelos vendedores, Q^O. Utilizamos as linhas pontilhadas para mostrar onde P^H intercepta as curvas de demanda e oferta. Os economistas se referem à tal situação como *excesso de oferta* ou *superavit*, e ela pode não ser um equilíbrio, porque os vendedores não são capazes de vender tudo o que desejam ao preço de P^H.

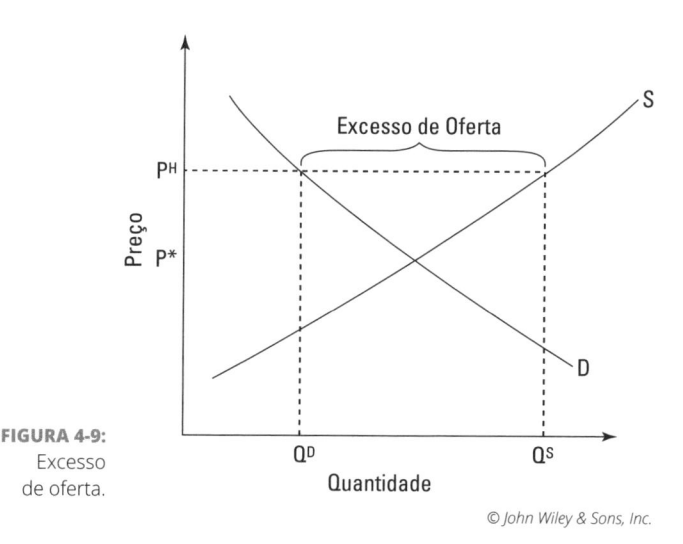

FIGURA 4-9: Excesso de oferta.

Na verdade, da quantidade total que os vendedores desejam vender, Q^O, apenas a quantidade Q^D é vendida, significando que a quantidade restante, Q^O-Q^D, permanece não vendida, a menos que alguma coisa seja feita. Bem, alguma coisa é feita. Os vendedores veem a enorme pilha de produtos para vender e fazem o que qualquer loja faz quando não consegue escoar suas mercadorias pelo preço atual: uma liquidação.

Os vendedores baixam o preço até que a oferta não mais exceda a demanda. Você pode ver na Figura 4-9, que isso significa que os vendedores continuam baixando os preços até atingir o valor de P^*, porque este é o único preço em que a quantidade demandada pelos compradores é igual à quantidade que os vendedores querem fornecer.

Excesso de demanda: Aumentando os preços até que atinjam o equilíbrio

A Figura 4-10 mostra a situação oposta àquela que acabamos de ver. O preço inicial, P^L, é menor que o preço de equilíbrio de mercado, P^*. Você pode perceber que, neste caso, o problema não é o excesso de oferta, mas ao contrário, o *excesso de demanda*, porque no preço P^L a quantidade que os compradores querem comprar, Q^D, excede a quantidade que os fornecedores querem vender, Q^O.

Em outras palavras, há uma *escassez* de Q^D-Q^O unidades. Como resultado, os compradores começam a oferecer preços maiores, competindo uns contra os outros por causa da quantidade insuficiente de mercadorias.

Enquanto o preço for inferior a P^*, existirá sempre certo grau de escassez, e o preço continuará a aumentar. Isso significa que, sempre que você iniciar com um preço menor que P^*, ele será levado de volta a P^*, retornando ao equilíbrio de mercado — a única posição em que não existe escassez e nem excesso de oferta.

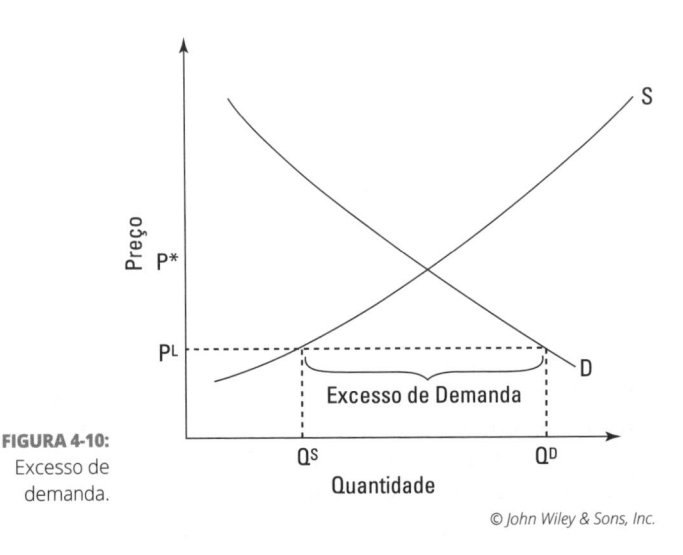

FIGURA 4-10: Excesso de demanda.

© John Wiley & Sons, Inc.

Ajustando-se ao novo equilíbrio de mercado quando a oferta e a demanda mudam

As forças de mercado ajustam o mercado até que o preço e a quantidade correspondam ao lugar onde se cruzam as curvas de oferta e de procura. Quando atingem esse ponto — o *equilíbrio do mercado* — o preço e a quantidade não mudam. Eles permanecem inalterados desde que as curvas de oferta e procura não se movam.

Nesta seção, mostro como os preços e quantidades *se ajustam* no caso de as curvas de oferta e procura mudarem. Ilustro esse ajuste ao mostrar o deslocamento de uma curva de demanda, seguido pelo deslocamento da curva de oferta.

Reagindo a um aumento na demanda

Se a demanda aumentar e a oferta permanecer igual, o preço de equilíbrio e a quantidade de equilíbrio aumentam. Observe a Figura 4-11, que mostra o que acontece quando a curva de demanda se desloca para a direita, de D_0 para D_1, enquanto a curva de oferta, S, permanece a mesma. Antes do deslocamento, o preço de equilíbrio do mercado é P^*_0 e a quantidade de equilíbrio de mercado é Q^*_0. Quando a curva de demanda se desloca para a direita, para D_1, o preço permanece momentaneamente o mesmo em P^*_0. Mas esse preço não consegue se manter, porque com uma nova curva de demanda há um novo excesso na procura. Isto é, ao preço de P^*_0, a quantidade demandada, Q^D_1, excede a quantidade oferecida, Q^*_0.

Qualquer tipo de escassez faz com que os compradores aumentem o preço. O resultado é que o preço sobe e continua subindo até atingir P^*_1, o preço no qual a curva de demanda, D_1, cruza a curva de oferta, S.

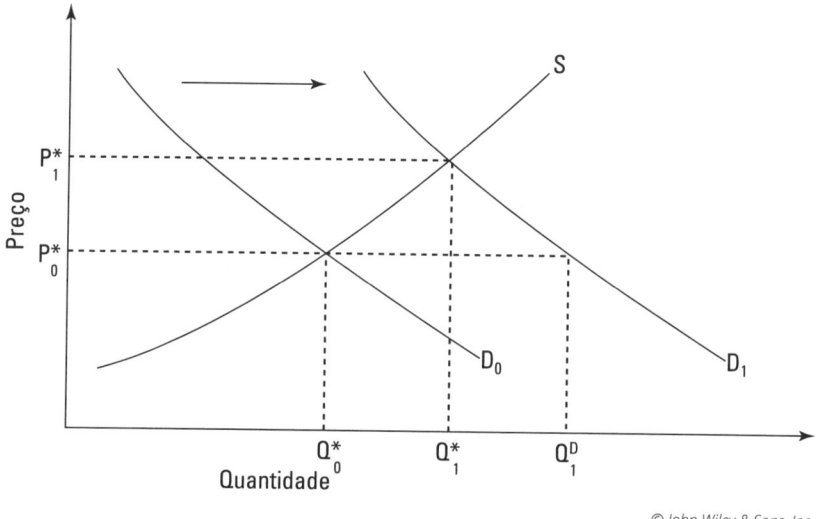

FIGURA 4-11: Um deslocamento à direita da curva de demanda.

Note que, quando se transfere do primeiro equilíbrio para o segundo, a quantidade de equilíbrio aumenta de Q^*_0 para Q^*_1. Esse resultado faz todo o sentido, uma vez que, se a demanda aumenta e os compradores estão dispostos a pagar mais por algo, você pode esperar que mais seja oferecido. Além disso, o preço sobe a partir de um equilíbrio para outro, porque para obter fornecedores para abastecer mais em um mundo de custos crescentes, você precisa pagar muito mais a eles.

Uma coisa muito mais sutil de perceber, porém, é que o aclive da curva de oferta *interage* com a curva de demanda para determinar quão grandes serão as mudanças nos preços e nas quantidades. Pense novamente na curva de oferta vertical (perfeitamente inelástica) do lado esquerdo do gráfico da Figura 4-7. Para tal curva de oferta, qualquer aumento na demanda aumenta *apenas* o preço, porque a quantidade não pode ser aumentada. Por outro lado, se você estiver lidando com a curva de oferta horizontal (perfeitamente elástica) do lado direito do gráfico da Figura 4-7, um deslocamento da demanda à direita aumenta *apenas* a quantidade porque o preço está fixado em P'.

Quando você considera esses dois casos extremos, vale ressaltar que, em uma situação como a da Figura 4-11, nem a demanda e nem a oferta estão em completo controle. A sua interação conjunta determina os preços e as quantidades de equilíbrio e como eles mudam se a curva de demanda ou de oferta se deslocar.

Reagindo a uma diminuição na oferta

Se a oferta diminui e a demanda permanece igual, o preço de equilíbrio aumenta, mas a quantidade de equilíbrio não. Observe a Figura 4-12, em que a curva de oferta se desloca de S_0 para S_1, por causa de um aumento nos custos de produção. (Como mencionado anteriormente na seção "Alterações nos custos: Deslocando a curva de oferta", esse aumento nos custos pode ser considerado para deslocar a curva de oferta tanto para cima quanto para a esquerda. Na Figura 4-12, uso uma seta vertical para indicar um deslocamento vertical, mas uma seta à esquerda para indicar um deslocamento à esquerda também seria correto.)

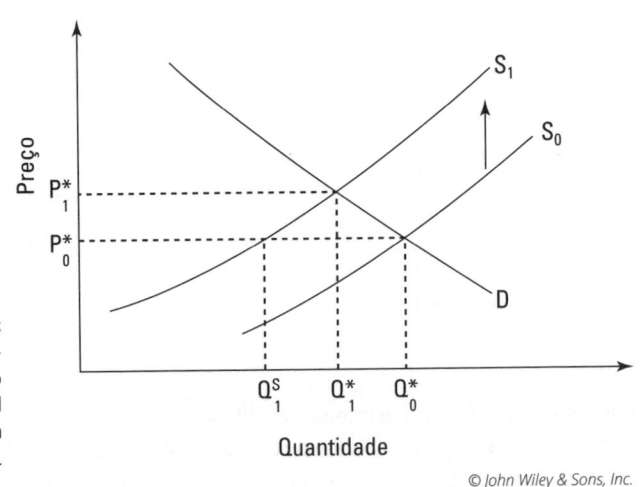

FIGURA-12: Um deslocamento vertical na curva de oferta.

O deslocamento na oferta fará com que o equilíbrio do mercado se ajuste. O equilíbrio original está no preço P^*_0 e na quantidade em Q^*_0, que é o ponto em que a curva de demanda, D, e a curva de oferta original, S_o, se cruzam. Quando os custos de produção aumentam, a curva de oferta se desloca para S_1.

Por um momento, o preço permanece em P^*_o. Mas esse preço não pode continuar, porque a quantidade demandada a esse preço, Q^*_o, excede a quantidade ofertada, Q^o_1. Essa situação de excesso de demanda faz com que o preço suba até atingir o novo preço de equilíbrio de P^*_1, em que o preço de quantidade demandada é igual ao de quantidade ofertada em Q^*_1.

Quando você compara essa situação de aumento nos custos com a situação de aumento de demanda na seção anterior, nota que em ambos os casos o equilíbrio dos preços aumenta. Entretanto, assegure-se de reparar que as quantidades de equilíbrio vão em direções opostas. Um aumento na demanda causa um aumento na quantidade de equilíbrio, mas um aumento nos custos causa uma redução na quantidade de equilíbrio.

A quantidade de equilíbrio cai quando a oferta diminui porque o aumento nos custos de produção não afeta apenas o produtor. Para dar continuidade aos negócios, o produtor tem que passar o aumento dos custos adiante. Mas, quando ele repassa o aumento para frente, há a tendência de desestímulo dos compradores. O resultado é que a quantidade de equilíbrio cai, porque alguns compradores não desejam pagar os altos custos. Aqueles que ainda desejam comprar estão dispostos a pagar os custos mais altos — um fato que se reflete no aumento do preço de mercado.

Controle de Preços: Mantendo os Preços Longe do Equilíbrio do Mercado

Deixado a seus próprios dispositivos, o mercado sempre se ajusta até que o preço e a quantidade sejam determinados pelo ponto em que as curvas de oferta e demanda se cruzem. O preço de equilíbrio de mercado tem uma propriedade muito interessante, em que todos que desejam comprar por um dado preço podem fazê--lo, enquanto todos aqueles que desejam vender pelo mesmo preço também conseguem (a quantidade demandada é igual à quantidade oferecida).

No entanto, lembre-se de que o preço de mercado nem sempre é o preço politicamente conveniente e os governantes sempre interferem no mercado para prevenir que seu equilíbrio seja atingido. Tais intervenções acontecem porque compradores politicamente influentes acham o preço de mercado muito alto ou porque vendedores politicamente influentes acham que os preços de mercado estão baixos demais.

Infelizmente, quando o governo intervém para ajudar as pessoas que estão reclamando, o poder estatal cria todo um novo conjunto de problemas e, em alguns casos, até mesmo prejudica aqueles cujas intervenções visavam ajudar. Para explicar como isso acontece, primeiro explico o preço mínimo e, em seguida, o preço máximo. O preço mínimo mantém os preços caindo, de modo a manter o equilíbrio do mercado, enquanto o preço máximo impede que eles subam, igualmente, para manter o equilíbrio do mercado. Obviamente, você usa somente um ou outro!

Estabelecendo limites com os preços máximos

Algumas vezes, o governo intervém no mercado para assegurar-se de que os preços permanecerão abaixo do preço de equilíbrio de mercado, P^*. Essas políticas são chamadas de *preço máximo*, porque impedem que o preço aumente tanto quanto se fosse deixado por conta própria. Os preços atingem o limite e, então, não podem aumentar mais.

Você já deve ter ouvido falar de preços máximos para aluguel de apartamentos. Por exemplo, na tentativa de oferecer moradias a um baixo custo aos menos favorecidos, os governos municipais podem estabelecer um preço máximo de quanto o locador pode cobrar. O problema é que, com os preços artificialmente baixos, a quantidade demandada é muito maior do que a quantidade ofertada, criando escassez.

Para ver como isso funciona, observe a Figura 4-13, em que o preço máximo P^c foi fixado abaixo do preço de equilíbrio de mercado, P^*. Para deixar claro que existe um teto que o preço não pode ultrapassar, desenhei uma linha sólida horizontal começando em P^c e se estendendo à direita.

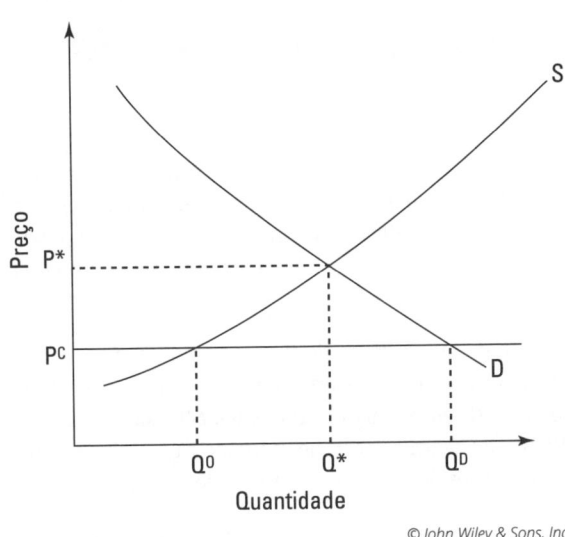

FIGURA 4-13:
Preço máximo.

APOIO AO PRIMEIRO MUNDO, SOFRIMENTO AO TERCEIRO MUNDO

Um resultado perverso de suporte de preços agrícolas em países ricos como os Estados Unidos e as nações da União Europeia é o grande prejuízo que esse suporte causa às nações em desenvolvimento.

Por exemplo, nos Estados Unidos, o preço do açúcar é substancialmente maior do que o preço mundial, porque os Estados Unidos restringem a importação de produtos estrangeiros mais baratos para ajudar as gigantes empresas produtoras de alimentos dos EUA a venderem adoçantes à base de milho. O resultado é que milhares de fazendeiros pobres do Terceiro Mundo, que poderiam ganhar a vida vendendo açúcar para os norte-americanos e europeus, são deixados sem um meio de subsistência.

Ainda pior é o que os Estados Unidos fazem com algumas das muitas toneladas de excedentes de produtos agrícolas, que se acumulam devido aos preços mínimos da agricultura. Sem querer vender o excedente nos Estados Unidos, e assim derrubar os preços, o governo envia, muitas vezes, os produtos gratuitamente aos países em desenvolvimento, como ajuda alimentar. Isso pode parecer bom e amigável, mas quando todo aquele trigo grátis chega à Nigéria, ele acaba com os agricultores nigerianos. Isso acaba deixando a Nigéria dependente de alimentos estrangeiros porque não existem mais fazendeiros locais produzindo quantidades suficientes de trigo para alimentar a população local.

E, para piorar ainda mais, muitos dos recém-arruinados fazendeiros se mudam do campo para as cidades em busca de emprego, agravando os problemas de superpopulação urbana, e eles mesmo acabam se tornando dependentes do trigo estrangeiro grátis para sobreviver quando não conseguem encontrar emprego. Assim, a tentativa do governo dos Estados Unidos de tornar seus fazendeiros ricos ainda mais ricos acaba causando danos catastróficos a fazendeiros realmente pobres nos países subdesenvolvidos.

Para evitar esses problemas, economistas recomendam que ajuda alimentar de países ricos só seja enviada a países pobres durante períodos de fome ou seca, em que os fazendeiros locais não consigam produzir o suficiente para alimentar seu país. A ajuda alimentar dever ser cancelada assim que a crise terminar para que não derrube permanentemente os preços locais de alimentos e a capacidade de os fazendeiros locais de ganharem seu sustento.

O problema aqui é que, ao preço máximo, a quantidade demandada, Q^D, excede em muito a quantidade ofertada, Q^O. Isso pode não parecer um grande problema, mas a escassez precisa ser resolvida de alguma forma. É preciso descobrir uma maneira de distribuir a oferta insuficiente entre todas as pessoas que a querem. O que acontece é que as pessoas acabam esperando na fila para conseguir a oferta limitada.

Durante meus anos de graduação em Berkeley, havia preços máximos para os valores de aluguel que um locador poderia cobrar — uma política eufemisticamente chamada de *controle de aluguel*. Como os aluguéis eram mantidos muito abaixo dos valores de equilíbrio do mercado, sempre havia mais pessoas querendo locar apartamentos do que imóveis disponíveis. O resultado era que, sempre que um apartamento ficava disponível, precisava-se enfrentar uma fila com — literalmente — 200 pessoas para preencher o formulário de locação. Com tantos locatários em potencial para um apartamento, o locador podia ser bastante exigente — assim, os formulários de locação continham de cinco a dez páginas e perguntavam absolutamente *tudo*. Se você não fosse o escolhido, teria que entrar em outra fila para o próximo apartamento disponível.

Não importava se você tinha dinheiro para pagar um aluguel mais alto. Não importava se estivesse muito mais desesperado do que os outros potenciais inquilinos. Como o governo criou um excesso de demanda, você tinha que esperar na fila e rezar para conseguir o apartamento.

O principal resultado da política foi que milhares de pessoas gastaram dezenas de milhares de horas a cada ano esperando em filas — e algumas delas ainda não conseguiram seus apartamentos! Pior ainda foi o fato de a política ainda ter diminuído o número total de apartamentos disponíveis na cidade de Berkeley. Isso fica claro porque $Q^O < Q^*$ na Figura 4-13. A quantidade ofertada de apartamentos caiu de Q^* para Q^O, porque o preço de controle de aluguel não é alto o suficiente para compensar muitos proprietários de imóveis pelos custos de locar seus apartamentos. Os que têm custos maiores deixam de ofertar seus apartamentos para locação quando o preço do aluguel é artificialmente derrubado de P^* para P^C.

Sustentado com os preços mínimos

O tipo oposto de intervenção de mercado é um *preço mínimo*, pelo qual o governo mantém o preço acima de seu valor de equilíbrio de mercado para manter a renda dos produtores de determinado bem. Um exemplo dessa situação é mostrado na Figura 4-14, na qual o preço mínimo, P^F, é maior que o preço de equilíbrio de mercado, P^*. Para deixar claro que os preços não podem cair abaixo de P^F, desenhei uma linha horizontal sólida nele.

O problema da Figura 4-14 é que, ao preço de P^F, a quantidade de oferta, Q^O, é muito maior que a quantidade demandada, Q^D. A resposta convencional para tal situação de excesso de oferta é a queda do preço. Para prevenir isso, o governo intervém e compra o excesso de oferta.

Em outras palavras: da quantidade total de Q^O que é oferecida ao preço P^F, os consumidores regulares procuram e compram Q^D. O restante, $Q^O - Q^D$, deve ser comprado pelo governo. Isso não parece ruim, até que você descubra os preços mínimos na agricultura, que são geralmente referidos, com eufemismo, como *suportes de preço*.

Os suportes de preços geram pilhas enormes de excesso de safras que ninguém quer comprar. Por exemplo, o suporte de preços para o leite que o Departamento de Agricultura dos Estados Unidos instituiu nas décadas de 1980 e 1990. A cada ano, o Departamento de Agricultura tinha que comprar centenas de milhares de litros de leite que ninguém queria comprar pelo alto preço que o governo impunha para ajudar os fazendeiros. O que ele fazia com todo esse leite? Virava queijo, que não conseguia ser vendido (porque ele também havia preço mínimo instituído para o queijo), e esse excesso era estocado em armazéns refrigerados gigantes — indefinidamente! E sim, tudo isso era feito com o dinheiro dos contribuintes.

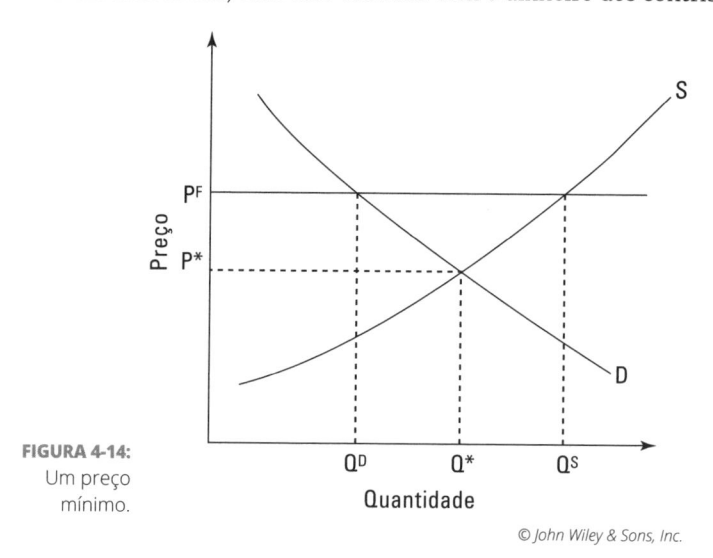

FIGURA 4-14:
Um preço
mínimo.

Como muitas pessoas protestaram contra esses desperdícios, o governo alterou a política para alguns vegetais. Agora, ele paga a muitos fazendeiros para *não* produzirem. Assim, eles ainda recebem uma renda, mas não é preciso se preocupar com excessos de oferta que tenha que ser destruído ou doado (para saber mais sobre doação de alimentos veja o box "Apoio ao Primeiro Mundo, Sofrimento ao Terceiro Mundo"). O objetivo dessas políticas, para os fins da Figura 4-14, é um deslocamento da curva de oferta para a esquerda até que ela cruze a curve de demanda diretamente acima da quantidade Q^D. Se isso puder ser feito, não haverá excesso de oferta no preço P^F.

Desse modo, com relação a ambos, preço mínimo e preço máximo, a mensagem que você deve tirar é que grandes prejuízos são causados, normalmente, quando se interfere nos mercados. Essa racionalização não significa que governos nunca devam interferir em seu funcionamento, mas sim que eles precisam ser espertos o suficiente para não interferirem de forma a levar a resultados perversos. (Ainda assim, lá no fundo, torço para que o governo decida apoiar o salário dos economistas acadêmicos. Eu adoraria ser pago para *não* dar aulas.)

Capítulo **5**

Conhecendo o *Homo Economicus*, a Maximização da Utilidade do Consumidor

Este capítulo recapitula a curva de demanda (introduzida no Capítulo 4), mostrando a você como as pessoas escolhem as coisas que desejam. Esse processo decisório é muito importante porque são os desejos dos seres humanos que dirigem a economia. As empresas não produzem bens e serviços aleatoriamente; elas produzem aquilo que as pessoas desejam comprar e em que estão dispostas a gastar dinheiro.

O que torna o estudo desse processo difícil é o fato de que as pessoas têm muitas coisas diferentes com que podem gastar seu dinheiro. Se um economista fosse convidado a investigar como você poderia gastar $100 em uma loja que vendesse apenas bolinhos de amoras, o trabalho do economista não seria muito difícil. O mais impressionante é que os economistas têm de apresentar uma forma para explicar como você gastaria $100 em uma loja que tem centenas ou mesmo milhares de itens à venda.

Ainda mais impressionante é o fato de que um economista pode explicar não apenas quais itens você compraria, mas também quanto de cada você compraria. Em outras palavras, os economistas podem explicar não apenas *o que* você procura, mas também *quanto* demanda, que é de onde vêm as curvas de demanda.

Começo este capítulo discutindo *utilidade*, que significa como os economistas medem a felicidade humana. Os economistas pressupõem que as pessoas agem de forma a maximizar sua felicidade, mas nossas ações são condicionadas, principalmente, pelos limitados orçamentos. Explico como as pessoas navegam nessas restrições para obter a máxima felicidade possível dados os limites envolvidos. Por fim, mostro como essas decisões fundamentam e explicam a inclinação e posição das curvas de demanda.

As pessoas devem fazer escolhas porque os meios de satisfação de suas vontades são limitados. Nunca há dinheiro ou tempo suficiente para fazer tudo o que se deseja. Em consequência disso, você precisa escolher sabiamente, de modo a extrair a maior felicidade possível de seus limitados recursos.

Economistas e engenheiros se referem a esse tipo de situação como *problemas de otimização condicionada*, porque as pessoas estão tentando otimizar sua felicidade, dado o fato de que elas estão restritas a seus limitados recursos. O restante deste capítulo mostra como os economistas modelam o modo como as pessoas resolvem seus problemas cotidianos de restrições, decidindo como melhor gastar seus recursos em bens e serviços — escolhendo não apenas o que comprar, mas também quanto de cada.

Critérios de Escolha

Para que as pessoas possam escolher entre bens e serviços extremamente diferentes disponíveis na economia, elas precisam ter um modo de comparar todos eles. Comparar os custos é muito fácil; basta apenas comparar os preços. Mas como você compara os benefícios de vários bens e serviços? Como você avalia se é melhor gastar $20 em barras de chocolate suíço ou em uma camisa xadrez nova? De que forma um chocolate e camisas podem ser comparáveis?

Obviamente, as pessoas conseguem fazer a comparação e classificar as duas opções. O modo como os economistas imaginam que as pessoas fazem isso é atribuindo uma medida em comum de felicidade para cada coisa possível que elas poderiam comprar e usar. Os economistas chamam essa medida comum de felicidade de *utilidade* e imaginam que se pudessem, de alguma forma, entrar em seu cérebro e medir a utilidade, poderiam fazê-lo utilizando uma unidade à qual eles se referem, com pouca criatividade, como um *útil*.

Feitas essas considerações, os economistas inventaram duas formas de pensar em como as pessoas fazem comparações e escolhas:

» **Utilidade cardinal:** A tomada de decisão usando esse sistema é baseada na atribuição de números específicos de útils a diferentes coisas — por exemplo, 25 útils para o prazer associado a comer um brownie ou 75 útils para o prazer relacionado a assistir ao pôr do sol. Fazer este tipo de atribuição é chamado de utilidade cardinal (como os números cardinais: 1, 2, 3 ...). Algumas pessoas desaprovam a utilidade cardinal porque não fica claro sequer se esse tipo de avaliação é feita — afinal, quantos útils você acha que receberá por um dia de sol ou pelo sorriso de uma criança?

» **Utilidade ordinal:** Algo muito menos censurável a ser feito é pensar em termos de *utilidade ordinal*, um sistema em que você simplesmente classifica as coisas. Por exemplo, em vez de dizer que o pôr do sol tem uma utilidade de 75, o que o torna preferível ao brownie, que tem uma utilidade de 25, você pode apenas dizer que ele é preferível ao brownie. Esse sistema traz um sentimento muito mais intuitivo para a maioria das pessoas e elimina a necessidade de tentar medir as coisas usando uma unidade imaginária chamada útil.

Está provado matematicamente que você pode descrever melhor o mesmo comportamento de escolha humano usando a utilidade ordinal do que usando a utilidade cardinal; isso significa que os economistas não *têm* que usar a utilidade cardinal. Mas eu a usarei de qualquer forma! Por quê? Porque é muito mais fácil explicar o conceito crucial de utilidade marginal reduzida utilizando o sistema de utilidade cardinal. Também é possível explicar a utilidade marginal reduzida utilizando o sistema ordinal, mas a matemática é tão difícil que esse método é normalmente ensinado apenas os estudantes de doutorado. Por isso, embora o sistema de utilidade cardinal pareça um pouco fora da realidade, ele é o melhor modo de transmitir esta ideia incrivelmente importante.

Obtendo Menos de Mais: Utilidade Marginal Reduzida

As pessoas ficam entediadas com as coisas de que gostam e se cansam da repetição e da monotonia. Os economistas têm que levar tudo isso em consideração quando estudam como as pessoas escolhem gastar o dinheiro.

Por exemplo, se faz tempo que não como pizza, eu atribuiria uma enorme quantidade de utilidade a comer um pedaço. O queijo derretido, o manjericão e o alho no molho, e o sabor em minha boca, tudo isso me faria muito, muito feliz. Mas o prazer diminui logo após aquela primeira fatia, e se eu comer uma segunda fatia ela ainda será muito boa, mas não tão boa quanto a primeira. E se comer uma terceira, não será tão boa quanto a segunda. E se continuasse comendo e comendo, os pedaços adicionais de pizza logo me deixariam passando mal e produziriam dor em vez de prazer.

Esse fenômeno não está limitado à pizza; ele se aplica a quase tudo — a menos que você seja viciado em alguma coisa, caso contrário, irá se cansar do objeto de interesse, e cada unidade adicional o deixará menos feliz que a anterior. Para tornar este fenômeno mais claro, observe a Figura 5-1, que mostra minha utilidade total cumulativa conforme como mais fatias. Por exemplo, a utilidade total após comer um pedaço de pizza é de 20 útils. Depois de comer dois pedaços, ela é de 36 útils. E, depois de três pedaços, é de 46 útils.

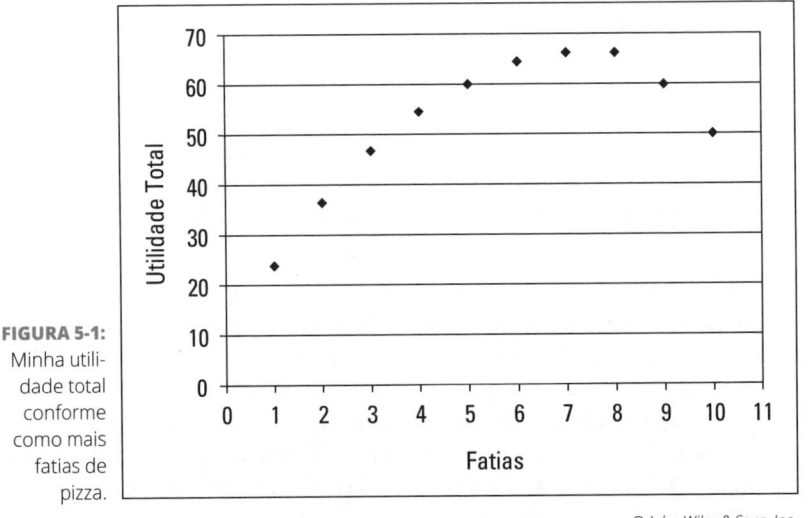

FIGURA 5-1: Minha utilidade total conforme como mais fatias de pizza.

Observe que a utilidade total muda a cada fatia sucessiva de pizza. Essas mudanças incrementais na utilidade total são chamadas de *utilidade marginal*. Ao avaliar esses números, observe que a utilidade extra, ou marginal, associada a cada fatia está diminuindo:

» **Primeira fatia:** Minha utilidade total aumenta em 24 útils, de 0 para 24. Portanto, a utilidade marginal do primeiro pedaço é 24 útils.

» **Segunda fatia:** Minha utilidade total aumenta de 24 para 36 útils, de modo que a utilidade marginal do segundo pedaço é 12 útils.

> » **Terceira fatia:** Minha utilidade marginal para a terceira fatia é de 10 útils porque minha utilidade total aumenta de 36 para 46 útils.

Os economistas se referem a este fenômeno como *utilidade marginal decrescente*, porque a utilidade extra, ou a *utilidade marginal*, que cada pedaço sucessivo traz diminui em relação à utilidade marginal trazida pelo pedaço anterior. Utilidade marginal decrescente é simplesmente um reflexo do fato de que as pessoas ficam fartas ou entediadas com as coisas. Ou, em caso de comidas ou bebidas, seu apetite diminui a cada unidade consumida.

Observe o que acontece na Figura 5-1 depois do pedaço número oito. Minha utilidade na verdade cai, porque o pedaço de número nove me fará passar mal. E se eu comer o pedaço de número dez passarei mais mal ainda, então a utilidade total diminui novamente. Essa diminuição na utilidade total sugere que a utilidade marginal deve ser negativa para os pedaços número nove e dez. Os dados na Figura 5-1 mostram que embora minha utilidade total aumente para os pedaços de um a sete, permanece igual para o número oito e diminui para o nove e o dez.

A Figura 5-2 mostra a utilidade marginal para cada pedaço de pizza. Eu percebo uma utilidade marginal decrescente conforme como mais e mais pedaços, pois a utilidade marginal advinda com cada fatia é sempre menor do que a da fatia anterior. Especificamente, embora minha utilidade marginal seja 24 útils para a primeira fatia, ela cai para 0 útils para o pedaço de número oito e então se torna negativa para os pedaços nove e dez, pois comer mais me fará passar mal. Você pode ver claramente a partir da curva descendente que minha utilidade marginal diminui conforme como mais fatias.

É necessário ser cuidadoso para não confundir utilidade marginal decrescente com utilidade marginal *negativa*. Como você observa na Tabela 5-1 e na Figura 5-2, a diminuição da utilidade marginal decrescente para todos as fatias de pizza começa com a segunda, porque cada pedaço sucessivo tem uma utilidade marginal menor que o anterior. Mas as utilidades marginais ainda são positivas para todos os pedaços até o de número sete e tornam-se negativas apenas para os de número nove e dez.

Esse fato aponta que você gosta de comer todos os pedaços acima, incluindo o sétimo, porque fazer isso lhe traz um aumento na utilidade (felicidade). Então, não pense que, apenas porque a utilidade marginal de um pedaço está diminuindo, você não irá querer comê-lo. A utilidade marginal pode estar diminuindo, mas ainda é positiva. Os únicos pedaços que você desejará evitar completamente serão o nono e o décimo.

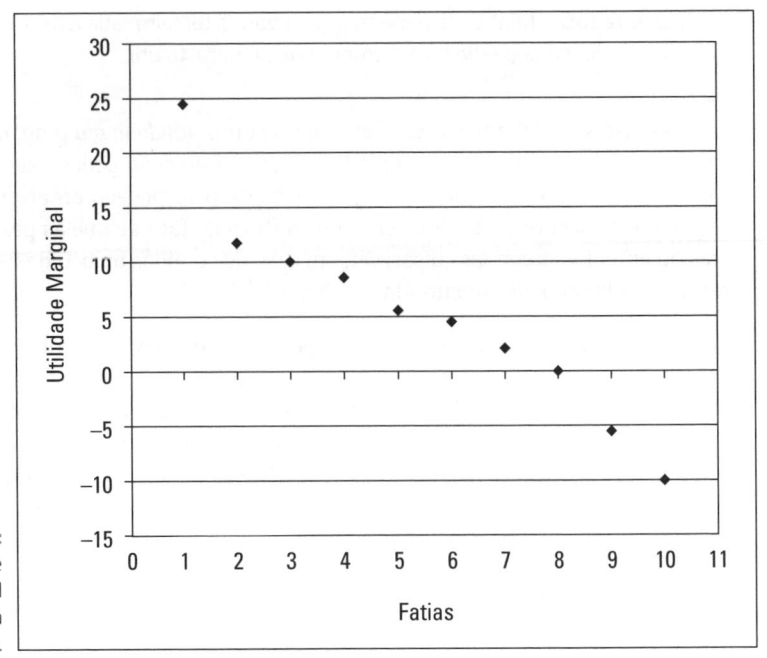

FIGURA 5-2:
A utilidade marginal de cada fatia de pizza.

Escolhendo entre Várias Opções Quando Se Tem um Orçamento Limitado

O fenômeno da utilidade marginal decrescente torna o estudo das escolhas do ser humano algo muito interessante, porque, se você prefere sorvete de chocolate ou de baunilha, isto não pode ser determinado de forma abstrata. Pelo contrário, isso depende do que você já comeu.

Se há meses você não toma nenhum sorvete e lhe perguntarem qual sabor preferiria, chocolate ou baunilha, você poderá dizer chocolate. Mas, se perguntassem se você preferia chocolate ou baunilha depois de ter tomado um pote de sorvete de chocolate, você diria baunilha, porque seu desejo por chocolate estaria mais do que saciado.

Por isso, a resposta para a questão "chocolate ou baunilha?" não é tão simples quanto parece. Suas preferências apresentam utilidade marginal reduzida, e mesmo algo que você normalmente gosta muito não lhe trará muita utilidade marginal (felicidade adicional), se você já tiver essa coisa em demasia.

Este fato acaba por nos levar a uma regra bastante simples sobre como as pessoas tomam decisões quando se deparam com orçamentos limitados. Essencialmente, as pessoas querem maximizar a utilidade total ao adquirir uma determinada combinação de produtos — e, para fazer isso, as utilidades marginais por real deve ser igual para as unidades finais de cada produto. Eu explico esse processo com um exemplo concreto na próxima seção antes de mostrar uma fórmula matemática que resume essa regra simples.

Tentando comprar a máxima utilidade (marginal) possível

Uma pessoa interessada em maximizar sua utilidade gostaria de descobrir como melhor alocar qualquer orçamento limitado para que para comprar a combinação de bens e serviços que lhe trarão a maior quantidade possível de utilidade. Mas, ao fazer isso, ela tem que levar em conta o fato de que cada produto está sujeito à utilidade marginal decrescente, portanto, cada unidade comprada e consumida tem menos utilidade adicional, ou marginal, do que a unidade anterior.

Suponha que eu tenho $10 para gastar e, como estou indo para o bar de estudantes local, as únicas duas coisas em que posso gastar são canecas de cerveja e pedaços de pizza. Fica bastante claro que o mais inteligente a fazer é pensar em termos de comprar a maior quantidade de utilidade possível com meu orçamento limitado. Tanto a cerveja quanto a pizza me fazem feliz, mas meu objetivo não é só ficar feliz; é ficar o mais feliz possível considerando meu orçamento limitado. Então, eu quero ter certeza de que cada centavo compre o máximo possível de utilidade.

Não importa de onde a utilidade vem. Um útil de cerveja me deixa tão feliz quanto um útil de pizza; tudo que interessa é comprar o máximo de útils possível. Para fazer isso, o conceito-chave é o preço da utilidade. Cerveja e pizza têm preços medidos em real, mas qual é o preço de um útil?

Bem, depende. Dê uma olhada na Tabela 5-2. As três primeiras colunas repetem os dados da Tabela 5-1, que dão a utilidade total e marginal para dez pedaços de pizza. Mas as duas últimas colunas incluem novos dados (*UM* significa *utilidade marginal*).

O que fiz nas duas últimas colunas foi calcular quanto custa obter um felicidade adicional (utilidade marginal) se a maneira de conseguir isso é comprar pedaços de pizza. Considere a quarta coluna, que pressupõe que cada pedaço de pizza custa $1. Se você comprar um pedaço, ele traz uma utilidade marginal de 24 útils a um custo de $1. Portanto, a UM do primeiro pedaço é 24.

Agora considere gastar um segundo real para comprar um segundo pedaço de pizza. Como este segundo pedaço traz consigo uma utilidade marginal de apenas 12 útils, a UM por real gasto é apenas 12. E porque a utilidade marginal decrescente continua a diminuir a utilidade marginal de cada pedaço adicional de pizza, cada real adicional que você gasta lhe compra menos utilidade adicional do que o anterior.

TABELA 5-1   Determinando o Preço de Utilidade da Pizza

Fatia	Utilidade Total	Utilidade Marginal	UM por Real a $1 por Fatia	UM por Real a $2 por Fatia
1	24	24	24	12
2	36	12	12	6
3	46	10	10	5
4	54	8	8	4
5	60	6	6	3
6	64	4	4	2
7	66	2	2	1
8	66	0	0	0
9	60	−6	−6	−3
10	50	−10	−10	−5

O última coluna da Tabela 5-1 mostra que a UM por real obtido da pizza depende de quanto cada fatia custa. Se a fatia custa $2, cada real gasto traz apenas metade da utilidade marginal de quando a pizza custa $1 por fatia. Por exemplo, como cada fatia agora custa $2, quando você compra a primeira fatia e obtém 24 útils está recebendo apenas 12 útils por real gasto. Da mesma forma, como a segunda fatia traz 12 útils de felicidade e agora custa $2 para obter esses útils, sua UM por real é apenas 6 útils.

A Tabela 5-2 traz o mesmo tipo de informação que a Tabela 5-1, mas desta vez para minha utilidade total, utilidade marginal e UM por real ao beber cerveja que custa $2 por caneca. Como você pode ver, a terceira coluna mostra a utilidade marginal decrescente da cerveja; minha UM para cada cerveja cai de 22 útils para a primeira caneca para −12 útils na décima. Como resultado, minha UM por real gasto na quarta coluna cai de 11 por real na primeira coluna para −6 por real para a última caneca.

TABELA 5-2   Determinando o Preço da Utilidade da Cerveja

Caneca	Utilidade Total	Utilidade Marginal	UM por Real a $2 por Caneca
1	22	22	11
2	40	18	9
3	56	16	8
4	70	14	7

Caneca	Utilidade Total	Utilidade Marginal	UM por Real a $2 por Caneca
5	80	10	5
6	86	6	3
7	88	2	1
8	88	0	0
9	82	–6	–3
10	70	–12	–6

Comprando a melhor combinação de dois produtos para maximizar a utilidade total

Quando temos um orçamento limitado, o segredo é analisar como alocar os recursos para adquirir a maior utilidade total. As Tabelas 5-1 e 5-2 mostram quanta utilidade posso obter ao gastar meu dinheiro em pizza ou cerveja. Tenho $10 para gastar. Na primeira tentativa, analiso as duas opções mais extremas: gastar todo o dinheiro em pizza ou em cerveja. (A pizza custa $1 por fatia; e a cerveja, $2 por caneca.)

Se gastar os $10 em pizza, você pode comprar 10 fatias, que lhe darão um total de 50 útils. Por outro lado, se gastar os $10 em cerveja, poderá comprar cinco canecas a $2 cada e, assim, obter 80 útils no total. Se essas fossem minhas duas únicas opções, eu obviamente preferiria gastar todo o dinheiro em cerveja, porque isso traria mais útils do que comprar apenas pizza.

Entretanto, há algo muito melhor a fazer. Eu posso obter muito mais utilidade total se, sabiamente, mesclar um pouco e gastar seu dinheiro um pouco em cerveja e um pouco em pizza.

LEMBRE-SE

A maneira de obter a maior utilidade possível de meus $10 é simples: pego cada real por vez e gasto naquilo que me trará mais utilidade. Não penso na tarefa como comprar pedaços de pizza ou canecas de cerveja; minha tarefa é comprar utilidade. Para cada real gasto, quero comprar o máximo de utilidade possível, e não me importo se aquela utilidade vem da cerveja ou da pizza.

A única coisa que complica este processo, de gastar cada real em qualquer produto que trará a maior utilidade, é o fato de eu ter utilidade marginal decrescente para a cerveja e para a pizza, o que quer dizer que a quantidade de utilidade que serei capaz de comprar com cada real extra gasto dependerá de quanta cerveja ou pizza já comprei. Mas, dadas as informações nas Tabelas 5-2 e 5-3, é possível calcular a melhor coisa a fazer com cada real:

- **Real 1:** Como gasto meu primeiro real? A partir da quarta coluna da Tabela 5-2 você pode ver que, se eu gastar aquele real em pizza, posso comprar 20 útils de utilidade. Por outro lado, a quarta coluna da Tabela 5-3 diz que se eu gastar o primeiro real em cerveja (junto com um segundo real, pois cada caneca custa $2), obterei apenas 11 útils de utilidade. Assim, a coisa mais óbvia a fazer com o primeiro real é comprar pizza em vez de cerveja.

- **Real 2:** Se eu usar meu segundo real para comprar uma segunda fatia de pizza, obterei 12 útils de utilidade. Se eu comprar cerveja com o segundo real (junto com o terceiro real, porque o preço de uma caneca de cerveja é $2), conseguirei apenas 11 útils pelo segundo real, porque ele será gasto comprando a primeira caneca. Assim, mais uma vez, é melhor gastar o segundo real em pizza em vez de cerveja.

- **Real 3 e 4:** No real de número 3, tudo muda. Pois se eu gastar o terceiro real em pizza, ele me trará apenas 10 útils. Mas se eu gastá-lo (junto com o quarto real, já que a caneca custa $2) em uma caneca, tenho uma UM por real de 11 útils (para cada real). Assim devo gastar o terceiro e o quarto real comprando a primeira caneca de cerveja.

- **Real 5:** Gastarei o quinto real em pizza, pois obterei 10 útils de utilidade marginal se usar este real para comprar a terceira fatia de pizza, mas apenas 9 útils de utilidade marginal se usar este real (junto com o sexto, já que a caneca de cerveja custa $2) para comprar a segunda caneca de cerveja.

- **Real 6 e 7:** Eu deveria gastar os reais de número seis e sete em cerveja, pois obterei uma UM por real de 9 útils pela minha segunda caneca, enquanto obterei apenas 8 útils se gastar meu sexto real na quarta fatia de pizza.

- **Real 8, 9 e 10:** Para os reais de número oito, as UMs estão empatadas. Se eu usar esse real para comprar uma quarta fatia de pizza, vou obter 8 útils. Eu obterei a mesma quantidade gastando esse oitavo real (junto com o nono, pois uma caneca custa $2) em uma terceira caneca de cerveja. Então, devo gastar meus três últimos reais comprando uma quarta fatia de pizza e uma terceira caneca de cerveja.

Na Tabela 5-3, listo em que devo gastar cada um dos meus reais. Observe que a utilidade total que posso comprar com meus $10 é 110 útils. Isso é muito melhor do que os 50 útils que obteria gastando todo o meu dinheiro em pizza ou os 80 útils se gastasse em cerveja. Ao gastar cada real na sequência do produto que trouxer maior utilidade, o resultado foi bem melhor do que o obtido gastando o dinheiro em apenas um dos dois produtos.

Observe também que acabo comprando quatro pedaços de pizza e três canecas de cerveja. Com este orçamento e esses preços, minha quantidade demandada de pizza é a de quatro pedaços; e a de cerveja é três canecas. O processo de maximizar a utilidade também é a base da curva de demanda e a relação entre a quantidade demandada e o preço (discuto a curva de demanda no Capítulo 4 e retorno ao assunto mais adiante neste capítulo, na seção "Derivando as Curvas de Demanda a Partir da Utilidade Marginal Decrescente"). Na próxima seção, apresento a fórmula mágica de escolher no que gastar seu dinheiro em qualquer situação.

TABELA 5-3 **Como Maximizar o Gasto de Cada Real em Meu Orçamento**

Real	Melhor Escolha	UM por Real
1	Pizza	24
2	Pizza	12
3	Cerveja	11
4	Cerveja	11
5	Pizza	10
6	Cerveja	9
7	Cerveja	9
8	Pizza	8
9	Cerveja	8
10	Cerveja	8
Total de útils		**110**

Equalizando a utilidade marginal por real

Nesta seção, explico uma fórmula simples para orientar as pessoas a maximizar a utilidade total obtida de qualquer orçamento — não importa quantos bens existam para serem escolhidos ou quanto cada um deles custa.

Para manter as coisas simples, começo mostrando a versão da fórmula que se aplica para decidir como gastar melhor seu orçamento quando há apenas dois produtos ou serviços para serem escolhidos. Quando você aprende a fazer a versão com dois produtos, a versão com múltiplos produtos é bem mais fácil.

Vamos chamar os dois produtos de X e Y, e seus respectivos preços são P_x para cada unidade de X, e P_y para cada unidade de Y. Fora isso, suas respectivas utilidades marginais são UM_x e UM_y. A fórmula é esta:

$$(3)\quad \frac{UM_x}{P_x} = \frac{UM_y}{P_y}$$

Essa fórmula significa que se uma pessoa alocou da melhor forma possível seu orçamento limitado entre dois produtos, então, nas quantidades ideais de X e Y, as utilidades marginais por real de X e Y serão iguais.

LEMBRE-SE

COMO A INFLAÇÃO AFETA AS COMBINAÇÕES DE COMPRA

Uma coisa interessante ao analisar a Equação (1) ou a Equação (3) neste capítulo é que, se todos os preços nos denominadores fossem repentinamente aumentados pelo mesmo múltiplo, todas as igualdades permaneceriam intactas, significando que as pessoas ainda poderiam escolher comprar as mesmas quantidades de todos os produtos. Em outras palavras, se repentinamente houvesse uma inflação que dobrasse os preços, as pessoas ainda escolheriam comprar exatamente as mesmas quantidades de todas as coisas, como faziam antes.

As pessoas sentem que, pela lógica, se minha receita dobrasse ao mesmo tempo em que os preços de tudo que eu compro dobra, nada realmente mudaria. Eu ainda poderia comprar exatamente as mesmas quantidades de bens e serviços como costumava antes da inflação. E, uma vez que aquelas quantidades eram as que maximizaram minha utilidade antes, elas ainda a estarão maximizando agora. Como resultado, você pode erroneamente concluir que a inflação não importa.

Mas, no Capítulo 15, explico os grandes horrores da inflação. Esses horrores são causados pelo fato de que nunca acontece, na vida real, uma inflação *perfeita* como aquela que acabo de descrever, em que os preços de todos os bens e serviços sobem exatamente o mesmo valor e ao mesmo tempo.

Em vez disso, o que acontece é que os preços de diferentes bens e serviços sobem a taxas diferentes, assim, as frações nas Equações (1) e (3) ficam completamente irregulares, porque seus denominadores mudam em valores diferentes. Quando isso acontece, as pessoas começam a mudar suas quantidades de demanda drasticamente, na tentativa de restabelecer a igualdade entre toda sua utilidade marginal por real. Quando elas fazem isso, o resultado é o caos; algumas empresas percebem, repentinamente, que a demanda por seus produtos está caindo, enquanto outras descobrem que ela está subindo. Assim, não deixe que as Equações (1) e (3) o levem a pensar que a inflação não importa no mundo real. Ela, de fato, importa.

Essa relação é válida no exemplo da seção anterior. Olhe a Tabela 5-3. Quando eu otimizo o gasto de meus $10 em cerveja e pizza, a quantidade mais adequada de cada é de quatro pedaços de pizza e três canecas de cerveja. Na terceira coluna da Tabela 5-4, você pode notar que a utilidade marginal para o quarto pedaço de pizza e a terceira cerveja são, de fato, iguais a 8 útils, exatamente como o preceito da fórmula na equação (1).

Observando por que as utilidades marginais por real devem ser iguais

Se as utilidades marginais por real não forem iguais, você desejará continuar reajustando suas compras até que sejam. Nesta seção, demonstro *por que* as utilidades marginais por real têm que ser iguais se você quiser maximizar sua utilidade ao gastar um orçamento limitado.

Primeiro, imagine que eu escolha outras quantidades de cada produto, de modo que para a unidade final de X e para a unidade final de Y que comprar:

$$(4) \quad \frac{UM_x}{P_x} > \frac{UM_y}{P_y}$$

Considere a pizza o X e a cerveja, Y. A partir das Tabelas 5-2 e 5-3, você pode ver que, se eu comprar quatro canecas de cerveja e duas fatias de pizza, a UM para a quarta caneca de cerveja é 7, enquanto que a UM para a segunda fatia de pizza é 16. Claramente, a UM da pizza é muito maior que a UM da cerveja, se eu gastar meu orçamento limitado dessa maneira.

Mas essa maneira de gastar meu orçamento não é a ideal. A razão é que o dinheiro que estou gastando com a atual unidade final de X (pizza) compra mais utilidade marginal que o dinheiro gasto atualmente na unidade final de Y (cerveja). Se eu puder obter mais utilidade gastando um real em X do que em Y, devo deixar de gastar em Y e gastá-lo em X. E, desde que a desigualdade na Equação (2) seja verdadeira, devo continuar tirando dinheiro de Y, de modo a aumentar os gastos em X.

Aplicando a fórmula para múltiplos bens e serviços

Para maximizar a utilidade total, você deve rearranjar suas compras de modo que, para as unidades finais de cada bem, as utilidades marginais por real sejam iguais. Se isso não for verdade, um dos produtos oferece a você uma quantidade maior de felicidade para cada real gasto, o que significa que reorganizará suas compras de modo a gastar mais dinheiro naquele produto. Apenas quando a Equação (1) (mostrada anteriormente) for verdadeira você não reorganizará mais, porque nenhum produto lhe oferece mais felicidade do que outro.

Observe, ainda, que a Equação (1) também pode ser generalizada para ser aplicada a muitos produtos. Por exemplo, no caso de três bens, você organizaria sua compra para incluir uma última unidade de cada um dos três produtos X, Y e Z:

$$(5) \quad \frac{UM_x}{P_x} = \frac{UM_y}{P_y} = \frac{UM_z}{P_z}$$

Se qualquer um dos três produtos tiver uma utilidade marginal maior que os outros, você reorganizará as compras para comprar menos dos outros e mais daquele. E continuará reorganizando até que a Equação (3) seja verdadeira.

Derivando as Curvas de Demanda a Partir da Utilidade Marginal Decrescente

A utilidade marginal decrescente é uma das razões para que as curvas de demanda tenham uma inclinação decrescente. Você pode ver um exemplo disso na Figura 5-1, em que é visível que a utilidade marginal que vem com cada pedaço sucessivo de pizza diminui. Se o seu objetivo for usar seu dinheiro para comprar o máximo de utilidade possível, de forma a obter o máximo de felicidade, você estaria disposto a pagar cada vez menos em cada pedaço de pizza, já que cada pedaço sucessivo lhe traz menos utilidade do que o anterior.

Entretanto, a Figura 5-1 não é uma curva de demanda, por duas razões:

» **Preço:** Ela não leva em consideração o efeito dos preços sobre a quantidade demandada.

» **Outros bens:** Ela contempla apenas um produto isolado, enquanto que a quantidade demandada de um produto é determinada ao se encontrar a solução para o problema mais geral de alocação para um orçamento limitado, entre todos os produtos disponíveis, de modo a maximizar a utilidade total. Em outras palavras, você não pode olhar para cada produto isoladamente. O quanto deles você deseja comprar depende não apenas do preço, mas também do preço de todo o resto e como suas utilidades marginais variam quando você compra mais ou menos deles.

Esta seção constrói curvas de demanda a partir de princípios, mostrando como as alterações no preço de um bem provocarão movimentos ao longo da curva de demanda dele se você mantiver todos os outros possíveis fatores influenciadores constantes. Ela ainda demonstra como as mudanças nesses outros possíveis fatores de influência — incluindo os preços de outros bens assim como mudanças nas preferências — podem deslocar toda a curva de demanda para uma nova posição.

Observando como as mudanças de preços afetam as quantidades demandadas

Alterações nos preços afetam a quantidade demandada de cada bem. Conforme os preços de diferentes bens variam em relação uns aos outros, também varia a quantidade demandada de cada bem para obter tanta utilidade quanto possível, considerados os novos preços.

No exemplo que tenho usado neste capítulo, tive que decidir como gastar melhor $10 quando minhas escolhas são fatias de pizza ou canecas de cerveja. Quero fazer uma alteração nesse exemplo: digamos que a pizza agora custe $2 por fatia em vez de $1. O que quero demonstrar é quanto essa mudança de preço afeta a quantidade demandada tanto de cerveja quanto de pizza.

As mudanças nas quantidades demandadas resultam do fato do novo e mais alto preço da pizza reduzir sua utilidade marginal por real. Dobrar o preço da pizza significa que a utilidade marginal por real gasto em cada fatia é exatamente metade do que era antes. Você pode ver isso ao comparar a quarta e a quinta colunas da Tabela 5-2. Como o aumento no preço diminui a utilidade marginal que cada real gasto em pizza compra, naturalmente, essa nova circunstância afetará em que gasto meu orçamento limitado de $10.

Como você deve esperar, o preço mais alto me levará a comer menos pizza e beber mais cerveja. Você pode provar isso por si mesmo gastando, por fim, cada um de seus reais para comprar qualquer produto que tiver a maior utilidade marginal (a seção "Comprando a melhor combinação de dois produtos para maximizar a utilidade total" mostra esse processo). Os resultados estão resumidos na Tabela 5-4.

TABELA 5-4 **Como Gasto Meu Orçamento da Melhor Maneira Quando o Preço da Fatia de Pizza é $2**

Real	Melhor Escolha	UM por Real
1	Pizza	12
2	Pizza	12
3	Cerveja	11
4	Cerveja	11
5	Cerveja	9
6	Cerveja	9
7	Cerveja	8
8	Cerveja	8
9	Cerveja	7
10	Cerveja	7
Total de útils		**94**

Ao comparar as Tabelas 5-4 e 5-3, você pode ver que o aumento no preço da pizza de $1 para $2 afetou tanto a quantidade demandada de pizza quanto de cerveja. Para a pizza, minha quantidade demandada caiu de quatro para apenas uma. Para a cerveja, aumentou de três canecas para quatro.

O aumento no preço da pizza ainda me tornou mais pobre no único sentido que realmente importa: estou menos feliz. Devido ao aumento do preço, o número total de útils que posso comprar com meu orçamento de $10 caiu de 110 para apenas 94. Apesar de rearranjar minhas quantidade consumidas de cerveja e de pizza para obter o máximo da nova situação, o aumento do preço ainda me prejudica de modo geral.

Lançando as alterações de preço e quantidades em um gráfico para criar uma curva de demanda

Você pode usar as informações sobre como a quantidade demandada muda quando os preços sobem para plotar pontos em uma curva de demanda. Por exemplo, no caso da pizza, você pode lançar esses dois pontos: quatro fatias demandadas ao preço de $1 e uma ao preço de $2. Na Figura 5-3, represento graficamente esses dois pontos e esboço o restante da curva de demanda. Ao observar a figura, tenha em mente duas coisas:

» A inclinação decrescente da curva de demanda de pizza deriva, em parte, da utilidade marginal decrescente da pizza.

» Conforme o preço da pizza muda, a quantidade demandada de pizza não muda isoladamente, e sim como resultado da reorganização da quantidade demandada de ambas, cerveja e pizza, para maximizar a utilidade total.

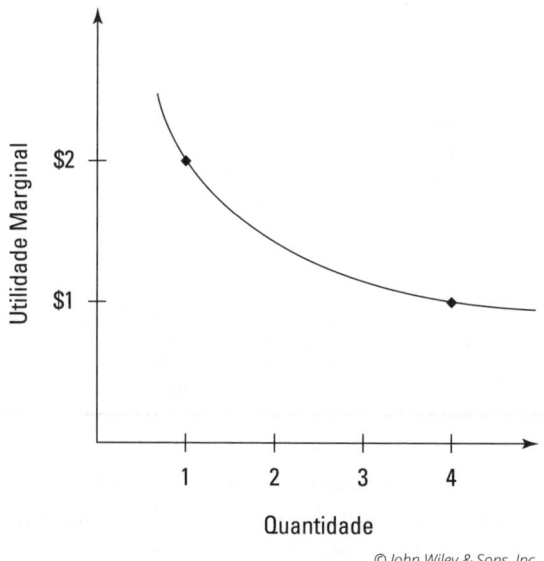

FIGURA 5-3: Minha curva de demanda para fatias de pizza.

Curvas de demanda para bens individuais não são feitas isoladamente. Certamente, existe uma relação entre o preço do bem e sua quantidade demandada. Entretanto, quando o preço do bem muda, os efeitos daquela mudança afetam todas as decisões orçamentárias — não apenas para aquele bem, mas para *todos* os demais. A mudança resultante na quantidade demandada do bem é apenas parte de uma reorganização geral de gastos, que se empenha para manter a máxima utilização total, dado o novo preço.

Considere como o aumento no preço da pizza afeta a curva de demanda da cerveja. Minha quantidade demandada de cerveja foi de três para quatro canecas quando o preço da pizza aumentou de \$1 para \$2. Mas o preço da cerveja não mudou. O que significa que a curva de demanda para a cerveja foi deslocada (como explico no Capítulo 4). Ilustro esse deslocamento na Figura 5-4. O ponto A na curva de demanda D se desloca para o ponto A' na curva de demanda D'.

Eventos em que as mudanças nos preços de um bem afetam a quantidade demandada de outro são chamados *efeitos de preços cruzados*. Em contrapartida, quando uma mudança no preço de um bem afeta sua própria quantidade demandada, você tem um *efeito de preço próprio*. Observe que, enquanto os efeitos de preço cruzado fazem a curva de demanda se deslocar, os efeitos de preço próprio causam movimentos ao longo da curva de demanda.

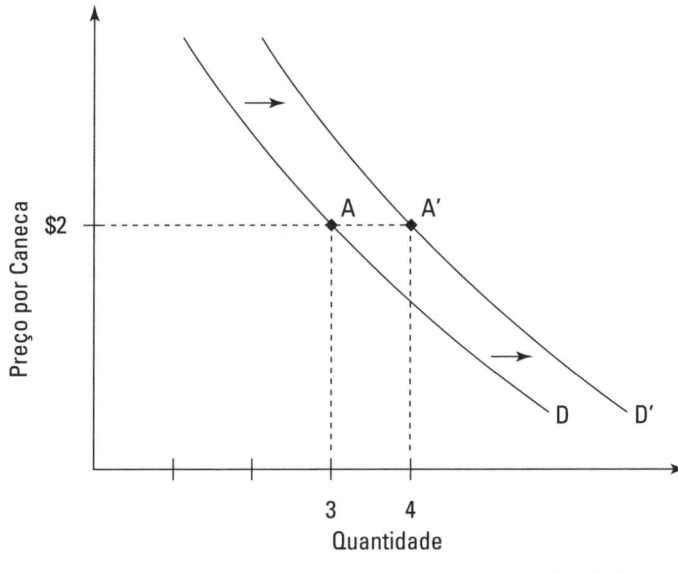

FIGURA 5-4: Minha curva de demanda para cerveja se desloca para a direita quando o preço da pizza aumenta.

© *John Wiley & Sons, Inc.*

A direção do efeito de preço cruzado depende da situação. Neste capítulo, permiti que os consumidores comprassem apenas dois produtos, cerveja e pizza. O resultado é que, quando o preço da pizza sobe, eles alternam parte de seu poder de compra para comprar mais cerveja — ou, como dizem os economistas, eles *substituem* um bem por outro (veja o box "Bens Complementares e Bens Substitutos"). É por isso que, quando o preço da pizza sobe, a curva de demanda por cerveja na Figura 5-4 desloca-se para a direita.

Mas, no mundo real, onde muitos outros bens de consumo estão disponíveis, a curva de demanda poderia muito bem se deslocar em outra direção. Por exemplo, algumas pessoas gostam de beber cerveja apenas quando comem pizza. Para elas, um aumento no preço da pizza pode diminuir *tanto* a quantidade de pizza *quanto* de cerveja consumidas.

Essas pessoas pensam em cerveja e pizza como um pacote. Um aumento no preço de um item desse pacote aumenta o preço do pacote inteiro. Elas comprariam menos de cada item do pacote para liberar dinheiro para gastar em muitos outros bens de consumo disponíveis. Para os consumidores com essas preferências e com a opção de comprar bens além de cerveja e pizza, quando o preço da pizza sobe, a curva de demanda da cerveja se desloca para a esquerda.

BENS COMPLEMENTARES E BENS SUBSTITUTOS

Algumas coisas simplesmente andam juntas: filme e pipoca; hambúrgueres e ketchup; sapatos e cadarços. Em cada um desses pares, os bens em questão são mais úteis ou mais agradáveis quando consumidos com o outro.

Uma vez que cada bem complementa o outro, os economistas se referem a eles como *bens complementares*. Uma coisa interessante sobre bens complementares é que a mudança no preço de um complemento afeta o outro complemento. Por exemplo, se cachorros-quentes entram em promoção, as pessoas não apenas compram mais cachorros-quentes; elas também compram mais pães de cachorro-quente. E mais mostarda é vendida.

Em contraste, considere os *bens substitutos*, que são bens que servem a objetivos semelhantes, de forma que se o preço de um subir, as pessoas procurarão outro. Por exemplo, se o preço das passagens de trem subir, mais pessoas usarão carros. E, se o custo do correio convencional subir, mais pessoas usarão e-mails.

Tanto os bens complementares quanto os substitutos são resultado dos efeitos do preço cruzado. Um aumento no preço de um complemento faz com que a quantidade de demanda de seus pares baixe, enquanto um aumento no preço de um substituto faz com que a quantidade demandada de seus pares suba.

Quando você olhar para a economia, certifique-se de pensar nela como um grande conjunto orgânico em que as coisas não acontecem de forma isolada. Quando o preço de um bem muda, não afeta apenas aquele bem, mas também muitos outros — substitutos ou complementares. E se os preços dos substitutos ou complementares também mudarem, como resultado da mudança inicial de preços, todos os substitutos e complementares também serão afetados. É como um gigantesco efeito dominó.

NESTE CAPÍTULO

» **Entendendo por que as empresas escolhem maximizar os lucros**

» **A concorrência como um fator na mistura**

» **Desconstruindo a estrutura de custos da empresa**

» **Compreendendo como os custos determinam a curva de oferta da empresa**

» **Entendendo como as empresas reagem à perda de dinheiro**

Capítulo **6**

A Essência do Capitalismo: A Empresa que Maximiza o Lucro

Nas economias de mercado modernas, como a inglesa, quase tudo o que você come, bebe, veste, dirige, voa ou usa é feito por algum tipo de empresa. Assim, naturalmente, os economistas dedicam uma enorme quantidade de esforço para estudar como as empresas se comportam.

Neste capítulo, mostro como os economistas modelam uma empresa que é membro de um ramo de negócio competitivo; uma empresa que é apenas uma das muitas empresas concorrentes umas das outras em seus negócios. É importante entender como as empresas se comportam em ramos competitivos por duas razões:

» A maioria das empresas no mundo real enfrenta muita concorrência porque fazem parte de setores de concorrência perfeita (que trato neste capítulo) ou de concorrência monopolística (tratada no Capítulo 9).

» Todas as empresas — mesmo aquelas que não enfrentam muita concorrência — se comportam de modo muito semelhante.

Acima de tudo, as empresas gostam de maximizar seus lucros. E, ainda mais importante, todas as empresas procuram maximizar seus lucros da mesma maneira: fabricando exatamente o nível de produção em que o custo de uma unidade a mais seja exatamente igual ao aumento na receita que a empresa obtém ao vender aquela unidade.

Neste capítulo, mostro por que as empresas se comportam dessa maneira. Conhecer os motivos ajuda a entender como *todas* as empresas funcionam, seja enfrentando uma concorrência acirrada ou sem concorrentes.

O Objetivo da Empresa: Maximizar Lucros

As pessoas criam empresas com a finalidade de produzir coisas. Essa afirmação deve levantar uma questão fundamental: *por que* as pessoas se importam em criar empresas para fabricar coisas? Uma razão poderia ser o altruísmo. Outra, que fazer coisas é divertido. Outra razão poderia ser que as pessoas que iniciam uma empresa estão saturadas de fazer outras coisas. Mas os economistas pensam que a resposta é muito mais simples.

LEMBRE-SE

Economistas supõem que o principal objetivo de todas as corporações é obter o máximo de lucro possível. Eles partem desse pressuposto por duas razões:

» Todas as empresas têm a maximização do lucro no topo de sua lista de objetivos.

» Não importa quais outros objetivos a empresa tem, ela ainda quer maximizar os lucros depois de alcançá-los.

Por exemplo, uma empresa pretende ter uma fábrica que não emita gases do efeito estufa. Contudo, depois de construir a tal fábrica, ela ainda quer ganhar tanto dinheiro quanto possível. Afinal de contas, depois de tomar as medidas necessárias para proteger o meio ambiente, por que não gerar um grande e belo lucro?

Quando a companhia de sorvetes Ben & Jerry começou, ela doou uma grande porcentagem de seus lucros para caridade. Diante de tal política, a melhor maneira para a Ben & Jerry ajudar essas causas nobres foi lucrar o máximo possível.

Muitos não economistas desaprovam que as pessoas e empresas alcancem lucros, mas os lucros garantem que as empresas recebam insumos cruciais de capacidade empreendedora e assunção de risco. Pense em uma pessoa que tem a oportunidade de começar o próprio negócio. Ela poderia continuar trabalhando para outra pessoa e receber um salário fixo. Qual é seu incentivo para arregaçar as mangas e assumir os riscos de iniciar um negócio que pode fracassar? O incentivo é que ela receberá os lucros se a empresa se sair bem. Sem os lucros potenciais, ninguém arriscaria abandonar um trabalho seguro para inovar, e os consumidores como um todo sofreriam, porque a oferta de novos produtos e serviços cessaria. (No Capítulo 14, explico em detalhes como a capacidade empreendedora recebe lucros em troca de assumir os riscos associados à inovação e invenção.)

Encarando a Concorrência

As empresas podem ou não enfrentar muita concorrência de outras empresas. Em um extremo está o *monopólio*, em que a empresa não encontra qualquer concorrência porque é única em seu ramo de atividade. No outro extremo, está o que os economistas chamam de *concorrência perfeita*, uma situação em que a empresa compete contra muitas outras empresas em um ramo de atividades em que todas produzem mercadorias iguais. E entre os extremos existem duas situações: *oligopólio*, em que existem duas, três ou (no máximo) um pequeno número de empresas em um determinado ramo de atividade; e a *concorrência imperfeita* (*monopolística*), em que existem muitos concorrentes, mas cada um produz mercadorias singulares. (Veja os Capítulos 8 e 9 para saber mais sobre monopólios, oligopólios e concorrência monopolística.)

Neste capítulo, você descobre como as empresas se comportam na concorrência perfeita, porque, além de explicar como os importantes mercados como o de ações se comportam, essa situação é o caso mais simples de se entender. É simples porque, quando há muitos concorrentes em um setor em que cada empresa está produzindo produtos idênticos, nenhuma delas têm qualquer controle sobre os preços que cobram.

Listando os requisitos para a concorrência perfeita

Para saber por que as empresas envolvidas na concorrência perfeita não têm controle sobre os preços praticados, você precisa entender que a concorrência perfeita pressupõe três coisas sobre as empresas dentro de um ramo de atividade:

>> Que existam muitas delas.

>> Cada uma delas represente uma pequena parte do setor.

>> Elas todas vendam produtos idênticos ou quase idênticos.

Fazendas de trigo são um exemplo de um setor que satisfaz os três critérios da concorrência perfeita. Existem literalmente dezenas de milhares de fazendeiros de trigo nos Estados Unidos. Nenhum deles produz mais do que um pequeno percentual do total de trigo produzido por ano, e todo o trigo é basicamente idêntico.

Para ver por que essas coisas juntas significam que os fazendeiros individualmente não têm qualquer controle sobre o preço do trigo, comece com o fato de que eles estão produzindo uma mercadoria quase idêntica. Como o trigo de uma fazenda é idêntico ao de qualquer outra, a única maneira de um produtor do estado do Kansas tem de me convencer a comprar dele e não de um fazendeiro do Texas é oferecendo um preço mais baixo. Uma vez que todo o trigo é igual, tudo o que importa é o preço; isso significa que os produtores só podem competir no preço e mais nada.

Com o preço se destacando como fator-chave no mercado de commodity, podemos usar a análise da curva de oferta e demanda para descobrir o preço. Como descrito no Capítulo 8, o preço é determinado pelo ponto em que a *curva de demanda do mercado* para o trigo cruza com a *curva de oferta do mercado* para o trigo (veja o Capítulo 4 para mais detalhes). Como essas curvas são determinadas?

> » **Curva de demanda de mercado:** Determinada pela soma das curvas de demanda individual de todas as pessoas que queiram comprar trigo.
>
> » **Curva de oferta de mercado:** Determinada pela soma das curvas de oferta individuais de todos os produtores de trigo.

Este é o ponto em que as duas primeiras presunções entram em ação: porque existem muitos produtores de trigo e cada um deles produz uma pequena parte da oferta total de trigo, a curva de oferta de mercado para o trigo basicamente não é afetada pela presença ou ausência de uma curva de oferta individual de qualquer produtor em particular. Se um bilhão de sacas de trigo forem vendidos todos os anos, os preços de mercado não serão afetados, independentemente de um pequeno produtor com apenas mil sacas decidir vender ou não sua produção. Ele é pequeno demais para provocar mudança no preço de mercado.

Se cada parte é pequena demais para causar mudanças nos preços de mercado, então cada um tem que aceitar qualquer preço gerado pela demanda de mercado interagindo com a oferta de mercado.

Aceitando preços, mas estabelecendo as quantidades

Se os três requisitos da concorrência perfeita forem atendidos, produz-se uma situação na qual as empresas individuais não têm controle sobre os preços que podem cobrar. Na verdade, em uma concorrência perfeita, essas empresas são chamadas pelos economistas de *seguidoras de preço*, pois aceitam o preço do mercado.

No fim das contas, até mesmo a mais poderosa empresa pode esperar controlar apenas duas coisas: quanto de seus produtos fabricar e qual preço cobrar. Uma vez que as empresas não têm controle sobre seus preços na concorrência perfeita, a lista se estreita para um item: a única coisa que empresas seguidoras de preço de mercado podem controlar é quanto produzir.

As empresas escolhem produzir qualquer quantidade que maximize seus lucros. Isso é matematicamente conveniente, porque constata que a quantidade de produtos que uma empresa escolhe produzir controla as duas coisas que determinam os lucros: total de receitas e total de custos.

Para ver isso mais claramente, você precisa saber que o lucro de uma empresa é definido simplesmente como seu total de receitas menos seu total de custos. Colocados matematicamente, a equação é a mostrada a seguir, em que RT significa receita total e CT significa custo total:

$$(1) \quad \text{Lucro} = RT - CT$$

Para uma empresa competitiva, seu total de receitas é simplesmente a quantidade, q, de sua produção que ela escolhe vender vezes o preço de mercado, p, que ela pode obter para cada unidade:

$$(2) \quad RT = p \times q$$

Por exemplo, se eu vender 37 maçãs por $1 cada, minha receita total é de $37 ($1 por maçã x 37 maçãs = $37).

Mas observe que o preço a que consigo vender (p) está fora do meu controle se sou um seguidor de preço de mercado; a única maneira pela qual posso controlar minha receita total é decidindo quantas maçãs vender. Assim, uma empresa pode determinar sua receita total decidindo o tamanho do q.

Muito do restante deste capítulo é dedicado a mostrar que o custo total de uma empresa, CT, também é determinado pelo tamanho de seu q. Mas o interessante é que, embora cada unidade extra de q vendida traga uma receita de p reais, o custo de cada unidade de q fabricada depende de quantas unidades de q já foram produzidas. Os custos tendem a aumentar à medida que as empresas produzem mais e mais; dessa forma, cada unidade sucessiva custa mais que a unidade anterior. Isso acaba limitando o número de unidades que uma empresa deseja produzir.

Por exemplo, suponha que eu possa vender quantas maçãs quiser ao preço de $1 cada. A primeira maçã custa $0,10 para ser produzida; a segunda, $0,20 a terceira, $0,30 e assim por diante. Neste caso, eu estou disposto a produzir não mais do que dez maçãs. Por quê? Porque para cada uma das nove primeiras, eu teria lucro, mas, para a décima maçã (que custa $1 para ser produzida), só empataria. Se produzisse qualquer outra maçã, sustentaria uma perda. (A maçã de número 11, por exemplo, custaria $1,10 para ser produzida, mas eu só conseguiria $1 pela venda.)

Consequentemente, você pode observar que ambos os termos, *RT* e *CT* na equação de lucro (1), são determinados pela escolha de *q* da empresa. A única coisa que resta para descobrir é o tamanho exato de *q* para maximizar os lucros. Acontece que há uma fórmula ridiculamente simples que nos dá essa solução. Preste atenção, porque você só tem a lucrar lendo este capítulo.

Distinguindo entre lucro contábil e lucro econômico

Para um economista, os termos *lucros* e *perdas* se referem a se os ganhos decorrentes da administração dos negócios são maiores ou menores que os custos envolvidos. Se os ganhos excedem os custos, diz-se que você está *tendo lucro*; entretanto, se os custos excedem os ganhos, que está *tendo prejuízo*. Se os dois forem absolutamente iguais, diz-se que você está no *ponto de equilíbrio*.

Considere uma empresa que vende limonada. Tanto o contabilista quanto o economista concordam que as receitas da empresa são simplesmente quanto dinheiro ela ganha na venda de limonada. Entretanto, eles divergem sobre o que considerar como custos ao calcular o lucro:

» **Lucro contábil:** Os contabilistas consideram custo apenas o dinheiro real gasto na gestão do negócio: quanto a empresa paga aos funcionários, quanto paga na compra dos limões e assim por diante. Se a empresa tem receita de $10.000 e gasta $9.000 para compor aquela receita, os contabilistas concluem que a empresa tem um lucro de $1.000. Esse número é o *lucro contábil* da empresa — o tipo de lucro que é reportado todos os dias nas demonstrações financeiras e artigos de jornais.

LEMBRE-SE

» **Lucro econômico:** Leva em consideração não apenas o dinheiro gasto na gestão do negócio, mas também os custos de oportunidade incorridos. Pense no empreendedor que abre uma empresa de limonada. Depois de pagar pela matéria-prima e o salário de seus funcionários, seus lucros contábeis são de $1.000. Mas esse é realmente um bom negócio?

Suponha que esta pessoa tenha deixado um emprego como programador de computadores para abrir uma empresa de venda de limonada e, no mesmo período de tempo que levou para lucrar $1.000 com o negócio de limonada, ela teria ganhado $10.000 de salário se tivesse permanecido em seu antigo emprego. Ou seja, abriu mão da oportunidade de ganhar $10.000 em salários para abrir um negócio que retorna apenas $1.000 em lucro contábil. Ela na verdade arca com uma *perda econômica* de $9.000. Diante desse fato, a decisão de mudar de carreira não parece ter sido uma boa ideia.

Os economistas gostam de se concentrar em lucros e perdas econômicas, em vez de lucros e perdas contábeis, porque os lucros e perdas econômicas são o que motiva as pessoas. São eles que diretamente motivam as empresas a produzir não apenas os tipos de bens que escolheram produzir como também as quantidades desses bens. Em nosso exemplo você pode imaginar que, quando outros programadores observam o que aconteceu com aquele rapaz que mudou de carreira, jamais seguirão seu exemplo.

No restante do capítulo, sempre que você observar custos listados, presuma que são *custos econômicos*; isto é, eles não incluem apenas o dinheiro diretamente gasto na operação do negócio, mas também os custos de oportunidades anteriores para operar o negócio. Do mesmo modo, sempre que observar um lucro ou uma perda, presuma que é um lucro econômico ou uma perda econômica — o fator que motiva os empreendedores a desejar fazer alguma coisa ou evitar fazê-la.

A mais importante aplicação deste conceito é determinar quanto uma empresa precisa produzir. Se produzir a décima segunda unidade de um produto gera lucro econômico, obviamente a empresa quererá produzi-la. Mas, se o aumento da produção para a décima terceira unidade causar um resultado de perda econômica, obviamente a empresa não desejará produzi-la.

Analisando a Estrutura de Custos de uma Empresa

Para entender como os custos e as receitas interagem para determinar os lucros ou perdas econômicas, os economistas gostam de dividir os custos totais de uma empresa em duas categorias:

» **Custos fixos:** São aqueles que devem ser pagos mesmo se a empresa não estiver produzindo nada. Por exemplo, uma vez que um contrato de aluguel é assinado para a matriz da empresa, esse aluguel deve ser pago, quer a empresa produza algo ou não. Do mesmo modo, se a empresa tomou um empréstimo, ela é legalmente obrigada a fazer o pagamento da dívida, não importando se ela está produzindo zero ou um bilhão de unidades de mercadorias.

» **Custos variáveis:** São aqueles que variam com a quantidade de mercadorias produzidas. Por exemplo, se você está no negócio de fazer limonada e escolhe não produzir nada, obviamente não terá que comprar limões. Mas, quanto mais limonada produzir, mais você gastará comprando limões. Da mesma forma, produzir mais limonada requer mais trabalhadores, assim, os custos da mão de obra também variam com a quantidade de mercadoria produzida.

Os custos fixos podem ser representados como CF, e custos variáveis como CV. Juntos, eles perfazem o custo total da empresa, ou CT:

(3) $CT = CF + CV$

DICA

Ao analisar a Equação (3), tenha em mente que ela lida com os custos econômicos suportados pela empresa e, por consequência, capta os custos de oportunidades das despesas da empresa de ambos os custos — fixos e variáveis. (Todas as despesas, sejam custos fixos ou variáveis, envolvem custos de oportunidade — as outras coisas de que você abre mão de comprar para gastar o dinheiro em seus custos fixos e variáveis.)

Concentrando nos custos por unidade de produção

A razão pela qual os economistas fazem distinção entre custos fixos e custos variáveis é que eles têm efeitos muito diferentes sobre as decisões das empresas no que diz respeito a quanto produzir. Observe a Tabela 6-1, que fornece dados sobre a LemonAid, empresa fabricante de limonada.

TABELA 6-1 **A Estrutura de Custos da LemonAid**

Funcionários	Produção	Custos Fixos	Custo Fixo Médio	Custo Variável	Custo Variável Médio	Custo Total	Custo Total Médio	Custo Marginal
0	0	100	—	0	—	100	—	—
1	50	100	2	80	1,60	180	3,60	1,60
2	140	100	0,71	160	1,14	260	1,86	0,89
3	220	100	0,45	240	1,09	340	1,55	1
4	290	100	0,34	320	1,10	420	1,45	1,14
5	350	100	0,29	400	1,14	500	1,43	1,33
6	400	100	0,25	480	1,20	580	1,45	1,60
7	440	100	0,23	560	1,27	660	1,50	2
8	470	100	0,21	640	1,36	740	1,57	2,67

Quando a LemonAid iniciou suas atividades, ela comprou uma máquina para fazer suco de $100, que lhe confere o custo fixo de $100. Em seguida, ela precisou decidir quanto produzir, o que, por sua vez, determina quantos funcionários ela precisa contratar. Na primeira coluna, o número de funcionários varia de zero até oito. Se a empresa não contratar ninguém, você pode ver no topo da segunda coluna que não há produção. Mas, se ela contrata trabalhadores, a produção aumenta à medida que você desce pela segunda coluna. Mais funcionários significam mais produção.

Estudando os retornos crescentes e decrescentes

Preste atenção ao fato de que a quantidade adicional, ou marginal, de produtos fabricada por cada funcionário adicional não é, entretanto, constante. Ou seja, se você passar de 0 para 1 funcionário, a produção aumenta de 0 para 50 garrafas de limonada. No entanto, quando você vai de 1 para 2 funcionários, a produção aumenta de 50 para 140 garrafas. Colocando em jargão econômico: a *produção marginal* do segundo funcionário é de 90 garrafas, ao passo que a produção marginal do primeiro é de apenas 50 garrafas.

Agora, analise estes fatos em termos de custo e benefício. Se você tem que pagar a cada trabalhador o mesmo salário de $80 por dia ($10 por hora para oito horas de trabalho), gostará do fato de que, enquanto o primeiro trabalhador produz 50 garrafas a $80, o segundo produz 90 garrafas pelo mesmo salário.

LEMBRE-SE

Os economistas referem-se a situações como essa como *retorno crescente*, pois a quantidade de retorno obtido para uma determinada entrada (mais um funcionário) aumenta à medida que você acrescenta sucessivas unidades de entrada. Retornos crescentes ocorrem quando uma parte do capital produtivo está inicialmente desguarnecida. Pense em um veleiro que funciona idealmente com uma tripulação de dez pessoas. Uma só pessoa consegue operar o veleiro? Sim, mas sua produtividade seria muito baixa, pois ele teria que correr de uma função para outra e tentando fazer tudo sozinho — içar as velas, içar a âncora, calcular a força do vento, pilotar e assim por diante. Nessas situações, a eficiência é melhorada e os retornos crescentes por funcionário aumentam conforme o número de funcionários se aproxima do ideal para aquela parte específica do capital produtivo.

No entanto, os retornos crescentes só acontecem quando uma parte do capital produtivo está desguarnecida. Assim, se observar a segunda coluna da Tabela 6-1, verá que os retornos crescentes não duram para sempre. Na verdade, no caso da LemonAid, o retorno crescente termina quase que imediatamente. Considere o que acontece com a produção quando você adiciona um terceiro funcionário. A produção aumenta, mas apenas 80 unidades: de 140 para 220 garrafas. E as coisas ficam piores a cada trabalhador adicionado. O acréscimo do quarto funcionário aumenta a produção em apenas 70 garrafas; e adicionar um quinto, apenas 60 garrafas.

LEMBRE-SE

Os economistas chamas essa situação de *retorno decrescente*, quando cada unidade de uma entrada, como mão de obra, traz um aumento menor na saída (produto) do que a unidade anterior.

Determinando a causa do retorno decrescente

No Capítulo 3, falo com mais detalhes o que causa o retorno decrescente, mas explico rapidamente aqui. O que está acontecendo é que a LemonAid comprou apenas uma máquina para espremer o suco dos limões.

O primeiro trabalhador pode usar a máquina para espremer suco suficiente para 50 garrafas, carregando os limões até a máquina e, então, manuseando-a. Mas dois trabalhadores juntos podem fazer melhor, dividindo o trabalho: um traz os limões até a máquina e o outro a opera. Trabalhando juntos, eles podem produzir um total de 140 garrafas — mais que o dobro de 50 garrafas que um trabalhador poderia produzir trabalhando sozinho.

No entanto, um terceiro trabalhador não aumenta a produção tanto quanto o segundo trabalhador, porque as duas maiores tarefas — carregar e operar — já estão sendo feitas. Na melhor das hipóteses, ele pode apenas ajudar o primeiro trabalhador a fazer aquelas tarefas mais rapidamente. O mesmo é verdadeiro para todos os trabalhadores sucessivamente: tê-los é útil, mas cada um acrescenta menos produtividade que o anterior, porque as coisas começam a ficar lotadas e não resta muito espaço para avanço.

Examinando o custo variável médio

Os custos variáveis são afetados pelo fato de que trabalhadores adicionais primeiro trazem retornos crescentes (quando o capital está desguarnecido), mas depois, retornos decrescentes (quando está com excesso). No caso do exemplo da LemonAid, na Tabela 6-1, os custos variáveis são todos os custos trabalhistas, com cada trabalhador sendo pago a $80 por dia. Você pode ver esses custos variáveis aumentando à medida que desce a quinta coluna.

LEMBRE-SE

Mas muito mais interessante é olhar o custo variável médio (*CVM*), que é definido como os custos variáveis divididos pela quantidade (*CV/q*). Por exemplo, uma vez que um trabalhador produz 50 garrafas a um custo variável de $80, o custo variável médio é $80/50 = $1,60 por garrafa. Quando dois trabalhadores juntos custam $160 em custos variáveis, mas produzem 140 garrafas, o custo variável médio para os dois trabalhadores é $160/$140 = $1,14 por garrafa.

A diminuição no custo variável médio é resultado do retorno crescente: o fato de que, quando mudamos de um trabalhador para dois, os custos variáveis dobram (de $80 para $160), mas a produção mais que dobra (de 50 para 140 garrafas).

Quando os retornos decrescentes se instalam, o custo variável médio começa a subir, o que você pode ver movendo-se para baixo na sexta coluna da Tabela 6-1. Isso acontece porque, embora cada trabalhador adicional custe um extra de $80, após o segundo trabalhador cada um traz um aumento menor na produção do que seu predecessor. Cada pagamento sucessivo de $80 traz consigo cada vez menos garrafas adicionais produzidas. Assim, o custo variável médio por garrafa deve subir.

O custo variável médio da LemonAid aparece como uma forma sutil de U quando é colocado em um gráfico, o que faço na Figura 6-1. Também apresento o custo fixo médio e o custo total médio da empresa. Tenha em mente a curva do custo variável médio, porque ela tem um grande efeito na quantidade de garrafas que os gerentes da empresa desejam produzir de modo a maximizar os lucros da empresa.

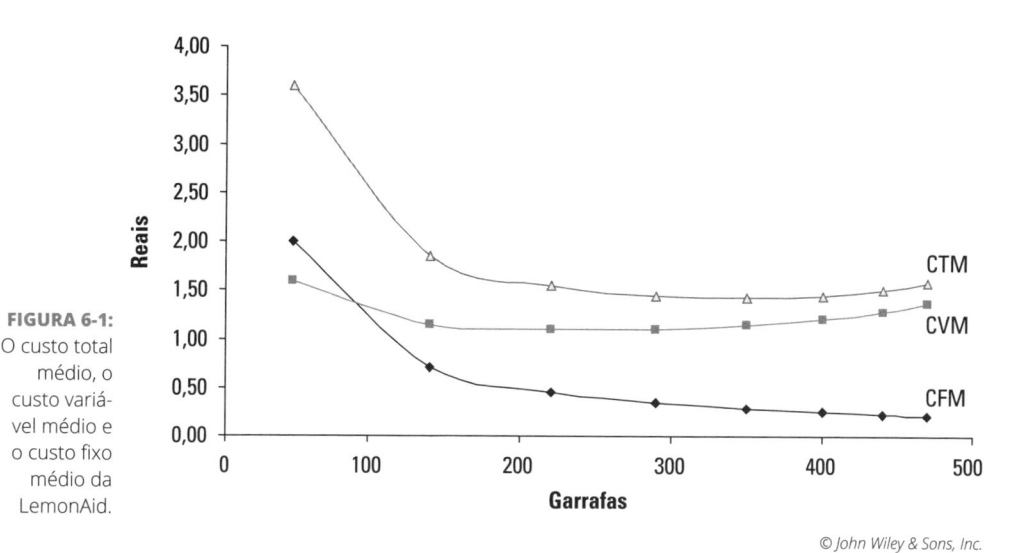

FIGURA 6-1: O custo total médio, o custo variável médio e o custo fixo médio da LemonAid.

Observando o custo fixo médio cair

O *custo fixo médio* (*CFM*) é definido como os custos fixos divididos pela quantidade (*CF/q*). O *custo fixo médio* sempre declina, pois os custos fixos são divididos por um número cada vez maior de unidades produzidas conforme a produção aumenta.

Os custos fixos da LemonAid são sempre $100 pagos pela máquina de sucos, independente da quantidade de mercadoria produzida. Como resultado, quanto mais limonada ela produz, menor é o custo fixo médio. É por isso que o *CFM* cai (observe a quarta coluna na Tabela 6-1) de um valor de $2 por garrafa quando 50 garrafas são produzidas usando apenas um trabalhador, para apenas $0,21 por garrafa quando 470 garrafas são produzidas usando oito trabalhadores. Ao lançar o custo fixo médio por garrafa, como mostra a Figura 6-1, você obtém uma curva *CFM*. Tenha em mente esse fato pois ele explica o formato da curva de custo total médio (*CTM*), que explico na próxima seção.

Rastreando o movimento do custo total médio

O custo fixo médio sempre declina conforme a produção aumenta, enquanto o custo variável médio primeiro cai (devido ao retorno crescente) e depois sobe (devido ao retorno decrescente). Uma vez que os custos totais são a soma dos custos fixos e dos custos variáveis, o *custo total médio*, obviamente, depende de como é calculado o custo fixo médio e o custo variável médio.

O custo total médio (*CTM*) é definido como os custos totais divididos pela quantidade (*CT/q*). Agora, observe novamente a Equação (3), anteriormente neste capítulo. Se você dividir cada termo na Equação (3) por *q*, terá o seguinte:

$$(4) \quad \frac{CT}{q} = \frac{CF}{q} + \frac{CV}{q}$$

Você pode simplificar essa equação observando que a média de custos equivale aos custos divididos pela quantidade, *q*. Em outras palavras, *CTM=CT/q* e *CFM = CF/q* e *CVM =CV/q*. Assim, você obtém:

$$(5) \quad CTM = CFM + CVM$$

Você pode observar claramente na Equação (5) que o custo total médio depende de como interagem o custo fixo médio e o custo variável médio. Existem dois pontos--chave para serem entendidos aqui:

» **O custo total médio *(CTM)* precisa sempre ser maior que o custo variável médio *(CVM)*, porque você tem que somar o custo fixo médio *(CFM)*.** Observe a Figura 6-1, que mostra que a curva *CTM* está acima da curva *CVM*. A distância vertical entre elas e qualquer nível específico de produção é igual ao *CFM* naquele nível de produção. Conforme você se move de níveis de produção mais baixos para os mais altos, as curvas CTM e CVM convergem, pois o CFM fica cada vez menor. (Em outras palavras, a distância vertical entre as curvas de *CTM* e *CVM* também fica cada vez menor.)

» **O custo total médio (*CTM*) atingirá seu valor mínimo em um nível de produção mais alto do que o custo variável médio (*CVM*).** Por exemplo, a Tabela 6-1 mostra que o custo variável médio atinge seu valor mínimo de $1,09 quando três trabalhadores são contratados e 220 garrafas são produzidas. O custo total médio, porém, atinge seu mínimo de $1,43 quando cinco funcionários são contratados e 350 garrafas são produzidas.

Isso acontece por que o custo fixo médio está sempre caindo, significando que na Equação (5) a parte *CFM* no lado direito da equação está ficando cada vez menor. Esse declínio constante ajuda a equilibrar, temporariamente, os aumentos no custo variável médio, que acontecem quando o retorno decrescente começa. Consequentemente, embora o custo variável médio atinja o ponto mais baixo em três trabalhadores, o custo total médio só atinge o ponto mais baixo e começa a aumentar no quinto trabalhador.

Focando os custos marginais

As seções anteriores demonstraram como os gerentes de uma empresa podem usar os dados sobre os custos totais, os custos fixos e os custos variáveis para calcular, respectivamente, o custo total médio, o custo fixo médio e custo variável médio. Mas o que ele quer saber é a quantidade, q, de produto que deve fabricar para maximizar os lucros. Para resolver esse problema, ele precisa de mais um conceito de custo: o custo marginal.

O *custo marginal* é quanto o custo total aumenta quando você produz uma unidade a mais de mercadoria. O custo marginal de uma unidade a mais de mercadoria depende de quanta mercadoria você já produziu.

Analise a coluna de custo total da Tabela 6-1. Observe que o custo total aumenta de $100, na primeira linha, para $180 na segunda linha, enquanto a produção aumenta de 0 para 50 garrafas quando a empresa contrata o primeiro trabalhador. Em outras palavras, os custos sobem $80, enquanto a produção sobe 50 garrafas. Então, cada uma dessas 50 garrafas extras em média aumenta os custos em $80/50 = $1,60 cada. O custo marginal por garrafa, *CM*, é definido como segue:

$$(6) \quad CM = \frac{\text{mudança em } CT}{\text{mudança em } q}$$

Quando você desce pela coluna de custos marginais da Tabela 6-1, pode ver que o custo marginal primeiro cai para depois subir. Isso é ainda outro reflexo de que o processo de produção da LemonAid exibe um retorno crescente, seguido por um retorno decrescente. Uma vez que o segundo trabalhador produz muito mais que o primeiro, mas os custos são iguais, o custo marginal cai quando o segundo trabalhador é adicionado. Para trabalhadores sucessivos, os custos continuam aumentando, mas a produção marginal ainda declina, o que significa que os custos marginais devem subir.

Quando o custo marginal se iguala ao custo médio

Eis um fato engraçado que os economistas adoram: se você representar graficamente o custo marginal para criar uma curva de custo marginal (*CM*), essa curva cruza tanto com a curva de custo variável médio (*CVM*) quanto com a curva de custo total médio (CTM), em seus pontos mínimos — que estão na parte inferior de seu contorno em forma de U. (O quê? Você não vê motivo para celebração?)

Observe a Figura 6-2, em que desenhamos as curvas *CVM*, *CTM* e *CM*, que você obtém ao traçar os dados da Tabela 6-1. A curva *CM* atravessa os pontos mínimos de ambas as curvas, *CVM* e *CTM*. Isso ocorre porque o custo marginal em cada unidade determina se as curvas *CVM* e *CTM* estão aumentando ou diminuindo.

Se isso não faz sentido, pense em outro exemplo. Em vez de pensar em custos, pense em alturas. Imagine uma sala com dez pessoas dentro e você determinou que a média de altura das pessoas da sala é de 1,68m. Agora, imagine o que vai acontecer com essa média se outra pessoa entrar na sala:

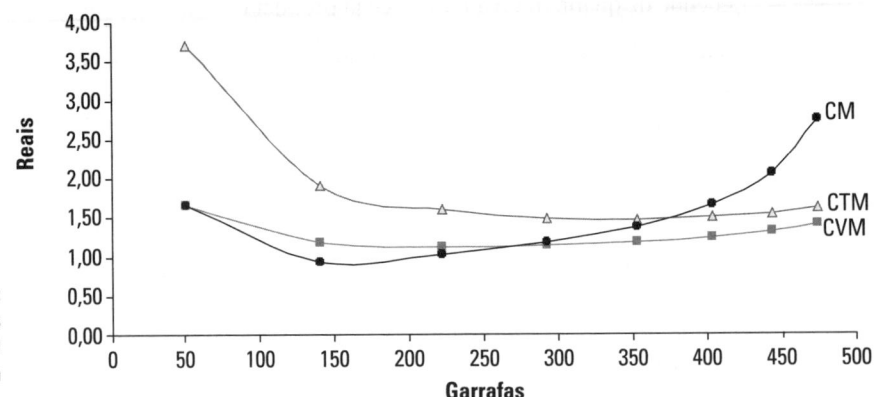

FIGURA 6-2:
As curvas
CVM, CTM
e CM da
LemonAid.

© John Wiley & Sons, Inc.

O mesmo tipo de raciocínio se aplica aos custos marginais e aos custos médios. Após q unidades de produção, você pode computar CVM e CTM da mesma forma que pode computar a média de altura das dez primeiras pessoas que entraram na sala. Depois disso, o CVM e o CTM ou sobem ou descem, dependendo do CM da próxima unidade de produção, exatamente como a média de altura das pessoas na sala aumenta, diminui ou permanece a mesma, dependendo da altura da próxima pessoa a entrar na sala.

DICA

Eis como o custo marginal da próxima unidade produzida pode mudar a média variável e os custos totais:

» Se o CM é menor que o custo médio anterior, a média cai.

» Se o CM é maior que o custo médio anterior, a média sobe.

» Se o CM é exatamente o mesmo que o custo médio anterior, a média permanece a mesma.

Você pode ver esses efeitos graficamente olhando para várias partes da Figura 6-2. Primeiro, veja o nível de produção de 140 garrafas. Nesse nível de saída, o CM para produzir mais uma garrafa é menor que o CTM e o CVM, o que significa que o CTM e o CVM diminuirão se a produção for aumentada em mais uma garrafa. É por isso que a curva CVM e a curva CTM estão em inclinação descendente naquele nível de produção. As curvas de média estão sendo puxadas para baixo pelo baixo valor do CM.

Em seguida, observe o nível de produção de 440 garrafas. Você pode notar que o *CM* naquele nível de produção é maior que o *CVM* e o *CTM*. Consequentemente, ambos, *CVM* e *CTM*, devem ser aumentados. Isso é refletido geometricamente pela inclinação ascendente de ambas as curvas, *CVM* e *CTM*. As curvas são ascendentes porque o alto valor de MC as está puxando para cima.

Agora, vamos juntar algumas peças. Observe que a curva *CM* faz com que as curvas *CVM* e *CTM* tenham o formato de U (embora sutil). À esquerda da Figura 6-2, o fato de que *CM* é menor que a média das curvas significa que a média se inclina de forma descendente. À direita da Figura 6-2, o fato de que *CM* é maior que a média das curvas significa que a média se inclina de forma ascendente.

Se você compreendeu que a curva *CM* tem que cruzar as duas curvas de média em seus respectivos pontos mínimos — no fundo de suas respectivas formas de U. À esquerda do ponto de cruzamento, a média deve estar caindo porque o *CM* é menor que a média. E, à direita, a média deve estar subindo, porque o *CM* é maior que a média. Mas onde as curvas se cruzam a média da curva não está nem aumentando nem caindo, porque o *CM* daquela unidade de produção é igual à média atual. (Em outras palavras, uma pessoa de 1,68m entrou na sala que já possui uma média de 1,68m de altura, assim, a média não se move.)

Os economistas adoram discorrer continuamente sobre esse fato, mas isso é apenas um reflexo do efeito que o retorno ascendente e depois o descendente têm sobre as curvas de custos. Os custos primeiro caem, depois sobem. E há algum ponto no meio em que eles momentaneamente permanecem os mesmos, congelados por um instante, enquanto transitam de queda para aumento. Este ponto deve ser onde o custo marginal se iguala ao custo médio, porque apenas quando o *CM* é igual ao custo médio, este pode estar estacionário

Comparando Receitas Marginais com Custos Marginais

Eis uma triste verdade para se ter em mente: as empresas nem sempre têm lucro. Acontece que uma empresa, em um ramo de atividade perfeitamente competitivo, não pode controlar os preços pelos quais vende sua produção, e por vezes esse preço é muito baixo para que a empresa tenha lucro, independente da quantidade produzida. Quando isso acontece, o melhor que a empresa pode fazer é tentar minimizar as perdas e esperar que os preços mudem. Se o preço cair bastante, a melhor coisa a fazer pode ser encerrar a produção imediatamente, porque, desse modo, a empresa só perderá seus custos fixos (discutimos as diferenças entre custos fixos e variáveis na seção "Analisando a Estrutura de Custos de uma Empresa", anteriormente neste capítulo).

Mais adiante, trato dessa triste situação em mais detalhes. Mas primeiro foco uma situação mais feliz — quando o preço de mercado é alto o bastante para que a empresa queira produzir uma quantidade positiva. Isso pode ou não significar que uma empresa está tendo lucro, mas mesmo que não esteja, sua perda não é grande o bastante para parar a produção.

Descobrindo onde a receita marginal é igual ao custo marginal

No caso típico em que os preços de mercado são altos o suficiente para que uma empresa queira fazer uma quantidade positiva de produção, uma fórmula ridiculamente simples é usada para determinar a quantidade ideal de produção, q, que a empresa deve produzir. A empresa quer produzir no nível de produtividade em que a receita marginal seja igual ao custo marginal ($RM = CM$).

Produzir no ponto em que $RM = CM$ faz duas coisas:

» Minimiza os prejuízos da empresa no caso de haver alguma perda devido ao baixo preço de venda de seu produto.

» Maximiza os lucros da empresa, se for capaz de obter lucro, porque o preço de venda é suficientemente alto.

LEMBRE-SE

A ideia por trás de $RM = CM$ é bastante simples e, basicamente, resume-se a uma análise de custo-benefício. Se produzir e vender uma garrafa traz mais receita do que o custo de produzir a garrafa, então o faça. Se não for, não o faça. Fácil, certo?

Imagine que a empresa LemonAid possa vender cada garrafa de limonada que produz por $2 cada. Os economistas gostam de dizer que a receita marginal de cada garrafa é de $2, porque toda garrafa quando é vendida traz um extra de $2. Em termos de álgebra, podemos dizer que $p=RM$, em que p é o preço de mercado que essa empresa competitiva precisa cobrar por cada unidade de produto.

O que os gestores da empresa devem fazer é decidir quanto produzir com base em se qualquer garrafa custará mais ou menos que a receita marginal de $2, que a empresa obteria vendendo-a.

DICA

Tenha muito cuidado neste ponto. Você precisa lembrar que o custo relevante, que os gestores observam, é o custo marginal por garrafa individual, CM. Isso porque, se eles estão decidindo fabricar aquela garrafa em especial, precisam isolar o custo de produção dela dos custos de produção de todas as outras já produzidas, de modo a compará-lo com a receita que a garrafa trará se produzida e vendida. O CM faz exatamente isso ao ignorar todas as garrafas produzidas e fixar a atenção no quanto a próxima garrafa custará para ser produzida.

Se o custo marginal daquela garrafa for menos que $2, obviamente há um ganho em produzi-la, e os gestores escolherão fazê-lo. Por outro lado, se o CM for maior que \$2, produzir a garrafa causaria uma perda, e os gestores escolheriam não produzi-la.

Observando o *CM* de cada garrafa possível (a 1ª, 5ª, 97ª e assim por diante) e comparando-o com a receita marginal que a empresa poderia obter vendendo-a, os gestores podem determinar exatamente quantas garrafas produzir. As comparações necessárias podem ser feitas observando uma tabela de custos, como a Tabela 6-1, mas fazer a comparação graficamente é ainda mais fácil.

Na Figura 6-3, desenhamos o custo marginal (*CM*), e as curvas de custo variável médio (*CVM*) e de custo total médio (*CTM*) para a LemonAid. Também desenhamos uma linha horizontal em \$2, que é a receita marginal para a venda de qualquer ou todas as garrafas que a empresa escolha produzir. Rotulamos a linha *p = MR = \$2*, para indicar o fato de que o preço de venda da garrafa é de \$2, que também é a receita marginal.

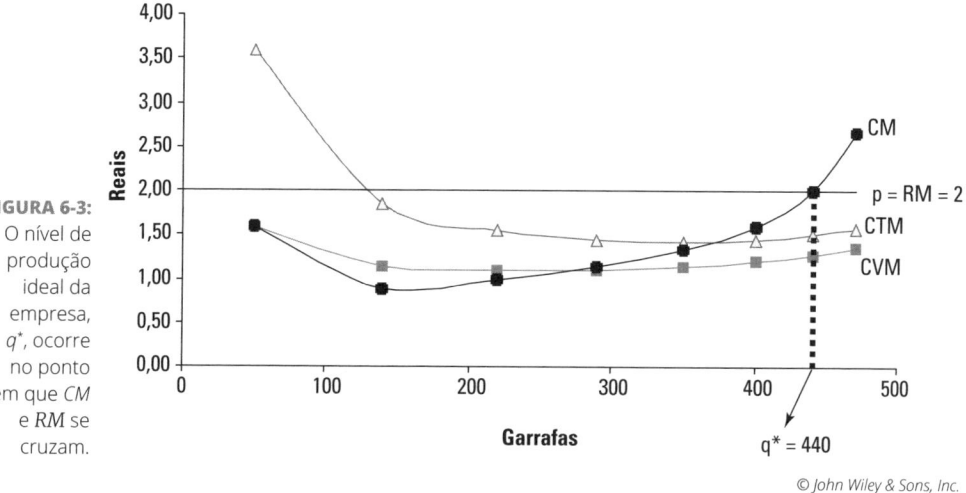

A quantidade q^* corresponde ao ponto em que a linha horizontal $p = RM = \$2$ cruza a curva *CM*. Como você pode ver, $q^* = 440$ garrafas. Este é o nível de produção que a empresa escolherá produzir, de forma a maximizar os lucros.

Para entender por que aderir a $RM = CM$ maximiza os lucros, observe novamente a Tabela 6-1 e considere cada unidade de produção, q, para qual $q < 440$. Para todas essas unidades, a receita marginal é maior que o custo marginal ($RM > CM$), o que significa que produzir e vender cada uma dessas garrafas traz mais dinheiro que o custo para produzi-las. Por exemplo, observe a garrafa de número 140. Ela tem um custo marginal de apenas \$0,89, mas pode ser vendida por \$2. Claramente, a LemonAid deve produzir essa garrafa, porque o preço da venda será maior que os custos da produção. O mesmo é verdadeiro para todas as garrafas em que $q < 440$, e a empresa deve produzir todas elas, porque todas lhe trarão lucro.

Por outro lado, para todas as unidades que estão acima do nível de produção q^*, ($q > 440$), o caso se inverte: a receita marginal é menor que o custo marginal ($RM < CM$). A empresa perderia dinheiro se fabricasse e vendesse estas garrafas. Por exemplo, em um nível de produção de 470 garrafas, o CM é de \$2,67, enquanto a RM é de apenas \$2. Se produzisse naquele nível de produção, perderia \$0,67 na garrafa numero 470. Claramente, a empresa não quer fazer isso.

Comparando a receita marginal e o custo marginal em todos os níveis de produção, você pode ver que os gestores da LemonAid querem produzir exatamente $q^* = 440$ unidades, o número de unidades em que a linha RM e CM se cruzam.

Produzir no ponto em que $RM = CM$ não lhe garante lucro, mas ao menos garante produzir apenas as garrafas que lhe trarão mais dinheiro do que o custo de produção. A razão pela qual essa fórmula sozinha não pode garantir o lucro é que ela não leva em conta os custos fixos que você tem que pagar, não importa qual o seu nível de produção. Mesmo que produza apenas garrafas para as quais a receita marginal seja, no mínimo, o mesmo montante dos custos marginais, você ainda não faz ganho suficiente para que aquelas garrafas paguem seus custos fixos.

Visualizando lucros

Existe uma maneira rápida e fácil de visualizar as curvas de custos para determinar se a empresa está tendo lucro ou prejuízo. O truque é perceber que os dois componentes do lucro, a receita total (RT) e o custo total (CT), podem ser representados por retângulos, cujas áreas são equivalentes a seus respectivos tamanhos. Como resultado, você pode dizer imediatamente se os lucros são positivos ou negativos, verificando se o retângulo RT é maior ou menor que o retângulo CT. Se o retângulo RT exceder o tamanho do retângulo CT, os lucros são positivos. Mas, se o retângulo RT for menor que o retângulo CT, os lucros são negativos — a empresa está dando prejuízo.

Para ver como tudo isso funciona, observe a Figura 6-4, em que desenhamos um conjunto generalizado das curvas de custo total médio (CTM), custo variável médio (CVM) e custo marginal (CM), em somatória a uma linha horizontal rotulada $p = RM$, para indicar que o preço é igual à receita marginal para esta empresa competitiva. Por generalizado, queremos dizer que este é um conjunto de curvas de aparência típica; não estamos mais usando as curvas que você obtém representando graficamente os custos da LemonAid. Mudando para este conjunto de curvas generalizado, vamos (esperamos!) convencer você de que a maneira geométrica de determinar o tamanho do lucro de uma empresa é verdadeira para *qualquer* conjunto de curvas de custos.

O segredo por trás de expressar as receitas totais como uma área retangular é lembrar que a receita total da empresa, quando ela está produzindo ao nível de produtividade que maximiza os lucros, q^*, é simplesmente preço vezes quantidade, ou $RT = p^* \times q^*$. Assim como você pode definir a área de uma sala retangular calculando a altura vezes a largura, você pode definir a receita total em um gráfico como um retângulo, determinando preço vezes quantidade. Na Figura 6-4, RT é um retângulo de altura p e largura q^*. Seus quatro cantos estão localizados na origem, em p, no ponto em que a linha $p = RM$ cruza a curva CM e em q^*.

Você também pode utilizar um retângulo para representar os custos totais em que a empresa incorre quando produz q^* unidade de mercadorias. Para calcular onde desenhar o retângulo, você precisa usar um pequeno truque de matemática, de modo a converter a informação que a curva de custo total médio (CTM) lhe dá para o que você quer colocar em gráfico, custos totais (CT). Para ver como aplicar este truque matemático, primeiro olhe para o ponto B na Figura 6-4. Ele mostra o custo total médio (CTM) por unidade quando a empresa está em nível de produção de q^*. O truque é útil porque pode ser usado para convencê-lo de que o retângulo, cuja largura é q^* e a altura é dada por CTM no nível de produção q^*, é realmente igual ao total dos custos da empresa. Isto é, CT é igual à área do retângulo, cujos quatro lados são: a origem; o ponto que chamamos de A; o ponto que chamamos de B e q^*.

A essência do truque matemático é perceber que, quando a empresa está produzindo em q^*, $CTM = CT/q^*$. Se você multiplicar ambos os lados desta equação por q^*, você encontrará $CTM \times q^* = CT$. Essa equação diz a você que CT é, de fato, igual ao produto de CTM e q^*, ou para a área de um retângulo de altura CTM e largura q^* — exatamente o retângulo que acabei de mostrar!

O lucro da empresa, que por definição é igual a $RT - CT$, também pode ser representado pela área de um retângulo específico. De fato, o lucro é igual à área do retângulo sombreado na Figura 6-4. Isso porque os lucros são simplesmente a diferença entre RT e CT. Como o retângulo RT é maior do que o retângulo CT neste caso, a empresa está gerando um lucro cujo tamanho é equivalente à área sombreada do retângulo, que é definida pela área do retângulo maior RT menos a área do retângulo menor CT.

Imagine o que aconteceria se o preço, p, aumentasse. Primeiro, observe que a produção otimizada, q^*, poderia aumentar porque o lugar onde a linha horizontal $p = RM$ cruza a curva CM a moveria para cima e para a direita. Simultaneamente, o retângulo da receita total aumentaria de tamanho, assim como o retângulo de custo total. Mas qual deles cresce mais rápido? Os lucros aumentam ou caem?

Vá em frente e desenhe algumas linhas para convencer a si mesmo de que os lucros, de fato, aumentarão — ou seja, o retângulo sombreado do lucro crescerá em tamanho à medida que o preço aumentar. Como você descobrirá, um preço subindo aumenta os lucros da empresa.

Você pode provar que o aumento de preço aumenta o lucro observando que, quando q^* se desloca para direita com o aumento de p, tanto a largura quanto a altura do retângulo do lucro ficam maiores. A largura do retângulo do lucro fica maior com cada aumento em q^*, pois a largura do retângulo do lucro é por definição exatamente igual a q^*. A altura também aumenta, porque quanto mais você se desloca para a direita, a distância entre a curva CM e a curva CTM aumenta, porque a inclinação da curva CM é mais íngreme do que a da curva CTM. Assim, com a altura e a largura do retângulo do lucro aumentando simultaneamente, a área do retângulo de lucro também deve estar aumentando.

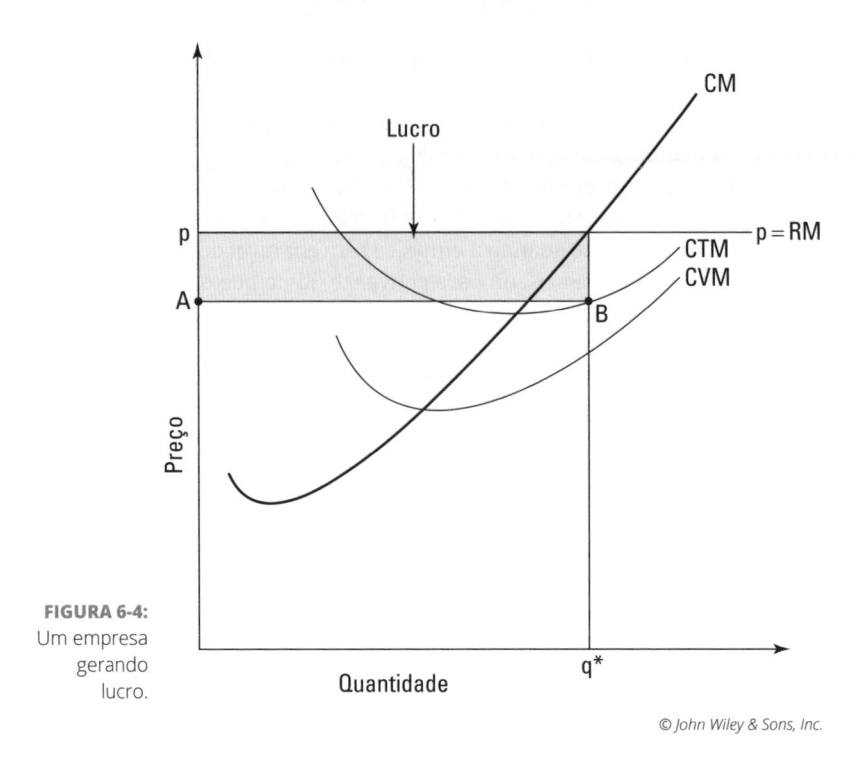

FIGURA 6-4: Um empresa gerando lucro.

Visualizando perdas

Então, o que acontece se o preço cair? Essa seção explica como o lucro pode ser negativo se o preço cair o suficiente. Considere a situação ilustrada na Figura 6-5, em que a curva de custo são as mesmas mostradas na Figura 6-4, mas o preço (e portanto a receita marginal [RM]) a que a empresa pode vender seu produto é muito menor.

Seguindo a regra de $RM = CM$ para selecionar o melhor nível de produção, a empresa escolherá produzir ao nível de saída q^*_2, em que a nova linha inferior $p = RM$ cruza a curva MC. Mas os baixos preços aos quais a empresa é forçada a vender sua produção significam que ela não será capaz de gerar lucro (chamo o melhor nível de produção para a empresa, na Figura 6-5, de q^*_2 para assegurar que fique claro que o nível ideal de produção, neste caso, em que o preço é menor, é diferente do melhor nível de produção q^* na Figura 6-4, em que o preço era mais elevado).

Você pode ver o tamanho da perda geometricamente, ao comparar os retângulos RT e CT que ocorrem nesta situação. Porque $RT = p \times q^*_2$, o total das receitas é igual à área de um retângulo de altura p e largura q^*_2. Consequentemente, RT é igual à área do retângulo, cujos quatro cantos estão na origem, em p, em C, e em q^*_2. Ele é menor do que o retângulo de CT definido pela origem, ponto A, ponto B e q^*_2. Porque a área do retângulo de custo total excede a área do retângulo de receita total, a empresa está administrando uma perda equivalente ao tamanho da área sombreada na Figura 6-5.

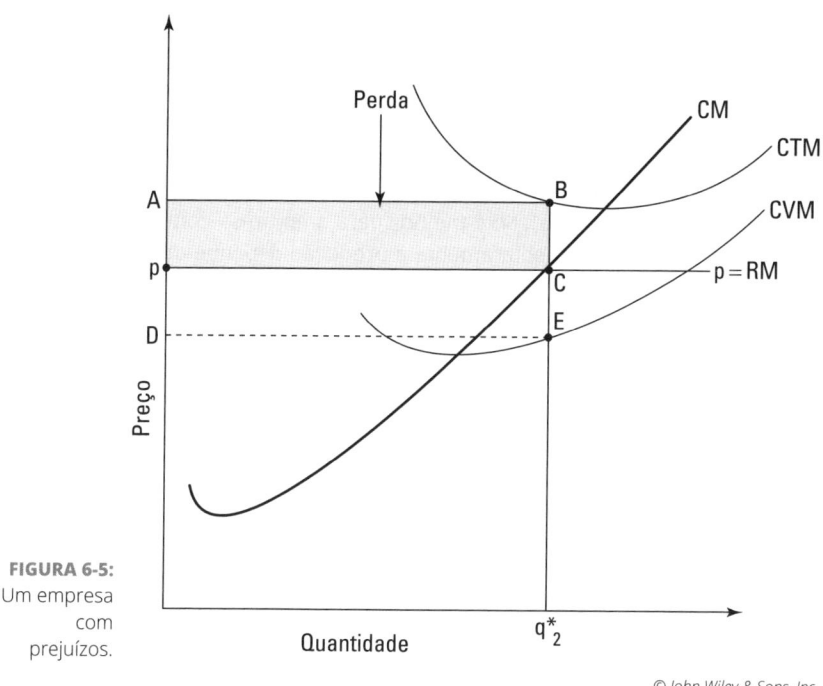

© John Wiley & Sons, Inc.

FIGURA 6-5:
Um empresa
com
prejuízos.

Puxando o Plugue: Quando Não Produzir É Sua Melhor Aposta

Você pode se perguntar por que uma empresa permaneceria nos negócios se está tendo prejuízo ao invés de lucro. A resposta usual é que ela espera que as coisas melhorem logo. A expectativa é que o preço ao qual possa vender seus produtos suba, ou que, de alguma maneira, possa reduzir seus custos de produção.

Observe que essas expectativas são baseadas em resultados que não estão necessariamente no controle da empresa. Na verdade, você pode ver a falta de controle geral quanto ao destino de uma empresa quando, por se tratar de uma empresa competitiva, ela tem que aceitar o preço do mercado. Esse fato sugere que a decisão da empresa sobre se deve ou não continuar operando está, em certa medida, fora de seu controle.

Para observar isso, primeiro note que, se o preço for alto o suficiente, a empresa gerará lucro e deve se manter em operação para continuar tendo lucro. No gráfico, isso acontece sempre que a linha horizontal *p= RM* cruza a curva *CM* em um ponto acima da parte inferior da curva *CTM* em formato de U, como mostrado na Figura 6-4. Se, entretanto, a linha horizontal p=RM cruza a curva *CM* em um ponto abaixo da parte inferior da curva *CTM* em formato de U, a empresa está tendo prejuízo, como mostra a Figura 6-5. Naturalmente, a empresa não desejará continuar operando com perda e encerrará a operação se achar que o preço baixo persistirá.

Entretanto, pode ser melhor para a empresa continuar em funcionamento e operando no prejuízo por um tempo. A existência de custos fixos sugerem que mesmo que a empresa pare a produção, continuará operando com prejuízo (ela ainda precisa pagar por seus custos fixos, mesmo que não gere qualquer receita depois de encerrar a produção). Se é melhor para a empresa continuar operando por um tempo ou encerrar imediatamente a produção depende de se a perda que a empresa incorre caso continue a operar é maior ou menor do que a perda que a empresa incorreria se encerrasse imediatamente a produção.

Esta seção explica como o tamanho dos custos fixos da empresa são a chave para entender se uma empresa experimentando perda vai querer encerrar suas atividades imediatamente ou continuar a operar até que os compromissos de custos fixos terminem.

Distinguindo entre curto prazo e longo prazo em microeconomia

Em microeconomia, o *curto prazo* é o período entre o presente e o vencimento dos contratos de custo fixo. É o período durante o qual a existência de compromissos de custo fixo impede a empresa de ser capaz de encerrar as compras de insumos de produção.

Por exemplo, considere uma empresa que firmou um contrato de aluguel por um ano. Mesmo se a empresa estiver perdendo dinheiro e decidir despedir todos seus funcionários e vender seu estoque, ainda terá que pagar o alugar até que o vencimento do contrato.

Assim, a existência de compromissos de custo fixo indica que uma empresa que enfrenta prejuízo não pode encerrar completamente todas suas atividades e abandonar o negócio até todos seus contratos de custo fixo cheguem ao fim. Como a duração desses compromissos de custo fixo varia de empresa para empresa, não há definição do tempo de duração do "curto prazo". Para uma determinada empresa, a duração será até que seus compromissos de custo fixo sejam liquidados.

Estendendo essa lógica, o *longo prazo* começa assim que o curto prazo termina. O início do longo prazo é importante porque marca o momento em que os custos fixos da empresa são concluídos e a empresa é plenamente capaz de encerrar todas suas operações.

Condições de encerramento a curto prazo: Os custos variáveis excedem a receita total

Uma empresa sofrendo prejuízos escolhe encerrar sua produção imediatamente se o tamanho do prejuízo de encerrar as atividades imediatamente for menor do que o tamanho do prejuízo que teria se continuasse em operação, gerando produção, até que os contratos de custo fixo terminem. Os economistas chamam essa situação de *condição de encerramento a curto prazo*.

Suponha que você esteja no comando de uma empresa que tem um aluguel mensal de $1.000. Se você não produz nada, sustenta um prejuízo de $1.000. Mas isso não significa que você deveria, *definitivamente*, começar a produzir coisas a fim de tentar trazer algum dinheiro de volta. Você deve escolher produzir apenas se o resultado for lucro ou um prejuízo de menos de $1.000, com que arcará se não fizer nada.

Considere a Figura 6-6, na qual o preço que a empresa pode vender sua produção é tão baixo que a linha da receita marginal ($p = RM$) e a curva de custo marginal (CM) se interceptam em um ponto abaixo da curva de custo variável médio (CVM). O que isso significa? Simplificando, a receita total neste caso é menor que o custo variável. As receitas totais são representadas pelo retângulo, cujos quatro cantos estão na origem e nos pontos p, B, e q^*_3, em que q^*_3 representa o nível ideal de produção a este preço. Os custos variáveis são representados pelos retângulos, cujos quatro cantos são a origem e os pontos C, D e q^*_3.

Isso significa que, ao produzir q^*_3 unidades, a empresa nem sequer tem receita suficiente para cobrir os custos variáveis associados à produção dessa quantidade de unidades. A empresa não só vai perder os seus custos fixos, como também perderá ainda mais dinheiro por não ser capaz de cobrir os custos variáveis associados à produção de q^*_3. A coisa lógica a fazer, nessa situação, é não produzir coisa alguma. Produzindo zero unidades, você perde apenas seus custos fixos. Ao produzir q^*_3, você perde ainda mais dinheiro, porque não consegue cobrir seus custos variáveis.

Em um exemplo mais concreto, suponha que os custos fixos sejam de $1.000, e que produzindo q^*_3 unidades a empresa faça uma receita total de $400 e incorra em custos variáveis de $500. Como o total das receitas cobre apenas $400 dos $500 em custos variáveis, a empresa perde $100 em custos variáveis de produção. Adicione $1.000 de custos fixos que incorrem independentemente do quanto a empresa produza, e ela perderá um total de $1.100 por produzir q^*_3 unidades de produtos. Em contrapartida, se a empresa desligar e não produzir nada, ela perde apenas os $1.000 de custo fixo. Claramente, a empresa deve escolher encerrar a produção imediatamente (no curto prazo) em vez de esperar até o longo prazo quando seu custo fixo finalmente acaba.

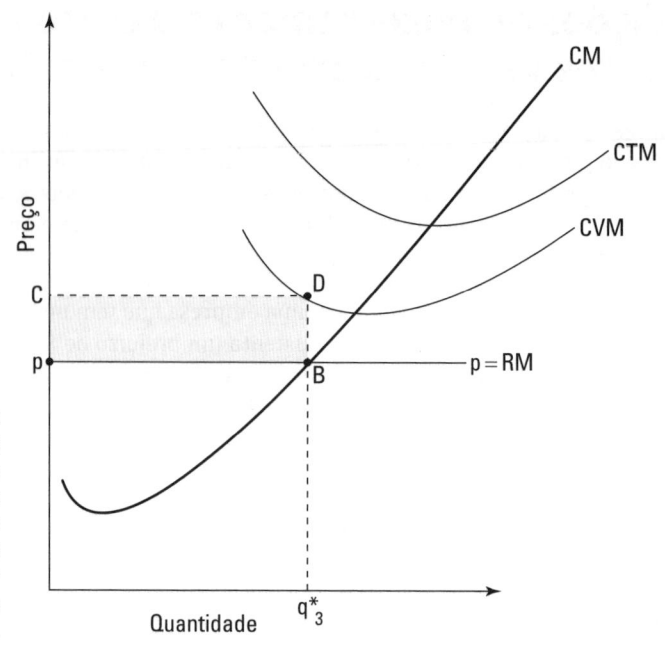

FIGURA 6-6: Um empresa com grande prejuízo que não consegue nem cobrir seus custos variáveis.

LEMBRE-SE

De modo geral, a condição de encerramento a curto prazo funciona da seguinte forma: se a receita total da empresa em q^*_3 for menor que os custos variáveis, é melhor encerrar imediatamente (ou seja, a curto prazo). Graficamente, isso acontece toda vez que a linha horizontal $p=RM$ (receita marginal) intercepta a curva do *CM* (custo marginal) em um ponto abaixo da curva CVM (custo variável médio) em formato de U. Em todas as situações, a receita total será menor que os custos variáveis — sugerindo que é melhor encerrar imediatamente do que continuar a produzir até que os custos fixos da empresa tenham terminado no longo prazo.

Condição de encerramento a longo prazo: Os custos totais excedem as receitas totais

A condição de encerramento a longo prazo ocorre quando é melhor para uma empresa sofrendo prejuízo esperar até que seus compromissos de custo fixo tenham terminado antes de encerrar suas atividades. É melhor esperar até o longo prazo para encerrar a produção se a receita total da empresa atualmente excede seus custos variáveis, mas é menor do que seu custo total. Graficamente, isso acontece quando a linha horizontal $p=RM$ (receita marginal) intercepta a curva de CM (custo marginal) em qualquer ponto do segmento da curva MC acima da parte inferior da curva CVM (custo variável médio) em formato de U, mas abaixo da parte inferior da curva CTM (custo total médio) em formato de U, conforme mostra a Figura 6-5.

Nesta situação, a empresa certamente perderá dinheiro. Mas, como está presa a seus custos fixos, é melhor que continue produzindo em vez de encerrar as atividades imediatamente. Se produzir, sua receita total excederá seus custos variáveis, o que significa ela pode usar esse excedente para pagar pelo menos parte de seus custos fixos. Por outro lado, se ela encerrar as atividades e não produzir nada, perderá todo o montante de seus custos fixos e terá mais prejuízo.

Observe a Figura 6-5. Neste caso, a empresa está mais do que apenas cobrindo seus custos variáveis, porque sua receita total (representada pela caixa cujos cantos são o ponto de origem e os pontos P, C e q^*_2) excede os custos variáveis (representados pela caixa cujos quatro cantos são o ponto de origem e os pontos D, E e q^*_2). Embora essa empresa esteja perdendo dinheiro, é melhor que produza q^*_2 em vez de $q = 0$, porque a receita total excede os custos variáveis. A empresa pode usar o dinheiro excedente dos custos variáveis para pagar parte dos custos fixos.

Em um exemplo mais concreto, suponha que seus custos fixos sejam de $1.000, e que esteja produzindo em nível de q^*_2; a empresa tem uma receita total de $800 e custos variáveis de $700. Os primeiros $700 dos $800 na receita total podem ir para o pagamento dos custos variáveis, deixando $100 para o pagamento de uma parcela dos $1.000 do custo fixo. O resultado é uma perda global de $900, em vez de uma perda de $1.000, caso a empresa não produzisse. Assim, essa empresa deve continuar operando no curto prazo e esperar até o longo prazo — quando seus custos fixos terão terminado — antes de encerrar a produção.

NESTE CAPÍTULO

» **Medindo os benefícios sociais dos diferentes níveis de produção**

» **Demonstrando que o livre mercado maximiza o superavit total**

» **Reduzindo o superavit total com taxas e controle de preços**

» **Produzindo com o menor custo possível para a sociedade**

» **Adaptando-se às mudanças na oferta e na procura**

Capítulo **7**

Por que os Economistas Amam o Livre Mercado e a Concorrência

O s economistas amam *livres mercados competitivos* — mercados em que inúmeros compradores interagem livremente com inúmeras empresas concorrentes. De fato, os economistas acreditam firmemente que, quando funcionam corretamente, os livres mercados competitivos são a melhor maneira para converter os recursos limitados da sociedade em bens e serviços que as pessoas desejam comprar. (Neste capítulo, uso os termos "livre mercado" ou "mercado" como sinônimos de "livre mercado competitivo". Estou tentando maximizar meus recursos!)

Por que os economistas colocam tanta confiança na concorrência de livre mercado? Devido à interação da oferta e da demanda (que discutimos no Capítulo 4), que conduz a um resultado no qual cada unidade de produção satisfaz duas excelentes condições:

>> Ela é produzida ao menor custo possível, o que significa que não há desperdício ou ineficiência.

>> Seus benefícios são pelo menos iguais aos custos. Ou seja, livres mercados competitivos produzem apenas o que torna o mundo um lugar melhor ou pelo menos não o piora.

Os economistas também adoram os livres mercados competitivos porque eles fornecem um padrão ideal contra o qual todas as outras instituições econômicas podem ser julgadas. De fato, muitos problemas econômicos são chamados pelos economistas de *falhas do mercado*, justamente porque são exemplos de que, se os mercados pudessem funcionar apropriadamente, os problemas desapareceriam rapidamente.

Neste capítulo, mostro que livres mercados competitivos asseguram que os benefícios excedam os custos em todos os produtos fabricados. Também mostro que eles produzem a *quantidade socialmente ideal* de mercadorias — o nível que maximiza os benefícios que a sociedade pode obter da oferta de seus recursos limitados. Finalmente, mostro como setores concorrentes se ajustam às mudanças na oferta e procura, de modo a assegurar que tudo o que estiver sendo produzido seja feito ao menor custo possível para a sociedade.

Garantindo que os Benefícios Excedam os Custos: Livres Mercados Competitivos

A sociedade tem apenas uma quantidade limitada de terra, mão de obra e capital com os quais produzir. Consequentemente, ela deve estar muito atenta quando calcula como melhor converter seus recursos limitados nos bens e serviços que as pessoas mais desejam.

LEMBRE-SE

Os economistas adoram o livre mercado competitivo porque, *se eles estiverem funcionando apropriadamente*, asseguram que os recursos também estejam sendo alocados de forma otimizada. Em particular, tais mercados garantem o direcionamento dos recursos somente para a produção de mercadorias nas quais os benefícios excedem os custos.

Esse ponto pode ser facilmente demonstrado um simples gráfico de oferta e demanda, tal como o modelo apresentado no Capítulo 4. Mas, antes, esta seção explica as condições em que os livres mercados competitivos podem funcionar adequadamente e, assim, entregar resultados tão bons.

Examinando os pré-requisitos para o funcionamento adequado dos mercados

Livres mercados garantem os melhores resultados apenas se as seguintes condições forem atendidas:

» **Compradores e vendedores têm acesso às mesmas informações sobre o bem ou serviço em questão.** Isto garante que ambas as partes estão dispostas a negociar sem ter que se preocupar que a outra tenha alguma informação secreta. (No Capítulo 11, explico como os mercados colapsam se uma parte tem mais informação do que a outra.)

» **Os direitos de propriedade são estabelecidos de maneira que a única forma dos compradores obterem o bem ou serviço seja pagando por ele aos vendedores.** Isto garante que vendedores tenham um incentivo para produzir. Do lado oposto, considere tentar vender ingressos para uma exibição de fogos de artifício ao ar livre: como todo mundo sabe que pode ver a exibição de graça, ninguém vai querer pagar pelo ingresso. E, assim, os produtores não têm incentivo para fazer a exibição. (No Capítulo 11, discuto situações como essa e como a sociedade precisa lidar com elas já que o mercado não é capaz.)

» **As curvas de oferta captam todos os custos de produção que as empresas incorrem ao produzir os bens e serviços.** Este requisito ajuda a garantir que os mercados sejam capazes de fazer cálculos de custo-benefício adequados. Por exemplo, se uma fábrica de aço puder poluir impunemente, de modo algum o preço do aço incorporará os danos que a poluição da fábrica causa ao meio ambiente. Por outro lado, se o governo forçar a fábrica a continuamente pagar os custos de limpeza, esses custos serão refletidos no preço de mercado, permitindo que a sociedade adequadamente pondere os custos e benefícios dos produtos de uma empresa. (O Capítulo 10 trata das maneiras de ajudar os mercados se as curvas de demanda e de oferta não reflitam todos os custos e benefícios.)

» **As curvas de demanda captam todos os benefícios que as pessoas recebem do bem ou serviço em questão.** Este requisito também garante a análise adequada de custo-benefício. Se essas quatro primeiras condições para os livres mercados forem cumpridas, as forças de mercado podem atingir o ideal social — mas apenas se não sofrerem interferência. Daí a necessidade de mais duas condições: uma que limite os compradores e os vendedores e outra que restrinja a intervenção do governo.

> » **Existem inúmeros compradores e vendedores, de modo que ninguém é grande o suficiente para afetar o preço de mercado.** Em razão disso, todos precisam aceitar o preço como é dado. Este requisito elimina problemas como monopólios, em que certos compradores ou vendedores são tão poderosos que conseguem manipular o preço de mercado a seu favor.
>
> » **O preço de mercado é totalmente livre para se ajustar para igualar a oferta e a demanda para o bem ou serviço em questão.** O sexto requisito estipula que a oferta e a demanda precisam determinar livremente o preço de mercado e a quantidade de mercado independente de imposição de preços máximos ou mínimos pelo governo. (No Capítulo 4, explico os problemas com preços máximos e mínimos e discuto como eles prejudicam a sociedade.)

Basicamente, esses seis pontos realizam dois objetivos amplos: garantem que as pessoas vão querer comprar e vender em um ambiente de mercado e asseguram que os mercados levarão em conta todos os custos e benefícios da produção e, em seguida, o consumo de um determinado volume da produção.

Analisando a eficiência dos livres mercados

Os economistas utilizam as curvas de oferta e demanda para demonstrar que os livres mercados produzem níveis socialmente excelentes de produção. Mas o simples insight por trás desse resultado é que uma unidade de produção só pode ser socialmente benéfica para produzir e consumir se os benefícios que derivam desse consumo excederem os custos de sua produção.

Essa ideia simples é, de fato, o motivo de as curvas de oferta e procura são muito úteis na análise do ideal social. Curvas de demanda quantificam os benefícios que as pessoas obtêm do consumo, mostrando o que elas estariam dispostas a pagar para consumir todas unidades de produção (veja o Capítulo 4 para mais detalhes). De modo semelhante, as curvas de oferta quantificam os custos de produção de cada uma das unidades de produção (veja o Capítulo 6).

Usando oferta e demanda para comparar custos e benefícios

Ao desenhar curvas de demanda e oferta de um bem ou serviço em um mesmo gráfico, você pode facilmente comparar os custos e benefícios da fabricação de cada uma das unidades de produção. Para ver como isso é feito, dê uma olhada na Figura 7-1, que mostra a curva de demanda *D*, e a curva de oferta, *O*.

Para começar, observe a unidade de produção um, no eixo horizontal. Em seu nível de saída, suba verticalmente até a curva de demanda e observe que as pessoas estão dispostas a pagar $8 para cada unidade de produção. Ao mesmo tempo, indo verticalmente até a curva de oferta, você pode observar que as empresas estão dispostas a oferecer uma unidade de produção ao custo de $2.

Juntando os fatos, você pode constatar que é socialmente benéfico produzir esta primeira unidade de mercadoria, porque ela vale mais para os compradores ($8) do que sua produção custa aos vendedores ($2). Colocando ligeiramente diferente, embora os recursos utilizados para a produção daquela unidade custem à sociedade apenas $2, eles trazem $8 em benefícios quando são convertidos em determinados bens ou serviços. Uma vez que os benefícios excedem os custos, esta unidade de produção *deve* ser produzida.

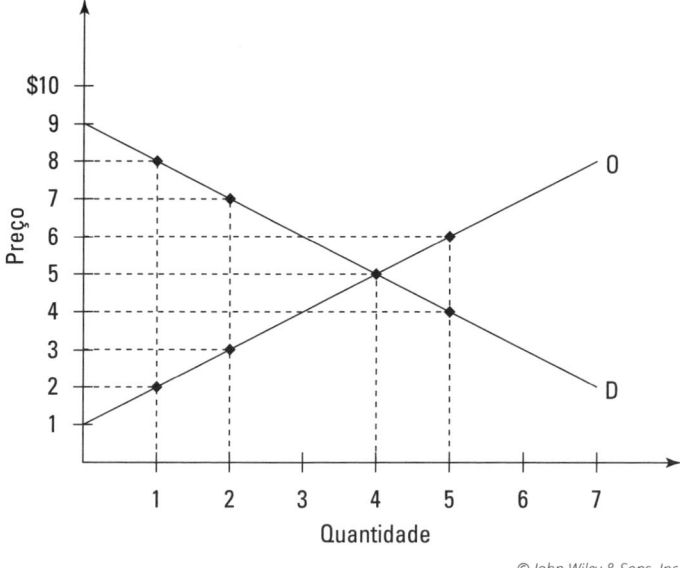

FIGURA 7-1: Comparando custos e benefícios usando oferta e demanda.

Observe agora a segunda unidade de produção. Ir verticalmente até a curva de demanda nos diz que as pessoas estão dispostas a pagar $7 para cada unidade, enquanto indo verticalmente para a curva de oferta nos diz que a segunda unidade custa $3 para ser produzida. Novamente, os benefícios excedem os custos. Novamente, esta unidade *deve ser* produzida.

Em contraste, observe a quinta unidade de produção. Subindo verticalmente você pode ver que o custo dado pela curva de oferta para a produção da quinta unidade é de $6, enquanto o benefício dado pela curva de demanda é de $4. Uma vez que o custo para a produção desta unidade excede o que qualquer pessoa está disposta a pagar, esta unidade *não deve ser* produzida.

Em outras palavras, a produção da quinta unidade consumiria valor. Por quê? Porque produzi-la envolve converter o valor de $6 de recursos em algo que vale apenas $4 para os consumidores. Produzi-la arruinaria a riqueza. Seria melhor redirecionar os recursos necessários para fabricar a quinta unidade deste produto na produção de algo que gere benefícios líquidos para o consumidor.

Determinando o nível de produção socialmente ideal

A próxima coisa a notar sobre a Figura 7-1 é que ela pode dizer precisamente que quantidade (q) deveria ser produzida, porque as curvas de oferta e demanda permitem que você compare rapidamente os custos e benefícios para cada nível de produção possível.

Existem apenas três relações de custo-benefício possíveis:

> » **Benefícios excedem os custos.** Na Figura 7-1, isso ocorre em cada parcela da produção em que $q < 4$.
>
> » **Benefícios igualam os custos.** Isso ocorre nas unidades $q = 4$ no gráfico.
>
> » **Custos excedem os benefícios.** Isso ocorre em todas os níveis de produção em que $q > 4$.

Os economistas observam esse fenômeno e concluem que o nível socialmente ideal de produção é $q = 4$ unidades, porque, para essas unidades, os benefícios excedem os custos ou, pelo menos, são iguais a estes. Produzindo as primeiras quatro unidades, a sociedade ganha ou ao menos não ficará pior.

DICA

O nível de produção socialmente ideal é sempre devastadoramente fácil de identificar em qualquer gráfico de oferta e demanda. Ele é, apenas, a quantidade produzida onde as curvas de oferta e demanda se cruzam.

LEMBRE-SE

A grande descoberta do economista Adam Smith foi perceber que os livres mercados produzem exatamente o nível de produção socialmente ideal por si mesmos, sem que ninguém os conduza a fazer a coisa certa. Essa descoberta foi a base na metáfora de Smith de uma mão invisível que parece guiar os mercados na direção do nível de produção socialmente ideal, apesar do fato de que cada indivíduo no mercado pode muito bem estar pensando em seus próprios interesses. Esse resultado simplifica enormemente a vida, pois elimina a necessidade de ter um agente governamental ou qualquer outro tipo de planejador central constantemente checando se a quantidade certa de produção está sendo fabricada.

A prova desse fato é quase trivial. Tudo o que você tem a fazer é olhar para a Figura 7-1 e perceber que a *quantidade de equilíbrio do mercado* — que acontece quando o preço de mercado está livre para se ajustar, portanto, a quantidade oferecida pelos vendedores é igual à quantidade demandada pelos compradores — é determinada no ponto em que as curvas de oferta e de demanda se cruzam. Para entender por que, veja o Capítulo 8. A quantidade de equilíbrio do mercado consiste em quatro unidades de produção, que é exatamente o número de unidades você desejaria produzir se estivesse usando as curvas de oferta e demanda para comparar os benefícios e os custos.

Mensurando o ganho de todos com o superavit total

Os economistas utilizam o conceito chamado *superavit total* (ou *excedente total*) para obter o total máximo dos ganhos que vem do nível de produtividade socialmente melhor. O ganho, ou *superavit*, vem do fato de que os benefícios excedem os custos para as unidades de mercadoria que são produzidas.

O superavit total, no fim das contas, é dividido entre os consumidores e os produtores. A parte do total do superavit que vai para os consumidores é (naturalmente) chamada de *excedente do consumidor*, enquanto a parte que vai para os produtores é chamada de *excedente do produtor*.

Nas próximas seções, abordamos primeiro o excedente do consumidor e, depois, passamos para o excedente de produtor. Depois de explicar cada um separadamente, vamos juntá-los para explicar o superavit total (e esperamos que quando você tiver terminado esta seção, se sinta como se tivesse recebido pelo menos um pouco de excedente de consumo).

Mensurando o excedente do consumidor de bens discretos

Excedente do consumidor é o ganho que as pessoas recebem quando podem comprar por menos do que estão dispostas a pagar. A melhor maneira para se entender o excedente do consumidor é observar um bem discreto. Um *bem discreto* é aquele que vem apenas em unidades distintas. Por exemplo, você pode comprar 1 carro ou 57 carros, mas não pode comprar 2,33 carros. Você pode adquirir 1 cavalo e 13 vacas, mas não quantidades fracionadas de animais de fazenda (pelo menos se você os quiser vivos!).

Observe a Figura 7-2, que mostra a demanda por vacas. Já que as vacas vêm em unidades delimitadas, você não obtém uma curva regular inclinada para baixo. Em vez disso, temos o que os matemáticos chamam de uma *função degrau*. Uma maneira para entender isso é que as pessoas estão dispostas a pagar $900 pela primeira vaca, $800 pela segunda, $700 pela terceira e assim por diante.

Agora imagine que o preço de mercado de vacas é de $500; por isso desenhamos uma linha pontilhada horizontal neste preço. Compare o preço com que as pessoas estão dispostas a pagar por cada vaca.

Para a primeira vaca, as pessoas estão dispostas a pagar $900. Como o preço de mercado das vacas é de apenas $500, estes compradores saem na frente porque são capazes de adquirir uma vaca por $400 menos do que eles estavam dispostos a pagar. Ou, como os economistas gostam de dizer, o *excedente do consumidor* da primeira vaca é de $400.

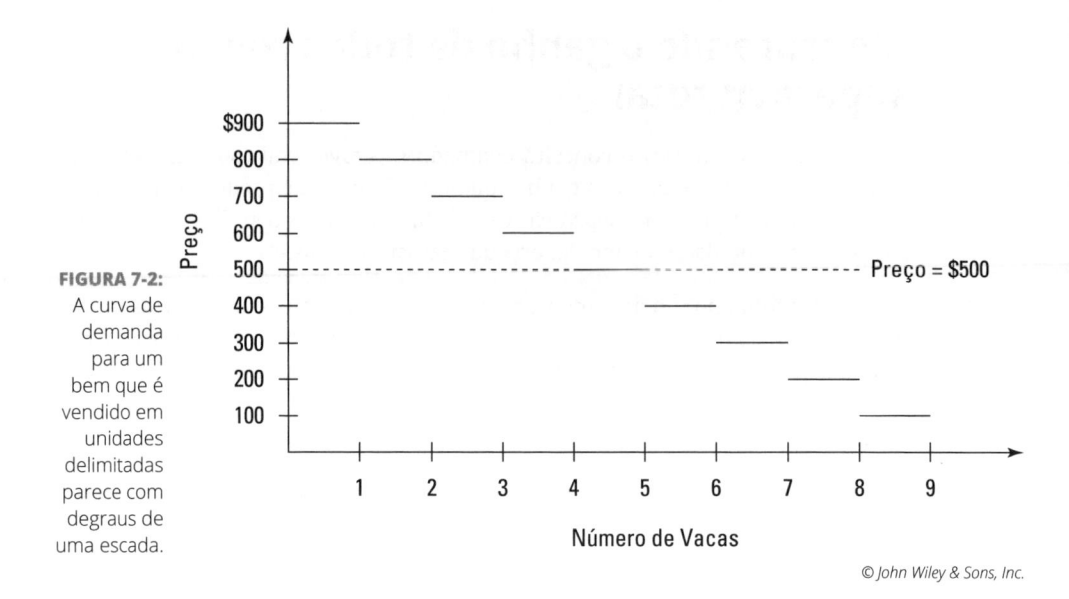

FIGURA 7-2:
A curva de demanda para um bem que é vendido em unidades delimitadas parece com degraus de uma escada.

Preço = $500

Número de Vacas

Em seguida, observe a segunda vaca. As pessoas estão dispostas a pagar $800 por ela, mas porque o preço de mercado é de apenas $500, elas recebem um *excedente do consumidor* para aquela vaca de $300. Do mesmo modo, para a terceira vaca, as pessoas obtêm um excedente do consumidor de $200 porque elas estão dispostas a pagar $700 por ela, mas têm que pagar apenas o preço de mercado de $500.

Para as primeiras quatro vacas, há um excedente do consumidor positivo, enquanto na quinta vaca, as pessoas simplesmente igualam o que estão dispostas a pagar, $500 com o custo da vaca, $500. Isso significa que as pessoas vão desejar comprar apenas cinco vacas. Os economistas sempre supõem que quando o preço é igual a sua disponibilidade de pagar, você vai em frente e compra.

Para calcular o excedente de consumo de um bem discreto como vacas, precisamos do total de superavits que as pessoas obtêm em cada unidade que escolhem comprar. Neste caso, o total é de $1.000 ($400 para a primeira vaca, mais $300 para a segunda, mais $200 para a terceira, mais $100 para a quarta, mais $0 para a quinta).

Mostramos estes $1.000 de excedente de consumo no gráfico da Figura 7-3, sombreando a área abaixo de cada degrau e acima da linha horizontal do preço de $500. A área em forma de escada sombreada é igual a $1.000.

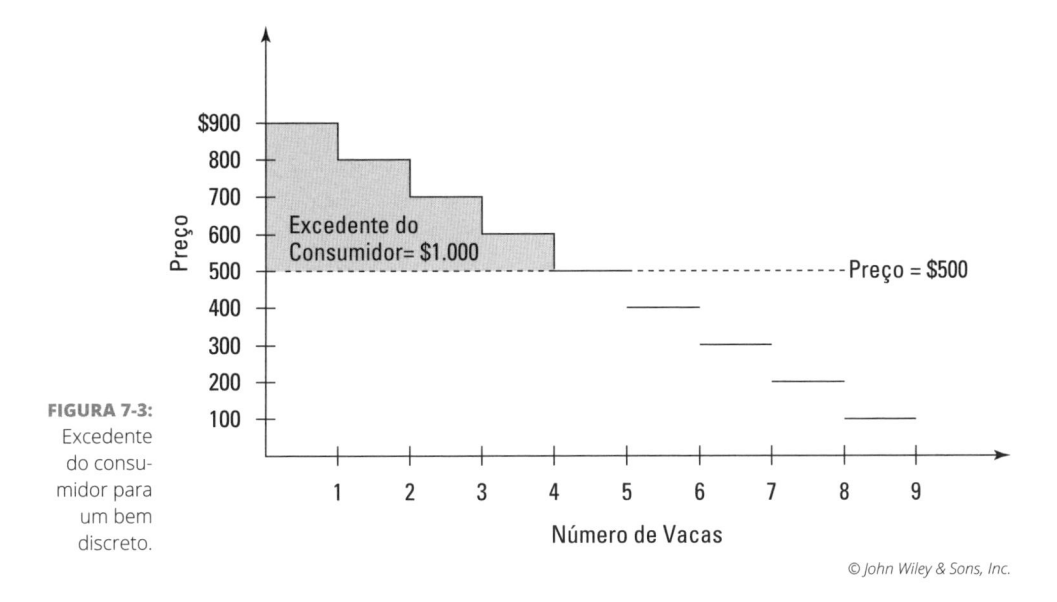

FIGURA 7-3: Excedente do consumidor para um bem discreto.

Mensurando o excedente do consumidor de um bem contínuo

O excedente do consumidor também pode ser computado em bens de consumo e serviços contínuos — coisas como terra ou óleo de cozinha ou horas de aulas de música, que não são necessariamente vendidas em unidades delimitadas. Em outras palavras, você pode comprar quantidades fracionadas de bens medidos continuamente, tais como, 31,76 hectares de terra, 23,96 litros de óleo de cozinha ou 2 horas e 50 minutos de aulas de música.

As curvas de demanda para bens contínuos são mais agradáveis do que as funções degrau que você obtém para bens discretos. De fato, as curvas de demanda para bens contínuos são linhas planas, inclinadas para baixo, que você já está acostumado a ver (como no Capítulo 4).

A suavidade de tais curvas de demanda significa que, quando você coloca em gráfico o excedente do consumidor para um bem contínuo, obtém uma área triangular que se situa abaixo da curva de demanda e acima do preço de mercado. Você pode ver essa fatia ilustrada na Figura 7-4, que representa o mercado de óleo de cozinha.

Na Figura 7-4, o preço do óleo de cozinha é de $5 por litro. A esse preço, as pessoas querem comprar 1.000 litros de óleo de cozinha. A curva de demanda se encontra acima da linha horizontal de preço, $5, o que significa que os compradores fazem melhor se comprarem esses 1.000 litros, porque eles têm mais valor para os compradores que os $5 por litro que custa para comprá-los.

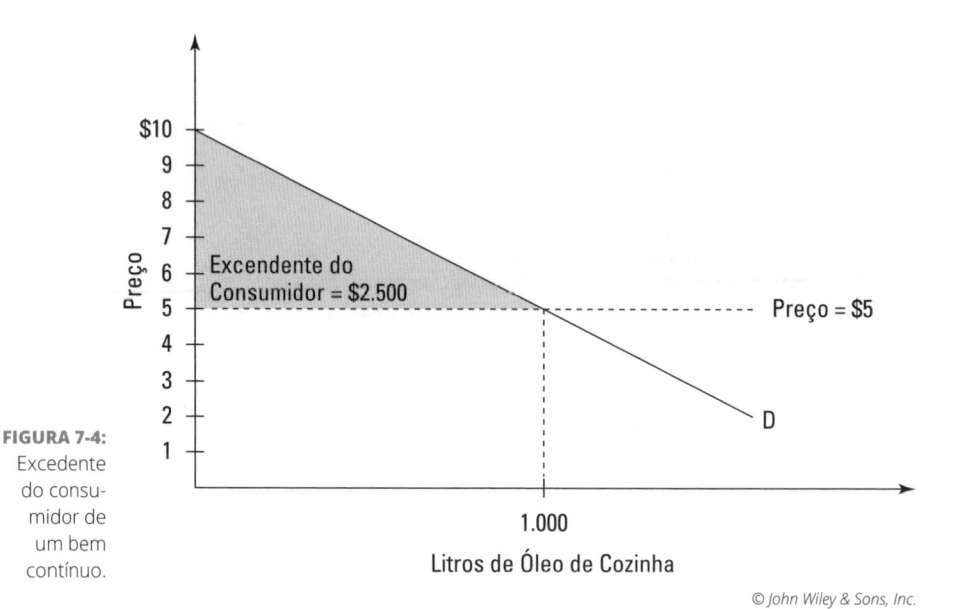

FIGURA 7-4:
Excedente
do consu-
midor de
um bem
contínuo.

DICA

Para calcular o excedente do consumidor de um bem contínuo, você totaliza todos os ganhos que as pessoas recebem quando compram por menos dinheiro do que estão dispostas a pagar — exatamente como você faria para um bem discreto. Mas agora que estamos lidando com um triângulo, o total máximo requer um pouco de geometria. Não se preocupe, é fácil. Você simplesmente utiliza a fórmula para calcular a área de um triângulo (½ x base x altura) para encontrar o superavit total. Neste caso, multiplique ½ x 1.000 x 5 = $2.500.

Mensurando o excedente do produtor

Excedente do produtor mede o ganho que as empresas recebem quando podem vender sua produção por mais que o preço mínimo que estariam dispostas a aceitar. Você pode calcular o excedente de produção para ambos os bens, discretos e contínuos, assim como pode calcular o excedente do consumidor para cada um deles. Nesta seção, oferecemos um exemplo do cálculo de excedente do produtor para um bem contínuo.

Para obter um bom exemplo sobre excedente de produção, observe a Figura 7-5, que mostra a curva de oferta, O, para óleo de cozinha. Esta curva de oferta é crucial para determinar o excedente do produtor, porque cada ponto na curva de oferta diz a você o mínimo que teria que pagar aos fornecedores para que eles lhe deem a respectiva quantidade de produtos. Comparando cada valor mínimo com o mais alto preço de mercado que eles realmente recebem ao vender sua produção, você pode computar o excedente do produtor. (Para saber mais sobre curvas de oferta e como interpretá-las, veja o Capítulo 4.)

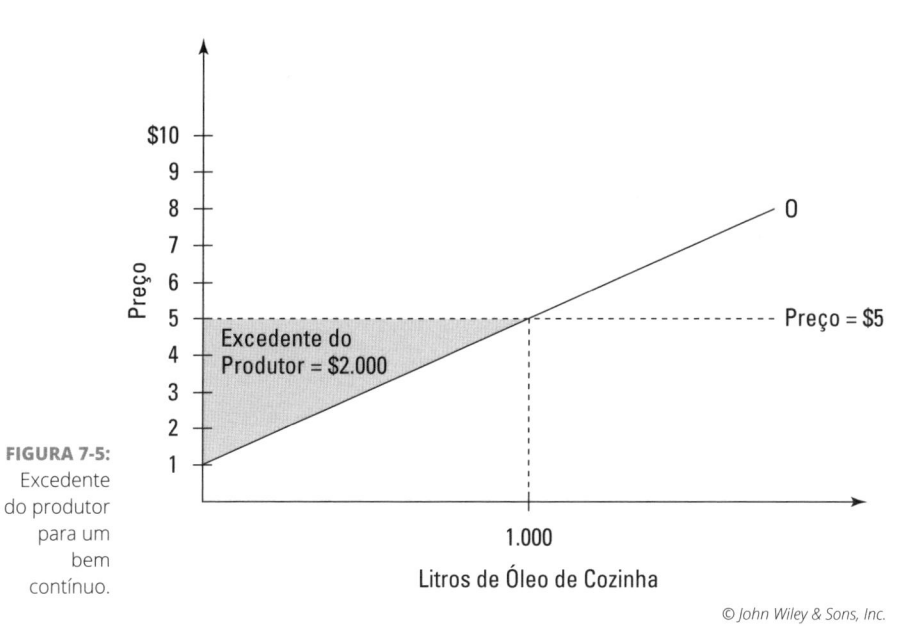

FIGURA 7-5: Excedente do produtor para um bem contínuo.

Preço

$10, 9, 8, 7, 6, 5, 4, 3, 2, 1

Excedente do Produtor = $2.000

0

Preço = $5

1.000

Litros de Óleo de Cozinha

Suponha que o preço do óleo de cozinha ainda é $5 por litro. Pela forma como desenhamos o gráfico, os produtores vão querer oferecer exatamente 1.000 litros de óleo de cozinha por este preço. Eles querem vender a esse preço porque para todo o óleo, incluindo até a última gota do milésimo litro, os custos de produção dados pela curva de oferta são menores que $5 por litro, que é o valor que os produtores obtêm quando eles vendem este óleo.

Mas, fundamentalmente, os produtores estão dispostos a fornecer quase todo esse óleo de cozinha *por menos de* $5 por litro, preço de mercado. Você pode ver isso pelo fato de que a curva de oferta fica abaixo da linha horizontal de preço, até a última gota do milésimo litro. O fato de eles receberem $5 por litro para todo o óleo, a despeito de estarem dispostos a produzi-lo por menos, é a fonte para o excedente do produtor, que é representado pela área sombreada do triângulo.

DICA

Usando a fórmula para a área do triângulo (1/2 x base x altura), você pode calcular que o excedente do produtor neste exemplo é de $2.000. Os produtores estão $2.000 mais ricos por vender os 1.000 litros de óleo, porque o total em espécie que eles obtêm da venda desses mil litros excede a quantidade mínima que estariam dispostos a aceitar pelos $2.000.

Calculando o superavit total

LEMBRE-SE

O *superavit total* que a sociedade recebe pelo excelente nível de produção determinado bem ou serviço é, simplesmente, a soma do excedente do consumidor e do produtor gerados pelo nível de produção.

A Figura 7-6 ilustra o excedente total para um mercado, no qual o preço de equilíbrio e a quantidade são, respectivamente, $p^* = \$5$ e $q^* = 4$ (se este gráfico parecer familiar é porque ele é o mesmo da Figura 7-1.)

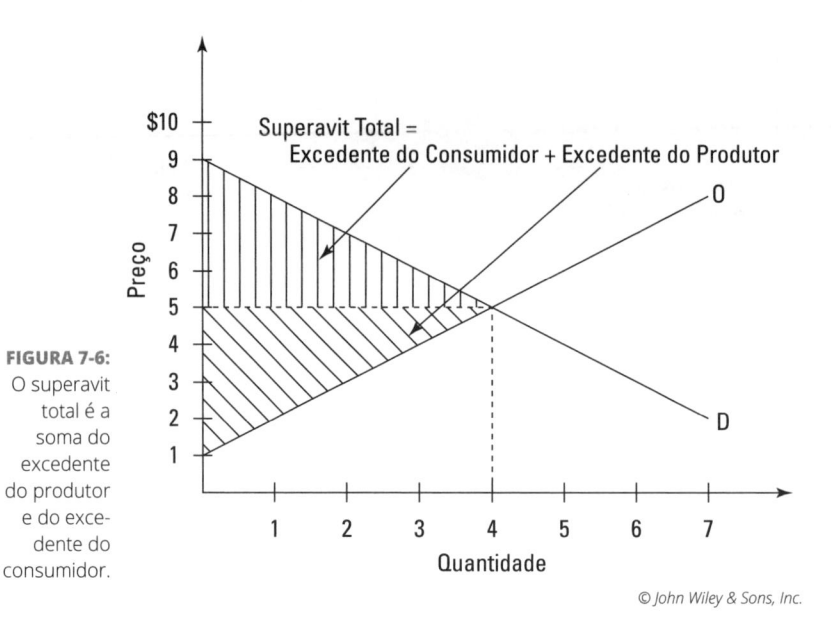

FIGURA 7-6: O superavit total é a soma do excedente do produtor e do excedente do consumidor.

Desenhei a área de excedente total para que você possa ver claramente que ela é formada pelo excedente do consumidor e o excedente do produtor. Os dois são separados pela linha horizontal que se estende a partir do preço de ponto de equilíbrio do mercado ($5). O triângulo de excedente do consumidor é preenchido com linhas verticais, enquanto o excedente do produtor é preenchido com linhas diagonais.

Usando a fórmula novamente para a área do triângulo, multipliquei ½ x 4 x 8 para descobrir que, para esse gráfico, o superavit total é de $16. O ganho total da sociedade a esse nível de produção é de $16.

Contemplando o superavit total

O superavit total é muito importante porque ele coloca um número nos ganhos que vêm da produção e do comércio. As empresas fazem coisas para obter lucro. As pessoas gastam dinheiro nas coisas porque consumir itens que as deixam satisfeitas. E o superavit total excedente diz exatamente o quanto os consumidores e produtores estão em melhor situação financeira após interagirem uns com os outros.

LEMBRE-SE

Ao colocar um número nos ganhos obtidos por esta interação, o superavit total também oferece uma marca de referência pela qual os economistas podem medir o dano que vem das políticas governamentais que interferem no mercado. Por exemplo, dizer que o subsídio de preços fere o consumidor é uma coisa, mas ser capaz de dizer exatamente em quanto dinheiro os consumidores são lesados é outra.

Quando os Livres Mercados Perdem a Liberdade: Lidando com Perda de Peso Morto

Qualquer coisa que interfira na capacidade do mercado de alcançar o equilíbrio e produzir a quantidade de mercado, reduz o superavit total. Os economistas usam o pitoresco termo *perda de peso morto* para se referirem à quantia em que o superavit total é reduzido.

Nesta seção, mostro exemplos detalhados de perdas de peso morto causadas por preço máximo e tributos. Estes tipos de interferência no mercado estão ambos sob o controle governamental, mas não pense que as perdas de peso morto são causadas *apenas* por políticas do governo. Qualquer coisa que reduza a produção abaixo da quantidade de mercado causa uma perda de peso morto. Monopólios e oligopólios podem ser os culpados, como também podem ser as informações assimétricas e problemas com bens públicos — todos esses assuntos serão discutidos nos próximos capítulos.

Perda de peso morto em razão de um preço máximo

O *preço máximo* é o maior preço pelo qual os vendedores podem vender seus produtos legalmente (veja mais no Capítulo 4). Geralmente, os preços máximos têm a intenção de ajudar os compradores a obterem um preço baixo, mas, como vamos mostrar a vocês, eles causam muitos prejuízos. Para um exemplo de uma perda de peso morto, olhe a Figura 7-7, em que o governo impôs um preço máximo de P^m.

Para ver os danos que o preço máximo inflige, primeiro note que, ao preço máximo de P^m, os fornecedores querem vender apenas q^b unidades de produção. Em outras palavras, neste preço, apenas a primeira unidade de produção q^b é lucrativa para se produzir. Em contraste, se não existisse preço máximo e o mercado fosse deixado aos seus próprios dispositivos, os fornecedores escolheriam produzir a quantidade de produtos para o equilíbrio do mercado, q^*.

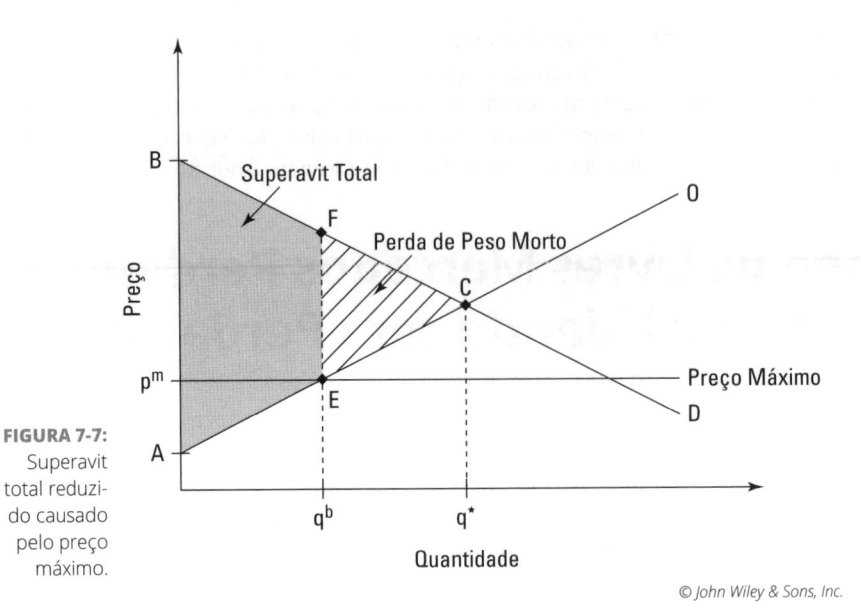

FIGURA 7-7:
Superavit total reduzido causado pelo preço máximo.

Preço

B — Superavit Total
F — Perda de Peso Morto
C
p^m — Preço Máximo
E
D
A

O

q^b q^*

Quantidade

© John Wiley & Sons, Inc.

Consequentemente, se este fosse um livre mercado, o superavit total seria representado graficamente por um triângulo definido pelos pontos *A*, *B* e *C*. Mas como apenas q^b unidades de produção podem ser produzidas, a área excedente total é reduzida para a área sombreada com os ângulos em *A*, *B*, *F* e *E*.

A diferença entre o superavit total gerado pela produção de q^* versus q^b unidades de produção é o triângulo assinalado com listras diagonais, definido pelos pontos *E*, *F* e *C*. A área deste triângulo ilustra a perda de peso morto que vem da redução da produção abaixo do melhor nível social, q^*.

LEMBRE-SE

O preço máximo é prejudicial porque para todas as unidades entre q^b e q^*, os benefícios excedem os custos, o que significa que tais unidades deveriam ser produzidas. Totalizando os ganhos que deveriam ter vindo da produção e consumo dessas unidades, o triângulo das perda de peso morto pode medir precisamente o prejuízo resultante da interferência no mercado.

Analisando a perda de peso morto dos tributos

Impostos sobre bens e serviços também podem causar perda de peso morto. Isso acontece porque tais impostos aumentam os custos da produção e do consumo da mercadoria. Quando esses custos são aumentados artificialmente pelo imposto, as pessoas respondem produzindo e consumindo menos unidades de mercadoria que antes de o imposto ser ordenado. Porque cada unidade que havia sido consumida antes de o imposto ser ordenado era uma unidade cujo benefício havia excedido os custos, a redução na produção que resulta de impostos necessariamente reduz o excedente total e causa uma perda de peso morto.

Considerando como os impostos alteram a curva de oferta

Os impostos incidentes sobre a produção deslocam a curva de demanda para cima. Por quê? Porque para as empresas sendo tributadas, os impostos sobre a produção são percebidos como um aumento nos custos de produção. As empresas sabem que a única maneira de pelo menos atingir o equilíbrio é repassar o custo dos impostos para os consumidores — assim como sabem que precisam repassar todos os custos de mão de obra, capital ou de outros recursos. Então, assim como qualquer aumento nos custos dos insumos de produção deslocam a curva de demanda verticalmente, o mesmo acontece com os impostos sobre a produção. A incidência de um imposto para o vendedor desloca verticalmente a curva no mesmo montante do imposto.

Eis um exemplo concreto — a oferta de carne em um mercado em que o governo impõe um imposto de $1 por quilo. A Figura 7-8 mostra duas curvas. (Bem, na verdade, são duas linhas retas, mas vamos lá, colabore comigo.) A inferior, *O*, é a curva de oferta de carne. A superior, identificada como *O + imposto,* é a curva de oferta depois do imposto. O importante é perceber que a curva *O + imposto* é simplesmente a curva original de oferta deslocada verticalmente pela quantidade do imposto, que neste caso é $1.

A razão pela qual a curva de oferta é deslocada verticalmente pelo montante do imposto tem relação com a motivação dos fornecedores. Cada ponto da curva de oferta diz o mínimo que você deveria pagar aos fornecedores para conseguir que eles forneçam uma determinada quantidade (veja o Capítulo 4). Por exemplo, olhe para o ponto A. Como o ponto A está na curva de oferta, você sabe que tem que pagar $5 por quilo se quiser que os fornecedores ofereçam 10 mil quilos de carne bovina. Do mesmo modo, o ponto E diz que você tem que pagar aos fornecedores $4,50 por quilo, se quiser que eles forneçam apenas 9 mil de quilos de carne.

Se o governo exigir um imposto de $1 por quilo, isso afetará o quanto você terá que pagar aos fornecedores para motivá-los. Se você ainda quiser 10 mil quilos de carne, terá que pagar a quantia original solicitada para motivar os fornecedores a lhe vender toda aquela carne ($5 por quilo), bem como dinheiro suficiente para pagar os impostos sobre toda aquela carne ($1 por quilo).

Graficamente, isso significa que o ponto A na curva de oferta *O* se desloca para cima na quantia de $1 de imposto para tornar-se o ponto *B* na curva *O + imposto*. Pelas mesmas razões motivacionais, o ponto E na curva de oferta deve se deslocar para cima, para o ponto F na curva *O + imposto*. Isto é, se você tiver que pagar aos fornecedores $4,50 por quilo para motivá-los a fornecer os 9 mil quilos de carne bovina em um mundo onde $1 por quilo deve ir para o governo em forma de imposto, você tem que reunir um total de $5,50 por quilo. E é exatamente isso o que acontece no ponto F.

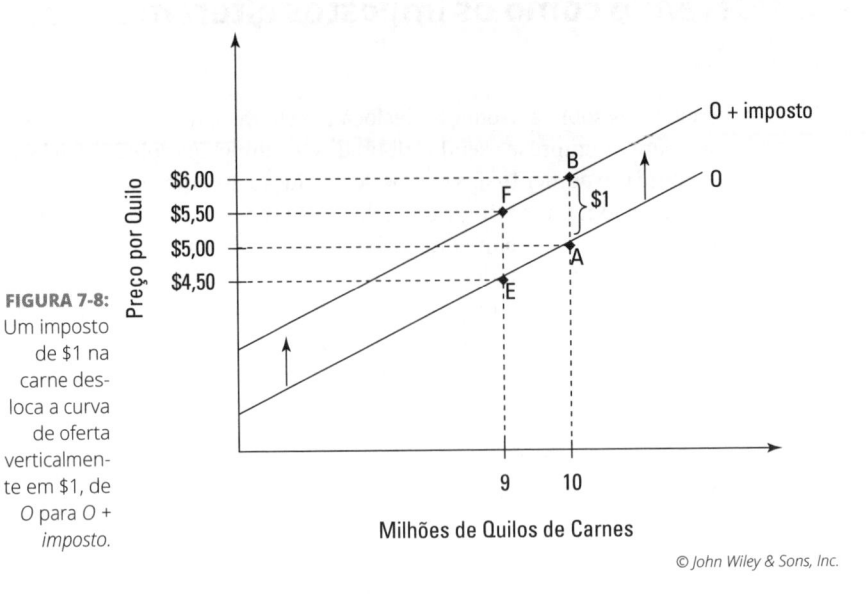

FIGURA 7-8: Um imposto de $1 na carne desloca a curva de oferta verticalmente em $1, de O para O + imposto.

Todo ponto na curva de oferta, O, deve se deslocar verticalmente para cima, da mesma forma que os pontos A e E; assim, a curva O + *imposto* retrata a curva de oferta depois do imposto cobrado. Com esse deslocamento em mente, você está pronto para descobrir como este tipo de tributação causa perda de peso morto.

Analisando como os tributos causam perda de peso morto

Perda de peso morto são assim chamadas porque você não pode dizer "Sua perda é meu ganho" nesta situação. Os benefícios não foram passados dos consumidores para os produtores; pelo contrário o nível total de benefícios para a sociedade como um todo (neste caso), é menor. Não estamos falando sobre algo que passa de uma pessoa para outra. Pelo contrário, perda de peso morto são perdas no sentido de aniquilação. Os ganhos que teriam resultado se todos aqueles quilos de carne bovina tivessem sido produzidos simplesmente desapareceriam; eles são um peso morto que devemos tolerar em nossos esforços para maximizar a felicidade humana, dados nossos recursos limitados.

A Figura 7-9 adiciona uma curva de demanda, D, à Figura 7-8. Assim, podemos ver o que acontece com o superavit total quando o governo cobra um imposto de $1 por quilo de carne vendido no mercado.

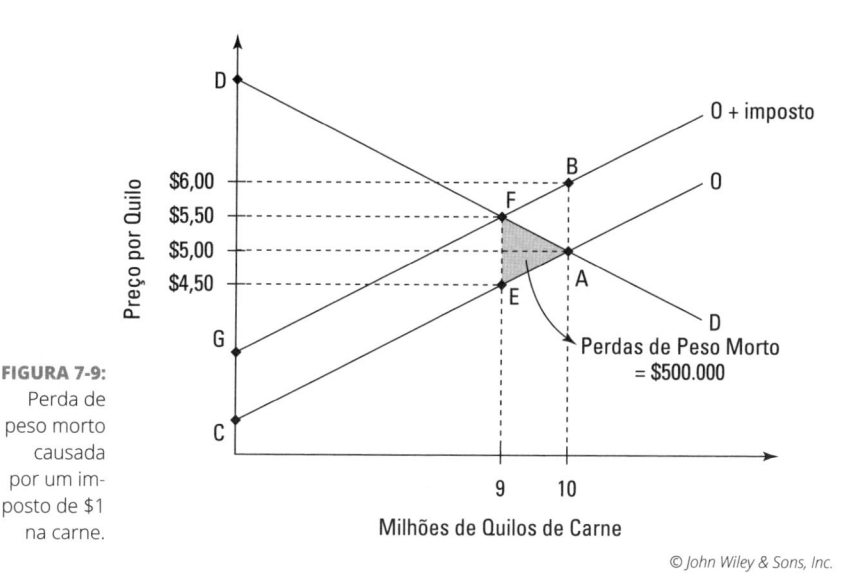

FIGURA 7-9: Perda de peso morto causada por um imposto de $1 na carne.

Antes do imposto, o equilíbrio de mercado acontece no ponto A, em que a curva de oferta O cruza a curva de demanda D. Nesse ponto, os produtores oferecem 10 mil quilos de carne a um preço de $5 por quilo. O superavit total neste caso é dado pelo triângulo definido pelos pontos C, D e A.

Depois de o imposto ser cobrado, entretanto, o equilíbrio acontece no ponto F, onde a curva O + *imposto* cruza a curva de demanda. Naquele ponto, o preço da carne bovina é $5,50 por quilo e 9 mil quilos são fornecidos. Apenas 9 mil quilos são oferecidos porque, depois que o governo leva seu $1 por quilo em impostos, restam apenas $4,50 para motivar o fornecedor. Você pode ver, a partir da curva de oferta que a este valor por quilo, os fornecedores querem fornecer apenas 9 mil quilos.

Em razão do imposto, a quantidade de carne bovina cai de 10 mil para 9 mil quilos. Além disso, o total oferecido é reduzido para o triângulo cujos ângulos são G, D e F.

DICA

Você pode ver imediatamente que esse novo superavit total é muito menor que o velho. Mas antes de começarmos a esbravejar sobre os males do governo, precisamos levar em conta a razão pela qual o imposto está sendo cobrado. Impostos (ao menos teoricamente) beneficiam a sociedade, portanto, precisamos incluir essa quantia quando calculamos o superavit total do bem vendido a este preço. No novo equilíbrio, 9 mil em impostos serão coletados porque 9 mil quilos de carne bovina vendida serão tarifados em $1 o quilo.

Os $9 mil em impostos recolhidos são representados graficamente pelo paralelogramo, cujos ângulos são C, G, F e E. Esta área estava precisamente contida no velho triângulo de superavit total, cujos ângulos eram C, D e A. Consequentemente, esta área que costumava ser parte do velho superavit total não foi destruída — ela foi simplesmente transferida para o governo.

Entretanto, parte do antigo superavit total *foi* destruída. Essa parte é representada graficamente pela área sombreada do triângulo de perda de peso morto (com os ângulos *E*, *F* e *A*). Esta área retrata que a sociedade ficou pior por causa da redução na produção de carne bovina de 10 mil para 9 mil quilos. (Bem, *agora* você pode começar a esbravejar sobre os males do governo.)

Medir o tamanho das perda de peso morto usando a fórmula para a área do triângulo (l/2 x base x altura) nos diz que o imposto levou a perda de peso morto de $500.000. Este é um número muito grande representando uma enorme redução no superavit total que deriva do fato de que, para cada 1.000 quilos de carne bovina que não está mais sendo produzida, os benefícios excediam os custos. Todos esses ganhos são perdidos quando o imposto é cobrado.

Obs.: Em certos casos especiais, um imposto pode reduzir (em vez de causar) uma perda de peso morto. A situação é aquela em que um produto está sendo ineficientemente produzido em excesso, assim a incidência do imposto pode melhorar as coisas: ao deslocar a curva de oferta para cima, os impostos fazem com que a produção diminua, reduzindo, portanto, o excesso de produção. Discuto esses casos especiais no Capítulo 10.

Características da Concorrência Perfeita? Zero de Lucros e os Custos Mais Baixos Possíveis

Uma coisa maravilhosa sobre livres mercados e concorrência é que a mercadoria é produzida ao menor custo possível. Esse fato é extremamente importante, porque significa que os livres mercados são tão eficientes quanto possível ao converter os recursos em bens e serviços que as pessoas querem comprar.

Além disso, os mercados economizam para a sociedade muito dinheiro, porque eles produzem eficientemente sem requerer qualquer intervenção humana. Não precisamos pagar grandes salários aos peritos para ter certeza de que os mercados funcionam com eficácia, os mercados fazem o trabalho de graça.

Entendendo as causas e consequências da concorrência perfeita

Para assegurar que os mercados funcionem eficientemente, você precisa de uma concorrência forte entre empresas, uma situação que os economistas chamam de *concorrência perfeita*. Ela existe quando muitas empresas dentro de um mesmo ramo de atividade estão fabricando produtos idênticos (ou muito semelhantes). Os seguintes aspectos são também verdadeiros quando há concorrência perfeita:

» Cada empresa é uma *seguidora de preços* — ela tem que aceitar o preço de equilíbrio de mercado para o que produz — porque sua mercadoria é uma fração muito pequena em relação à produção total da indústria (veja o Capítulo 6).

» Toda empresa tem tecnologia de produção idêntica.

» Empresas são livres para entrar e sair do setor como desejarem.

Quando esses requisitos são encontrados, a concorrência perfeita conduz a dois excelentes resultados:

» **Toda empresa do setor obtém zero lucro econômico.** Esta ideia não significa que elas não ganhem dinheiro além dos custos da atividade; se isso fosse verdade, ninguém operaria no setor. As empresas precisam ganhar dinheiro suficiente para manter os empreendedores motivados a permanecer em atividade (e para atrair outros empreendedores a abrir novas empresas).

Então, o que significa o primeiro resultado? Os *lucros econômicos* ganhos por uma empresa são quaisquer verbas arrecadadas além do que é requerido para manter um empreendedor interessado em continuar no negócio. Portanto, o fato de a concorrência perfeita conduzir a zero lucro econômico significa que as empresas apenas raramente querem permanecer em seus ramos de atividade.

Isso também significa que ninguém no setor está enriquecendo de maneira exagerada às custas de outra pessoa. Na verdade, os empreendedores estão apenas ganhando o suficiente para manter o suprimento de mercadorias que a sociedade deseja que mantenham. Essa situação é boa para a sociedade, pois seria desperdício pagar aos empreendedores mais do que o necessário para conseguir que façam o que ela deseja.

» **Toda empresa produz mercadoria a um mínimo custo possível.** Este resultado também é bom para a sociedade, porque significa que a menor quantidade possível de recursos é consumida enquanto as mercadorias que a sociedade deseja são produzidas.

Espiando o processo de concorrência perfeita

Como de fato funciona a concorrência perfeita? Os próximos quatro passos explicam:

1. **O preço de mercado dos produtos vendidos por todas as empresas do ramo é determinado pela interação geral das curvas de oferta e demanda.**

2. **Cada uma das empresas aceita o preço de mercado e produz sempre a mesma quantidade de produtos que maximizarão seus próprios lucros (ou minimizar suas próprias perdas se o preço estiver tão baixo que não seja possível obter lucro).**

3. **Como cada empresa tem tecnologia de produção idêntica, cada uma escolherá produzir a mesma quantidade e, consequentemente, obterá o mesmo lucro ou perda como todas as outras empresas da mesma atividade.**

4. **Dependendo de as empresas do setor estarem obtendo lucros ou prejuízos, as empresas irão ou entrar ou sair do setor até que o preço de mercado se ajuste ao nível em que todas as empresas remanescentes estejam obtendo lucro econômico zero.**

O quarto ponto neste processo — a entrada e saída de empresas — é muito importante. Para entender isso claramente, mostro dois casos: um em que cada empresa no setor está obtendo lucro, porque o preço de mercado está alto, e outro em que cada empresa do setor está tendo prejuízo, porque o preço de mercado está baixo:

» **Atraindo novas empresas fazendo lucros:** Se cada empresa no setor estiver obtendo lucro, novas empresas serão atraídas a entrar no setor, na esperança de partilharem os lucros também. Mas, quando elas entram, toda a produtividade do setor aumenta muito e o preço de mercado começa a cair. Como o preço cai, os lucros caem, desse modo baixando o incentivo para futuras empresas entrarem no setor.

O processo de novas empresas entrando no setor continua até o preço de mercado cair tão baixo que os lucros chegam a zero. Quando isso acontece, o incentivo para entrar no setor desaparece e nenhuma outra empresa entra.

» **Perdendo as empresas existentes quando apresentam prejuízos:** Se cada empresa no setor começar a apresentar prejuízos porque o preço de mercado está baixo, algumas das empresas existentes deixam o setor, porque elas não podem continuar perdendo dinheiro. Quando agem assim, a produção total do setor cai. Essa redução no fornecimento total, por sua vez, faz o preço de mercado subir. E quando os preços de mercado sobem, as perdas das empresas diminuem.

> O processo das empresas saindo e os preços aumentando continua até que as empresas remanescentes não mais estejam perdendo dinheiro.

O fato de as empresas poderem entrar e sair livremente do setor significa que após todos os ajustes serem feitos as empresas sempre obtêm um lucro econômico zero. Em outras palavras, se há concorrência perfeita, você não precisa se preocupar sobre empresas explorando quem quer que seja; elas só obtêm dinheiro suficiente para permanecer no negócio.

Outro resultado importante da concorrência perfeita — que as empresas concorrentes produzem a custo mínimo — se torna aparente se nos aperfeiçoarmos no processo de quatro estágios da concorrência perfeita usando as curvas de custos. Veja o Capítulo 6 antes de passar para a próxima seção. Se você não o leu, esta seção o deixará vesgo (e você sabe o que sua mãe dizia sobre os perigos de brincar de vesgo).

Representando graficamente como os lucros guiam as empresas a entrar e sair dos mercados

Nesta seção, utilizamos as curvas de custos para demonstrar como as forças de mercado provocam, automaticamente, as empresas a produzirem ao menor custo possível. Para deixar este processo claro, apresentamos dois casos. No primeiro, as empresas começam tendo lucros. No segundo, as empresas começam tendo prejuízos. De qualquer maneira, os ajustes acontecem, assim, elas terminam obtendo lucro econômico zero e produzindo ao custo mínimo.

Visualizando a entrada da empresa quando há lucro

Para ver como um setor se ajusta quando começa a obter lucros, observe a Figura 7-10, que consiste em dois gráficos. O primeiro, à esquerda, traz a curva de demanda de mercado, D, e a curva inicial de oferta de mercado, S_o, para bolas de tênis. O gráfico á direita dá a curva de custos para uma das muitas empresas idênticas do setor, que também fazem bolas de tênis.

Como as empresas neste setor são idênticas, elas têm a mesma estrutura de custos. Em especial, elas têm a mesma curva de custo marginal (CM). Esse ponto é importante porque, como mostramos no Capítulo 6, a curva de custo marginal de uma empresa concorrente é sua curva de oferta.

A empresa, em nosso exemplo, toma o preço de mercado, P_o, que é determinado pela curva de oferta e demanda no gráfico à esquerda, e utiliza-o para calcular seu nível de produção maximizando lucro no gráfico à direita (para enfatizar que P_o é igual em ambos os gráficos, desenhamos uma sólida linha horizontal que cruza os dois gráficos).

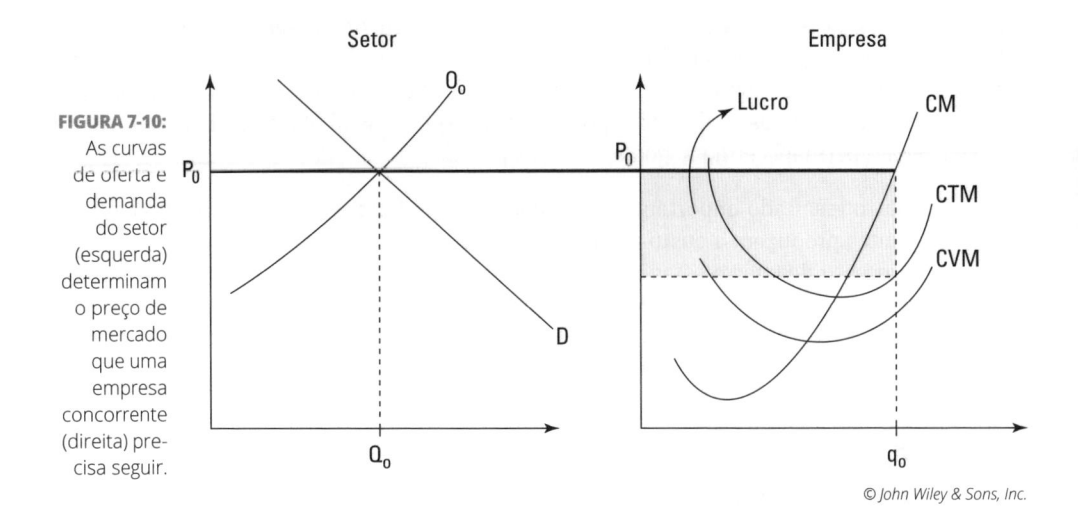

FIGURA 7-10: As curvas de oferta e demanda do setor (esquerda) determinam o preço de mercado que uma empresa concorrente (direita) precisa seguir.

DICA

Cada empresa escolhe fabricar o nível de produção em que o preço na linha horizontal cruza com a curva *CM*. No gráfico à direita, chamamos o nível de produtividade de q_o. No gráfico à esquerda, você pode ver que o total de oferta para o setor é Q_o. O total de oferta do setor é simplesmente a produção de cada empresa individual, q_o, vezes o número total de empresas no setor.

A seguir, preste atenção no fato de que cada empresa administra um lucro quando o preço de mercado é P_o. O lucro é mostrado pelo retângulo sombreado no gráfico da direita.

LEMBRE-SE

Esse lucro é importante, uma vez que atrai empreendedores para o setor. Eles percebem que podem criar empresas idênticas e ainda assim obter bons lucros. Como os economistas gostam de dizer, lucros atraem novatos.

ANALISANDO QUANDO NOVAS EMPRESAS REDUZEM O LUCRO

A Figura 7-11 mostra o que acontece quando os estreantes em determinado setor de mercado chegam. Sua nova produção aumenta a produção geral; assim, a curva da oferta total se desloca de O_o para O_1 no gráfico à esquerda, o que baixa o preço de equilíbrio de mercado de P_o para P_1.

Cada uma das empresas seguidoras do preço de mercado reage ao preço baixo fabricando a um nível de produção mais baixo, q_1, que você pode ver ilustrado no gráfico à direita. Mais importante: os lucros das empresas diminuem, o que você pode observar comparando os retângulos sombreados dos lucros nas Figuras 7-10 e 7-11.

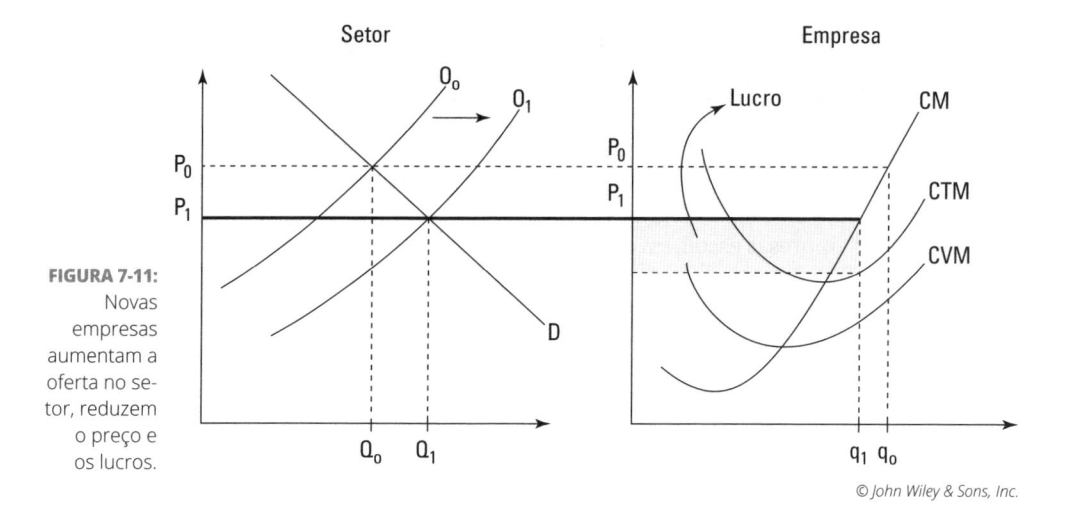

FIGURA 7-11: Novas empresas aumentam a oferta no setor, reduzem o preço e os lucros.

© John Wiley & Sons, Inc.

A nova empresa resulta em lucros menores. Os lucros menores são menos atrativos aos empreendedores. Embora ainda existam novas empresas, causadas pelo fato de que alguns lucros ainda estão disponíveis, não haverá muitas mais como quando os lucros eram maiores.

ANALISANDO COMO NOVAS EMPRESAS DEMAIS LEVAM O LUCRO A ZERO

A entrada de novas empresas no mercado continua até que os preços caiam tanto, que todos os lucros desapareçam. Essa situação está ilustrada na Figura 7-12, na qual as novas entradas aumentam a oferta ainda mais, para O_2. O resultado é que o preço de mercado cai para P_2, o que resulta em lucro zero. Note que não há retângulo sombreado no lucro do gráfico à direita. Uma vez que os lucros caem para zero, as entradas cessam.

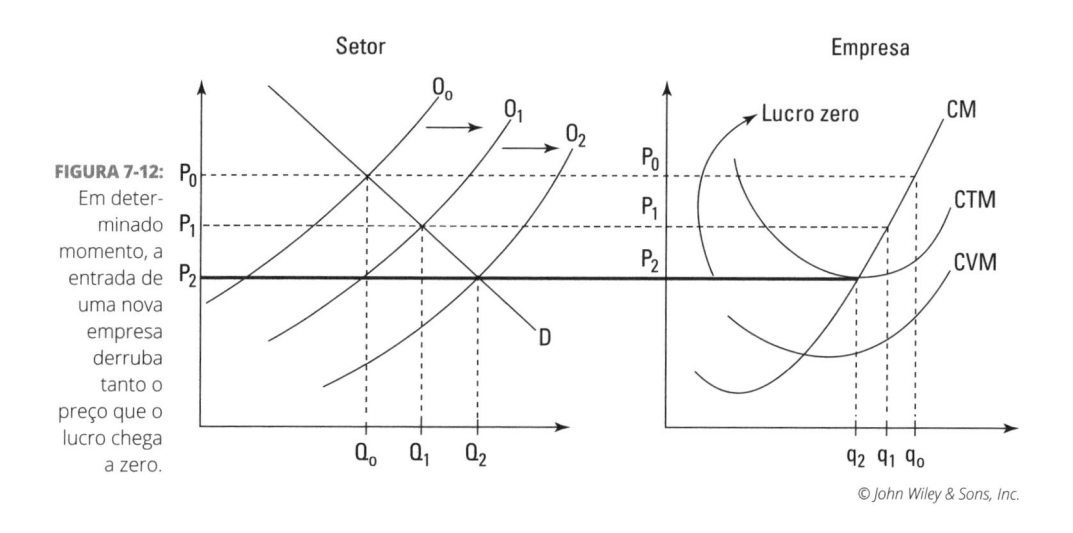

FIGURA 7-12: Em determinado momento, a entrada de uma nova empresa derruba tanto o preço que o lucro chega a zero.

© John Wiley & Sons, Inc.

Percebendo que lucro zero também significa custo mínimo de produção

Quando os lucros caem para zero, em razão da entrada de uma nova empresa, o custo por unidade do produto fabricado é minimizado. Você pode ver esse fato no gráfico à direita, na Figura 7-12, notando que, quando confrontadas com o preço P_2, as empresas escolhem produzir a quantidade que minimiza o custo de produção por unidade.

Você sabe que isso é verdade porque a produção que a empresa escolhe fabricar, q_2, se assenta exatamente no ponto mínimo da forma em U da curva do custo total médio (*CTM*). Quando a produção está neste nível, o custo médio por unidade é menor que em qualquer outro nível de produção (em outras palavras, qualquer outro nível de produção resulta em um custo total médio mais alto).

Essa situação é maravilhosa, porque significa que cada empresa está sendo o mais eficiente possível, produzindo ao menor custo por unidade. Ademais, cada empresa está escolhendo voluntariamente produzir aquele nível, sem qualquer necessidade de coerção.

Ocorre que os lucros servem como uma resposta autocorretiva do mecanismo. Os altos lucros atraem os novos interessados que automaticamente aumentam a oferta e derrubam os preços. Esse processo continua até que não exista mais lucro e nenhum novo interessado. Mas, mais importante, o ciclo continua até que todas as empresas estejam produzindo ao nível mais eficiente e com o nível mínimo de custos. Essa é a verdadeira mão invisível de Adam Smith em ação.

Visualizando a produção da empresa quando há prejuízo

Um setor competitivo em que as empresas estão perdendo dinheiro precisa reduzir seu nível de produção. Elas só têm prejuízos quando o resultado sua produção vale menos que o custo dos recursos usados para produzi-la. Reduzir a produção resolve esse problema, porque uma quantidade de produção tem um valor médio mais alto para os consumidores (como pode ver pelo deslocamento para baixo de qualquer curva de demanda e observando que unidades sucessivas valem cada vez menos para os consumidores).

Outra vantagem da concorrência perfeita é que ela fornece um mecanismo de resposta semelhante que conduz os lucros a zero e a produção eficiente sempre que o setor comece a obter prejuízos. Para ver como isso ocorre, dê uma olhada na Figura 7-13, em que a curva de oferta inicial, O_3, interage com a curva de demanda, D, para produzir um preço de mercado muito baixo, de P_3.

A este preço de mercado, você pode ver no gráfico à direita que cada empresa do setor está obtendo prejuízo, o que é mostrado pelo retângulo sombreado.

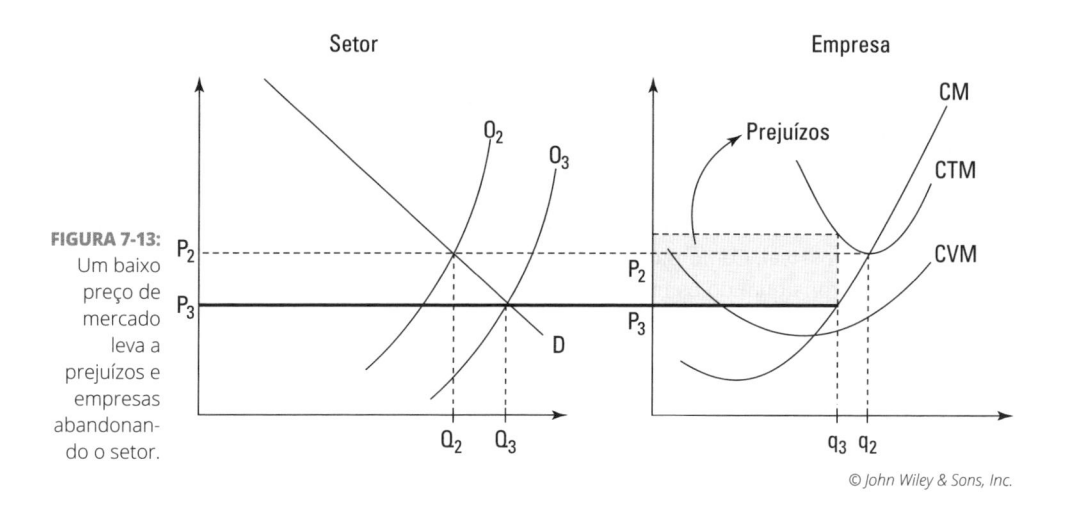

FIGURA 7-13:
Um baixo preço de mercado leva a prejuízos e empresas abandonando o setor.

© John Wiley & Sons, Inc.

LEMBRE-SE

Essa perda desencoraja todas as empresas do setor, e aquelas que estão em uma condição financeira mais frágil começam a sair. Quando isso acontece, a curva de oferta do setor, o gráfico à esquerda se desloca para a esquerda (porque a oferta diminui). Essa mudança aumenta o preço de mercado e reduz as perdas das empresas que permanecem no setor. Mas, enquanto houver prejuízos, as empresas continuarão a deixar o setor até que a curva de oferta se mova de volta para O_2, no ponto em que o preço de mercado é P_2, e as empresas estejam obtendo zero lucros, como na Figura 7-12.

Quando o preço de mercado atinge P_2 e as empresas estão tendo lucros zero, a saída das empresas do mercado para, e, mais importante, cada empresa está produzindo ao nível de produção de menor custo, q_2.

Compreendendo que a entrada e a saída de empresas do mercado não acontecem instantaneamente

As pressões do mercado sempre empurram as empresas em concorrência perfeita para produzirem ao menor custo possível por unidade (veja as seções anteriores). Tenha em mente que este resultado agradável não acontece da noite para o dia. Quando as empresas estão obtendo lucros ou suportando prejuízos, leva tempo para que novas empresas entrem (se há lucros) ou para que antigas empresas saiam (se há prejuízos).

Dependendo do setor, esses processos de ajuste podem levar algo em torno de umas poucas semanas até alguns anos. Por exemplo, a montagem de uma nova e poderosa fábrica demora um pouco, porque sua construção demora pelo menos um ano. De modo semelhante, mesmo que os preços da agricultura caiam e os agricultores obtenham prejuízos, aqueles fazendeiros que se retiraram do setor não poderão fazê-lo até a próxima temporada de cultivo. Por outro lado, se a produção de bandeiras norte-americanas de repente se tornar realmente popular, pode ter certeza de que os registros de novas empresas aumentarão dentro do setor em semanas.

O que é maravilhoso em relação à concorrência perfeita é que sempre existem forças de mercado atuando para dirigir as empresas para a produção ao menor custo possível. Como mostramos nos próximos capítulos, esse resultado adorável desmorona quando os monopólios, oligopólios, bens públicos e outros problemas evitam ou impedem a concorrência perfeita.

Capítulo **8**

Monopólios: Mau Comportamento sem Concorrência

Uma empresa que não tem concorrentes em seu setor é chamada *monopólio*. Os monopólios são mal vistos, porque o lucro deles conduz ao aumento dos preços e diminuição da produção, de modo a espremer mais dinheiro dos consumidores. Como resultado, os governos normalmente agem com o intuito de fragmentar os monopólios e substituí-los por setores competitivos, que geram preços baixos e alta produtividade.

Ao mesmo tempo, entretanto, os governos também criam os monopólios intencionalmente em outras situações. Por exemplo, os governos emitem patentes que dão direitos de monopólio para os inventores venderem e comercializarem suas invenções. Do mesmo modo, muitos serviços locais, como TV a cabo e coleta de lixo, são também monopólios criados e executados pelo governo local.

Neste capítulo, explico por que a sociedade proíbe monopólios em algumas situações e os promove em outras. Primeiro, mostramos uma comparação desfavorável dos monopólios maximizadores de lucros com as empresas competitivas, porque eles fixam altos preços e produzem menos que elas. Em seguida, explico como esses problemas podem, em determinados casos, ser compensados por outros fatores — a necessidade de promover inovação, por exemplo, e o fato singular de que, em alguns casos, ter diversos concorrentes é simplesmente inconveniente demais.

Examinando os Monopólios de Maximização de Lucros

Basicamente, este capítulo é um grande exercício de análise de custo-benefício. Os monopólios não são de todo ruins. Nem são completamente bons. Se você deseja ter um em qualquer instância específica, depende de se, nessa situação, os benefícios superam os custos. Esta seção traz mais detalhes sobre os custos associados aos monopólios.

Focando os problemas causados pelos monopólios

LEMBRE-SE

Em um setor que tem apenas uma empresa de monopólio em vez de várias empresas concorrentes, três coisas prejudiciais à sociedade acontecem:

>> A empresa de monopólio produz menos produtos que as empresas em um setor competitivo produziriam.

>> A empresa de monopólio vende sua produção por um preço mais alto do que seria o preço de mercado caso o setor fosse competitivo.

>> A produtividade do monopólio é menos eficiente e tem um custo mais alto do que o produto de uma empresa em um setor competitivo.

Embora todas essas coisas sejam prejudiciais aos consumidores, é importante ter em mente que os monopólios não as fazem por serem canalhas. Pelo contrário, essas consequências são simplesmente o resultado da ação dos monopólios para maximizar seus lucros — que é certamente a mesma coisa que as empresas competitivas tentam fazer.

LEMBRE-SE

A diferença nos resultados entre o setor competitivo e o setor de monopólio não tem nada a ver com más intenções. Resulta do fato de que os monopólios não enfrentam as pressões que levam os setores competitivos a atingir o nível de produção socialmente ideal (veja o Capítulo 7). Sem essa pressão, as empresas de monopólios podem aumentar e restringir a produtividade para aumentar seus lucros — coisas que as empresas competitivas também adorariam fazer, mas não podem.

A ausência de pressão competitiva também significa que as empresas de monopólio podem deixar a produção mais cara e ineficiente. Esse é um problema real que você deve encarar seriamente quando considerar se os benefícios do monopólio excedem seus custos. Falo mais sobre essa questão posteriormente neste capítulo.

Identificando a fonte do problema: Receitas marginais decrescentes

LEMBRE-SE

Todas as consequências ruins geradas por um monopólio derivam da mesma fonte: ao contrário de uma empresa competitiva que enfrenta uma curva de receita marginal horizontal, o monopólio enfrenta uma curva de receita marginal inclinada descendente. *Receita marginal* é o aumento no total das receitas decorrentes da venda sucessiva de cada unidade de um produto. Esse simples fato faz os monopólios cobrarem mais, produzirem menos e produzirem a custos mais altos do que as empresas competitivas.

Como pode uma pequenina curva causar tamanha mutilação? Uma curva de receita marginal decrescente implica que cada unidade adicional que o monopólio vende traz menos receitas que a primeira unidade. Por exemplo, enquanto a décima unidade vendida pode trazer $8, a décima primeira traz apenas $3. Obviamente, tal situação reduz o incentivo para produzir muito.

Essa situação também está em gritante contraste com a situação da receita marginal enfrentada pelas empresas competitivas (veja o Capítulo 6). As empresas competitivas têm curvas de receita marginal horizontal, significando que, se elas vendem 11 unidades ou 11.000, cada unidade traz a mesma quantia em dinheiro. Naturalmente, isso é muito mais que um incentivo para produzir mais.

Enfrentando a queda na demanda

Por que existe tal diferença entre as curvas de receita marginal enfrentadas pelos monopólios e pelas empresas competitivas? Um monopólio é livre para escolher o preço que deseja cobrar ao longo da curva de demanda que enfrenta para seu produto. Uma empresa competitiva, por outro lado, tem que pegar o preço de mercado como lhe é dado.

Uma empresa de monopólio pode escolher seus preços porque, sendo a única empresa em seu setor, controla toda a produção. Como resultado, pode criar um preço relativamente alto produzindo apenas umas poucas unidades ou pode induzir um preço relativamente baixo inundando o mercado. Em contraste, cada empresa do setor competitivo é apenas uma parte tão pequena do setor que suas escolhas de produção fazem pouca diferença na produção total para causar qualquer alteração (consulte o Capítulo 7 para saber mais sobre a razão pela qual as empresas competitivas não podem afetar os preços).

A capacidade do monopólio de controlar o preço ao alterar seu nível de produção significa que tem que retroceder e considerar qual nível de produção adotar. Obviamente, como seu objetivo é maximizar o lucro, a empresa tem que calcular que nível de produção maximizará seus lucros. Acontece que o nível de produção de maximização de lucro do monopólio é definido pela mesma condição que o de uma empresa competitiva: produzir no nível de produção em que a curva de receita marginal cruza a curva de custo marginal.

Derivando a receita marginal da curva de demanda

Em um monopólio, a receita marginal de cada unidade produzida é menor do que a receita marginal da unidade anterior porque a curva de demanda é decrescente. A curva de receita marginal do monopólio tem uma relação precisa com a curva de demanda da produção: se a curva de demanda é uma linha reta, a inclinação da curva de receita marginal é duas vezes mais íngreme que a da curva de demanda, o que significa que a receita marginal cai muito rapidamente conforme a produção aumenta.

Para ver como isso funciona, observe a Figura 8-1, em que desenhamos a curva de demanda e sua associada curva de receita marginal.

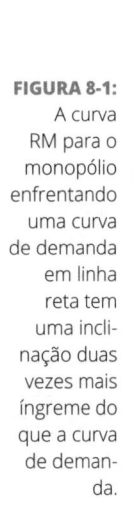

FIGURA 8-1: A curva RM para o monopólio enfrentando uma curva de demanda em linha reta tem uma inclinação duas vezes mais íngreme do que a curva de demanda.

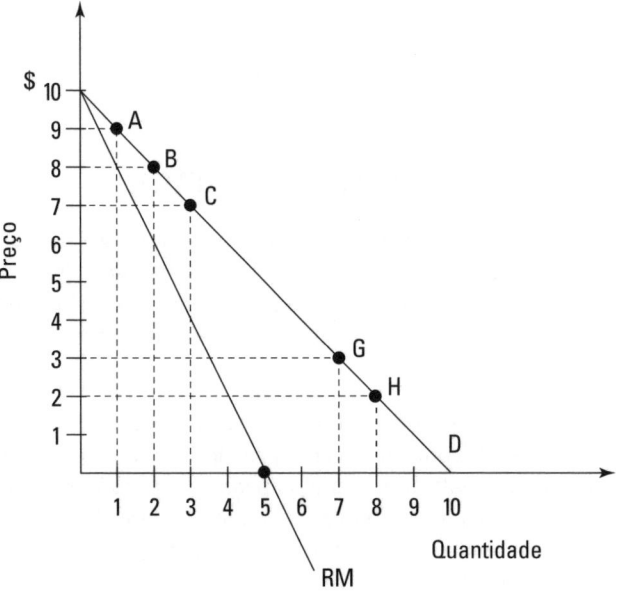

© John Wiley & Sons, Inc.

Forneço os dados necessários para desenhar essas duas curvas na Tabela 8-1. A primeira coluna contém níveis diferentes de produção, variando de zero até dez unidades. A segunda coluna mostra o preço por unidade que pode ser cobrado em cada nível de produção. A terceira coluna mostra a receita total que o monopólio obteria produzindo e vendendo cada nível de produção — o preço por unidade vezes o número de unidades. E a coluna final dá a receita marginal — a mudança na receita total — que acontece quando você aumenta a produção em uma unidade.

TABELA 8-1   Preço e *RM* para Vários Níveis de Produção

Produção	Preço de Venda	Receita Total	Receita Marginal
0	$10	$0	
			$9
1	$9	$9	
			$7
2	$8	$16	
			$5
3	$7	$21	
			$3
4	$6	$24	
			$1
5	$5	$25	
			–$1
6	$4	$24	
			–$3
7	$3	$21	
			–$5
8	$2	$16	
			–$7
9	$1	$9	
			–$9
10	$0	$0	

Para deixar claro que a receita marginal representa a mudança na receita total, as entradas na coluna de receita marginal são exibidas entre os dois números da receita total à qual eles correspondem. Por exemplo, a receita total aumenta de $0 para $9 quando você se move de não produzir nada para a primeira unidade de produção. É por isso que colocamos a receita marginal de $9 na parte superior da coluna de receita marginal, entre a entrada da receita total de $0 e $9.

Como você observa na Figura 8-1, a curva de receita marginal (RM) começa no mesmo ponto que a curva de demanda, mas tem duas vezes mais inclinação. Ela atinge o eixo horizontal a um nível de produção de $q = 5$ em vez de $q = 10$, nível de produção no qual a demanda atinge o eixo horizontal (no qual q representa a quantidade produzida).

Relacionando a receita marginal e a receita total

Você pode compreender a razão pela qual a curva de receita marginal cai tão rapidamente se examinar primeiro a receita total, ou *RT*. A receita total que o monopólio pode obter é simplesmente sua produção vezes o preço ao qual ele pode vendê-la. Isto é, $RT = p \times q$. Entretanto, o preço no qual um monopólio pode vender depende de quanto ele produz.

A relação entre a mercadoria produzida e o preço pelo qual ela pode ser vendida depende da curva de demanda. Por exemplo, considere o ponto A na curva de demanda na Figura 8-1. Naquele ponto, uma unidade começa a ser produzida e pode ser vendida a $9. Consequentemente, a receita total naquele ponto é $9. Em seguida, olhe para o ponto B, no qual duas unidades de produção estão sendo vendidas. Naquele nível de produção, cada unidade pode ser vendida por $8. Consequentemente, a receita total é $8 x 2 = $16. E, no ponto C, em que três unidades podem ser vendidas por $7 cada, a receita total é $21.

O importante é notar como a receita total muda à medida que você move de A para B para C e aumenta a produção de uma para duas e depois para três unidades. A receita total vai de $9 para $16 para $21. Obviamente, a receita total aumenta. Mas olhe mais de perto. Movendo-se de A para B, a RT aumenta para $7 (de $9 para $16). Mas, movendo-se de B para C, ela aumenta para apenas $5 (de $16 para $21). Cada aumento sucessivo na receita total é menor que o aumento anterior. Em outras palavras, a receita marginal diminui conforme a produção do monopólio aumenta.

Se analisar a Tabela 8-1, verá que a receita marginal continua diminuindo a cada unidade sucessiva. Na verdade, ela se torna negativa para todas as unidades depois da quinta. Observe os pontos *G* e *H* na Figura 8-1 como exemplos. No ponto *G*, o monopólio pode vender sete unidades por $3 cada. Isso resulta em uma receita total de $21. Mas, se aumentar a produção para oito unidades no ponto *H*, o monopólio pode vender essas unidades por apenas $2 cada, resultando em uma receita total de $16.

Aumentar a produção de sete para oito unidades significa uma receita total decrescente de $21 para $16. É o mesmo que dizer que a receita marginal é *de -$5* conforme passamos de sete a oito unidades de produção.

Deslizando pela curva de demanda: Produção maior, preços menores

Em razão de a receita marginal continuar diminuindo e até se tornar negativa é que a curva de demanda se inclina para baixo, o que significa que a única maneira de fazer as pessoas comprarem mais é diminuir o preço. É preciso oferecer um valor mais baixo não apenas nas unidades adicionais, mas em todas as unidades anteriores. Em outras palavras, se o monopólio quiser vender apenas uma unidade (veja o ponto *A*), poderá obter $9. Mas, se quiser vender duas unidades (veja o ponto *B*), terá que baixar o preço para $8 por unidade para *ambas* unidades, a primeira *e* a segunda.

Porque a receita total é igual ao preço vezes a quantidade ($RT=p \times q$), você pode ver que o monopólio enfrenta um dilema quando ele aumenta a produção e desliza para baixo na curva de demanda. Quanto mais ele produz, *q* obviamente aumenta, mas *p* deve cair. O que acontece com *RT* depende se os aumentos em *q* (efeitos da produção) são maiores que a diminuição de *p* (efeitos de preço).

Você pode ver a partir da Tabela 8-1, que enquanto o monopólio aumentar a produção para as quatro primeiras unidades, a receita total continua crescendo, o que significa que os ganhos das vendas de mais unidades mais que compensam o declínio de obter menos dinheiro por unidade. A uma produção de cinco unidades, os dois efeitos cancelam um ao outro. E para produções maiores, a receita total cai, porque o efeito negativo de menos dinheiro por unidade esgota o efeito positivo de vender mais unidades.

Como a receita marginal lhe diz como a receita total muda quando você aumenta a produção, as mudanças na *RT*, causadas pelo aumento na produção, aparecem na *RM* também. Se você olhar para a Figura 8-1, poderá ver que *RM* está sempre em declínio. Isso porque o efeito do preço negativo de obter menos por unidade se mantém cada vez mais forte em relação ao efeito positivo da quantidade de vender mais unidades.

Para uma curva de demanda em linha reta como a que você observa na Figura 8-1, a curva *RM* é uma linha reta que tem uma inclinação duas vezes mais íngreme que a curva de demanda. Se você entende de cálculo, pode provar que a curva *RM* cai duas vezes mais rápido que a curva de demanda usando a equação da curva de demanda mostrada na Figura 8-1, $p = 10 - q$; substituindo-a pela equação de receita total, $RT = p \times q$; e depois pegando a primeira derivada com respeito à produção, q. Porque a receita marginal é dRT/dq, você verá que $RM = 10 - 2q$, significando que *RM* tem a mesma interceptação vertical que a curva de demanda, mas com uma inclinação duas vezes mais íngreme.

Quando você entende a situação de receita marginal que o monopólio enfrenta, pode combiná-la com a curva de custo marginal da empresa para descobrir seu nível de produção maximizador de lucro. Como mostro na próxima seção, esse nível é menor do que o escolhido pela empresa competitiva — um comportamento que leva a danos sociais que podem ser quantificados usando um método de perda de peso morto.

Escolhendo um nível de produção para maximizar os lucros

Um monopólio não é diferente de uma empresa competitiva no que tange aos custos de produção de mercadorias. Exatamente como uma empresa competitiva, um monopólio tem custos fixos, custos variáveis e custos marginais (veja o Capítulo 6). Mais importante: esses custos se comportam exatamente do mesmo modo tanto para uma empresa competitiva como para um monopólio. Isso significa que você pode usar os custos para ajudar a analisar o processo de tomada de decisão das empresas competitivas.

A principal diferença, entretanto, é que o monopólio está diante de uma curva de receita marginal inclinada decrescente. Como estamos prestes a mostrar, este fator faz com que um monopólio produza menos do que produziria uma empresa competitiva.

Determinando uma receita marginal igual ao custo marginal para um monopólio

O monopólio busca a maximização dos lucros em muitos aspectos do mesmo modo que uma empresa competitiva. Para ver como isso acontece, observe a Figura 8-2, na qual desenhamos o custo total médio de um monopólio (*CTM*) e as curvas de custo marginal (*CM*) no mesmo gráfico da curva de demanda do monopólio e curva de receita marginal (*RM*).

Para cada nível de produção, q, a curva *CTM* traz o custo total médio por unidade de produzir q unidades. Essa curva tem formato de U porque a média total de custos primeiro cai devido aos retornos crescentes, e depois aumenta devido aos retornos decrescentes. A *curva de custo marginal* dá o custo da produção de mais de uma unidade, isto é, diz a você quanto os custos totais sobem se aumentar a produção em uma unidade.

LEMBRE-SE

A razão pela qual q^m é excelente pode ser vista observando as duas diferenças nos níveis de produção, q^b e q^a, em que b significa baixo e a significa alto:

> » **Baixa produção:** No nível de produção q^b, você pode subir verticalmente para ver que *RM* naquela produção excede *CM*, o que significa que, se você produzir e vender aquela unidade, isto lhe trará mais em receita do que o custo para

produzi-la. Evidentemente, esta é uma boa unidade para ser produzida. Uma relação semelhante se verifica para todos os níveis de produtividade menores que q^m, o que significa que o monopólio deve manter o aumento da produção até atingir q^m.

» **Alta produção:** Por outro lado, o monopólio não quer aumentar o produção além de q^m. Para ver por que, examine o nível de produção q^a. Neste nível de produção, os custos marginais são maiores que as receitas marginais, significando que, se você produzir aquela unidade de produção, o custo de produzi-la excederá o dinheiro que poderia receber vendendo-a. Em outras palavras, se você produzir aquela unidade, perderá dinheiro.

Se sua empresa é um monopólio, você quer produzir exatamente q^m unidades, porque para todas as unidades até q^m a receita marginal excede os custos marginais, o que significa que você recebe mais dinheiro vendendo essas unidades do que gasta para produzi-las.

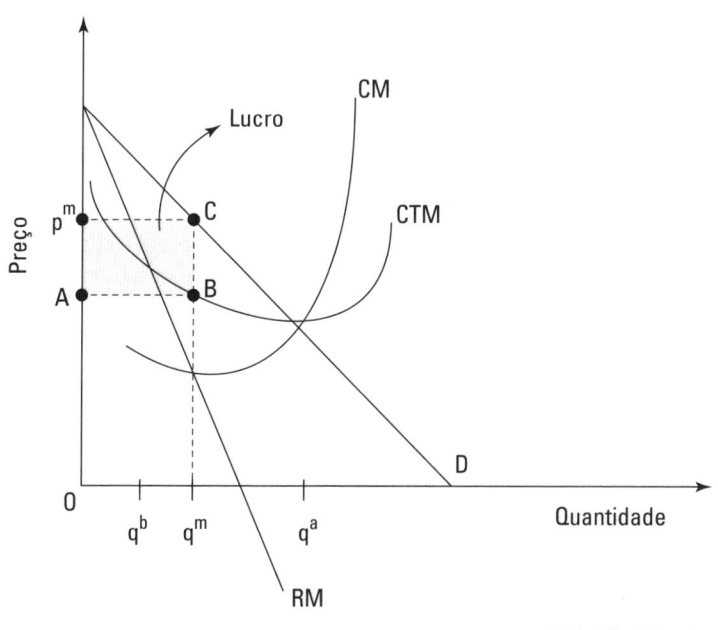

FIGURA 8-2:
Produção do monopólio onde a curva *CM* cruza a curva *RM*.

DICA

Para calcular qual deve ser o preço de cada unidade de produção para um monopólio, utilize a curva de demanda. O nível de produção de maximização de lucro é q^m, o valor de q no ponto em que as curvas *RM* e *CM* se cruzam. Em q^m, suba até a curva de demanda. Na Figura 8-2, você pode ver que no nível de produção q^m o monopólio pode cobrar o preço p^m.

De olho nos lucros do monopólio

O lucro de um monopólio é a diferença entre receita total e custos totais. Na Figura 8-2, o lucro que o monopólio faz é mostrado pelo retângulo sombreado com os ângulos A, p^m, C, e B. Como discuto no Capítulo 6, tais retângulos de lucro são derivados pela comparação de dois retângulos que dão, respectivamente, receitas totais e custos totais.

DICA

O truque básico é lembrar que a área de um retângulo é definida como um produto — o produto do seu comprimento vezes a largura. A receita total e os custos totais também são o produto — o preço (custo médio) por unidade multiplicado pelo número de unidades. Portanto, no gráfico mostrando o preço ao longo do eixo y e a quantidade ao longo do eixo x, a receita total e os custos totais são representados como retângulos:

> **» Receita total:** Para que o monopólio maximize os lucros produzindo q^m unidades e vendendo-as por p^m, receita total é o preço vezes a quantidade: $RT = p^m \times q^m$. Consequentemente, a receita total é a área do retângulo cujo comprimento é igual ao preço e a largura é igual à quantidade. Ou seja, RT é a área do retângulo que tem os cantos O, p^m, C e q^m.

> **» Custos totais:** São também o produto — o resultado da multiplicação do custo médio por unidade vezes o número de unidades. Se você subir verticalmente do ponto q^m até atingir a curva CTM, obterá o ponto B. A distância vertical até o ponto B apresenta o custo médio por unidade da produção q^m. Assim, se você multiplicar esta quantia pela produção q^m, obterá o custo total. Assim, se você multiplicar esse valor pela produção q^m, obterá os custos totais. Geometricamente, isso significa que os custos totais são dados pelo retângulo com os cantos O, A, B e q^m.

Na Figura 8-2, o retângulo de receita total (O, p^m, C, q^m) é maior que o retângulo de custo total (O, A, B, q^m), o que significa que o monopólio está tendo lucro. Esse lucro é dado pelo retângulo sombreado, cujos ângulos são A, p^m, C e B, que representam a diferença nas áreas entre os retângulos de receita total e do custo total.

Entendendo que o monopólio não garante lucratividade

Só porque uma empresa tem um monopólio não significa, todavia, garantia de lucratividade. Se a demanda for muito fraca, os preços serão muito baixos para gerar lucro.

Para ver um exemplo dessa situação, observe a Figura 8-3, na qual desenhamos uma situação em que há uma demanda muito baixa. A nova curva de demanda, D_1, conduz a uma curva de receita marginal muito baixa, RM_1. O monopólio estabelece novamente a receita marginal igual ao custo marginal para encontrar o excelente nível de produção, q^m_1. Mas, em razão da baixa demanda, o monopólio opera com uma perda, representada pela área sombreada do retângulo.

Uma maneira de ver que o retângulo sombreado gera uma perda é comparar o retângulo de receita total com o retângulo do custo total, como fazemos na Figura 8-2 na seção anterior. Na Figura 8-3, o retângulo de custo total excede o retângulo de receita total pela quantia do retângulo sombreado.

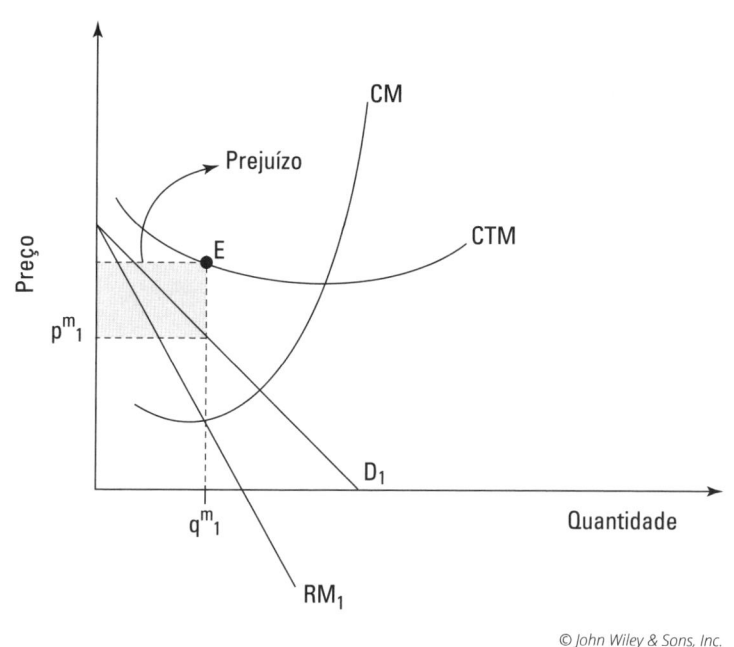

FIGURA 8-3: Um monopólio diante de uma baixa demanda sofre prejuízo.

DICA

Uma maneira diferente de compreender de onde as perdas vêm é comparar a média do custo total por unidade do monopólio com o preço por unidade que ele obtém quando produz e vende ao nível de produção q^m_1. Naquele nível de produção, o preço por unidade, p^m_1, é encontrado começando no eixo horizontal em q^m_1 e seguindo então verticalmente para cima na curva de demanda. Como pode ver, você tem que subir ainda além para obter a curva *CTM*, significando que o custo total médio por unidade para fazer q^m_1 unidades excede o preço por unidade que você obtém das vendas destas unidades. Esse fato implica que a empresa perderá dinheiro produzindo ao nível de produção q^m_1.

Como mostramos no Capítulo 6, uma empresa em tal situação não é capaz de fazer melhor. Isto é, qualquer outro nível de produção além de q^m_1 produziria uma perda ainda maior. Se o monopólio não achar um modo de reduzir os custos ou aumentar a demanda, rapidamente fecharia as portas.

Comparando Monopólios e Empresas Competitivas

Nesta seção, comparo a maximização de lucros de um monopólio e de uma empresa competitiva. Esta comparação é ruim para o monopólio porque as empresas competitivas apresentam níveis de produção socialmente ideais. Como os monopólios sempre terminam produzindo menos que as empresas competitivas, os níveis de produção deles são sempre menores que o socialmente ideal.

Observando a produção e níveis de preço

Os monopólios produzem menos que as empresas competitivas porque eles têm curvas de receita marginal diferentes. Como mostramos anteriormente neste capítulo, os monopólios enfrentam uma inclinação decrescente das curvas de receita marginal. Em contraste, empresas competitivas enfrentam curvas de receita marginal horizontal.

Veja a comparação na Figura 8-4, na qual mostro a curva de receita marginal decrescente de um monopólio, RM^m, e a curva de receita marginal horizontal de uma empresa competitiva, RM^c. O gráfico também tem uma curva de custo total médio, CTM, bem como a curva de custo marginal, CM.

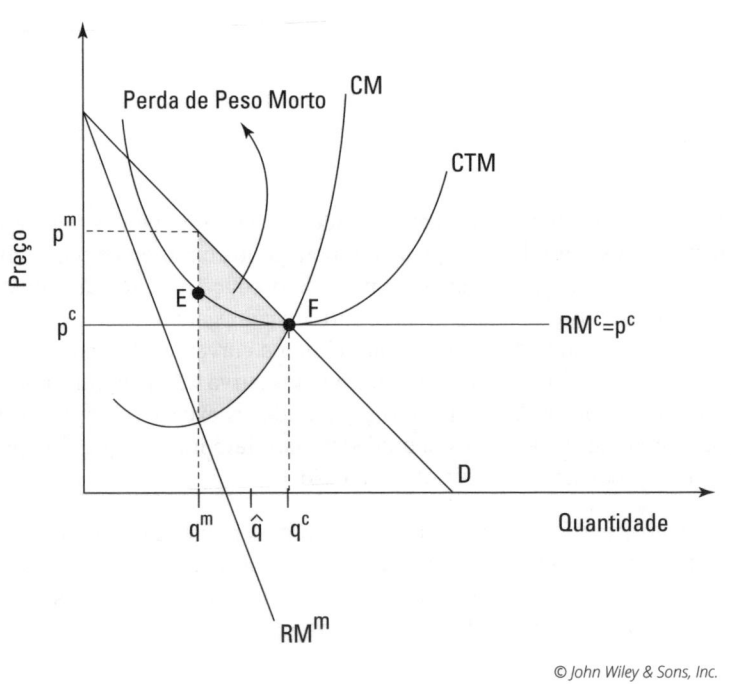

© John Wiley & Sons, Inc.

FIGURA 8-4: Se um monopólio e uma empresa competitiva tivessem a mesma estrutura, o monopólio produziria menos, o que causa perda de peso morto.

A Figura 8-4 supõe que a empresa competitiva e o monopólio têm a mesma estrutura de custos, motivo pelo qual mostramos apenas uma curva *CM* e uma curva *CTM*. Supondo que ambas as empresas tenham a mesma estrutura de custos, podemos isolar o efeito que a diferença nas curvas de receita marginal tem em cada decisão de produtividade da empresa.

Maximizando lucros para cada empresa

A curva de receita marginal para uma empresa competitiva, RM^c, é uma linha horizontal fixada ao preço de mercado, p^c. Acontece dessa maneira porque uma empresa competitiva é uma parte muito pequena de seu setor e não pode afetar o preço de mercado. Como resultado, ela pode vender muitas ou poucas unidades, quantas desejar, ao preço de p^c, o que significa que a receita marginal que obtém para cada unidade que escolhe produzir é p^c. Como mostramos na Figura 8-4, $RM^c = p^c$ para uma empresa competitiva.

As forças de mercado ajustam a oferta e a demanda até que o preço de mercado seja igual à média mínima de custo total no qual uma empresa poderia produzir. Geometricamente, isso significa que a linha horizontal $RM^c = p^c$ apenas toca a base da curva *CTM* em forma de U (veja o Capítulo 7 para mais detalhes).

LEMBRE-SE

Monopólios e empresas competitivas seguem a mesma regra básica para maximizar lucros: cada um deles produz onde suas curvas de receita marginal se cruzam com suas curvas de custo. Mas porque ambos têm curvas de receita marginal diferentes (como na Figura 8-4), têm produções diferentes. A empresa competitiva produz q^c, enquanto o monopólio produz q^m.

Entendendo por que os monopólios produzem menos

A empresa competitiva produz mais que o monopólio porque não precisa se preocupar com a redução de sua receita por unidade se aumentar sua produção. Não importa quanto produza, ela sempre receberá $RM^c = p^c$ em cada unidade vendida, porque sua produção é muito pequena em relação à produção total para afetar o preço de mercado.

Em contraste, o monopólio enfrenta a curva de demanda do mercado, o que significa que cada unidade adicional que ele vende baixa o preço por unidade que recebe sobre todas as unidades vendidas. Geometricamente, isso implica em inclinação descendente de RM^m, que conduz o monopólio a restringir a produção, porque ele sabe que quanto mais produz, menos dinheiro por unidade recebe.

Como o monopólio restringe sua produção em comparação com a empresa competitiva, o seu preço, p^m, também é maior que o da empresa competitiva, p^c. Este fato realmente aborrece os consumidores, mas, como vamos mostrar, o prejuízo real vem da redução na produção.

Perdas de peso morto: Quantificando os danos causados pelo monopólio

Os monopólios causam danos porque reduzem o nível de produção abaixo dos níveis socialmente ideais produzidos pelas empresas competitivas. Observe novamente a Figura 8-4 e considere se seria bom para a sociedade se todas as unidades de produção entre o nível de produção do monopólio, q^m, e o nível de produção da empresa competitiva, q^c, fossem produzidos. Por exemplo, observe a unidade q^o. Naquele nível de produção, a curva de demanda está acima da curva de custo marginal. Isso faz com que as pessoas queiram pagar mais por aquela unidade de produto do que ela custa para ser fabricada. Em outras palavras, os benefícios excedem os custos para aquela unidade de produção. Uma vez que isso é verdadeiro para todas as unidade entre q^m e q^c, os monopólios ferem a sociedade ao deixar de produzir unidades para as quais os benefícios excedem os custos.

O prejuízo causado à sociedade quando o monopólio falha em produzir ao nível de produtividade q^o pode ser quantificado pela distância vertical entre a curva de demanda e a curva de receita marginal acima do nível de q^o. Aquela distância vertical é uma quantia que podemos escrever em termos de dinheiro como o número de reais pelos quais os benefícios excedem os custos para cada unidade se ela fosse produzida e consumida. Se fizermos o mesmo exercício para cada unidade entre q^m e q^c, podemos aumentar o total de prejuízo causado pela falha do monopólio em produzir aquelas unidades. Graficamente, o prejuízo total medido em reais é igual à área do triângulo sombreado de perda de peso morto, na Figura 8-4.

A área de perda de peso morto demonstra que quando os monopólios restringem a produção a fim de maximizar seus lucros, deixam de produzir unidades para as quais os benefícios excedem os custos. Isso prejudica a sociedade.

Perdendo eficiência

Outro problema com os monopólios é que eles não são produtores eficientes. Você pode ver isso ao olhar novamente para a Figura 8-4. As empresas competitivas produzem ao nível de q^c, o nível de produção que as coloca na parte de baixo da curva de custo total médio (CTM). Esse nível de produção e custo está no ponto F.

DICA

Esse nível de produção minimiza os custos de produção por unidade do produto, que você pode ver ao comparar q^c com qualquer outro nível de produção. Quer você produza mais ou menos que q^c, o custo médio por unidade será maior devido à curva CTM em forma de U.

Em particular, observe o nível de produção do monopólio, q^m. Neste nível, você obtém o ponto E na curva CTM. Como a distância vertical entre o eixo horizontal e E é mais longa que a distância vertical entre o eixo horizontal e o ponto F, você sabe com certeza que os custos totais por unidade, quando produzindo ao nível do monopólio, q^m, são maiores que aqueles ao nível de produção competitiva, q^c. Consequentemente, uma empresa de monopólio produz a um nível mais oneroso do que uma empresa competitiva — apesar de ter custos idênticos.

Esse resultado ruim é ainda outra manifestação do fato de que os monopólios enfrentam curvas inclinadas decrescentes de receita marginal. Uma empresa competitiva tem um incentivo para aumentar a produção de todas as maneiras para q^c porque isso reduz os custos de produção por unidade e pode, portanto, aumentar os lucros. O mesmo incentivo existe para um monopólio, mas é mais do que compensado pela redução das receitas que aconteceriam se a empresa de monopólio aumentasse sua produção. Como resultado, os lucros do monopólio são maximizados em q^m, mesmo que q^c seja o menor custo de produção.

Analisando os Bons Monopólios

Em alguns casos, os benefícios dos monopólios de fato superam os custos. Esta seção analisa esses exemplos, em que o objetivo é estimular a inovação, cortar redundâncias e manter os custos baixos.

Estimular a inovação e o investimento com as patentes

O lugar mais óbvio onde os monopólios fazem bem à sociedade é nas patentes. As patentes concedem aos inventores direito exclusivo de mercado sobre suas invenções por 20 anos; após esse tempo, seus inventos passam a ser de propriedade pública. Isto é, as patentes dão aos inventores os direitos de administrar um monopólio por 20 anos.

Sem as patentes, um inventor provavelmente não terá recompensa financeira por seu árduo trabalho pois qualquer larápio pode roubar sua ideia e colocá-la no mercado com menos recursos, derrubando o preço. Consequentemente, em um mundo sem patentes, muito menos pessoas se interessariam a dedicar, tempo, esforço e dinheiro para criar inovações.

Para remediar essa situação, países de todo o mundo criaram departamentos de para emissão de patentes para os inventores. O resultado são inovações mais rápidas, crescimento econômico muito mais veloz e aumento nos padrões de vida. Na verdade, é difícil pensar em mais benefícios sociais dos monopólios do que os decorrentes das patentes.

Reduzir concorrentes irritantemente redundantes

As sociedades também incentivam a criação de monopólios em situações em que a concorrência significa uma redundância irritante. Considere os seguintes exemplos:

>> **Coleta de lixo:** Caminhões de lixo são extremamente barulhentos e irritantes. Se uma empresa tem um monopólio para coleta de lixo, você precisa aguentar um caminhão barulhento e irritante apenas uma vez por semana. Mas se, digamos, sete empresas de coleta de lixo diferentes estiverem competindo, será preciso aguentar uma por dia se você e seis de seus vizinhos escolherem utilizar uma empresa diferente que coleta o lixo em um determinado dia da semana.

>> **Acesso à internet por fibra ótica:** Se dez empresas competissem pelo fornecimento de acesso à internet por fibra ótica, os bairros teriam dez tipos diferentes de cabeamentos subterrâneos — a um custo muito maior do que apenas um conjunto de cabos.

>> **Gás natural:** A colocação de canos para o fornecimento de gás é cara, e a colocação de múltiplas redes em uma área seria um desperdício.

Consequentemente, muitas cidades têm decidido que haverá apenas uma empresa de coleta de lixo, uma empresa de cabos de fibra ótica e uma de gás natural. A cada empresa é dado um monopólio e este é regulamentado para assegurar que os clientes não sejam explorados. Veja a seção "Regulamentando os Monopólios".

Mantendo os custos baixos com monopólios naturais

Outra área na qual uma sociedade pode decidir se é melhor ter um monopólio em vez de uma empresa competitiva é no caso daquilo a que os economistas se referem como *setores de monopólios naturais* ou *monopólios naturais*. Um setor é um monopólio natural se um grande produtor puder produzir mercadorias a custos menores que diversos outros pequenos produtores. Um bom exemplo é a distribuição de energia elétrica. Em razão de limitações de engenharia, uma usina de energia de 10 megawatts é capaz de produzir energia a um preço unitário muito mais baixo do que uma de 1 megawatt.

Para saber como isso leva a um monopólio natural, imagine que uma cidade precisando de 10 megawatts de energia seja inicialmente servida por dez pequenas usinas de 10 megawatts. Mas então uma grande empresa constrói uma usina de 10 megawatts. Como a grande usina é capaz de produzir a um custo unitário menor do que as pequenas que são menos eficientes, a grande oferece preços menores e rouba todos os consumidores — o que significa que as menores acabam indo à ruína.

Um setor assim é chamado de *monopólio natural* porque naturalmente se torna dominado por um único produtor mais barato. O problema aqui, para a política de mercado, é o que fazer com um monopólio natural. Por um lado, todos agradecem o fato de a usina maior ser mais eficiente: ela utiliza menos combustíveis e provoca menos danos ambientais. Mas, por outro, uma vez que não existe concorrência, agora as pessoas têm que se preocupar se este novo monopólio cobrará preços mais altos e produzirá menos que o nível de produção socialmente ideal.

Esse conflito entre pontos positivos e negativos significa, normalmente, que os governos permitem que o monopólio natural permaneça em um negócio como a única empresa do setor, mas, ao mesmo tempo, eles o regulam de modo que as pessoas não precisam temer que os preços subam ou que o nível de produção baixe. Ao agir assim, a sociedade obtém os benefícios trazidos pela produção mais eficiente, sem ter que temer os problemas que poderiam resultar se o monopólio fosse deixado sem regulamentação.

Regulamentando os Monopólios

Os governos devem decidir quando apoiar e quando suprimir os monopólios. Por exemplo, as patentes apoiam o direito do inventor ao monopólio de produzir e vender sua invenção por 20 anos. Depois disso, a produção e venda da invenção são lançadas para a livre concorrência.

Em outras situações, muitas instituições regulamentadoras foram desenvolvidas, ou para destruir um monopólio, quebrando-o, ou para regulamentá-lo após decidir deixar que ele continue absoluto em seu setor. Nesta seção, apresento vários desses esquemas reguladores e exploro o que eles fazem para melhorar o comportamento dos monopólios.

Subsidiando um monopólio para aumentar a produção

Um monopólio que maximiza os lucros produz menos que o nível socialmente ideal. Em particular, um monopólio de maximização de lucro produz no nível em que a curva de receita marginal decrescente, RM^m intersecta a curva de custo marginal decrescente, CM (veja a Figura 8-4). Esse nível de produção, q^m, é menor que o nível de produção socialmente ideal, que deveria ser produzido por uma empresa competitiva em q^c (para saber o porquê, veja "Comparando Monopólios e Empresas Competitivas", anteriormente neste capítulo).

Outro modo de conseguir que o monopólio produza mais é subsidiando seus custos de produção. Desse modo, a curva de custo marginal atual se desloca para baixo verticalmente. Fazendo isso, as curvas de custo marginal e receita marginal se encontram no mais alto nível de produção. E, se o subsídio for alto o suficiente, o monopólio pode ser induzido a aumentar a produção até q^c.

Alguns governos usam esse tipo de subsídio para conseguir que as empresas de gás, eletricidade e telefone atendam mais pessoas, especialmente os pobres. Se os custos das empresas de monopólio para fornecimento aos consumidores são subsidiados, as empresas desejarão fornecer aos consumidores muito mais do que elas poderiam sem o subsídio. Algumas pessoas são contra o subsídio ao monopólio, então esse tipo de solução não é necessariamente a mais politicamente popular. Mas é efetiva em aumentar a produção.

Impondo requisitos mínimos de produção

Outra maneira de conseguir que um monopólio produza mais é simplesmente exigir que ele produza mais. Por exemplo, em diversos lugares, as companhias telefônicas são obrigadas a oferecer serviços básicos de telefonia para todos — até mesmo para pessoas que não podem pagar por eles. (A ideia é ter certeza de que todos serão capazes de pedir ajuda se tiverem uma emergência.) O mesmo acontece com as empresas que fornecem aquecimento no inverno. Em alguns locais, não é possível cortar o aquecimento de alguém por falta de pagamento da conta.

Requisitos mínimos de produção podem forçar um monopólio a produzir a níveis socialmente ideais de produção. Eles são muitas vezes politicamente populares, porque várias pessoas pensam que os monopólios são maus e exploradores, e não se importam em vê-los tendo que produzir mais.

Qualquer aumento forçado na produção também significa uma redução nos lucros do monopólio. Portanto, esses programas também são muito populares, uma vez que as pessoas consideram os lucros do monopólio como conseguidos de forma ilícita, visto que a empresa não precisa competir para ganhá-los.

Os reguladores, entretanto, devem ser cuidadosos de modo a não levar a falência os monopólios que eles regulamentam. Dependendo das curvas de custos de um monopólio, é possível forçá-lo a produzir a um nível em que ele perca dinheiro. Como os reguladores não querem quebrar os monopólios e, assim, negar aos consumidores o acesso aos bens e serviços produzidos, são cuidadosos ao levar em consideração a estrutura de custos do monopólio quando analisam os requisitos mínimos de produção.

Regulamento os preços do monopólio

Talvez o modo mais comum de regular um monopólio seja estabelecer o preço no qual ele pode vender cada uma de suas unidades de produção. Esta abordagem funciona porque altera a curva de receita marginal do monopólio de inclinada decrescente para horizontal. Por isso, elimina-se o problema usual do monopólio, que é quanto mais ele vende, menos ele pode cobrar por unidade.

No entanto, em relação às quantidades requeridas, os reguladores têm que prestar muita atenção à estrutura de custos do monopólio quando escolhem os preços regulados de forma a não o levarem à ruína.

Precificação por custo marginal: Beneficia a sociedade, mas há riscos à saúde financeira da empresa

LEMBRE-SE

Um monopólio não produz tanto de um produto quanto seria socialmente benéfico (veja a seção anterior "Comparando Monopólios e Empresas Competitivas" para mais detalhes). Assim, um regulador bem-intencionado pode querer obrigar um monopólio a produzir todas as unidades para as quais os benefícios excedam os custos. A *precificação pelo custo marginal* é um método de regulação em que o preço regulado é estabelecido no ponto em a curva de custo marginal cruza com a curva de demanda.

Pense em um monopólio em que as curvas de custos sejam as mostradas na Figura 8-5. Sem regulação, o monopólio escolheria o nível de produção de maximização de lucros, q^m, definido pelo ponto em que a RM (receita marginal) cruza com o CM (custo marginal). A partir da curva de demanda, é possível observar que a empresa será capaz de cobrar p^m por unidade para aquela quantidade de produção.

Um regulador pode querer obrigar o monopólio a fornecer o nível de produção, q^{cm}, definido pelo ponto da curva de demanda decrescente intersecta a curva CM. É socialmente benéfico produzir todas as unidades até q^{cm}, pois para cada uma dessas unidades os benefícios excedem os custos. Sabemos disso porque o valor que as pessoas estão dispostas a pagar para consumir uma dessas unidades (fornecido pela distância vertical do eixo horizontal até a curva de demanda) excede o custo marginal de produzi-la (fornecido pela distância vertical do eixo horizontal até a curva CM).

Para motivar o monopólio a produzir q^{mc} unidades, o regulador pode estabelecer o preço em p^{mc}. Nesse preço, a curva de demanda indica que os consumidores comprarão q^{mc} unidades. Melhor ainda, o monopólio desejará fornecer esse nível de produção, pois a receita marginal da venda de cada unidade excede o custo marginal de produzi-la.

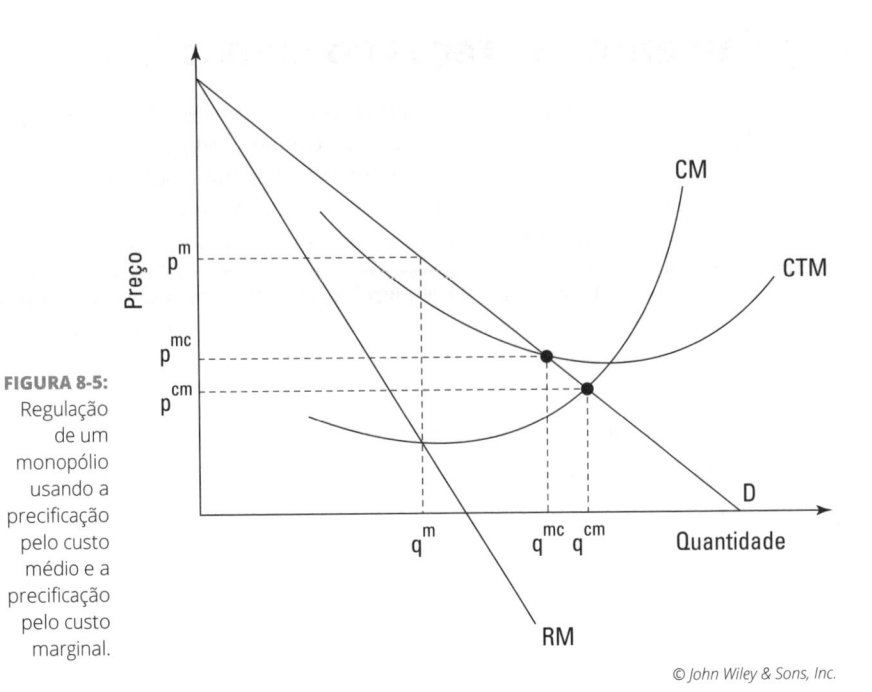

FIGURA 8-5: Regulação de um monopólio usando a precificação pelo custo médio e a precificação pelo custo marginal.

© *John Wiley & Sons, Inc.*

No entanto, existe um grande problema com essa política dada essa estrutura particular de preço do monopólio: ele não será capaz de operar, porque ao nível de produção q^{mc} os custos totais da empresa excedem sua receita total.

Você pode ver esse problema em uma base por unidade ao notar que a média do total de custo unitário no nível de produção de q^{mc} (dado pela distância vertical do eixo horizontal acima da curva CTM) é mais do que as receitas impostas pelo regulador de p^{mc} por unidade. Porque a média total dos custos por unidade excede as receitas por unidade, o monopólio estará operando uma perda. Se o regulador não abrandar e permitir um preço mais alto, o monopólio acabará em apuros financeiros, a menos que governo subsidie a empresa, oferecendo um valor em dinheiro igual ao de sua perda.

Precificação por preço médio

LEMBRE-SE

Como a precificação por custo marginal pode causar prejuízos ao monopólio, a alternativa mais comum é a *precificação pelo preço médio*, que estabelece o preço regulado no ponto em que a curva de custo total médio (CTM) intersecta a curva de demanda.

Na Figura 8-5, um regulador usando a média de preço de custo estabeleceria o preço em p^{pm}. Naquele preço, você pode ver a partir da curva de demanda que os consumidores demandam q^{pm} unidades de produção. O monopólio está feliz em oferecer aquele nível de produção, porque para cada e toda unidade acima de q^{pm}, a receita marginal (o preço regulador por unidade, p^{pm}) excede o custo marginal — significando que o monopólio tem ganhos financeiros para produzir cada uma dessas unidades.

O principal benefício desse sistema é que você não tem que se preocupar com a ruína do monopólio (ou onde conseguir dinheiro para subsidiar um monopólio que não se sustentará com a precificação por custo marginal). A precificação por custo médio garante que o monopólio não ganhe nem perca.

Você pode ver esse fato ao comparar o custo total médio por unidade no nível de produção q^{pm} com a receita por unidade no nível de produção. Você obtém ao custo total médio por unidade indo verticalmente para cima até atingir a curva de custo total médio. Porque a distância vertical é igual ao preço regulado por unidade, p^{pm}, você sabe que as médias de custo total por unidade são iguais ao preço regulado por unidade — assim a empresa deve estar equilibrando as finanças.

A desvantagem da precificação de custo médio para este monopólio é que todas as unidades socialmente benéficas entre q^{mc} e q^{pm} não são produzidas. Por outro lado, a única maneira de manter este monopólio no negócio, de modo a produzir aquelas unidades se você impusesse o preço de custo marginal, seria subsidiando-o. Utilizar a média de preço de custo elimina qualquer preocupação associada ao provimento de subsídios. Em especial, você não tem que se preocupar com qualquer prejuízo potencial que possa causar quando aumenta as taxas que têm que ser impostas em algum outro lugar na economia, a fim de subsidiar o monopólio.

Dividindo um monopólio em diversas empresas competitivas

Uma solução para o problema do monopólio é destruí-lo, dividindo-o em várias empresas concorrentes. Nos Estados Unidos, o caso mais famoso deste tipo de solução foi a divisão da AT&T (American Telephone and Telegraph Corporation — Empresa de Telefonia e Telégrafos da América), em um grupo de pequenas empresas concorrentes, em 1984.

Antes de 1984, a AT&T era um monopólio nacional. Se você quisesse fazer uma ligação telefônica para qualquer lugar nos Estados Unidos, teria que usar a AT&T, porque ela era a única companhia telefônica do país. Ela era altamente regulamentada, com requisitos de quantidade, para fornecer a todos um telefone, e requisitos de preço, que a encorajava a fornecer uma alta quantidade de serviços de telecomunicações. Mas a empresa continuava sendo um monopólio e, por isso, um juiz determinou, em 1984, que ela deveria ser dividida em várias outras empresas locais, de maneira a estimular a concorrência.

A mudança de política funcionou muito bem. Rapidamente um mercado muito competitivo no ramo de serviços de telefonia emergiu entre as empresas que tinham feito parte da AT&T. E, mais recentemente, o setor de serviços telefônicos se tornou muito mais competitivo devido à chegada das companhias de telefonia celular, internet, e até mesmo companhias de TV a cabo oferecendo serviços de telefonia. Essa robusta concorrência eliminou os problemas associados aos monopólios e assegurou que os serviços de telecomunicações fossem oferecidos a baixos custos e em grandes quantidades.

Criar concorrência também é uma forma de lidar com um monopólio, porque se eliminam os custos associados ao contínuo monitoramento do monopólio regulado. A concorrência leva a um nível de produção socialmente ideal sem qualquer tipo de controle central (para saber o porquê, veja o Capítulo 7). O que está em contraste com monopólios regulamentados, que normalmente requerem uma burocracia cara para desenvolver e reforçar suas leis e regulamentações.

Capítulo **9**

Oligopólio e Concorrência Monopolística: O Meio Termo

As duas formas mais extremas que um setor pode seguir são a concorrência perfeita (com muitas pequenas empresas competitivas) e o monopólio (em que há apenas uma empresa e, portanto, não há concorrência). Esses casos são tratados no Capítulo 6 e 8. Este capítulo se concentra em dois interessantes casos intermediários: o oligopólio e a concorrência monopolística.

Um *oligopólio* é um setor no qual há apenas um pequeno número de empresas — duas, três, um punhado. A palavra "oligopólio" vem do grego e significa "poucos vendedores". Um grupo diversificado de setores tem essas características, como empresas de refrigerantes e produção de petróleo. Por exemplo, Coca-Cola e Pepsi dominam o mercado de refrigerantes, superando em muito os outros fabricantes de bebidas carbonatadas. De modo semelhante, apenas três ou quatro países produzem a maior parte do petróleo do mundo.

Os setores oligopolistas são interessantes porque, dependendo das circunstâncias específicas, as empresas podem tanto competir brutalmente umas com as outras ou se unir para se comportar de maneira semelhante a um monopólio. Isso significa que, em alguns casos, oligopólios não requerem regulação, porque a concorrência assegura que eles produzam a níveis socialmente ideais, enquanto, em outros casos, a regulação governamental é necessária para prevenir que eles atuem como monopólios e se comportem de modo socialmente indesejável.

O segundo tipo de setor intermediário é a *concorrência monopolística* — uma forma híbrida entre a concorrência perfeita e o monopólio. O ponto principal que distingue as empresas neste tipo de setor daquelas do setor de concorrência perfeita é a *diferenciação do produto* — o fato de que cada empresa fabrica um produto ligeiramente diferente das outras.

Este capítulo começa com um olhar detalhado sobre os oligopólios e as decisões que as empresas neste tipo de setor precisam tomar. Depois, apresentamos a concorrência monopolística e mostramos como a diferenciação do produto nem sempre se traduz em lucros.

Oligopólios: A Tentação de Unir Forças

Em setores nos quais apenas poucas empresas operam, elas têm uma escolha sobre concorrerem ou cooperarem. Essa situação é muito diferente da concorrência perfeita (discutida no Capítulo 7). Em mercados perfeitamente competitivos, há muitas empresas e cada empresa é apenas uma pequena parte do mercado, de modo que suas produções individuais não têm qualquer efeito nos preços do mercado. Como resultado, as empresas concorrentes apenas aceitam o preço de mercado e ajustam seus níveis de produção de acordo com ele, de modo a ter o maior lucro possível.

Entretanto, em um mercado em que há apenas alguns poucos vendedores, cada um produz o suficiente da produção total para ser capaz de afetar o preço de mercado. Cada empresa pode aumentar a produção e reduzir seu preço na tentativa de conquistar mais consumidores a custa de seus rivais, ou as empresas podem trabalhar juntas para limitar a produção e manter o preço o mais alto possível para maximizar seus lucros combinados. Esta seção explora os incentivos para que essas empresas trabalhem juntas e os possíveis benefícios de agir como um monopólio. Mais adiante, na seção "Entendendo os Incentivos para Trapacear o Cartel", explico por que o conluio normalmente não sai como esperado.

Abrindo mão do poder pelo preço

Quando poucas empresas operam em um setor, as decisões de qualquer empresa sobre quanto produzir ou cobrar por seus produtos quase sempre afetam a produção e os preços de outras empresas no setor.

Como exemplo, pensa nas duas grandes produtoras de refrigerantes sabor cola: Coca e Pepsi. As duas produzem frações tão altas da produção total que, se qualquer uma delas subitamente aumentasse a oferta, o preço no mercado de refrigerantes sabor cola cairia dramaticamente. Um aumento na produção feito por uma das empresas causaria, igualmente, a diminuição no preço de outras empresas no mercado.

Em outras palavras, se a Pepsi produzisse duas vezes mais que sua produção normal e, literalmente, inundasse o mercado, seu preço cairia radicalmente. Mas, como a maioria das pessoas não é 100% leal a uma marca ou outra, se o preço da Pepsi cair abruptamente, vários consumidores regulares de Coca passarão a beber Pepsi. Como resultado da queda na demanda de Coca, o preço cairia também.

Comportamento de cartel: Tentando imitar os monopólios

Quando a decisão de oferta de cada empresa afeta não apenas suas vendas, mas as de seus concorrentes, economistas dizem que elas estão em uma *situação estratégica*, porque as empresas envolvidas precisam decidir que tipo de estratégia escolher. Em especial, elas precisam decidir se devem competir ou entrar em conluio:

» **Concorrência:** Ambas tentam aumentar a produção para diminuir o preço e tentar conquistar o máximo de clientes possível.

» **Conluio:** Ambas, em comum acordo, reduzem a produção para obrigar o preço a subir e aumentar seus lucros. Para produtores, o conluio é melhor do que a concorrência, porque leva a lucros mais duradouros, enquanto durar o acordo.

Um grupo de empresas que escolhe o conluio e age como uma só de forma coordenada é conhecido como *cartel*. Por agir como se fossem uma empresa gigantesca, o cartel transforma o grupo de empresas em um grande monopólio.

Esse fato facilita a compreensão do comportamento de maximização do lucro do cartel, porque é exatamente igual ao do monopólio. De fato, você pode observar o que um cartel quer fazer olhando as figuras no Capítulo 8, que ilustram o que um monopólio gosta de fazer. Em especial, um cartel que maximize os lucros escolhe o nível de produção de maximização do lucro do monopólio de q^m unidades (em que o custo marginal é igual à receita marginal), como mostrado na Figura 8-2. Esse nível de produção maximiza o lucro coletivo do cartel. E, melhor ainda para o cartel, esse lucro do monopólio persistirá enquanto as empresas participantes mantenham a cooperação e a produção total combinada de q^m.

O mais interessante, porém, é que os cartéis normalmente não conseguem maximizar o lucro coletivo porque não são capazes de manter a cooperação necessária para manter a produção coletiva no nível de produção de monopólio, q^m.

Considerando os critérios para coordenar um cartel

Para os consumidores, o conluio é pior do que a concorrência porque leva a preços mais altos e menor oferta. Com isso, você pode supor que as intervenções governamentais são necessárias para proteger os consumidores desses conluios. Mas tal intervenção só é necessária se as empresas de fato agirem em conluio.

O que é fascinante no mundo real é que os conluios não acontecem em vários setores onde poderia se esperar. Por exemplo, a Coca e a Pepsi são concorrentes ferozes que gastam centenas de milhões de dólares ao ano em propaganda tentando roubar os consumidores uma da outra. Da mesma forma, muitas cidades têm apenas um pequeno número de operadoras de telefonia celular competindo. Mas, em vez de conluio, elas competem tão agressivamente que muitas delas estão constantemente flertando com a falência. Outros setores com concorrência feroz incluem o setor de linhas aéreas, em que as sacudidas do mercado são rotina.

LEMBRE-SE

A grande questão que os economistas precisam responder é: "Por que vemos tão poucos conluios em setores nos quais se deveria esperar haver mais?" A resposta é que geralmente é muito difícil conseguir que todas as empresas ajam coordenadamente para que coletivamente obtenham o nível de produção de monopólio, q^m. Para que elas sejam capazes de cooperar e produzir exatamente q^m unidades combinadas, precisam concordar em dois aspectos:

» **Como dividir os lucros:** Obviamente, cada empresa quer a maior parte possível.

» **Quota de produção:** As empresas devem concordar, e acatar, o quanto do total da produção (q^m) cada empresa produzirá. Cada empresa será constantemente tentada a produzir mais que sua cota porque isso traria maiores receitas.

Entendendo os Incentivos para Trapacear o Cartel

Ao mesmo tempo em que os cartéis trabalham e criam lucros de monopólio, eles também criam tentações para que seus membros o traiam. Esse comportamento é melhor compreendido usando uma perspectiva da teoria dos jogos.

Teoria dos jogos é um campo da matemática que estuda como as pessoas se comportam em situações estratégicas — situações em que as pessoas levam em conta as ações de outras ou antecipam ações e depois modificam sua próprias ações de acordo. Por exemplo, xadrez e damas são jogos de situações estratégicas, porque seu movimento atual muda o que seu oponente fará no movimento seguinte. E, mais importante, o que você pensa que seu oponente fará em resposta a cada um dos seus movimentos o ajudará a escolher o melhor caminho.

Os cartéis também são situações estratégicas, porque cada empresa precisa levar em consideração o que acha que as outras empresas farão antes de decidir o que ela própria deve fazer. Consequentemente, modelos de teoria dos jogos são o melhor modo para entender as motivações e tentações que dirigem o comportamento dos membros dos cartéis. Esta seção apresenta um modelo da teoria dos jogos chamado Dilema do Prisioneiro para explorar as decisões sobre trapacear ou não os outros participantes. Em seguida, aplico o modelo ao cartel de petróleo OPEC.

Desvendando o Dilema do Prisioneiro

Entender por que os cartéis trapaceiam é fácil quando aplicamos o Dilema do Prisioneiro. O *Dilema do Prisioneiro* é um modelo da teoria dos jogos em que dois criminosos comparsas têm que decidir individualmente se trapaceiam ou não seus acordos prévios de não falar com a polícia.

Funciona da seguinte forma: imagine que dois criminosos, Jesse e James, acabaram de roubar um banco. A polícia sabe que foram os dois, mas não tem uma prova sólida contra eles. De fato, a única maneira de conseguir uma condenação é conseguir que um ou ambos os ladrões confessem o crime e forneçam evidências contra o outro. Felizmente para a polícia, eles ainda têm alguma vantagem porque conseguiram pegar Jesse e James cometendo outros crimes menores, não relacionados. Por esses outros crimes, eles teriam uma sentença de um ano de cadeia. A polícia espera conseguir usar essa pena de um ano de prisão para negociar com eles e conseguir que um ou ambos os ladrões do banco acuse o parceiro em troca de imunidade da acusação.

Jesse e James juraram entre si, muitos dias antes, que jamais denunciariam um ao outro, mas o que acontecerá na hora H?

Comparando as recompensas de confessar ou permanecer em silêncio

Seguindo o procedimento-padrão, a polícia separa Jesse e James, interrogando-os em salas separadas. A polícia oferece a cada uma chance de entregar provas contra o parceiro em troca de imunidade.

O problema para cada homem é que o que acontece com ele depende não apenas de si, mas também do que seu parceiro fará. Cada um deles pode negociar uma confissão por imunidade, mas só conseguirá esse acordo se seu parceiro, na outra sala de interrogatório nesse mesmo tempo, não confessar. Quatro resultados são possíveis:

> » **Ambos permanecem calados.** Se os dois mantiverem seu pacto de não falar e nem confessar o roubo ao banco, cada um irá para a cadeia por um ano apenas, pelos crimes mais leves.

> » **Apenas Jesse confessa e oferece provas.** Se Jesse confessar e concordar em oferecer provas contra James, enquanto James permanece calado, Jesse ficará livre porque cooperou com a polícia, mas James pegará dez anos de prisão por assalto a banco.

> » **Apenas James confessa e oferece provas.** Se James oferecer as provas, enquanto Jesse permanece calado, James ficará livre e Jesse irá para a prisão por dez anos.

> » **Ambos confessam e oferecem provas.** Se os dois admitirem o crime, ambos pegarão cinco anos de prisão. Por que cinco anos cada? Se ambos confessarem, a polícia não precisa fazer um acordo generoso; eles não precisam dar imunidade a qualquer dos homens para conseguir provas contra o outro. Por outro lado, a polícia quer dar a cada criminoso um incentivo para confessar, assim, eles mandam cada homem para a prisão por apenas cinco anos, em vez dos dez anos que um deles teria se permanecesse calado e seu parceiro fornecesse provas.

A Figura 9-1 contém um contém uma matriz de recompensas. Ela ilustra os resultados em termos de tempo de prisão que cada ladrão de banco receberia, dependendo da decisão que cada um tomasse, sobre se deveria ou não manter silêncio ou confessar.

As colunas mostram as opções de Jesse e as linhas trazem as opções de James. Cada um dos quatro retângulos na grade mostra o tempo de prisão que resulta das quatro possíveis combinações das decisões individuais de cada um sobre se deveriam ou não confessar. Por exemplo, o retângulo superior esquerdo representa o que acontece se ambos confessarem. Ele está dividido diagonalmente ao meio, com o resultado de cinco anos de prisão para Jesse, no triângulo sombreado superior, e o resultado de cinco anos de prisão para James, no triângulo inferior. Da mesma forma, o retângulo superior direito mostra os resultados de ambos se Jesse permanecer em silêncio enquanto James confessar: Jesse recebe dez anos de prisão, e James, zero, porque ofereceu provas contra Jesse.

Opções de Jesse

	Confessar	Permanecer em Silêncio
Confessar	Jesse recebe 5 anos James recebe 5 anos	Jesse recebe 10 anos James recebe 0 anos
Permanecer em Silêncio	Jesse recebe 0 anos James recebe 10 anos	Jesse recebe 1 ano James recebe 1 ano

Opções de James

© John Wiley & Sons, Inc.

FIGURA 9-1: A matriz de recompensa dos tempos de prisão de Jesse e James.

Determinando a estratégia dominante de cada prisão

O Dilema do Prisioneiro é famoso porque o modo como a polícia estabelece os resultados potenciais significa que cada criminoso tem um incentivo para confessar — independente do que o outro faça. Por exemplo, concentre-se em James. Ele deveria confessar ou permanecer em silêncio? Bem, primeiro examine qual é a melhor opção para ele se seu parceiro na outra sala de interrogatório confessar. Observando a coluna esquerda do resultado, você pode ver no retângulo superior esquerdo que, se James confessar enquanto Jesse confessa, James pega cinco anos. Por outro lado, o retângulo inferior esquerdo diz que se James permanecer em silêncio enquanto Jesse confessa, James recebe dez anos.

Claramente, a melhor coisa para James fazer se Jesse confessar é confessar também. Mas vamos considerar se é melhor para James confessar ou permanecer calado, enquanto Jesse permanece em silêncio na outra sala de interrogatório. Começando com o retângulo superior direito, que mostra que se James confessar enquanto Jesse fica em silêncio, James pegará zero anos de cadeia. Ao contrário, o retângulo inferior direito diz que se James ficar calado enquanto Jesse também fica calado, James pegará um ano de prisão. Está claro, se Jesse permanecer em silêncio, a melhor coisa para James fazer é confessar e obter zero anos de prisão em vez de um ano.

Em outras palavras, é *sempre* melhor para James confessar. Se James confessa enquanto Jesse confessa, James pega cinco anos em vez de dez. E se James confessa enquanto Jesse permanece em silêncio, James recebe zero anos em vez de um. Assim, James deve sempre confessar, não importa o que Jesse está dizendo ou não para o policial na outra sala. Porque os resultados da confissão são sempre melhores para James do que os resultados de não confissão, o confessar é chamado pelos teóricos do jogo como sendo a *estratégia dominante* de James, ou seja, a estratégia superior.

Se observar as recompensas pela perspectiva de Jesse, descobrirá que confessar também é a estratégia dominante para Jesse porque, não importa o que James está fazendo, os resultados para Jesse, se ele confessar, são sempre melhores do que permanecer em silêncio.

Confessar é, assim, a estratégia dominante para ambos os jogadores, o que significa que você deve esperar que ambos, separadamente, confessem. Se fizerem isso, eles terminam no canto superior esquerdo da caixa de matriz de recompensa, em que ambos pegam cinco anos de prisão cada.

Percebendo que a estratégia dominante leva ambos a um resultado ruim

Normalmente, ambos permanecem com sua estratégia dominante e confessam. Mas, porque ambos separadamente decidiram confessar, cada um acaba recebendo uma pena de cinco anos de prisão — um resultado muito pior do que se eles tivessem mantido sua promessa de permanecer em silêncio. Se eles tivessem mantido sua promessa, cada um deles receberia uma pena de um ano. Contudo, a lógica da estratégia dominante é tão atraente que cada um deles quebra o acordo e acaba indo para a prisão por cinco anos em vez de apenas um.

LEMBRE-SE

Os membros do cartel também enfrentam o Dilema do Prisioneiro, porque eles devem decidir se obedecem ao acordo do cartel (reduzir a produção ao nível de monopólio) ou se desobedecem e produzem a mais. A tentação dos membros do cartel de produzir a mais e quebrar seu acordo de produção é tão forte quanto a tentação dos prisioneiros de confessarem e quebrarem seu acordo de não colaborar com a polícia.

Cumprindo o acordo: Resolvendo o dilema com ameaças convincentes

LEMBRE-SE

Uma forma de fazer com que uma dupla de criminosos permaneça calada — ou que um grupo de empresas cumpram com o acordo com o cartel — é estabelecer ameaças convincentes contra trapaceiros.

Os filmes sobre a máfia ilustram um sistema sangrento, mas eficaz desenvolvido para evitar que pessoas confessam e entreguem comparsas. O sistema é chamado *omertà*, que é um termo de origem siciliana que significa "silêncio". Basicamente, o que a máfia faz é alterar os resultados do Dilema do Prisioneiro, de modo que a estratégia dominante muda de confessar para permanecer em silêncio. A máfia fazia isso explicando aos seus membros criminosos que se alguém falasse com a polícia ou confessasse qualquer coisa ou acusasse alguém, essa pessoa morreria.

A máfia também se certifica de que todos saibam que a ameaça é real e não apenas papo furado. Caso contrário, seus membros não mudariam o comportamento.

A convincente ameaça de morte da máfia reorganiza completamente as recompensas para o Dilema do Prisioneiro. Em vez de apenas comparar tempos de prisão, como na Figura 9-1, os prisioneiros agora têm o fator morte, como mostra a Figura 9-2. Nela, você observa que a estratégia dominante para ambos os participantes passa a ser permanecer em silêncio porque se qualquer um deles falar, a máfia não descansará até que o mate não importando o que o outro criminoso faça. O resultado é que ambos, Jesse e James, irão para a prisão por apenas um ano cada, pois os dois permanecerão calados.

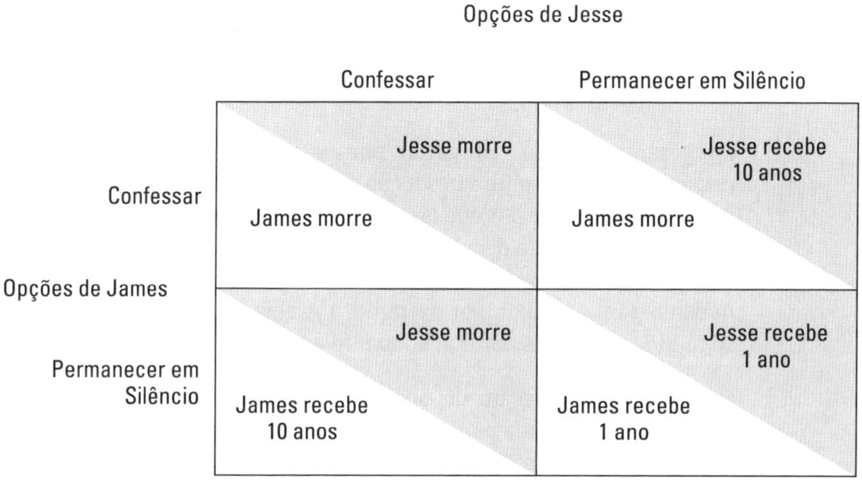

FIGURA 9-2: A estratégia dominante no Dilema do Prisioneiro muda quando a morte passa a ser um dos resultados de confessar.

© John Wiley & Sons, Inc.

Paradoxalmente, a ameaça de morte beneficia os dois criminosos. Muito embora a ameaça seja assustadora tanto para ambos, ela realmente atende aos interesses individuais de cada um, porque significa que eles irão para a cadeia por apenas um ano em vez de cinco. Se você pretende se tornar um criminoso, é melhor fazer parte de uma organização criminosa que tenha poder o bastante de intimidá-lo e impedi-lo de revelar os acordos feitos com seus colegas criminosos.

Analisando por que a OPEC está presa no Dilema do Prisioneiro

A versão básica do Dilema do Prisioneiro (explicado na seção anterior) é elaborada para apenas duas pessoas. Mas matemáticos desenvolveram versões mais avançadas que podem ser usadas para analisar o comportamento de um maior número de participantes. Esses modelos são valiosos para a compreensão dos setores de oligopólios com várias empresas e incentivos enfrentados ao formar cartéis. A conclusão básica desses modelos multiempresas é que a estratégia dominante normalmente é trapacear.

Esse resultado ajuda a entender por que o cartel de petróleo da OPEC enfrenta dificuldades quando tenta atingir suas metas de aumentar o preço do petróleo reduzindo a produção. Em termos simples, trapacear os acordos do cartel da OPEC é uma estratégia dominante para os países membros.

OPEC é a sigla para *Oil Producing and Exporting Countries* [Organização dos Países Produtores e Exportadores de Petróleo]. Embora OPEC seja um nome bobo, o grupo é bastante ativo e inclui Arábia Saudita, Iraque, Venezuela, Nigéria, Kuwait, Indonésia e vários outros países exportadores de petróleo. Juntas, essas nações controlam a grande maioria das reservas mundiais de petróleo, o que significa que ocupam um setor de oligopólio com apenas algumas empresas. Como são poucas, elas têm a chance de formar um cartel e tentar gerar o nível de produção e obter os lucros de monopólio. Será que elas têm sucesso?

Em geral, não. Digo "em geral" porque, apesar de ser verdade que as empresas negociam acordos sobre a produção de petróleo, esses acordos são constantemente quebrados. Para ver por que isso acontece, primeiro é preciso entender que a OPEC realiza reuniões para decidir quanto de petróleo deve ser produzido no total e qual a fração de cada país. Nas reuniões, cada país recebe uma *quota* — uma quantidade máxima para produzir. Por exemplo, a Arábia Saudita pode receber uma quota de 10 milhões de barris por dia, enquanto a Venezuela, de 1 milhão de barris por dia.

Os problemas começam depois das reuniões quando todos os ministros voltam para seus países. Cada país percebe que produzir mais do que sua quota é a melhor estratégia. Por exemplo, para a Venezuela é melhor produzir mais do que sua quota de 1 milhão de barris por dia, não importa o que os outros países façam:

>> Se os outros países obedecerem suas quotas, a Venezuela ficará melhor se produzir mais do que sua quota porque pode vender muito petróleo a um alto preço. (O preço alto é causado pelo fato de que os outros países estão obedecendo suas quotas.)

>> Se os outros países não cumprirem suas quotas e produzirem mais, o preço do petróleo baixará, significando que a Venezuela também deverá produzir além de sua quota. Não há motivo para obedecer a quota se os preços estiverem baixos porque todos estão trapaceando.

Como cada país enfrenta a mesma tentação de produzir além da quota, o cartel da OPEC normalmente não funciona bem. Produzir em excesso é uma estratégia dominante e é simplesmente tentador demais desistir das recompensas.

Usando um fiscal para ajudar os membros da OPEC a cumprir as quotas

LEMBRE-SE

A OPEC também poderia se beneficiar se, de algum modo, pudesse ameaçar os seus membros caso violassem suas cotas. Como os países-membros são nações soberanas, ameaças de morte não são uma opção. Em vez disso, a Arábia Saudita tem, por vezes, tentado oferecer uma ameaça econômica contra os violadores de cotas.

A ameaça econômica vem sob a forma de superbaixas dos preços de petróleo. A Arábia Saudita está na melhor posição de fazer uma ameaça como essa por duas razões:

>> **Ela sempre foi a primeira ou a segunda maior produtora mundial de petróleo.** A Arábia Saudita produz cerca de 13% do petróleo do mundo, só um pouco abaixo dos Estados Unidos, que produz 15%.

>> **Ela é a produtora de petróleo com o menor custo de produção.** A Arábia Saudita é capaz de produz com lucro mesmo quando o preço do petróleo despenca a US$9 por barril. (O petróleo normalmente é vendido entre US$40 e US$100 por barril, e a maioria dos outros países, incluindo os Estados Unidos, precisam de um preço de pelo menos US$20 por barril para atingir o ponto de equilíbrio.)

Estes dois fatos significam que, se os outros países desrespeitarem suas quotas, a Arábia Saudita pode, potencialmente, aumentar sua produção de modo que o preço do petróleo cairia muito. Por exemplo, suponha que o preço caia para US$9 por barril. A Arábia Saudita seria o único país membro da OPEC que conseguiria obter lucro com este preço. Todos os demais membros estariam perdendo muito dinheiro.

Como resultado, ela parece estar em posição de ameaçar os demais membros da OPEC com a falência se eles violarem suas cotas. Infelizmente, as ameaças não funcionam muito bem no mundo real. O problema é que a Arábia Saudita tem limitações na capacidade de bombeamento. Embora ela seja capaz de produzir um extra de 10 ou 20% a mais de petróleo por dia do que normalmente produz, este aumento não é suficiente para levar a uma queda no preço para US$9 por barril e, com isso, quebrar os demais países membros da OPEC. Portanto, a Arábia Saudita não é nem de perto uma ameaça forte o suficiente para mudar a estratégia dominante da quebra do limite das quotas. E, porque a OPEC não descobriu um modo de ameaçar com eficiência os que violam as cotas, o cartel não funciona muito bem.

Regulando Oligopólios

Em alguns setores, os cartéis *são* eficientes na redução de produção e na elevação dos preços. Normalmente, esses são setores em que uma empresa é grande e poderosa o suficiente para realmente ameaçar outras empresas com a ruína.

Em alguns casos, o setor se dividirá em ainda mais empresas para promover a concorrência, mas, em outros, regulações podem ser implementadas para controlar os preços ou as quantidades que podem produzir. A política específica a ser adotada geralmente depende intimamente das circunstâncias das empresas no setor e o que os criadores dessas políticas pensam que promoverá o bem-estar geral.

Dividindo empresas dominantes

Uma importante estratégia para regular oligopólios é o governo dividi-lo em empresas menores que então concorrerão entre si. No século XIX, os cartéis eram chamados de *trustes* — por exemplo, o Truste do Açúcar, o Truste do Aço, o Truste das Ferrovias e assim por diante. Então, as leis que desmembraram esses monopólios e cartéis eram chamadas de *leis antitruste.* A mais famosa nos Estados Unidos foi a Lei Antitruste Sherman. Muitos países possuem hoje leis similares para acabar monopólios e cartéis, inclusive no Brasil.

Na história dos Estados Unidos, a Standard Oil Company, administrada por John D. Rockefeller, dominou durante o século XIX o setor oligopolista. Ela controlava algo em torno de 90% do petróleo vendido nos Estados Unidos e, se um concorrente não fizesse o que Rockefeller queria, ele simplesmente levava o concorrente a falência, ao oferecer o petróleo a um preço ridiculamente tão baixo que o concorrente não poderia competir.

Rockefeller perderia dinheiro temporariamente enquanto tomava esta atitude, mas após a falência do concorrente, nenhum outro competidor ousava desobedecer. Desse modo, ele era capaz de convencer as empresas restantes a ajudá-lo a restringir a produção e aumentar os lucros. De fato, como a Standard Oil exercia tamanho controle, seu setor estava muito mais para um monopólio do que um oligopólio.

A eficácia de Rockefeller, entretanto, logo trouxe uma resposta governamental. A Standard Oil foi dividida em dezenas de companhias de petróleo, pequenas e independentes. Nenhuma delas era grande ou poderosa o suficiente para dominar seu setor e obrigar as demais ao conluio, como fez a Standard Oil.

Aplicando as leis antitruste

Um grande problema com as leis antitruste é decidir quando regular um oligopólio ou fragmentá-lo para promover a concorrência. O primeiro sinal de que existe um cartel em potencial é, com certeza, quando você observa apenas umas poucas empresas em um determinado setor. Mas por causa do Dilema do Prisioneiro, em alguns casos nem mesmo um setor com apenas duas empresas será capaz de formar eficientemente um cartel. Consequentemente, os promotores de justiça precisam de mais evidências do que apenas mostrar que não existem muitas empresas em um setor.

Tipicamente, é necessário haver prova concreta de conluio. Em outras palavras, se um dia todas as empresas em um oligopólio decidirem, sem coordenação, cortar a sua produção pela metade e, desse modo, aumentar os preços, isto pode não ser ilegal. Mas, se um e-mail de um gerente de uma empresa para o gerente de outra empresa for encontrado dizendo que as empresas devem ingressar em um cartel, isso será ilegal, e suficiente para um promotor iniciar um processo.

Estudando um Híbrido: Concorrência Monopolística

Uma interessante forma de competição que é encontrada em alguns setores tem o estranho nome de concorrência monopolística. Em tais setores, você encontra características de ambos, monopólios (veja Capítulo 8) e empresas competitivas (veja Capítulo 7).

Benefícios da diferenciação do produto

De modo semelhante às empresas competitivas operando em mercados livres, os setores caracterizados como concorrência monopolística têm muitas empresas competindo umas contra as outras. Mas, diferente da situação dos mercados de livre concorrência em que todas as empresas vendem um mesmo produto, na concorrência monopolística o produto de cada empresa é ligeiramente diferente.

Pense no mercado de gasolina. Qualquer grande cidade tem dezenas, se não centenas, de postos de combustível — cada um vende um produto praticamente igual. Mas, se analisar cada posto um pouquinho mais, perceberá que cada um vende um produto ao menos ligeiramente diferente dos produtos da concorrência. Por exemplo, alguns postos tem lojas de conveniência, e outros, lava-rápidos ou fornecem combustível com aditivos especiais para melhorar o desempenho do motor. E, principalmente, cada posto de gasolina claramente se distingue dos demais por causa de sua localização exclusiva — algo muito importante para as pessoas do bairro.

Os economistas utilizam o termo *diferenciação do produto* para descrever as coisas que fazem cada produto de uma empresa ser um pouco diferente dos produtos dos concorrentes. O resultado geral dessas diferenças é que elas diminuem um pouco a intensidade da concorrência. Seu posto de gasolina, por exemplo, pode ser capaz de lhe dar um desconto de dois ou três centavos a mais por litro do que seus concorrentes, isso se este posto tiver algumas facilidades e o concorrente mais próximo estiver a muitos quilômetros de distância.

Por outro lado, há ainda muita pressão competitiva no setor. Embora seu posto local possa ser capaz de usar suas características únicas para lhe cobrar um pouco mais, não poderia cobrar muito mais — se tentasse fazer isso, você abasteceria nos concorrentes.

De modo semelhante, todos os restaurantes em sua vizinhança precisam se preocupar com o preço que os demais estão cobrando, mesmo se os outros se especializaram em culinárias completamente diferentes. Mesmo que você queira pagar 20% a mais por alguma refeição exótica, é improvável que esteja disposto a pagar 90% a mais. A diferenciação de produto alivia, mas não eliminam a concorrência de preços.

Enfrentando os limites de lucro

Você pode pensar que em razão de as empresas monopolisticamente competitivas poderem usar suas características únicas para aumentar os preços, suas agradáveis margens de lucros estão garantidas. Afinal, em pura concorrência, em que todas as empresas vendem os mesmos produtos e não tem qualquer modo de diferenciá-los de seus concorrentes, os preços caem tanto, que as empresas acabam obtendo zero de lucros econômicos (veja o Capítulo 7). Se as empresas monopolisticamente concorrentes podem aumentar seus preços acima da concorrência, parece óbvio que elas tenham a garantia de lucros. Infelizmente para elas, não é esse o caso.

Como apontado pela economista de Cambridge, Joan Robinson, durante a década de 1930, as empresas monopolisticamente concorrentes ainda enfrentam concorrência. Em especial, elas enfrentam a expectativa de que se estão obtendo lucros satisfatórios, esses lucros atrairão novos empreendedores para o setor. Quando os novos participantes começam a produzir, eles tomam os negócios das empresas já estabelecidas e arruínam seus lucros anteriormente bem ordenados. De fato, novos empreendedores continuam a chegar até que os lucros cheguem a zero.

Lidando com a demanda inclinada decrescente

Robinson foi capaz de mostrar como funciona este processo, ao modificar ligeiramente o modelo de monopólio, que apresentamos no Capítulo 8. Para ver o que ela fez, observe a Figura 9-3, que mostra uma empresa monopolisticamente concorrente fazendo um lucro inicial. A Figura mostra a curva de custo marginal da empresa, CM, e a curva de custo total médio, CTM, ao longo de sua curva de demanda, D_1, e a curva de receita marginal associada, RM_1.

Em razão da diferenciação do produto, a empresa na Figura 9-3 enfrenta uma curva de demanda inclinada descendente, D^1. Sua curva de demanda está inclinada descendente porque, como um monopólio, ela tem algum controle sobre seus preços. A diferenciação do produto significa que ela pode escolher se estabelece preços altos ou baixos. A um preço alto, a quantidade demandada de seu produto cai, porque alguns consumidores não pensarão que as características únicas do produto daquela empresa valem o dinheiro extra. A um preço baixo, a quantidade demandada aumenta, porque o preço baixo rouba os clientes das outras empresas concorrentes.

Em contrapartida, as empresas competitivas que vendem produtos idênticos não têm controle sobre os preços que estabelecem. Como elas vendem produtos idênticos, a única coisa que importa aos consumidores, quando escolhem, é saber quem oferece o preço mais baixo. O resultado é que todas as empresas têm que vender ao mesmo preço, o *preço de mercado*, que é determinado pelo ponto em que a curva de oferta total do setor cruza com a curva de demanda do setor. A curva de demanda do produto individual de uma empresa competitiva é uma linha horizontal no nível do preço de mercado (veja o Capítulo 7). Essa linha está em nítido contraste com a curva de demanda inclinada descendente voltada para a empresa monopolisticamente competitiva na Figura 9-3.

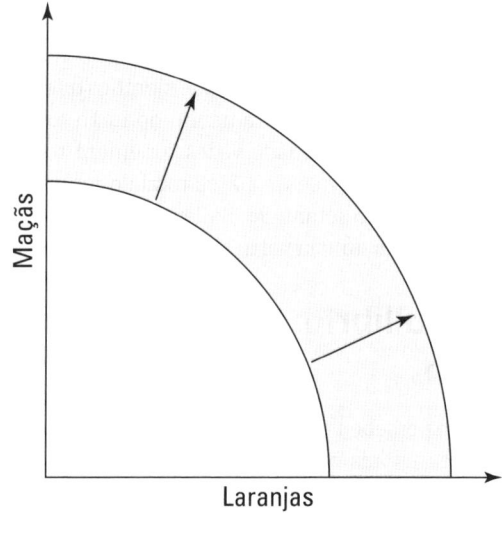

FIGURA 9-3: Uma empresa monopolisticamente competitiva obtendo lucros iguais à área do retângulo sombreado.

Uma importante consequência da curva de demanda inclinada descendente, D_1, é que a curva de receita marginal, RM_1, associada à curva de demanda D_1, também tem inclinação descendente. Por que isso acontece? A receita adicional, ou marginal, que a empresa pode obter da venda de uma unidade adicional de produto é menor que a receita marginal se ela vender a unidade anterior.

A receita marginal decrescente é uma consequência natural de uma curva de demanda inclinada descendente. Como a única maneira de conseguir que os consumidores comprem mais de seu produto é instigando-os com preços baixos, a receita marginal obtida tem que cair com cada unidade adicional que você vende.

Uma empresa monopolisticamente competitiva otimiza seus lucros porque escolhe produzir no ponto A, em que a curva de receita marginal inclinada descendente, RM_1, cruza a curva de custos marginais inclinada ascendente, CM. Produzir a quantidade associada, q^*_1, ou irá maximizar os lucros da empresa (se for possível obter lucro) ou irá minimizar as perdas. Se fazer lucro é possível, depende da posição da curva de demanda da empresa — do quanto de demanda há para os produtos da empresa.

Na Figura 9-3, a demanda é forte o bastante para que a empresa tenha lucro. Você pode ver isso comparando a média total de custos por unidade da empresa, ao nível de produção q^*_1, com o seu preço por unidade naquele nível de produção. O custo total médio por unidade é encontrada indo verticalmente para cima, a partir do eixo horizontal ao nível de produção q^*_1, até atingir a curva CTM no ponto B. O preço por unidade que a empresa pode cobrar ao nível de produção, q^*_1, é dado subindo verticalmente até atingir a curva de demanda no ponto C.

Uma vez que a distância vertical até o ponto C excede a distância vertical até o ponto B, você pode determinar imediatamente que o preço de venda da empresa excede o custo total de produção por unidade — o que significa que a empresa deve estar lucrando em cada unidade vendida. O tamanho do lucro total da empresa, em todas as unidades, é o lucro por unidade vezes o número total de unidades vendidas, assim seu lucro total é equivalente a área total do retângulo sombreado na Figura 9-3. A área sombreada do retângulo é a largura de q^*_1 unidades vezes a altura do lucro por unidade — a distância vertical entre os pontos B e C.

Encontrando o equilíbrio: Empresas entram e saem do mercado

O economista Joan Robinson percebeu que lucros atraem novos aspirantes ao setor de concorrência monopolística. Cada novo participante rouba alguns negócios das empresas existentes. Graficamente, isso significa que a curva de demanda de qualquer empresa existente, como aquela da Figura 9-3, desloca-se para a esquerda. A cada preço possível que a empresa pode cobrar, ela vende menos unidades que antes, porque alguns de seus antigos negócios foram roubados pelos novos integrantes do setor.

LEMBRE-SE

Além disso, novos participantes no setor continuam a mover e deslocar as curvas de demanda para a esquerda, até que os lucros cheguem a zero. Só então a entrada de novas empresas faz uma pausa.

Você pode ver esse tipo de equilíbrio na Figura 9-4. Ali, a curva de demanda é deslocada para a esquerda até D_2, onde ela é apenas tangente à curva *CTM* no ponto B. Do mesmo modo como a curva de demanda se move para a esquerda, o mesmo faz a curva de receita marginal, que está agora em RM_2. Consequentemente, quando a empresa otimiza seu nível de produção, produzindo onde a curva *CM* cruza RM_2, ela agora produz ao nível de produção q_2^*.

Neste nível de produção, o lucro é zero. Você pode ver isso ao usar o gráfico para mostrar que o custo total médio por unidade ao nível de produção q_2^* é igual ao preço por unidade que a empresa pode conseguir vendendo essas unidades. Suba verticalmente a partir do eixo horizontal até o ponto q_2^* para o ponto B. Uma vez que o ponto B está tanto na curva de demanda, D_2, quanto na curva de custo total médio, *CTM*, a distância vertical a partir do eixo horizontal até o ponto q_2^* para o ponto B representa tanto a média total de custo por unidade quanto o preço por unidade que a empresa pode cobrar. Eles são iguais, portanto, a empresa está obtendo lucro zero.

Se, por alguma razão as empresas em um setor monopolisticamente concorrente estiverem gerando perdas, algumas empresas deixam o setor. À medida que cada uma delas sai, as empresas remanescentes ganham mais negócios, e as curvas de demanda das empresas que ainda estão no setor se deslocam para cima e para a direita. As saídas continuam até atingirem um equilíbrio, como mostrado na Figura 9-4, na qual todas as empresas estão obtendo lucros zero.

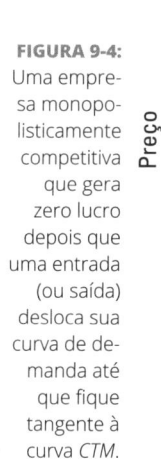

FIGURA 9-4: Uma empresa monopolisticamente competitiva que gera zero lucro depois que uma entrada (ou saída) desloca sua curva de demanda até que fique tangente à curva *CTM*.

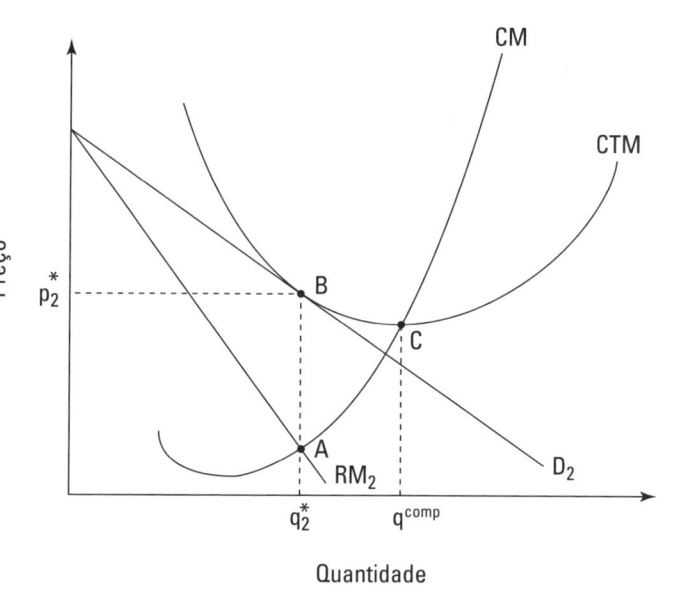

© *John Wiley & Sons, Inc.*

Produzindo de modo ineficiente

Um ponto principal a se notar sobre o equilíbrio na Figura 9-4 é que ele indica que cada empresa produz de modo menos eficiente do que empresas em um setor competitivo. A melhor maneira de compreender este fato é comparando o nível de produção da empresa monopolisticamente competitiva quando o setor está em equilíbrio, q^*_2, com o nível de produção que deveria ser gerado por uma empresa com as mesmas curvas de custos que estava operando em um setor de plena concorrência, no qual todas as empresas vendem um produto idêntico. Denominamos este nível de produção como q^{comp}, na Figura 9-4.

No Capítulo 7, explico como as forças de mercado obrigam as empresas concorrentes a produzirem em q^{comp}, e por que isso acaba exatamente no nível de produção em que a curva CTM atinge seu mínimo — isto é, q^{comp} é o nível de produção na parte inferior da curva CTM em forma de U. A implicação socialmente significativa desse fato é que as empresas competitivas produzem com o menor custo médio possível por unidade. Isso faz delas tão eficientes quanto possível em termos de custos de produção por unidade.

Por outro lado, uma empresa monopolisticamente competitiva operando em um setor em que a diferenciação de produto permite ter algum controle sobre os preços que ela cobra acaba por produzir um alto custo total médio por unidade. Este claramente é o caso da Figura 9-4, porque a distância vertical do eixo horizontal para o ponto B é mais longa do que a distância vertical do eixo horizontal acima do ponto C. Esse fato significa que as empresas nos setores monopolisticamente concorrentes não são tão eficientes quanto as empresas em setores de concorrência perfeita.

Algumas pessoas observam esse resultado e concluem que a sociedade estaria melhor se pudesse transformar setores de concorrência monopolística em setores competitivos. Mas a redução dos custos pode não compensar a perda da diferenciação do produto. Afinal, a variedade é o tempero da vida. Você realmente gostaria que todo restaurante fosse idêntico em todos os sentidos, para servir a mesma comida, no mesmo tipo de ambiente, sob as mesmas luzes, com decoração idêntica? Provavelmente, não.

Mas você precisa decidir sozinho se os altos custos da variedade valem a pena — e em quais situações. Embora eles possam valer muito em termos de restaurantes, você pode ter uma opinião diferente sobre a diferenciação de produtos encontrados, por exemplo, em postos de gasolina.

COMUNISMO, WENDY'S E DIFERENCIAÇÃO DE PRODUTO

Um dos mais engraçados comerciais de TV nos EUA fez sua estreia em 1985, no auge do poder comunista soviético. O comercial apresentava a rede de hambúrgueres *Wendy's* e descrevia um desfile de moda comunista. Uma mulher caminha por uma rampa vestida com um uniforme de trabalhadores de fábrica de cor cinza e sem graça; e o locutor grita: "Moda dia!" Então, ela marcha pela rampa novamente, no mesmo modelito, mas dessa vez segurando uma lanterna. O locutor grita: "Moda noite!" Em seguida, ela marcha novamente pela rampa — ainda com o mesmo uniforme — segurando uma bola de praia inflável. "Moda praia!"

O comercial zombava do fato de que os planejadores centrais, que dirigiam os países comunistas, não se importavam com a diferenciação do produto. Eles simplesmente desenvolviam um único design, de modo a serem capazes de massificar a produção ao menor custo possível. O resultado era uma sociedade na qual havia tanta monotonia, que o comercial do *Wendy's* era apenas um modesto exagero.

O comercial ajudou a enfatizar aos consumidores norte-americanos a ideia de que eles deveriam admitir o fato de que a comida produzida pelo *Wendy's* era diferente das de seus principais concorrentes, *McDonald's* e *Burger King*. Ao contrário da rígida e planejada economia soviética, o capitalismo dos livres mercados norte-americanos permite grande diferenciação de produtos.

3

Aplicando as Teorias da Microeconomia

Capítulo **10**

Direitos de Propriedade e Injustiças

O economista Adam Smith desenvolveu o conceito da *mão invisível* — a ideia que, apesar dos indivíduos perseguirem seus próprios interesses, se você permitir aos mercados alocarem seus recursos, o bem comum é atingido. Ele estava perfeitamente consciente, entretanto, de que para atingir esse bom resultado os direitos de propriedade da sociedade tinham que ser correta- mente estabelecidos antes de as pessoas iniciarem seu comércio de bens e serviços nos mercados. De fato, Smith passou boa parte de seu famoso livro, *A Riqueza das Nações*, falando sobre como os governos devem definir corretamente os direitos de propriedade se quiserem que os mercados produzam resultados socialmente benéficos (o Capítulo 7 discute essa ideia com mais detalhes).

A essência do problema é que, se os direitos de propriedade não são estabelecidos corretamente, uma pessoa não levará totalmente em consideração como os atos dele ou dela afetam outras pessoas. Por exemplo, considere dois pedaços de terra. Um é propriedade privada, enquanto o outro é um lugar selvagem, sem dono e onde todos são livres para usar como bem entenderem. Se você quiser jogar seu lixo na propriedade privada, terá que pagar ao proprietário pelo direito de fazer isso. Em outras palavras, o proprietário está administrando um aterro sanitário. Mas, como qualquer outra pessoa, você pode despejar seu lixo de graça em um terreno baldio sem nome, porque ninguém tem o direito de impedi-lo.

Naturalmente, as diferenças no direito de propriedade, com respeito aos dois pedaços de terra, conduzem as pessoas a despejar muito mais lixo no terreno baldio e sem dono, porque é menos oneroso. Mas o problema é que, embora o custo seja menor individualmente, essa decisão impõe muitos outros custos sobre os outros. Por exemplo, o que poderia ser um agradável parque agora é um amontoado de lixo podre. Maus direitos de propriedade levam a maus resultados.

Neste capítulo, falo sobre as *externalidades* positivas e negativas — situações em que o comportamento de uma pessoa resulta ou em benefícios ou em prejuízos para outras pessoas, mas nas quais os direitos de propriedade são tão mal definidos que os custos e benefícios não são devidamente contabilizados (externalidades negativas resultam em sérios problemas, tais como poluição e aquecimento global). Também mostramos como a maioria dos casos de espécies extintas ou em risco de extinção resulta da não existência de direitos de propriedade, e como redefinir os direitos de propriedade pode salvar as espécies da extinção.

Permitindo ao Mercado Alcançar Resultados Socialmente Ideais

Para que os mercados atinjam resultados socialmente excelentes, eles devem levar em consideração todos os custos e benefícios envolvidos em qualquer atividade, não importando quem sente os efeitos destes custos e benefícios. Se os mercados fizerem isso, a curva de demanda capta todos os benefícios, a curva de oferta capta todos os custos, e a quantidade de equilíbrio do mercado assegura que apenas as unidades de produção para as quais os benefícios excedem os custos serão produzidas.

Observe a Figura 10-10, que mostra uma curva de demanda e uma curva de oferta para sorvete. A quantidade de equilíbrio de mercado é q^*, e o preço de equilíbrio de mercado é P^*.

É importante perceber que é socialmente benéfico produzir cada unidade até, e incluindo, q^*. A razão para isto pode ser vista ao examinar a unidade q_o. Você pode ver pela curva de demanda que os compradores estão dispostos a pagar o preço de P_o por unidade de q_o, mas custa aos fornecedores apenas C_o para produzir a unidade q_o.

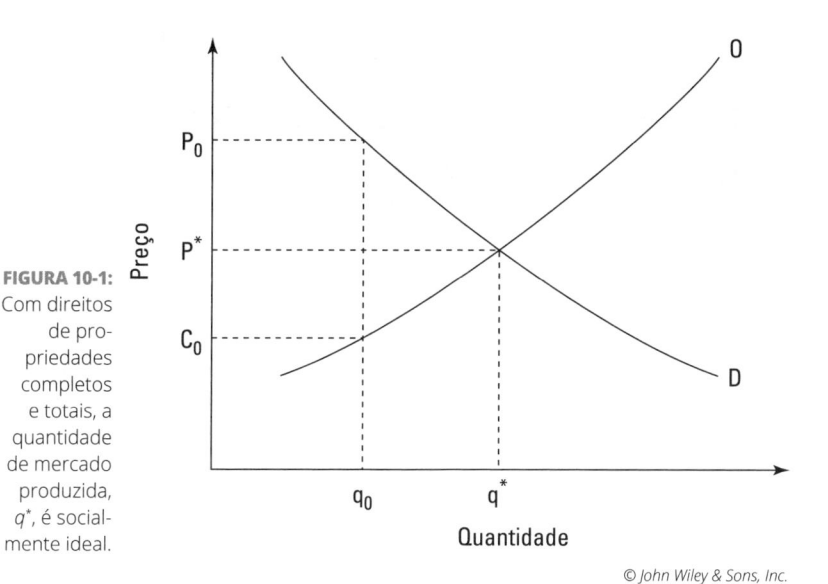

FIGURA 10-1: Com direitos de propriedades completos e totais, a quantidade de mercado produzida, q^*, é socialmente ideal.

O que isso significa? A satisfação global da sociedade é melhorada ao produzir a unidade q_o, porque as pessoas julgaram claramente que ter essa unidade vale a pena os custos dos recursos usados para fabricá-la. Uma vez que a curva de demanda está acima da curva de oferta para todas as unidades até, e incluindo $q^{*'}$, todas aquelas unidades são socialmente benéficas de produzir.

LEMBRE-SE

Uma coisa maravilhosa sobre os mercados é que a oferta e a demanda apenas acontecem para que o nível de produtividade socialmente ótimo, q^*, seja produzido. O fato de este resultado ocorrer inteiramente por que as pessoas estão buscando seus próprios interesses egoístas é, com certeza, a razão de os mercados serem tão surpreendentes. É como se a mão invisível de alguma divindade mágica transformasse a procura dos objetivos individuais em um resultado socialmente ótimo.

O que mostro em seguida é que estes resultados agradáveis acontecem somente se os direitos de propriedade forem *totais e completos*, o que significa que a curva de demanda capta todos os benefícios que as pessoas querem, e a curva de oferta capta todos os custos associados com a produção. Como você poderá observar, se os direitos de propriedade não forem plenos e completos, os mercados não gerarão os níveis de produção socialmente ideais, como q^*. Nesses casos, a mão invisível se torna *realmente* invisível — porque ela não esta lá!

Examinando as Externalidades: Os Custos e os Benefícios que Outros Experimentam por Nossas Ações

Os *direitos de propriedade* concedem aos seus possuidores o controle de suas posses. Por exemplo, você pode pintar seu carro da cor que quiser. Pode modificar o motor e o escapamento. Pode até instalar grandes e brilhantes rodas de 19 polegadas para tentar disfarçar o fato de que, como a maioria dos economistas, não somos, na verdade, muito modernos.

Por outro lado, os direitos de propriedade não são totalmente ilimitados. A sociedade restringe o que você faz com seu carro. Ele não pode ser fonte de poluição sonora por causa da remoção do silencioso do escapamento. Você não pode trafegar a 90km/h na frente de uma escola. Também não pode ouvir música a todo volume tarde da noite. Legalmente não pode fazer essas coisas, porque não mora em uma ilha isolada. Vivemos em comunidade e fazer barulho demais ou dirigir de forma imprudente afeta a qualidade de vida das outras pessoas. Os economistas descrevem essa situação dizendo que minhas ações causam externalidades.

LEMBRE-SE

Uma *externalidade* é o custo ou um benefício que não recai diretamente sobre a(s) pessoa(s) envolvida(s) em uma atividade, mas sobre outras. As externalidades podem ser positivas ou negativas:

» **Externalidade positiva:** É um benefício que recai sobre uma pessoa não diretamente envolvida em uma atividade. Imagine uma apicultora. Ela cria abelhas para vender o mel, mas as abelhas também podem voar polinizando as flores dos fazendeiros locais, desse modo, aumentando suas colheitas e favorecendo-os com uma externalidade positiva.

» **Externalidade negativa:** É um custo que recai sobre uma pessoa não diretamente envolvida em uma atividade. Imagine uma siderúrgica que, como um subproduto da produção de aço, lança ao ar toneladas de fuligem e fumaça. A poluição é uma externalidade negativa, que causa nevoeiro com fumaça e polui o ar respirado por todos os que vivem próximos da fábrica.

Esta seção analisa as externalidades em detalhes.

Observando os efeitos das externalidades negativas

Bens e serviços que impõem externalidades negativas — ou seja, custos para terceiros — acabam sendo produzidos em excesso. A razão para que isso aconteça é porque a externalidade negativa e os custos que ela impõe aos demais não são levados em consideração quando as pessoas tomam decisões sobre quanto produzir.

Por exemplo, no caso de uma usina siderúrgica, seus administradores levam em consideração apenas seus custos particulares de matéria-prima e administração da fábrica.

Isso acontece porque o direito de propriedade em voga é muito precário.

Se alguém fosse o dono da atmosfera, os administradores da siderúrgica teriam que pagar pelo direito de emitir poluição. E se os donos da atmosfera fossem as pessoas que teriam que respirar a poluição da siderúrgica, a empresa seria forçada a pagar à essas pessoas pelo direito de poluir e a levar em consideração o prejuízo que a poluição causaria a elas. Mas, como a atmosfera não é propriedade de ninguém, as empresas não têm que pagar por poluir o ar, não existe um mecanismo que faça com que os administradores da siderúrgica levem em consideração os custos da poluição que recaem sobre os membros da comunidade. O resultado é que a empresa exagera na produção de aço.

Observando diferentes custos sociais e particulares

No Capítulo 6, explico que a curva de oferta de uma empresa competitiva é igual à sua curva de custo marginal. Uma vez que a siderúrgica não leva em consideração os custos marginais que a produção de aço impõe sobre os outros, sua curva de custo marginal (a curva de oferta) é tão baixa que a leva a uma produtividade exagerada de aço.

Você pode ver essa situação na Figura 10-2, em que desenhamos duas curvas de oferta. A que está na parte inferior, chamamos de *CM Particular*, porque a curva de oferta da empresa é sua curva de custo marginal particular, que leva em consideração apenas os custos da empresa para a produção de aço. A curva na parte superior, contudo, leva em consideração não apenas os custos particulares da empresa, mas os custos da poluição externa, que chamamos de *CE* (para custos externos). Esta curva mais acima é chamada de curva *CM Social*, e ela é útil porque capta todos os custos associados com a produção de aço — tantos os custos da empresa para produzi-lo quanto os custos sobre as outras pessoas na forma de externalidades negativas.

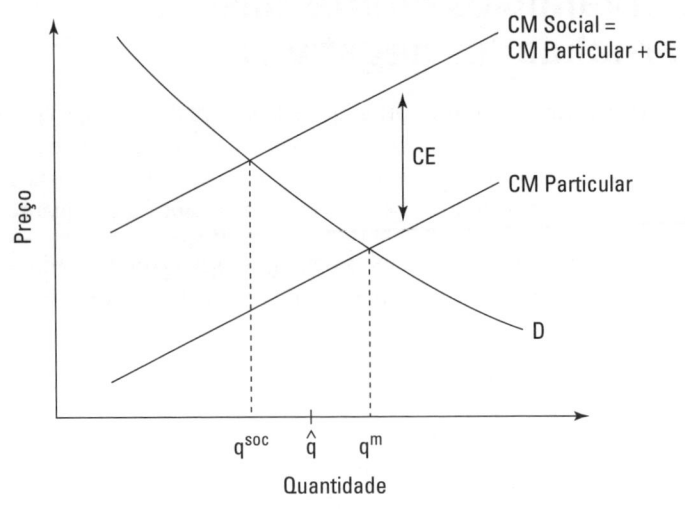

FIGURA 10-2:
O mercado produz em excesso um bem que tem uma externalidade negativa.

Produzindo unidades em que os custos superam os benefícios

Produção excessiva é o resultado da falha da curva *CM Particular* em levar em consideração os custos externos da poluição. Em especial, o equilíbrio do mercado apresenta superprodução porque ele ocorre no ponto em que a curva de demanda intersecta a curva *CM* Particular em vez da curva *CM* Social.

Para ver por que isso leva a superprodução, primeiro examine o equilíbrio de mercado na Figura 10-2, em que a curva de demanda, *D*, cruza com a curva *CM* Particular. Esse equilíbrio resulta em uma quantidade q^m de aço sendo produzido, em que *m* significa mercado.

Por outro lado, a quantidade socialmente ideal de aço produzido é q^{soc}, em que *soc* significa social. A quantidade socialmente ideal é determinada por onde a curva *CM Social* cruza com a curva de demanda. Você pode dizer que q^{soc} é socialmente ideal, porque para cada unidade até, e inclusive q^{soc}, a curva de demanda está acima da curva *CM Social*, significando que os benefícios da produção dessas unidades excedem os custos de produzi-las. Isto é verdade quando leva-se em consideração não apenas os custos privados, mas também os custos externos que recaem sobre terceiros.

LEMBRE-SE

O problema em produzir todas as unidades de q^{soc} até q^m é que, embora os benefícios excedam os custos de produção privada das empresas, eles não excedem o total de custos quando se leva em consideração *CE*, o custo da externalidade negativa.

Por exemplo, observe o nível de produtividade $q^\cdot$, que está entre q^{soc} e q^m. Você pode ver, subindo verticalmente de $q^\cdot$ para a curva de demanda, que o preço de mercado que as pessoas desejam pagar por aquele nível de produção realmente excede o custo marginal privado de produzi-lo. Por isso, a curva de demanda está acima da curva *CM Particular* ao nível de produção $q^\cdot$. Mas, se você for mais adiante, verá que o que as pessoas querem pagar naquele nível de produção é realmente menos que o custo social total de produzir aquele tanto (isto é, a curva *CM Social* é mais alta que a curva de demanda ao nível de produção $q^\cdot$).

O nível de produção $q^\cdot$ não deveria ser produzido, porque o custo total de sua produção excede o que todos estão querendo pagar por ele. Por isso, é lamentável que o nível de produção q^m seja, de fato, produzido em um mercado econômico. Cada unidade de produção fabricada em excesso no nível de produção q^{soc} é uma unidade na qual os custos excedem os benefícios.

Aceitando quantidades positivas de externalidade negativas

Uma coisa muito importante a se perceber é que a reação comum às externalidades negativas, proibi-las quase nunca é socialmente ideal. O objetivo não é eliminar externalidades negativas. Mas sim garantir que quando *todos* os custos e *todos* os benefícios sejam ponderados, os benefícios das unidades de produção superem os custos de produzi-las — incluindo os custos das externalidades negativas.

Na Figura 10-2, para todas as unidades de produção até q^{soc}, os benefícios totais são pelo menos iguais aos custos totais, o que significa que a sociedade como um todo se beneficiará se essas unidades forem produzidas. Observe na figura que o nível de produção socialmente ideal, q^{soc}, é um número positivo. Ou seja, é socialmente ideal produzir aço, mesmo que alguma poluição seja produzida no processo.

Para compreender o raciocínio por trás desse fato, vamos pensar em automóveis. Os carros poluem. E a única forma de se livrar de sua poluição é banindo os carros totalmente da sociedade. Mas você realmente quer fazer isso? Apesar de saber que carros grandes que "bebem" muito combustível produzem quantidades absurdas de poluição sem benefícios que os justifiquem, você realmente quer se ver livre de todos os carros desse tipo, incluindo ambulância e caminhões de bombeiro? De modo algum, porque, apesar desses veículos emitirem poluição, os custos impostos à sociedade são mais do que compensados em razão do seu grande benefício social — as atividades de salvar vidas, nas quais esses veículos são utilizados.

O mesmo também vale para a poluição provocada pela siderúrgica no nível de produtividade de q^{soc}. A única maneira de eliminar totalmente a poluição da fábrica é fechando-a. Mas isso significa remover da sociedade todos os benefícios que o aço pode oferecer, como edifícios à prova de terremotos e cabines de segurança resistentes ao choque em automóveis.

A próxima questão a ser considerada é como garantir que apenas unidades q^{soc} sejam produzidas quando o mercado quiser produzir em excesso bens com externalidades negativas.

Lidando com as externalidades negativas

Há, basicamente, três maneiras de se lidar com as externalidades negativas:

» **Aprovar leis proibindo ou restringindo as atividades que gerem externalidades negativas.** Por exemplo, a maioria das cidades proíbe que se queime o lixo como forma de se desfazer dele.

» **Aprovar leis que tenham como alvo direto a externalidade negativa propriamente dita (em vez da atividade subjacente que conduz à externalidade).** Por exemplo, é obrigatório agora que todas as siderúrgicas instalem purificadores e chaminés, que filtram a maior parte da poluição antes que ela seja lançada na atmosfera.

» **Impor custos, como taxas, sobre as pessoas ou empresas que gerarem externalidades negativas.** Por exemplo, os governos podem cobrar das companhias por cada tonelada de poluição que emitirem. Essa solução é atraente para os economistas, porque ela é a que provavelmente conduzirá ao nível de produção socialmente ideal.

Você pode ver por que os economistas gostam das taxas sobre a poluição olhando novamente a Figura 10-2. Lembre que CE é o custo externo da poluição da siderúrgica sobre outros. Se o governo impuser um a taxa de CE reais sobre cada unidade de aço produzida pela empresa, a taxa aumentaria a curva de custos da empresa verticalmente de *CM Particular* para *CM Social*.

Definindo uma taxa para a poluição em exatamente CE reais, faz com que a curva de custos marginal da empresa fique exatamente sobre o ponto em que a curva *CM Social* está. Uma vez que a curva de custo marginal de uma empresa é sua curva de oferta, o resultado é que, quando a demanda e a oferta interagem, o nível de produção socialmente ideal, q^{soc}, é produzido. Isto é, ao impor exatamente a correta taxa sobre o aço, o governo pode sentar-se e deixar o mercado fazer o resto — o que torna essa política de redução da poluição atrativa se comparada com as outras soluções potenciais.

Compare essa solução com um sistema em que as empresas são obrigadas a instalar purificadores de chaminés. Em tal sistema, você precisa contratar inspetores para monitorar constantemente as fábricas, para se certificar de que as usinas não fazem fraudes. Esse tipo de sistema é muito mais caro de implementar do que simplesmente impor uma taxa à usina, medindo com facilidade a produção de aço e depois deixar a oferta e demanda estabelecer o nível de produção socialmente ideal. Por outro lado, pode ser difícil descobrir exatamente quão grande será a taxa de CE, de modo que o imposto sobre a poluição não é uma solução sem problemas.

Calculando as consequências das externalidades positivas

As externalidades podem ser positivas bem como negativas. O mais importante a se entender sobre externalidades positivas é que os bens e serviços que oferecem externalidades positivas a terceiros acabam sendo subproduzidos.

A subprodução é típica de bens que geram externalidades positivas. Como os direitos de propriedade são estabelecidos de modo que os beneficiários das externalidades positivas não tenham que pagar por elas, os produtores de bens geram externalidades positivas não têm incentivo para oferecer unidades extras para o benefício dos que recebem as externalidades positivas.

Para ver por que os bens que têm externalidades positivas são subproduzidos, considere uma apicultora chamada Kate. Ela cria abelhas para vender o mel e ganhar algum dinheiro. As pessoas que compram seu mel o fazem porque o mel traz utilidades para elas quando o consomem. Mas, como as abelhas de Kate voam por toda parte polinizando as flores dos fazendeiros locais, estes fazendeiros também são beneficiados pelas atividades dela.

Mas — e aí está o ponto crucial — os fazendeiros não pagam a Kate pelos benefícios que suas abelhas fazem para eles; as abelhas apenas voam para dentro e fora dos campos e não há como rastrear seu trajeto. O resultado é que Kate desenvolverá menos colmeias do total que poderia se os fazendeiros estivessem pagando a ela pelos benefícios que as abelhas lhes trazem.

Você pode observar como essa situação funciona na Figura 10-3. A curva de oferta de Kate é sua curva de custo marginal, e a chamamos de $O = CM$. Designamos a demanda para o seu mel pelos clientes como *demanda privada*. O ponto em que a curva de oferta e a curva de Demanda Privada se cruzam dá a quantidade de equilíbrio de mercado de mel, q^m.

Mas este nível de produção não leva em consideração os benefícios que as abelhas trazem aos fazendeiros. Suponha que esses benefícios tenham um valor em reais de BE (benefícios externos). Então, a demanda social total para o mel de Kate é dada pela curva de *demanda social*, que é a curva de *demanda privada* deslocada verticalmente para cima por BE, para levar em conta o fato de que a produção de mel beneficia os fazendeiros, tanto quanto os clientes apaixonados pelo mel de Kate.

O nível de produção socialmente ideal, q^{soc}, seria no ponto em que a curva de *demanda social* cruza com a curva de oferta de Kate, porque para cada unidade de produção até q^{soc}, o benefício social total é, até aqui, tão grande quanto os custos de produção de Kate.

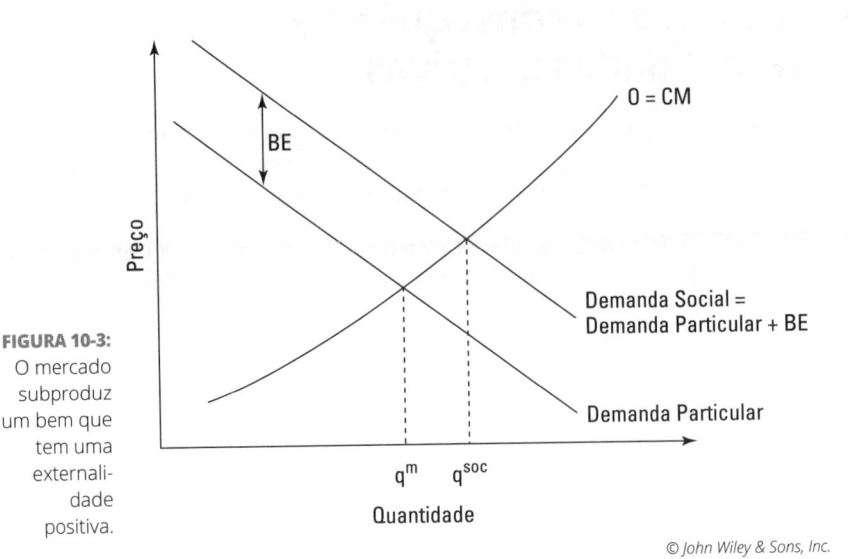

FIGURA 10-3: O mercado subproduz um bem que tem uma externalidade positiva.

Como você pode ver, a quantidade de equilíbrio do mercado produzida, q^m, é menor que o nível de produtividade socialmente ideal, q^{soc}. Em outras palavras, como o mecanismo de mercado não tem como levar em consideração a externalidade positiva, Kate produz menos mel do que o socialmente ideal.

Subsidiando itens que oferecem externalidades positivas

Como os mercados tendem a subproduzir bens e serviços que têm externalidades positivas, as pessoas precisam criar maneiras para encorajar níveis de produção mais altos.

LEMBRE-SE

O modo mais comum de encorajar produções mais altas de bens que geram externalidades positivas é o *subsídio*, um pagamento pelo governo a um indivíduo ou uma empresa para incentivá-la a produzir mais de determinado bem. O governo não recebe nada em troca do destinatário do subsídio; os beneficiários são os consumidores que dispõem de uma produção maior.

No caso da apicultura de Kate, o governo pode pagar um subsídio sobre o mel de, digamos, $0,20 por litro de mel para incentivá-la a manter mais colmeias. Os resultados são mais abelhas polinizando mais flores, levando ao aumento dos níveis de produção dos agricultores. Na verdade, o governo pode até mesmo impor tributos aos agricultores, de modo a conseguir o dinheiro para subsidiar o mel de Kate. Agindo assim, o programa se pagaria.

De modo semelhante, os governos também frequentemente subsidiam o plantio de árvores dentro e nos arredores das cidades. E eles devem fazer isso em razão de os benefícios trazidos pelas árvores serem muitos — sombra, resfriamento, limpeza do ar, diminuição da erosão do solo, e daí por diante — são externalidades positivas não levadas em consideração pelos mercados. Sem o subsídio, menos árvores seriam plantadas do que o socialmente ideal.

A Tragédia dos Comuns: Excesso de Exploração de Recursos de Propriedade Comum

Um problema econômico importante resultante de definições deficientes a respeito dos direitos de propriedade que não levam em consideração as externalidades negativas é chamado pelos economistas de a *Tragédia dos (Bens) Comuns*. Esta seção examina esse problema em detalhes.

Pastoreio excessivo em um campo de propriedade comum

A *Tragédia dos Comuns* se refere à superexploração de um recurso em razão dos benefícios decorrentes da propriedade comum. Quando a propriedade é comum, o recurso é de uso livre por todos. Essas circunstâncias criam a probabilidade de uso rápido e superexploração, porque cada pessoa tem um incentivo para consumir o máximo de recursos possível antes dos demais.

Para entender a Tragédia dos Comuns, imagine uma região agrícola em que a maior parte dos terrenos é de propriedade privada. Contudo, há um grande campo de propriedade comum — terras em que qualquer pessoa pode deixar seu gado pastar. No campo particular, o proprietário tem um incentivo para limitar o número de cabeças de gado que coloca no pasto, pois, se colocar muitos animais, rapidamente o pasto será exaurido e o campo não servirá mais. Consequentemente, o proprietário do campo particular coloca poucas cabeças para pastar. Ao fazer isso, ele reduz seu lucro de curto prazo (porque restringe o número atual de cabeças de gado), mas maximiza seus lucros de longo prazo (porque o campo permanece em boas condições e pode fornecer o alimento para o gado por mais tempo).

Nos campos de propriedade comum, entretanto, todos colocarão algumas cabeças de gado no pasto, pois não há custo pessoal. Ninguém tem um incentivo pessoal para preservar o campo para o uso futuro. Os incentivos são de fato terrivelmente distorcidos, porque, se o campo comum dispõe hoje de vasto pasto, seu incentivo é colocar o máximo de gado que puder o mais rápido possível para consumir todo o capim antes que o pasto esteja arruinado. Todo mundo encara a questão da mesma forma, então há uma corrida desesperada para colocar o máximo possível de seu gado o mais rápido possível. O resultado, é claro, é que o campo rapidamente está destruído. Então, apesar de não haver qualquer custo pessoal em colocar uma vaca para pastar em um campo comum, há, no entanto, um custo social. Cada vaca a mais causa um dano ao campo que reduz sua produtividade futura.

A diferença entre o que acontece no campo particular versus o campo comum é absolutamente o resultado de diferentes direitos de propriedade regendo os dois tipos de terra. No caso dos campos de propriedade privada, os agricultores têm um incentivo para pesar os custos bem como os benefícios de colocar mais gado para pastar. Em especial, eles levam em consideração qual será a redução dos lucros futuros se o excesso de pastagem atual arruinar a usabilidade futura do campo.

Extinções e direitos de propriedades deficientes

Muitos problemas ambientais são causados por situações como as da Tragédia dos Comuns, na qual ninguém possui o direito de propriedade sobre um determinado recurso. Notavelmente, as extinções dos animais são, em sua maioria, resultados da falta de direitos de propriedade.

Por exemplo, imagine um atum nadando em mar aberto. Pelos tratados internacionais, ninguém é dono do mar aberto. Consequentemente, ninguém é dono do atum nadando em mar aberto. Por outro lado, se pescar um atum e colocá-lo em seu barco, então você tem um direito de propriedade e pode vender o atum. Isto é, a única forma de se beneficiar economicamente de um atum é matando-o.

O resultado é que o atum e muitas outras espécies de peixes são pescados em excesso, e muitos estão à beira da extinção, já que cada barco pesqueiro tem um incentivo de pescar o maior número de peixes e o mais rápido possível, antes que alguém mais possa pescá-los. Essa rapidez conduz a uma extinção de espécies, e os pescadores estão muito conscientes do problema. Mas devido ao modo como os direitos de propriedade estão estabelecidos neste caso, nenhum pescador individualmente pode fazer nada para prevenir esta calamidade. Isso porque se um dos pescadores decide conter-se e pegar menos peixes, na esperança de que fazendo isso a espécie sobreviva, outro virá e apanhará o peixe que ele poupou. A espécie será extinta de qualquer forma. Como resultado, ninguém tem incentivo para se conter.

Evitando a tragédia

Quando os economistas percebem uma situação de Tragédia dos Comuns, sua primeira intuição é mudar o sistema de direito de propriedade que rege o recurso em questão. Em vez de direitos de propriedade comuns, em que cada pessoa tem um incentivo para pegar tantos recursos quanto possível antes que alguém mais o faça, os economistas sugerem a propriedade privada, assim haverá um incentivo para preservar o recurso. Veja a seguir algumas soluções:

» Direitos de propriedade baseados em áreas: No caso do excesso de pesca, uma solução tem sido oferecer aos pescadores direitos vitalícios de propriedade privada para toda uma área de pesca — isto é, para todo o peixe em uma área. Isso dá aos novos proprietários o incentivo apropriado para gerenciar o estoque em uma base sustentável. Além disso, como só uma pessoa tem direito ao peixe em uma determinada área, não há uma corrida desesperada entre os pescadores, competindo para pescar tantos peixes quanto possível, antes que alguém mais faça.

» Licenças: Para espécies de peixes que migram livremente entre diferentes áreas, uma solução diferente está sendo desenvolvida. Nesses casos, os biólogos primeiro determinam o número máximo de peixes que podem ser pescados de maneira sustentável a cada ano. O governo, depois, fornece licenças de pesca para aquela quantidade de peixe determinada. Este método evita a Tragédia dos Comuns criando um novo tipo de direito de propriedade — as licenças de pesca. O método tem o benéfico extra de criar um programa governamental autossustentável. O dinheiro levantado com as licenças pode ser usado para contratar fiscais, de tal maneira a prevenir a pesca ilegal, bem como para programas de conservação e gerenciamento da vida selvagem.

» Administração local coletiva: A ganhadora do Prêmio Nobel Elinor Ostrom estudou casos em que os usuários dos recursos de determinadas áreas eram capazes de evitar a Tragédia dos Comuns desenvolvendo sistemas de administração local coletiva que restringem o uso excessivo.

Criadores de animais compartilhando pastos na África e fazendeiros compartilhando irrigação no Nepal foram capazes de evitar a superexploração estabelecendo sistemas em que pessoas de fora podem ser excluídas da exploração do recurso, os participantes do sistema conseguem monitorar a atividade para evitar o abuso, existem mecanismos de punição para aqueles que retiram mais do suas quotas, e os acordos coletivos permitem que a maioria dos moradores locais participem na tomada de decisão que regulamenta o sistema.

Capítulo **11**

Informação Assimétrica e Bens Públicos

Mercados oferecem aproximadamente tudo o que as pessoas consomem. Contudo, às vezes eles falham em fornecer certos produtos que as pessoas desejam, ou fornecem muito ou pouco de um determinado bem ou serviço. Economistas chamam essas situações de *falhas do mercado*, e neste capítulo trato de duas de suas causas mais interessantes e comuns:

» **Informação assimétrica:** É a situação em que o comprador ou o vendedor sabe mais que a outra parte sobre o bem que estão negociando. O exemplo clássico é um carro usado de alta qualidade: o proprietário, que está tentando vender o veículo conhece tudo sobre a alta qualidade do carro e sua confiabilidade, mas o comprador em potencial só pode aceitar a palavra do vendedor como verdadeira. Como o comprador potencial não tem qualquer razão para confiar na palavra do vendedor que diz que o carro é realmente bom, ele supõe o pior e oferece um preço muito baixo, apenas para o caso de o carro se mostrar um abacaxi. Mas como o vendedor sabe que o carro é de alta qualidade, ele rejeita a baixa oferta e o carro não é vendido — tudo porque não há um modo fácil e barato para provar a alta qualidade do veículo para o comprador potencial.

» **Bens públicos:** Estes destroem o mercado de maneira diferente. Pois a própria natureza dos bens públicos dificulta incrivelmente para os vendedores particulares cobrarem os usuários. O exemplo clássico é o farol. Quando o prédio está ativo e funcionando, beneficia todos os navios próximos, independente de eles terem pagado pelo serviço. Portanto, todo dono de navio tenta evitar pagar pelos serviços na esperança de que alguém mais o faça. Mas se todos não pagarem na esperança que alguém pague, o farol rapidamente vai à ruína e a sociedade fica sem um serviço valioso.

Neste capítulo, discuto essas duas causas de falha de mercado em maiores detalhes, mostrando a vocês o quanto são difusas e descrevemos algumas soluções inteligentes para remediá-las. Então não espere nenhuma informação assimétrica aqui — garanto que revelarei tudo que sei sobre o tema.

Observe que a informação assimétrica e os bens públicos não são as únicas coisas capazes de provocar falhas de mercado. Elas também podem ser originadas por monopólios (Capítulo 8), oligopólio (Capítulo 9) e externalidades (Capítulo 10).

Enfrentando a Informação Assimétrica

Existem muitas situações na vida real nas quais os compradores e os vendedores não compartilham a mesma informação. Independentemente de qual a parte mais bem informada, os economistas se referem a essas situações como casos de *informação assimétrica*, pois um lado tem mais informação que o outro.

Por exemplo, quando tal situação acontece com vendas de carros usados, os vendedores têm muito mais conhecimento sobre a qualidade real dos veículos que os compradores. Por outro lado, no caso de uma apólice de seguro de automóvel, os compradores estão muito mais bem informados que as seguradoras sobre suas habilidades ao volante.

Nesta seção, trago mais detalhes sobre informação assimétrica.

Percebendo que a informação assimétrica limita o comércio

A informação assimétrica é muito importante no mundo real porque ela limita o que os mercados podem fazer. A razão fundamental é que, se você souber que a outra pessoa está mais bem informada, ficará com medo de que ela utilize essa informação para tirar alguma vantagem sua. De forma parecida, se você não pode esperar a honestidade dos outros em um acordo, a probabilidade de você mesmo ser honesto também diminui.

No caso dos carros usados, os compradores têm medo de que os vendedores que sabem que seus carros são ruins mantenham esse fato em segredo e tentem negociar altos preços, como se seus carros fossem bons. No caso do seguro, as companhias têm medo de que as pessoas, que sabem que oferecem altos riscos à seguradora, finjam ser de baixo risco, de modo a conseguir taxas mais baixas.

Dependendo da desproporcionalidade da informação assimétrica, mercados podem até ruir completamente. Isto é, se você tem enormes preocupações de que o vendedor do carro usado possa estar exagerando o valor do veículo que ele quer lhe vender, você provavelmente não o comprará. Pode parece uma coisa razoável a se fazer, mas, ao mesmo tempo, impede a venda de bons carros, porque todos têm medo dos carros ruins. De modo semelhante, como as companhias de seguros não podem descobrir uma maneira de prevenir os seguros de baixo risco dos seguros de alto risco, elas acabam cobrando altos preços de todos, como se todos fossem de alto risco. E isso, consequentemente, faz com que as pessoas de baixo risco não comprem o seguro, porque sabem que estão sendo cobradas em excesso.

Então, tenha em mente que a informação assimétrica pode conduzir ao que os economistas chamam de falha de mercado — e nos piores casos, pode levar mercados ao colapso completo à medida que os bens ruins expulsam os bons. Nesses casos, nenhum mercado pode existir porque as pessoas ficam assustadas com o fato de que outros participantes do mercado estejam mais bem informados, e possam usar esta informação para tirar vantagem delas.

LEMBRE-SE

Em casos extremos, a informação assimétrica pode conduzir ao que os economistas chamam de *ausência de mercado* — situação em que não há mercado para um bem ou serviço. Nessas situações, os mercados podem não existir, porque muitos participantes em potencial são afugentados pelo fato de que participantes mais bem informados do mercado possam usar esse vantagem de informação como vantagem para explorar participantes menos informados.

Em casos menos extremos, a informação assimétrica apenas dificulta, mas não elimina completamente o mercado. Trato de como isso acontece na próxima seção.

Azedando o problema dos limões: O mercado dos carros usados

O economista de Berkeley George Akerlof recebeu o Prêmio Nobel em Economia em 2002 por um famoso artigo científico que escreveu chamado "The Market for Lemons" ["O Mercado dos Limões", em tradução livre]. O artigo publicado em 1970 é todo sobre informação assimétrica e falha de mercado, e foi especialmente memorável porque o Professor Akerlof usou o mercado dos carros usados como seu exemplo básico. O que Akerlof corretamente explicava era que veículos de baixa qualidade, chamados nos Estados Unidos de limões, dominam o mercado, porque a informação assimétrica afasta os vendedores que têm carros de qualidade para vender.

Para tornar clara a intuição por trás do resultado, imagine que existam apenas três tipos de carros usados a venda: bom, razoável e ruim. Todos parecem iguais por fora e até mesmo um test-drive diz o mesmo, mas eles têm grandes diferenças em termos de tempo de vida útil do motor. Em razão da diferença na qualidade do motor e o tempo que os carros provavelmente ainda durarão, os carros bons têm valor de $15.000, os razoáveis valem $10.000 e os ruins valem apenas $5.000.

LEMBRE-SE

O problema que leva às falhas de mercado é a informação assimétrica que existe entre compradores e vendedores. Em particular, embora cada vendedor saiba como está o motor do seu próprio carro, os compradores não têm como saber.

Os compradores, é claro, poderiam pedir aos vendedores para serem honestos sobre a qualidade dos seus carros e, sem dúvida muitos deles — provavelmente a maioria — diria a verdade. Mas não há como *saber* se eles estão dizendo a verdade. Consequentemente, quando um vendedor diz a você que o carro dele é bom, ainda assim você ficaria preocupado em estar sendo enganado.

Como estou prestes a mostrar, esse medo muito razoável faz com que quase todos os carros bons e os razoáveis sejam retirados do mercado. O resultado é um mercado de carros usados dominado por carros ruins; como Akerlof colocou, o mercado de carros usados terminou se tornando "um mercado para limões".

Observando como os carros usados de qualidade são removidos do mercado

Imagine que você quer comprar um carro usado, mas não quer pagar muito por ele. Você sabe que só existem três tipos de carros: bons, razoáveis e ruins. Além disso, você deve saber que um terço de todos os carros usados na estrada são bons, um terço é razoável e um terço é ruim. Quanto estaria disposto a pagar por um carro usado?

Bem, dado o fato de que um carro bom vale $15.000, um carro razoável vale $10.000 e um ruim, $5.000, e também dado o fato de que você não sabe quais carros são bons, razoáveis ou ruins, imagine que estaria disposto a pagar nada além de $10.000. Por que $10.000? Porque isso é o que um carro razoável — um carro com qualidade média — custa.

Já que os vendedores não têm como provar a qualidade de seus carros, a coisa sensata a fazer diante de um carro usado é supor que é de qualidade mediana e, por consequência, vale $10.000. Então você oferece $10.000. E assim fazem os outros compradores apresentados aos carros usados, porque eles, como você, não podem distinguir a qualidade dos veículos. Agora, observe como diferentes vendedores reagem a sua oferta de $10.000 dependendo da verdadeira qualidade de seus carros:

>> Se o vendedor sabe que o carro está ruim e vale apenas $5.000, ele, muito contente, aceita sua oferta.

>> Se o vendedor sabe que o carro está razoável, ele também aceita, porque o que você está oferecendo é o que o carro realmente vale.

>> Se o vendedor tem um bom carro, ele não aceitará sua oferta, a menos que ele esteja em algum tipo de circunstância terrível. Ele sabe que o valor do carro é $15.000, assim não aceitará $10.000, a menos que realmente esteja desesperado para levantar esse dinheiro (talvez para pagar alguma dívida de jogo).

O resultado é que quase todos os carros bons saem do mercado, ficando apenas os ruins e os razoáveis. Agora, considere como esta situação muda o que os compradores estão desejando oferecer. Se todos os carros bons são retirados do mercado, existe agora uma chance de 50/50 de que o carro seja razoável ou ruim. Em tal situação, quanto você ofereceria pagar se fosse o comprador? Bom, com uma chance de 50/50 do valor do carro ser de $10.000 ou $5.000, você provavelmente oferecerá um valor médio entre os dois: $7.500. Mas, ao fazer isso, o mercado se torna cada vez mais disfuncional. Afinal, como os vendedores dos carros razoáveis reagirão à oferta de $7.500? Eles rejeitarão a oferta e retirarão seus veículos do mercado também.

O péssimo resultado é que com os carros bons e os razoáveis fora do mercado, os únicos que restam são os carros ruins, os limões. Devido ao problema da informação assimétrica, o mercado de carro usado acaba sendo um mercado de limões. Os compradores estão cientes dessa situação, então oferecem apenas $5.000 para qualquer carro no mercado. E, como só carros ruins são oferecidos, os vendedores aceitam o valor de $5.000. Assim, embora seja verdadeiro que os carros ruins acabam sendo vendidos ao preço correto no mercado de carros usados, não existe mercado para os carros usados que são bons ou razoáveis.

Isso é um problema porque as pessoas — tanto compradores como vendedores — desejam comercializar carros bons e razoáveis, e elas estariam muito mais felizes se assim o pudessem fazer. Mas, a menos que alguma solução possa ser encontrada para o problema da informação assimétrica, as pessoas continuarão desamparadas.

Fazendo limonada: Soluções para os problemas dos limões

A questão fundamental no problema dos limões é que os vendedores dos carros bons e razoáveis não têm como convencer os compradores de que seus carros são tão bons quanto os vendedores sabem que são. O problema todo poderia ser resolvido se alguma forma fosse encontrada para convencer os compradores de que os carros bons realmente são bons e que os razoáveis, são, de fato, razoáveis.

Nas próximas três subseções, discuto maneiras para atingir esse objetivo. Estes métodos não funcionam perfeitamente, mas, porque oferecem alguma segurança aos compradores, estes estão dispostos a oferecer o suficiente aos vendedores para obterem automóveis de alta qualidade.

OFERECENDO UMA GARANTIA

Uma maneira de o vendedor convencer o comprador de que ele realmente adquiriu um bom carro é oferecendo-lhe uma garantia. O vendedor sabe que o carro não vai quebrar depois da venda, o que significa que nunca precisará pagar por quaisquer reparos.

A garantia é convincente porque apenas os vendedores de carros bons estão dispostos a oferecê-la. Em contrapartida, o vendedor de um carro ruim não ofereceria uma garantia, porque sabe que seu carro provavelmente quebrará e que ele teria de pagar pelo conserto. Consequentemente, se alguém estiver disposto a oferecer uma garantia, isso com certeza significa um bom carro. É por isso que você observa tantas revendedoras de carros usados oferecendo garantias para os veículos que vendem. Se não as oferecessem, o problema dos limões rapidamente assumiria o controle, e os preços cairiam tanto que apenas os carros ruins seriam comprados e vendidos no mercado de carros usados.

CONSTRUINDO UMA REPUTAÇÃO

Outra maneira de resolver o problema dos limões é tranquilizar os compradores ao estabelecer um mercado de tal modo que os vendedores possam construir uma reputação de honestidade e boa conduta. Essa é a razão de a maioria dos carros usados serem vendidos por concessionárias em vez de diretamente entre os interessados.

Compare uma revenda de carros usados com um particular vendendo seu carro usado online. Quem tem mais incentivos para lhe dizer a verdade sobre a qualidade dos carros? O vendedor de carros usados ganha sua vida vendendo carros, portanto, se ele cobrar a mais de um cliente vendendo um carro ruim como se fosse om, rapidamente estará em apuros. Quando aquele carro começar a dar problemas, o comprador vai virar uma fera e contar para todos os seus amigos que o vendedor trapaceou. E essa perda de reputação vai lhe custar vendas futuras. De fato, ele rapidamente irá à falência se desenvolver uma reputação de mentiroso.

Em contrapartida, um indivíduo vendendo seu carro usado não precisa temer a reputação de mentiroso. Sua fonte de renda principal não é vender carros. Se ele o ludibriar e você ficar furioso e contar o fato para todos os seus amigos, isso não o afetará em nada, uma vez que ele não está no negócio de vender carros usados. O resultado é que ele tem muito mais incentivo para mentir do que o vendedor de carros usados, porque este precisa cuidar de sua reputação. Como resultado, a maioria dos carros usados bons são vendidos por concessionárias. Mas até mesmo com as concessionárias as pessoas ainda precisam de alguma tranquilização, e essa é a razão de a maioria delas também oferecer garantias.

OBTENDO A OPINIÃO DE UM ESPECIALISTA

Uma vez que o cerne do problema dos limões é a informação assimétrica, outro método para solucionar o problema é os compradores céticos contratarem um especialista que pode lhes dar as informações necessárias para distinguir os carros bons, razoáveis e ruins. Muitos compradores de carros empregam esta estratégia quando têm dúvidas sobre a honestidade dos vendedores.

Por uma tarifa relativamente pequena, um comprador pode contratar um especialista terceirizado — por exemplo, um mecânico profissional — para inspecionar o veículo e fazer uma lista dos reparos que provavelmente serão necessários num futuro próximo. Deste modo, o comprador pode ter um quadro melhor da qualidade do carro e qual é seu preço justo.

Entretanto, este método pode não ser capaz de resolver totalmente o problema da informação assimétrica, porque os especialistas provavelmente não conseguirão descobrir *tudo* o que está errado com o carro. Na medida em que isso é verdade, os compradores ainda podem continuar desconfiados, e ainda pode haver alguma falha potencial do mercado. É por isso que você vê, frequentemente, os compradores iniciando inspeções usadas em conjunto com outros métodos para resolver o problema da informação assimétrica, tais como garantias e vendas por concessionárias, que têm uma reputação a zelar.

Emitindo um seguro quando você não consegue distinguir os indivíduos

Uma companhia de seguros enfrenta o problema da informação assimétrica de modo peculiar: as pessoas que compram seguros sabem mais do que a empresa sobre os riscos que elas enfrentam.

Considere o seguro de automóveis. Quem mais precisa dele: bons motoristas que dificilmente se envolvem em acidentes ou maus motoristas que se envolvem em muitos acidentes? Agora, claro que mesmo os bons motoristas querem seguro, porque muitas vezes eles são envolvidos em acidentes dos quais não têm a menor culpa. Mas os maus motoristas querem o seguro muito mais para ajudar a pagar por todos os acidentes que sabem que vão causar porque são péssimos motoristas.

Um problema de informação assimétrica é enfrentado pelas companhias de seguros, porque, enquanto os motoristas individualmente sabem se são bons ou maus, a companhia de seguros não pode distingui-los facilmente. Se *pudessem*, elas simplesmente cobrariam dos bons motoristas uma pequena taxa pelo seguro, e, dos maus motoristas, uma alta taxa.

Mas, como não conseguem distinguir entre bons e maus motoristas, as companhias de seguros correm um sério risco de ruína financeira. Para ver por que, imagine que uma companhia de seguros ofereça a mesma tarifa baixa para todos, como se fossem *todos* bons motoristas. Tal atitude rapidamente a levaria à ruína, porque não conseguiriam coletar dinheiro suficiente para pagar por todos os danos causados pelos maus motoristas.

Para evitar a falência, as companhias de seguros poderiam ir para o outro extremo, cobrar de todos como se fossem todos maus motoristas. Mas então os bons condutores parariam de comprar seguros, porque para eles seria muito mais caro. O resultado seria que apenas os maus condutores fariam seguro.

Esse resultado é péssimo para a sociedade, porque você quer que todas as pessoas sejam capazes de adquirir um seguro a uma taxa que reflita honestamente suas habilidades ao volante. Os bons motoristas devem ser capazes de obter seguro a uma taxa justa. E, porque os bons motoristas compõem a maioria dos motoristas no mundo real, as companhias de seguro fracassam em obter um lucro potencial, a menos que elas possam encontrar uma forma de separar os bons motoristas dos maus.

Agrupando os indivíduos para ajudar a distingui-los

As companhias de seguro desenvolveram um modo paradoxal para lidar com o fato de que elas não conseguem determinar se um indivíduo é bom ou mau motorista. Em vez de focar o indivíduo, elas procuram por pistas sobre ele, baseadas nos grupos ao qual ele ou ela pertencem. Fazendo isso, frequentemente as companhias de seguros obtêm uma boa ideia sobre se esses indivíduos são bons ou maus condutores. Por exemplo, é um fato bem conhecido que homens abaixo dos 25 anos se envolvem em mais acidentes do que as mulheres abaixo de 25 anos. Assim, se duas pessoas forem até uma companhia de seguros e uma delas for um jovem de 23 anos e a outra uma garota de 22 anos, as chances são de que o rapaz seja pior motorista que a moça. Consequentemente, ele pagará mais pela apólice do que ela.

Essa situação apresenta um resultado favorável ao assegurar que todas as pessoas possam obter o seguro por um preço *provavelmente* justo, dado o fato que, em média, pessoas do sexo masculino e abaixo dos 25 anos se envolvem muito mais em acidentes que pessoas do sexo feminino abaixo dos 25 anos.

DICA

Na realidade, esse bom resultado não é a razão que compele as companhias de seguros a intuírem tanto quanto possível sobre seus clientes, observando a quais grupos eles pertencem. Elas realmente não têm escolha, a concorrência as *força* a agir assim.

Por que isso é verdade? Considere duas companhias de seguros, e apenas uma utiliza informações de membro de grupos para ajudar a fixar taxas. A empresa que não utiliza informação de grupo tem que fixar taxas muito altas por causa do receio de que todos esses clientes sejam maus motoristas. Ao fazer isso, afasta todos os bons motoristas que não querem pagar taxas destinadas aos maus motoristas em seus seguros.

Mas a companhia que utiliza a informação de grupo pode oferecer múltiplas taxas, como taxas altas para homens jovens e baixas para mulheres jovens. Fazer isto permite que a companhia capte os objetivos de muitos bons motoristas, que não querem lidar com a primeira companhia de seguros, a que fixa apenas uma única e alta taxa para todos. O resultado é que as companhias de seguros estão sempre procurando maneiras de tentar estimar o perfil individual de riscos, baseados em perfis de risco muito bem conhecidos dos grupos aos quais ele ou ela pertencem.

Esse processo pode levar a algumas conclusões não muito satisfatórias. Uma situação ímpar é que os bons motoristas, jovens, do sexo masculino, acabam pagando taxas mais altas que as más motoristas, jovens, do sexo feminino, porque a única coisa que as companhias de seguros têm para comparar é o gênero. Mas tal sistema ainda é melhor que a alternativa mais injusta, em que *todos* os bons motoristas teriam que pagar as mesmas taxas dos maus motoristas, que é o que aconteceria se as companhias de seguros fossem proibidas de utilizar informações de grupos para tentar distinguir seus clientes. Quanto mais as companhias de seguros puderem distinguir totalmente os bons dos maus motoristas, utilizando a informação de grupos de risco, tanto mais justas serão as taxas.

Tenha em mente que os motoristas para quem as companhias de seguros têm maiores necessidades de usar o critério de informações de grupo, são os novos condutores. Uma vez que elas não têm quaisquer registros de violações ou acidentes para os novos motoristas, há uma necessidade premente de tentar separar os bons dos maus, utilizando a informação do grupo de risco. À medida que os motoristas ganham mais experiência, as companhias de seguros podem obter informações cada vez mais precisas sobre acidentes ou violações de trânsito, o que distingue os bons motoristas dos maus.

Evitando a seleção adversa

Utilizar os grupos aos quais uma pessoa pertence para estimar seu risco individual para o seguro é apenas parte da maneira de resolver o problema da informação assimétrica que existe entre as companhias de seguros e seus clientes. Obviamente, existem ainda muitas outras variações individuais dentro de qualquer grupo. Por exemplo, mesmo que as mulheres jovens sejam, em média, melhores motoristas que os homens jovens, algumas delas são más motoristas. Isso leva a um problema muito complexo conhecido como *seleção adversa.*

Se uma companhia de seguros estabelece um prêmio para mulheres jovens baseado *na média* de frequência de acidentes em que elas se envolvem, os seguros serão mais atrativos para as mulheres que na verdade são más motoristas do que para aquelas que são boas.

Como resultado, jovens mulheres más motoristas estarão mais inclinadas a procurarem pelo seguro do que jovens mulheres boas motoristas. A tendência é conhecida como *seleção adversa*, porque é como se os riscos adversos, ou neste caso os maus motoristas, se autosselecionem para comprar apólices. O resultado é um grupo de clientes que apresentam um número desproporcionalmente alto de maus motoristas.

A seleção adversa é um problema difícil, pois é um círculo vicioso. A seguradora tem que aumentar os valores do prêmio para considerar o fato de que os maus motoristas são mais propensos a fazer seguro do que os bons motoristas. Mas, quando ela aumenta o prêmio, o problema piora porque com os valores mais altos tornam o seguro menos atraente para os bons motoristas, o que significa que o grupo de segurados será ainda mais desproporcionalmente dominado por maus motoristas.

Uma solução para a seleção adversa é a companhia de seguros oferecer uma taxa para um grande grupo de pessoas — com a condição de que ninguém possa desistir. Por exemplo, em uma escola em que leciono, nossa empresa de seguro saúde oferece uma taxa pequena taxa para todos os empregados, sob a condição de que todos têm que integrar o plano. Englobando todos, não há chances de que o grupo segurado seja dominado apenas pelos doentes porque todos os saudáveis não quiseram participar.

DISCRIMINAÇÃO DE GRUPO, IDENTIFICAÇÃO INDIVIDUAL

A ideia de agrupar os indivíduos para ajudar a classificá-los vai além dos seguros. Por exemplo, as companhias querem funcionários que trabalhem muito, mas não podem, de fato, dizer se este é seu perfil quando você participa de uma entrevista de emprego. Então, elas tentam estimar as suas chances observando os grupos aos quais você pertence.

Por exemplo, quase todos os alunos com média 10 são esforçados. Portanto, se você é um estudante média 10, a empresa estará muito mais interessada em contratá-lo. Você pode, na verdade, ser preguiçoso, mas por ver a que grupo pertence, a empresa aumenta suas probabilidades de que você não o seja.

A prática de usar informações a respeito do grupo ao qual um indivíduo faz parte para tentar identificar características pessoais é chamada de *discriminação estatística*. Embora essa prática normalmente melhore os resultados econômicos, você tem que decidir sozinho se — e em quais casos — acha isso justo ou injusto.

Atenuando o risco moral

O outro grande problema enfrentado pelas companhias de seguros é chamado de *risco moral*. Ele ocorre porque adquirir um seguro tende a mudar o comportamento das pessoas. Por exemplo, se você não tivesse seguro automóvel, é provável que dirigisse muito mais devagar, sabendo que teria que utilizar seu próprio dinheiro para pagar por qualquer dano que causasse. Mas, porque você o tem, pode dirigir mais rápido e imprudentemente, sabendo que se alguma coisa der errado a companhia de seguros pagará a conta. De forma parecida, como você tem seguro de bens, a probabilidade de deixar a porta de sua casa destrancada é maior (por favor, note que quando digo "você" nos exemplo, não quero dizer você de verdade. Tenho certeza de que você está acima do risco moral, mesmo que seus amigos e vizinhos não estejam).

As companhias de seguro de carros lidam com o risco moral oferecendo descontos em troca de altas franquias. Por exemplo, se você se envolver em um acidente, os $1.000 de franquia que escolheu significam que de qualquer conta que advenha do acidente, você terá que pagar apenas os primeiros $1.000.

A franquia serve como um forte incentivo para que você não incorra em risco moral e dirija de forma imprudente. E, como a companhia sabe que sua alta franquia o desembaraça do problema de risco moral, ela estará disposta a oferecer um seguro com taxas muito baixas, para que você opte por uma franquia de apenas $100. Franquias são uma maneira inteligente de reduzir problemas de risco moral.

Oferecendo Bens Públicos

Bens públicos são coisas que não podem ser lucrativamente produzidas pelas empresas privadas, porque não há meios de excluir os não pagadores de utilizá-las. A incapacidade das empresas particulares de produzirem bens públicos de forma lucrativa deriva do fato de eles terem duas características muito especiais. Os bens públicos são não rivais e não exclusivos.

» **Não rivais:** Significa que uma pessoa utilizando o bem não diminui a capacidade de outra pessoa de desfrutar o mesmo bem. Pense em uma exibição de fogos de artifício, uma estátua em um parque ou um show de televisão difundido por ondas. Seu consumo não diminui de modo algum o consumo dos outros. Isso está em gritante contraste com a maioria dos bens, em que se você consome mais, sobra menos para os outros (pense em biscoitos).

» **Não exclusivos:** Significa que é difícil impedir que os não pagadores consumam um bem ou serviço. Por exemplo, quando você faz uma exibição de fogos de artifício, todos nas proximidades podem ver gratuitamente, não importa quanto você gostaria de cobrar deles por isso. Um exemplo mais sério é o exército: quando está posicionado para prover a defesa nacional, ele a oferece para todos, inclusive para aqueles que não querem contribuir com os custos de mantê-lo.

LEMBRE-SE

As características não rival e não exclusiva dos bens públicos tornam muito difícil para as empresas privadas ganhar algum dinheiro produzindo esses bens. Pense em tentar conseguir com que as pessoas comprem ingressos para uma exibição de fogos de artifício ao ar livre. Como as pessoas sabem que conseguirão assistir ao espetáculo de graça, elas não comprarão os ingressos. Como elas não querem pagar pelos ingressos, não há como levantar o dinheiro necessário para a exibição.

Este tipo de problema "ovo e galinha" é frustrante porque, embora as pessoas não queiram pagar por algo que terão de graça, elas na verdade gostam de apresentações de fogos de artifícios, o que significa que estariam dispostas a pagar para vê-los. O problema é criar uma forma de fazê-las pagar.

Taxando para oferecer bens públicos

A solução mais comum para o problema de como fornecer bens públicos tem sido a intervenção dos governos, que usam dinheiro dos contribuintes para pagar por eles. No caso dos fogos de artifício, como quase todos gostam de fogos de artifício, não há dificuldade em conseguir suporte político suficiente para gastar dinheiro dos contribuintes nessas exibições. E, depois de terem sido financiados pelo contribuinte, todos podem desfrutar dos fogos.

A defesa nacional é, historicamente, oferecida pelo governo, porque ela também é um bem público muitíssimo não exclusivo e não rival. Por exemplo, porque a proteção contra invasões estrangeiras é não exclusiva, há sempre uma tentação em não ajudar a pagar por ela, porque você sabe que se alguém mais pagar, você pode desfrutar de graça da segurança contra invasões estrangeiras. E, como a defesa nacional é não rival, sabe também que a segurança que você desfruta é de uma qualidade tão alta quanto a que todos os demais desfrutam. Esse fato também diminui o incentivo para pagar. Como resultado, os governos forçam as pessoas a dividirem as despesas da segurança nacional cobrando impostos.

Os tributos e uma boa parte das despesas públicas são frequentemente ridicularizados como desperdício (e muitas vezes são desperdício), mas lembre-se de que, em muitos casos, eles são a única forma de financiar a ampla variedade de bens públicos dos quais dispomos. Apesar de ninguém gostar de tributos, você provavelmente não desejaria negociar a redução da carga fiscal em favor de não ter parques públicos, exército nacional, exibições de fogos de artifício, vias públicas, serviços públicos de esgotos e assim por diante. Sem a capacidade do governo em obrigar as pessoas a pagarem por essas coisas — nós provavelmente não as teríamos — pelo menos não nas quantidades e variedades que atualmente gozamos.

Recorrendo à filantropia para fornecer bens públicos

Embora a maior parte dos bens públicos seja paga por tributos cobrados pelo governo, alguns bens públicos são pagos pela iniciativa privada. Então não pense que os governos são essenciais para proporcionar bens públicos. Não é verdade. Entretanto, os governos são uma forma muito mais confiável de oferecer bens públicos porque não é preciso depender da benevolente filantropia dos mais ricos, que não têm obrigação de usar sua fortuna em bens públicos.

CUIDADO

Não cometa o equívoco comum de pensar que bens públicos são chamados *públicos* porque são normalmente fornecidos pelo governo e não pelo setor privado. Os economistas usam esse termo porque empresas particulares não são capazes de produzi-los de forma lucrativa, não porque eles precisem ser produzidos pelo governo. A filantropia privada é capaz de produzir bens públicos sem qualquer ajuda do governo.

Por exemplo, na região de Los Angeles em que cresci, há um enorme parque montanhoso chamado Griffith Park. As terras foram doadas por um milionário chamado Griffith J. Griffith. Ou seja, ele produziu um bem público à própria custa.

O desejo de fama ou reconhecimento pode ajudar a incentivar a doação de bens públicos por particulares. As pessoas mais ricas trocam milhões em doações para hospitais, universidades e caridades para ter um prédio ou ala com seu nome. E empresas costumam patrocinam bens públicos culturais como shows de fogos de artifícios, festivais de arte e desfiles para obter reconhecimento e uma boa reputação.

Proporcionando um bem público através da venda de um bem privado

A radiodifusão é um bem público. Depois que o sinal de uma estação de rádio é transmitido, ele é não rival: a audiência do programa não reduz a capacidade de ninguém de sintonizá-lo. Ele também é não exclusivo: não há como impedir alguém de sintonizá-lo. Assim, dado que a programação do rádio é um bem público, por que muitos programas são produzidos e transmitidos por estações de rádio particulares?

A resposta é que a indústria da difusão descobriu que, embora a radiodifusão seja um bem público, as propagandas que acompanham os programas são bens para lá de privados, para os quais se pode cobrar muito dinheiro. Ou seja, se os fabricantes de automóveis ou de cervejas, ou o editor de um livro de economia revolucionário de capa preta e amarela, quiserem que sua propaganda chegue a milhões de ouvintes que sintonizam gratuitamente um bem público conhecido como rádio (e o mesmo se aplica à TV), a empresa tem que pagar pelo tempo em que o comercial vai ao ar.

BANCANDO A INFORMAÇÃO GRATUITA COM PROPAGANDA

O Google hoje é o maior e mais popular mecanismo de busca da internet. Mas no início, perdeu muito dinheiro. O problema era que o Google oferecia a busca de informações de forma gratuita, como um bem público. As pessoas acessavam google.com, digitavam um termo de busca e obtinham resultados classificados sem pagar nada por isso. Esse serviço era muito útil para os usuários, mas o Google não teria como mantê-lo se não tivesse encontrado uma maneira de gerar renda com seus serviços.

A solução foi a mesma já usada pelas estações de rádio e TV e jornais impressos. O Google passou a cobrar dos anunciantes pelo direito de exibir anúncios ao lado dos resultados de busca gratuitos do Google. Por exemplo, se uma pessoa usar o Google para pesquisar pela palavra "cachorro", os resultados gratuitos vêm acompanhados de anúncios pagos de empresas que vendam produtos relacionados a *cachorro* — como cachorro-quente e comida para cachorro.

Os anúncios da busca do Google tiveram uma consequência não intencional: começaram a eliminar os jornais. Isso ocorreu porque os anúncios direcionados do Google têm uma relação custo-benefício muito melhor para os anunciantes do que jornais impressos. Por exemplo, se uma empresa que deseja vender coleiras para cachorros comprasse uma página inteira de um grande jornal, apenas um pequeno percentual dos leitores daquele jornal teria interesse no anúncio, pois a grande maioria não estaria interessada naquele momento em coleiras. Mas, se a mesma empresa colocar seu anúncio apenas ao lado de resultados de busca geradas por pessoas buscando "coleiras para cachorros", praticamente todas as pessoas que visualizarem o anúncio podem desejar comprar uma coleira.

Na década seguinte à introdução dos anúncios de busca do Google, as receitas de venda de anúncios dos jornais impressos despencaram em mais da metade, e centenas de jornais quebraram ou foram forçado a se fundir com outras empresas para sobreviver. Os jornais tentaram se adaptar à era da internet lançando publicações online e tentando captar receitas online e em dispositivos móveis. Mas, como os anúncios das agências de notícias são tão bem direcionados quanto os dos resultados de busca do Google, não podem cobrar taxas muito altas.

O segredo por trás das estações de rádio e TV é que o setor privado vende um bem chamado publicidade, que paga pelo bem público gratuito chamado rádio e televisão. Em um alcance mais limitado, os jornais e revistas trabalham da mesma maneira. Embora levantem dinheiro dos assinantes ou das vendas nas bancas de jornais, uma grande parcela de suas receitas vem dos anúncios e publicidade que vendem.

Classificando as novas tecnologias como um bem público

Vivemos em uma era de rápida elevação do padrão de vida. Por quê? Porque as instituições estão incentivando a criação de novas e melhores tecnologias, que nos permitem produzir mais bens e serviços a partir dos mesmos velhos recursos, ou produzir bens e serviços inteiramente novos cuja produção era impossível.

O progresso tecnológico é um bem público. Portanto, a sociedade teve que descobrir formas de se certificar de que acontecesse independentemente do fato de os indivíduos e empresas terem pouco incentivo para inventar novas tecnologias.

Patentes para transformar bens públicos em bens privados

Para entender como as novas tecnologias são bens públicos, considere a invenção da prensa móvel para impressão por Gutenberg por volta de 1435. Antes de Gutenberg, os livros eram copiados a mão. Mas, depois da invenção da prensa tipográfica, passou a ser muito mais barato fazer novas cópias imprimindo-as. Além disso, pense em como a tecnologia é realmente simples. A máquina tipográfica é, basicamente, uma grande versão dos carimbos de borracha com os quais as crianças pequenas gostam de brincar. A invenção foi imediatamente compreensível para qualquer um que ouvia falar dela, o que significou que todos poderiam fazer suas próprias gráficas tão logo ouvissem falar delas.

Deste modo, como essa invenção satisfaz as características de um bem público?

> » Ela é não rival, porque construir e utilizar uma prensa não diminui em nada a capacidade de outros de construir e utilizar o mesmo tipo de máquina.

> » Ela é basicamente não exclusiva, porque o custo de comunicar a nova ideia para outra pessoa é muito baixo — apenas uma pequena conversa faz o truque.

O resultado é que, a menos que a sociedade crie algum tipo de instituição para recompensar a criação de novas ideias, não há nada mais que o incentivo do lucro para entrar no negócio de invenção. De fato, o que aconteceu com Gutenberg foi que todos copiaram sua ideia e não pagaram nada a ele por isso. Então, a menos que seja proposta uma maneira de recompensar financeiramente a criação de novas invenções, é improvável que obtenhamos muitas delas.

LEMBRE-SE

A solução foi a criação de *patentes*. Ao dar aos inventores o direito exclusivo de comercializar e vender suas invenções por 20 anos, as patentes oferecem um incentivo financeiro para conseguir que as pessoas invistam seu tempo e energia, necessários para apresentar novas tecnologias que beneficiem a todos. Não é por coincidência que a Revolução Industrial decolou somente após as patentes impostas pelo governo tornarem-se amplamente disponíveis na Europa ocidental no século XVIII.

Subsidiando pesquisas em tecnologias que não podem ser patenteadas

Nem toda nova inovação pode ser patenteada, porque você só pode patentear aquilo que inventa e não algo que descobre. Por exemplo, se você inventar um produto químico que nunca existiu antes e sintetizá-lo, então pode patenteá-lo. Mas se você simplesmente descobrir um produto químico existente, no mar ou no solo, não pode.

Essa situação é um grande problema para coisas como a pesquisa do câncer, porque muitas curas em potencial são substâncias químicas derivadas de plantas e animais, substâncias químicas que existem na natureza desde épocas remotas. Estes produtos químicos têm enormes benefícios potenciais, mas como eles não podem ser patenteados, ninguém tem um forte incentivo financeiro para tentar descobri-los.

Como resultado, o governo e muitos grupos privados de filantropia financiam pesquisas nas áreas da ciência, em que o problema dos bens públicos poderia, de outra maneira, limitar as pesquisas. Essa solução é muito importante para um economista, porque prover bens públicos é um problema econômico que os mercados e a mão invisível não podem resolver. Outros tipos de falhas de mercado, como a informação assimétrica, têm muitas soluções importantes no setor privado (como mostrado na seção "Fazendo limonada: Soluções para os problemas dos limões", anteriormente neste capítulo).

NESTE CAPÍTULO

» Entendendo por que o seguro-saúde tem dificuldade em lidar com condições preexistentes

» Comparando os gastos globais com saúde

» Focando por que as taxas de participação e despesas diretas incentivam o racionamento

» Entendendo como Singapura oferece atendimento de excelência com o menor custo do mundo

Capítulo **12**

A Economia da Saúde e as Finanças da Assistência à Saúde

D e todos os bens e serviços que a ciência e a tecnologia modernas podem proporcionar, aqueles do tipo que são capazes de prolongar a vida de alguém, proteger contra a enfermidade e reparar ferimentos causados por doenças e acidentes estão entre os mais valorizados e com mais alta demanda. Além disso, muitas pessoas consideram o acesso à saúde um direito humano básico. No entanto, nada é de graça. Quaisquer recursos dedicados à prestação de cuidados de saúde são recursos que não podem ser dedicados a outros itens — incluindo educação pública e habitação a preços acessíveis, que muitas pessoas também consideram os direitos humanos básicos. Assim, a escassez se aplica tanto aos cuidados de saúde como a qualquer outro bem ou serviço.

Como a economia estuda a forma que as pessoas lidam com a escassez, suas perspectivas são úteis quando se consideram os dilemas enfrentados pelos governos e indivíduos. Como eles podem estruturar melhor as instituições médicas para fornecer o atendimento da mais alta qualidade ao maior número de pessoas com o menor custo possível? Como explico neste capítulo, os incentivos são muito importantes.

Depois de definir a economia da saúde e as finanças da assistência a saúde, este capítulo apresenta a mecânica e as limitações dos planos de saúde antes de examinar quais sistemas de saúde fornecem os melhores resultados com os menores custos. Então, examino os incentivos econômicos que o sistema de saúde de Singapura fornece e como esses incentivos sustentam sua capacidade de fornecer cuidados de alta qualidade a custos baixos. Concluo com uma discussão sobre a eficácia desses sistemas de incentivo quando experimentados em outros lugares.

Definindo a Economia da Saúde e as Finanças da Saúde

Economia da saúde é o estudo de como os recursos são alocados para a saúde. Assim, a economia da saúde investiga tópicos abrangentes, incluindo os melhores métodos para financiar pesquisa médica, se a prestação de assistência médica através de hospitais centrais ou clínicas locais é mais eficiente em termos de custo, como a propaganda de medicamentos controlados afeta o comportamento do consumidor e como os gastos médicos afetam a produtividade dos trabalhadores.

Um dos principais focos da economia da saúde são as *finanças da saúde,* o estudo de como os cuidados de saúde são pagos. Um método é que as pessoas simplesmente paguem por si mesmas, diretamente com recurso próprios — como a maioria das pessoas paga por comida, roupas, abrigo, entretenimento e assim por diante. Mas muitos procedimentos médicos são difíceis de planejar e extremamente caros — por exemplo, cuidados de emergência que salvam vidas após um grave acidente de carro ou cirurgia de revascularização coronária para salvar um coração doente. Tanto os altos custos quanto a natureza inesperada desses tipos de procedimentos tornam muito difícil para os indivíduos lidarem com eles individualmente.

Uma solução é o seguro-saúde, que ajuda as pessoas a arregimentar recursos para lidar com esses problemas coletivamente. Mas o seguro-saúde não está isento de problemas. Em particular, tanto o seguro-saúde privado quanto o seguro-saúde fornecido pelo governo criam incentivos para a ineficiência e uma demanda artificialmente alta que podem ser melhor administradas por métodos alternativos de financiamento da saúde. Exploro esses problemas com seguro-saúde na próxima seção.

Observando os Limites do Seguro-saúde

O seguro-saúde, popularmente chamado de plano de saúde, pode ser uma ótima maneira de lidar com os custos futuros e incertos da assistência médica — mas somente se você começar com um grupo de pessoas saudáveis. Nesse cenário, as operadoras de saúde cobram um montante de um grande número de pessoas saudáveis expostas a um risco — por exemplo, câncer — e administra esse dinheiro para pagar os serviços ou reembolsar a minoria que sofrerá esse problema no futuro. Como nem todos terão a doença, os prêmios mensais pagos por todos os conveniados podem ser bastante baixos. Isso ocorre porque os custos futuros de tratar os poucos que terão câncer estão distribuídos por todo o grupo.

Mas as pessoas ficam doentes. Como resultado, não é possível encontrar muitos grupos em que todas as pessoas estejam saudáveis em determinado momento. Isso é problemático porque uma alta proporção de pessoas doentes pode arruinar a capacidade do seguro-saúde de lidar com os futuros custos médicos. Quanto maior a proporção de pessoas doentes, menos funcional o seguro-saúde se torna. As pessoas saudáveis desistem quando os prêmios são muito altos e, em algum momento, não há pessoas saudáveis suficientes no grupo para que suas contribuições possam arcar com os altos custos futuros dos doentes.

Esta seção explora os limites do seguro-saúde. Reconhecer que o seguro tem seus limites é importante porque o ajuda a entender as dificuldades enfrentadas por empresas privadas e governos quando tentam usar o seguro como o principal meio de financiar os gastos com saúde. Além disso, você pode perceber imediatamente que um grande argumento de venda para outros métodos de financiamento da saúde é que eles normalmente evitam os problemas que afetam o seguro-saúde. Mas não pense que evitar os seguros-saúde resolve todos os problemas relacionados ao financiamento da assistência médica; esses outros métodos geralmente apresentam alguns sérios problemas também.

Seleção adversa: Analisando quem compra o seguro

Pessoas que já têm problemas médicos têm *condições preexistentes*. O seguro-saúde tem dificuldade em lidar com condições preexistentes em razão da *seleção adversa,* que ocorre quando o seguro é desproporcionalmente comprado por aqueles que têm maior probabilidade de precisar de reembolsos onerosos no futuro. A seleção adversa pode aumentar as taxas de seguro e até mesmo destruir o mercado de seguros. (Para detalhes sobre seleção adversa em seguros de automóvel, veja o Capítulo 11.)

Para ver como a seleção adversa causa estragos nos mercados de seguros-saúde, suponha que uma operadora ofereça seguro-saúde para um grande grupo de pessoas — digamos, a população do estado de São Paulo. Para aqueles com condições preexistentes, a compra de seguros é óbvia, porque eles têm certeza de que suas futuras contas de saúde serão maiores do que seus prêmios de seguro. Mas o dinheiro para pagar suas contas médicas futuras tem que vir de algum lugar. Com todas as pessoas doentes comprando seguro, a operadora sabe que os custos futuros de tratamentos serão altos. A única maneira de cobrir esses custos é cobrar altos prêmios, obtendo dinheiro suficiente daqueles *sem* condições preexistentes para pagar os custos esperados.

Aqueles sem condições preexistentes reagirão da mesma forma que as pessoas reagem a preços mais altos quando considerarem qualquer bem ou serviço: alguns deixarão de comprar o produto. Sua saída do mercado de seguros torna as coisas ainda piores para a operadora, porque ela será forçada a elevar os prêmios ainda mais. Mas com o aumento dos prêmios de seguro, ainda mais pessoas saudáveis optarão por não comprar seguro-saúde, e os prêmios subirão novamente.

Se esse processo for intenso o suficiente, todas as pessoas saudáveis desistirão, e a operadora de saúde deixará de oferecer o seguro — nesse caso *ninguém* terá acesso ao seguro-saúde. É difícil ficar mais adverso do que isso!

Combate à seleção adversa

Tanto o setor privado quanto o público resolveram enfrentar a seleção adversa. Esta seção destaca alguns exemplos.

Cobrança de valores diferentes

Uma importante solução do setor privado para o problema de seleção adversa é que as companhias de seguro cobrem valores distintos para clientes diferentes com base em seus prováveis custos futuros com a saúde. Aqueles sem condições preexistentes obtêm uma taxa mais baixa, e aqueles com condições preexistentes pagam um montante que reflete suas despesas futuras maiores com saúde. Infelizmente, essa solução só pode funcionar se as operadoras tiverem as mesmas informações sobre condições de saúde que seus clientes e forem legalmente autorizadas a definir valores diferentes com base em condições preexistentes. Aqui estão alguns desafios que surgem:

> » **Informação assimétrica:** Devido às leis de privacidade médica, a maioria dos pacientes tem uma melhor noção sobre suas condições preexistentes do que suas companhias de seguro (consulte o Capítulo 11, no qual discuto as informações assimétricas). Por causa disso, a estratégia de estabelecer diferentes valores para os saudáveis e os doentes pode ser difícil de implementar, porque aqueles com condições preexistentes podem simplesmente não declará-las e solicitar a cobertura a uma taxa mais baixa.

» **Equidade:** Os governos às vezes proíbem as operadoras de saúde de cobrar tarifas diferentes com base em condições preexistentes. Essas proibições são impostas por razões de equidade e presumem que as pessoas com condições preexistentes não têm culpa de terem o problema.

No entanto, essa suposição é duvidosa para muitas doenças. Vejamos o diabetes. Na maioria dos casos, a obesidade é um dos principais fatores que contribuem para o diabetes tipo 2, e a obesidade, por sua vez, é causada pelo excesso de alimentação e por falta de exercícios. Para doenças assim, os críticos argumentam que *seria* justo permitir que as operadoras cobrem prêmios mais altos porque as pessoas têm essas condições como resultado das escolhas de estilo de vida. De fato, proibir as operadoras de cobrar prêmios mais altos pode tornar as pessoas menos saudáveis — se as pessoas souberem que os prêmios de seguro não subirão se ganharem peso, podem ficar menos propensas a comer adequadamente e se exercitar.

No entanto, muitos governos efetivamente *proíbem* a cobrança de valores mais elevados de indivíduos com condições preexistentes. Essas proibições tornam ilegal a solução de valores diferentes para o problema de seleção adversa e forçam as operadoras a procurarem soluções, como o seguro de grupo.

Oferecendo seguro de grupo

O seguro de grupo é uma solução do setor privado para o problema de seleção adversa. Isso evita os problemas de equidade que surgem quando se cobram preços mais altos para aqueles com condições preexistentes. Em um *seguro de grupo*, uma operadora oferece seguro a um grupo cujos membros são selecionados por outras razões que não o interesse particular em obter um seguro-saúde.

Por exemplo, considere os funcionários de uma grande empresa de construção. Eles foram atraídos para essa empresa porque oferecia empregos de que gostavam. Assim, eles provavelmente consistem em uma mistura bastante aleatória de pessoas saudáveis e algumas pessoas com condições preexistentes. O grupo como um todo provavelmente se parece com a mistura de pessoas saudáveis e doentes encontradas na sociedade como um todo.

A operadora se aproxima da construtora e diz aos seus proprietários que eles podem comprar seguro-saúde para seus funcionários, mas somente se *todos* os funcionários aderirem. Isso resolve o problema de seleção adversa porque, se as apólices forem compradas para todos os funcionários, haverá muitas pessoas saudáveis para ajudar a pagar os altos custos de saúde daqueles que têm condições preexistentes dispendiosas.

As operadoras também oferecem contratos de seguro de grupo para outros tipos de agrupamentos, incluindo sindicatos, associações profissionais e até mesmo grandes clubes. Qualquer grupo serve desde que entre seus membros haja muitas pessoas saudáveis e todos do grupo estiverem cobertos (de modo que os saudáveis não possam desistir e, assim, deixar a companhia de seguros com um grupo menor e mais doente).

Ao mitigar o problema de seleção adversa, o seguro em grupo ajuda a fornecer assistência médica a dezenas de milhões de pessoas nos Estados Unidos. De fato, a grande maioria dos norte-americanos com seguro-saúde privado a recebe como parte dos planos pagos por seus empregadores. Infelizmente, no entanto, a disponibilidade de seguros em grupo pode tornar o seguro mais difícil de obter para aqueles que não são membros de grupos que podem ser de interesse para as operadoras de saúde.

As operadoras podem evitar oferecer seguros a indivíduos que ainda não estejam cobertos por um plano de saúde de grupo por dois motivos:

> Inscrever pessoas individualmente é substancialmente mais caro.

> As companhias de seguros têm que se preocupar que as pessoas que se inscrevem para o seguro como indivíduos possam ser especialmente propensas a ter condições preexistentes.

Essa preocupação não é infundada. Muitas pessoas com condições preexistentes dispendiosas estão doentes demais para manter empregos de tempo integral, então o fato de uma pessoa não estar coberta por um plano de seguro baseado no empregador aumenta a probabilidade de que ela tenha uma condição preexistente onerosa. Portanto, algumas operadoras cobram altos prêmios para aqueles que procuram apólices de seguro-saúde individuais, e outras relutam em emitir apólices individuais. Assim, a disponibilidade de seguro de grupo pode piorar as coisas, em vez de melhorar para aqueles que ainda não são membros de grupos segurados.

Considerando a resposta do setor público

O setor público também enfrentou o problema da seleção adversa e procurou fazê-lo de maneiras que não levantem questões de equidade. O Canadá e alguns outros países, por exemplo, tornaram obrigatória a aquisição de seguros-saúde. Como tanto os saudáveis quanto os doentes precisam comprar o seguro, a seleção adversa não levam a prêmios excessivamente altos ou a um colapso total do mercado de seguros-saúde. E como todos precisam comprar o seguro, não há preocupações com equidade ou tratamento desigual.

Outra solução imposta pelo governo para o problema da seleção adversa é eliminar completamente o seguro-saúde e fazer com que o governo ofereça todos os cuidados de saúde. É assim que os cuidados de saúde são prestados em muitos países, incluindo, mais proeminentemente, o Reino Unido. Esses sistemas de saúde são de propriedade e administrados pelo governo, cobrem todos os residentes e são pagos pelas receitas fiscais gerais. Como não há seguro envolvido, a seleção adversa não é um problema. E como todos os residentes são cobertos, não surgem problemas com a equidade no que diz respeito a restringir aqueles com condições preexistentes.

No entanto, os requisitos de seguro-saúde obrigatório e os sistemas de saúde administrados pelo governo não são isentos de problemas. Como discuto na seção "Demanda Inflada: Sofrendo com a Assistência à Saúde Gratuita e de Custo Reduzido", a seguir, ambos os sistemas tendem a levar a gastos excessivos e ineficientes em assistência à saúde que, por sua vez, exigem políticas de controle de custos consideradas por muitos como arbitrárias, severas e, ironicamente, injustas.

Comparando a Assistência à Saúde Internacionalmente

Observar como os diferentes países lidam com os custos de saúde é importante, pois proporciona uma boa noção de quais combinações parecem funcionar melhor — e o mais importante, *por que* funcionam melhor. Por exemplo, em 2014, o sistema de saúde dos Estados Unidos era tal que 79% de todos os gastos com saúde eram pagos por seguros privados (35% do total) ou seguros do governo (44% do total, a maior parte via Medicare para o idosos e Medicaid para os pobres). Naquele mesmo ano, a maioria das outras nações possuía um sistema nacional de seguro-saúde que pagava praticamente todos os gastos com saúde (como no Canadá) ou um serviço nacional de saúde administrado pelo governo que oferecia assistência médica gratuita a todos os residentes (como no Reino Unido).

Muitas outras variações combinam quantidades variáveis de seguro-saúde privado e público com hospitais privados e hospitais públicos. Veja a Tabela 12-1 para um resumo dos gastos com a saúde e a relação com a expectativa de vida e a mortalidade infantil.

A primeira coluna da Tabela 12-1 lista os gastos com saúde como percentual do produto interno bruto (PIB) para vários países desenvolvidos em 2014. O *PIB* é uma medida da renda total obtida dentro de um país em um determinado ano (veja o Capítulo 13). Assim, os dados da primeira coluna indicam quanto do rendimento total de cada país foi gasto em saúde. Os números variam drasticamente. Os Estados Unidos gastaram mais em 2014 com 17,1% de seu PIB. A maioria dos países gastou entre 9% e 12% de seus respectivos PIBs, e Singapura gastou apenas 4,9% de seu PIB.

A segunda e terceira colunas da Tabela 12-1 fornecem a expectativa de vida de cada país ao nascer e a taxa de mortalidade infantil. Embora os Estados Unidos gastem substancialmente mais do que outros em saúde, não alcançam os melhores resultados nessas duas medidas. Na verdade, está em último lugar em ambos!

TABELA 12-1 Três Importantes Estatísticas de Saúde, 2014

País	Gasto em Saúde como Percentual do PIB	Expectativa de Vida em Anos	Mortalidade Infantil por 1.000 Nascidos Vivos
Estados Unidos	17,1	80,0	5,8
França	11,5	81,9	3,2
Suíça	11,7	82,6	3,6
Alemanha	11,3	80,8	3,4
Canadá	10,4	81,9	4,5
Itália	9,2	82,3	3,3
Austrália	9,4	82,3	4,3
Reino Unido	9,1	80,8	4,3
Japão	10,2	85,3	2,0
Singapura	4,9	85,2	2,4

Fonte: CIA World Factbook, Agência Central de Inteligência dos Estados Unidos

Em contraste, Singapura se sai melhor em ambas as medidas, apesar de gastar muito menos. Ainda mais notável: em quase todas as categorias de qualidade de saúde monitoradas pela Organização Mundial de Saúde, Singapura é o número um do mundo ou está no topo da lista. A conclusão natural é que é possível obter cuidados de saúde muito bons sem gastar muito dinheiro.

Demanda Inflada: Sofrendo com a Assistência à Saúde Gratuita e de Custo Reduzido

A quantidade demandada de qualquer bem ou serviço — incluindo assistência médica — depende do preço enfrentado pelos consumidores. Quanto menor o preço, mais as pessoas querem comprar. Esse relacionamento é chamado de lei da demanda e explica muitos dos problemas de custo e eficiência que resultam de quando os cuidados de saúde são fornecidos com preços artificialmente baixos, através de sistemas de seguro ou sistemas nacionais de saúde. Esta seção explora os problemas com o aumento da demanda causado por preços artificialmente baixos.

Destinação de recursos para usos de menor valor

As pessoas param de autorracionar quando os preços são definidos em níveis artificialmente baixos. Quando os cuidados de saúde têm um preço artificialmente baixo, alguns deles acabam sendo dedicados a usos de menor valor, o que reduz a eficiência:

» **Tratar problemas menores:** Se a consulta ao médico custa, digamos, R$100, muitas pessoas com problemas menores deixarão de ir ao médico porque consideram que os problemas não valem o custo da consulta. Mas, se as consultas forem gratuitas, muitas pessoas com problemas menores, como resfriados e dores nas costas procurarão o médico. Isso significa que um grande número de pacientes com problemas muito pequenos estará competindo pela oferta limitada de serviços médicos com pessoas com problemas mais sérios.

» **Exames para doenças incomuns:** Para muitas doenças, os cuidados preventivos para um grande número de pessoas custam mais do que esperar que as relativamente poucas pessoas que desenvolverão a doença apresentem sintomas. Os médicos não sabem quem pode estar em perigo, então fazem exames de diagnóstico em todas — incluindo aquelas que terão a doença de qualquer maneira. Os exames diagnósticos costumam ser muito caros, portanto, os custos de detecção precoce frequentemente excedem o dinheiro economizado evitando o tratamento da doença em seus estágios avançados.

» **Realizando cirurgias eletivas:** O preço artificialmente baixo desvia recursos para procedimentos médicos puramente eletivos (em vez de necessários). Considere uma cirurgia no joelho. A um preço que reflita o custo total da realização da cirurgia, apenas algumas pessoas optarão por uma cirurgia eletiva no joelho. Mas com a cirurgia disponível a um preço artificialmente baixo, muitos mais optarão pelo procedimento. Os recursos necessários para realizar essas cirurgias — a sala de cirurgia, o tempo de médicos e enfermeiros, os anestésicos — poderiam ter sido usados para tratar pacientes com problemas mais graves.

» **Escolhendo novos tratamentos caros:** Os preços artificialmente baixos promovem o uso de novos procedimentos médicos dispendiosos, que são apenas um pouco melhores do que os procedimentos mais antigos. Considere os tratamentos de radiação para o câncer. Métodos antigos bombardeiam tumores com raios X; novos métodos bombardeiam tumores com prótons. Os prótons funcionam melhor? Ninguém tem certeza. Mas os preços artificialmente baixos fazem com que os dois tratamentos pareçam igualmente caros, e muitos pacientes e médicos optam pelo novo método dispendioso.

As ineficiências causadas pelos preços artificialmente baixos dos serviços de saúde são de todo o sistema e levam a aumentos tão maciços na demanda que sistemas rígidos de racionamento têm que ser impostos para evitar que os gastos saiam de controle.

Racionamento de cuidados de saúde

Alguns sistemas de saúde do governo prestam cuidados gratuitos aos residentes, de modo que o preço dos cuidados de saúde, visto do ponto de vista dos consumidores, é zero. Aplicando a lei da demanda, você pode imediatamente entender que as pessoas exigem muito mais cuidados de saúde ao preço zero do que se tivessem que pagar um preço moderado.

O governo deve lidar com a alta demanda induzida pelos cuidados de saúde "gratuitos". O problema, claro, é que a saúde não é realmente gratuita. Os hospitais devem ser construídos e mantidos, os médicos e enfermeiros devem ser pagos e os medicamentos devem ser comprados. Assim, o governo desenvolve métodos para limitar a quantidade de cuidados de saúde fornecidos a um nível que o governo pode realmente pagar. Cada método é uma forma diferente de racionamento. Veja como esses métodos funcionam para o NHS (Serviço Nacional de Saúde) do Reino Unido:

» **Maior tempo de espera:** O método de racionamento mais simples é a espera. Em 2017, os pacientes nos Estados Unidos esperaram uma média de 3,5 semanas para consultar um especialista. Em comparação, o Serviço Nacional de Saúde do Reino Unido naquele ano abandonou sua meta anterior de levar pacientes a especialistas dentro de 18 semanas. O NHS do Reino Unido foi forçado a abandonar essa meta porque muitos pacientes esperavam por mais tempo e porque o NHS estava lutando até para conseguir oferecer o atendimento com médicos generalistas com rapidez suficiente. Os longos tempos de espera tanto para especialistas quanto para clínicos gerais impuseram um custo não monetário que ajudou a equalizar os recursos limitados que o NHS podia pagar com a alta quantidade de serviços exigidos por pacientes que consideravam os cuidados de saúde como "gratuitos".

» **Recusa na prestação de serviço:** Outra tática é a recusa na prestação de serviço com base em considerações de custo. Para esse fim, o NHS estabeleceu o Instituto Nacional de Saúde e Excelência Clínica — o comitê NICE, na sigla em inglês, como é mais conhecido. Quão bom é o comitê NICE? Bem, isso depende da sua condição médica. Ele estabeleceu um limite geral de £30.000 no custo de prolongar a vida por um ano. Aplicando essa regra a uma situação específica, se um tratamento anticâncer custar mais de £30.000 para prolongar a vida de um paciente com câncer por um ano, o NHS recusará a prestação do serviço. Essa regra de custo mantém as despesas sob controle, mas obriga as pessoas que dependem de tratamentos caros a financiar seus próprios cuidados médicos.

Enfrentando escassez e preços mais altos

O seguro-saúde não é gratuito, porque os prêmios devem ser pagos por indivíduos, empresas ou governo. Mas, no momento do uso, o efeito do seguro-saúde é aumentar consideravelmente a demanda por cuidados com a saúde fazendo com que os serviços de saúde pareçam artificialmente baratos. Isso acontece porque a maioria das apólices de seguro-saúde exige apenas um modesto compartilhamento de custos por parte dos consumidores. Por exemplo, um paciente que recebeu uma prescrição de um tratamento de R$1.000 para medicação pode ter que pagar apenas 10% do custo, ou R$100, do próprio bolso, porque a operadora paga pelos outros 90%. O resultado é um sistema de saúde estressado que está sobrecarregado pelos níveis de demanda.

Note que este é o caso seja o sistema de seguro completamente administrado pelo governo, como no Canadá, ou se está em grande parte em mãos privadas, como nos Estados Unidos. O aumento da demanda tem dois efeitos previsíveis:

» **Escassez:** Nos sistemas administrados pelo governo, em que o governo pode fixar preços, aumentos na demanda causam escassez, a menos que o governo opte por gastar o dinheiro necessário para aumentar a oferta. O governo canadense não está disposto a fazer isso e preferiu o racionamento. Ele emprega longos períodos de espera por vários serviços, bem como outros regulamentos que recusam o atendimento (veja a seção anterior). Dito isso, a estratégia do Canadá de atrasar ou negar o atendimento limita os gastos. É por isso que a Tabela 12-1 mostra que Canadá gastou apenas 10,4% do seu PIB em saúde em 2014.

» **Preços mais altos:** Nos sistemas em que os preços da saúde estão livres para subir em resposta ao aumento da demanda, os preços sobem. Por exemplo, os Estados Unidos gastaram 17,1% de seu PIB em saúde em 2014, porque seus preços poderiam responder aos aumentos na demanda causados por baixos custos diretos. Essa dinâmica só piorou com o tempo, porque o percentual do total de gastos com saúde que sai diretamente dos bolsos dos consumidores caiu de quase 50% em 1960 para apenas 11% em 2016. Quanto menor esse percentual, mais a assistência médica parece "gratuita" na hora da compra. E quanto mais parece "gratuita", mais as pessoas exigem (incluindo novas tecnologias caras), aumentando ainda mais os preços.

Combate à ineficiência com a burocracia

Com preços artificialmente baixos, as pessoas não se preocupam em autorracionar o serviço (como fariam se os preços fossem mais altos). Mas o racionamento ainda deve ocorrer de uma forma ou de outra porque as quantidades demandadas excedem as quantidades fornecidas. Como resultado, as operadoras e os sistemas nacionais de saúde tentaram desenvolver sistemas burocráticos que, idealmente, deveriam lidar com essas ineficiências. Especificamente, eles alocam a oferta limitada de cuidados da forma mais eficiente possível — isto é, aos pacientes mais doentes e mais merecedores.

MAIS INSUMO, MENOS PRODUÇÃO

Em meados dos anos 1970, um médico inglês chamado Max Gammon notou que, entre 1965 e 1973, o número de funcionários do hospital dentro do NHS no Reino Unido aumentara 28%, enquanto o número médio de leitos ocupados por dia diminuíra em 11%, apesar da escassez contínua de leitos. Assim, ao longo de um período de 8 anos, o NHS viu um aumento substancial no número de funcionários, acompanhado por uma diminuição substancial no número de pacientes atendidos. O ganhador do Prêmio Nobel, Milton Friedman, resumiu mais tarde essa descoberta em apenas quatro palavras: "Aumento de insumo, diminuição da produção".

Gammon argumentou que era quase impossível para os gerentes seniores do NHS obterem informações suficientes sobre como todo o sistema operava para criar regras efetivas para o sistema como um todo. As regulamentações centralizadas acabaram contradizendo-se ou incentivando mudanças indesejáveis e ineficientes, como médicos e enfermeiros que abandonavam o atendimento ao paciente, pois salários mais altos e maior prestígio só eram possíveis se mudassem para cargos administrativos.

Orçamentos maiores só fizeram piorar esse problema de "deslocamento burocrático" porque orçamentos maiores aumentaram o tamanho e a complexidade do sistema — portanto, necessitando de regras adicionais e mais burocratas para administrar essas regras.

O deslocamento burocrático continuou a atormentar o NHS. Quando Tony Blair assumiu o cargo de primeiro-ministro do Reino Unido, em 1997, prometeu tanto um aumento maciço no financiamento da saúde quanto na produtividade de 2% ao ano no NHS. Ele só entregou o aumento maciço de financiamento. Entre 1997 e 2008, os gastos em saúde reais (ajustados à inflação) do Reino Unido mais do que dobraram, mas a produtividade dos hospitais caiu 1,7% ao ano. Pior ainda, o número de leitos hospitalares caiu quase 18%, continuando a tendência que Gammon identificara nos anos 1970. E continuaram caindo mais 18% entre 2008 e 2016, mesmo com o orçamento do NHS ajustado pela inflação aumentando em mais 30%, para mais de £133,3 bilhões por ano. Isso é especialmente desconcertante, porque a falta de leitos continuou um problema.

Como se evita o deslocamento burocrático? Singapura oferece algumas dicas. Como apontado na Tabela 12-1, Singapura administra o sistema de saúde de menor custo do mundo. Max Gammon não ficaria surpreso em saber que também é altamente descentralizado, com uma fração extraordinariamente alta de tomada de decisão feita por médicos e pacientes (e nao por planejadores centrais). Os resultados em termos de eficiência são surpreendentes. Singapura usa menos médicos, enfermeiros e dentistas per capita em relação a qualquer outro país desenvolvido, ao mesmo tempo em que gera os melhores resultados gerais de saúde do mundo. Em relação a outros sistemas de saúde, Singapura consegue ter "menos insumo, mais produção".

Por exemplo, um sistema obriga os pacientes a visitar os "médicos de triagem" antes de obter acesso a especialistas caros. Os médicos de triagem são encarregados de dizer *não* para a maioria dos pedidos com base em regulamentos pré-aprovados. Infelizmente, esses sistemas burocráticos são muitas vezes vistos como cruéis, inflexíveis e limitados pelas regras por seus consumidores que prefeririam que seus médicos sejam livres de regulamentações pré-aprovadas quando sugerirem opções de tratamento.

Pior ainda, a tentativa de usar uma burocracia para alocar recursos escassos com eficiência parece falhar na maioria dos casos. (Veja o box a seguir sobre a lei de Gammon, que explica que muitas burocracias médicas são tão ineficientes que alocar mais recursos para elas leva a *reduções* mensuráveis na produtividade de serviços médicos!)

Investigando os Segredos de Singapura

Oferecer cuidados de saúde "gratuitos", cuidados com custos reduzidos e seguro-saúde tem seus inconvenientes (veja as seções anteriores deste capítulo). No entanto, Singapura conseguiu criar um conjunto de instituições médicas que oferecem assistência médica de excelência gastando de alguma forma 50% menos que o Canadá e 70% menos que os Estados Unidos. Esta seção explica como.

Explorando recursos de economia

O segredo para o sucesso de Singapura tem sido uma mistura única de financiamento médico privado e público que mantém os custos baixos, paradoxalmente fazendo com que as pessoas paguem muito dinheiro do próprio bolso com seus cuidados. O sistema também garante que os pobres recebam atendimento.

LEMBRE-SE

O sistema de saúde de Singapura tem três principais recursos para economia de custos:

» **Normas do governo para incentivar a concorrência:** Singapura estimula a concorrência exigindo que os hospitais publiquem preços para cada um de seus serviços na internet. Armados com essa informação, os pacientes podem escolher o melhor negócio. O governo também publica o histórico de cada hospital em cada serviço para que os pacientes possam tomar decisões informadas sobre qualidade e preço.

» **Custos diretos altos para os consumidores:** Singapura insiste em altos custos diretos (ou de participação) para evitar o consumo exagerado e os altos preços resultantes quando as apólices de seguro bancam a maior parte do valor dos procedimentos médicos. De fato, os custos diretos representam cerca de 92% de todos os gastos privados em saúde em Singapura, em comparação com apenas 11% nos Estados Unidos.

> **Leis que exigem que as pessoas economizem para gastos futuros com saúde:** Ter que pagar pela maioria dos gastos médicos significa que os cidadãos de Singapura se deparam com a necessidade de pagar a maior parte de seus serviços de saúde. Como isso pode ser feito sem levar o cidadão comum à ruína? A resposta é contas de poupança de saúde obrigatórias.
>
> Os cidadãos de Singapura são obrigados a economizar cerca de 6% de seus rendimentos em contas MediSave. Os depósitos no MediSave são de propriedade privada, então as pessoas têm um incentivo para gastar o dinheiro em suas contas com sabedoria. Mas os cidadãos de Singapura também sabem que não ficarão desamparados se o dinheiro em suas contas no MediSave acabar. O governo subsidia os cuidados de saúde daqueles que esgotaram as suas contas MediSave, bem como os cuidados de saúde dos pobres e outros que não conseguiram acumular muito dinheiro nas suas contas MediSave.

O ministério da saúde de Singapura é também bastante comprometido com a supervisão de médicos e hospitais por segurança e na prestação de assistência médica aos pobres. Na verdade, cerca de um terço de todos os gastos com saúde em Singapura é pago pelo governo para os pobres. Mas Singapura restringe sua gestão direta do sistema de saúde, permitindo altos custos diretos para racionar os cuidados e direcionar os esforços empreendedores dos pesquisadores médicos.

Pesando custos e benefícios de procedimentos médicos

O principal é que os preços que os pacientes pagam em Singapura não são artificialmente baixos. Ao contrário do Reino Unido, onde os serviços de saúde parecem gratuitos, ou nos Estados Unidos, onde parece artificialmente barato devido ao fato de os seguros estarem recebendo a maior parte da conta, os residentes de Singapura arcam os preços totais dos procedimentos médicos. Isso faz com que eles autorracionem, escolhendo voluntariamente não ir ao hospital para problemas menores. Isso libera recursos para médicos e enfermeiros se concentrarem no tratamento de casos graves.

Os residentes de Singapura geralmente tomam decisões sensatas ao avaliar os custos e benefícios de vários procedimentos médicos. De fato, ter que pagar altos custos diretos *incentiva* uma boa tomada de decisão, porque as pessoas que têm que pagar do próprio bolso pelo atendimento de saúde geralmente gastam muito mais tempo se informando sobre suas opções.

Apoiando inovações de corte de custos

O sistema de autorracionamento individual de Singapura significou que Singapura não teve que criar uma burocracia para cuidar dos racionamentos. A ausência de tal burocracia promove a inovação, porque, em vez de burocracia, há incentivos para o lucro. Esses incentivos são especialmente úteis para motivar os empreendedores médicos a descobrir métodos inovadores para reduzir custos.

Para ver o poder dos lucros, considere o fato de que um médico no Reino Unido que crie uma inovação não receberá nenhuma recompensa do NHS. De fato, sua inovação provavelmente nunca será implementada, porque dezenas de comitês teriam que dar sua aprovação antes que sua ideia pudesse ser colocada em prática. Por outro lado, um médico com uma ideia para uma inovação em Singapura poderia colocá-la em prática rapidamente.

LEMBRE-SE

O autorracionamento afeta os tipos de pesquisa médica em Singapura e em outros países. Com o autorracionamento individual, mais pesquisas são dedicadas à redução de custos para que os consumidores possam pagar menos. Normalmente, isso não tem nada a ver com a invenção de uma nova maneira de tratar uma doença, mas com a descoberta de como tornar um tratamento eficaz mais antigo menos dispendioso. Assim, alguns hospitais em Singapura podem fazer uma cirurgia de coração aberto por apenas US$20.000, contra cerca de US$100.000 nos Estados Unidos.

Por outro lado, os incentivos que os pesquisadores médicos enfrentam nos Estados Unidos são muito diferentes. Nos Estados Unidos, a maioria das pesquisas é financiada pelo governo e direcionada para o desenvolvimento de novos tratamentos. O sucesso é medido pelo fato de o novo método funcionar no sentido de curar a doença ou lesões; a prioridade não é se o resultado é substancialmente melhor do que os métodos atualmente disponíveis quando considerados os custos.

Os incentivos enfrentados pelo sistema de pesquisa médica dos Estados Unidos levam a um paradoxo: por um lado, eles resultam em os Estados Unidos terem as tecnologias médicas mais avançadas do mundo. Por outro lado, muitos são terrivelmente caros e apenas ligeiramente melhores do que os disponíveis anteriormente. De uma perspectiva de custo-benefício, o desenvolvimento de tais tecnologias é um desperdício.

Tentando copiar o sucesso de Singapura

Nenhum outro país copiou as três políticas de redução de custos de Singapura. Mas experimentos recentes sugerem que grandes economias podem resultar da implementação de apenas uma: altos custos diretos. Um par de exemplos, um de um governo estadual e outro de uma empresa privada, são promissores.

Em 2007, Indiana introduziu uma nova opção de assistência médica para funcionários públicos. Qualquer funcionário que escolha essa opção recebe US$2.750 em uma conta de poupança de saúde, além de uma apólice de seguro que cobre 80% de todas as despesas médicas entre US$2.750 e US$8.000 e 100% de qualquer despesa acima de US$8.000. Assim, qualquer funcionário voluntário do plano tem que pagar 100% de todos os gastos até US$2.750 usando suas contas de poupança de saúde.

Esses altos custos diretos incentivam a prudência. Na verdade, aqueles que optaram pelo plano visitaram médicos e salas de emergência dois terços menos do que antes, tiveram 50% menos probabilidade de internação em um hospital e gastaram U$18 menos por prescrição médica do que os funcionários que optaram por ficar com o sistema de saúde tradicional do estado.

Essas mudanças no comportamento levaram a um declínio de 35% nos gastos totais com a saúde para aqueles que se ofereceram para o novo plano versus aqueles que ficaram com a opção tradicional. Uma auditoria independente mostrou que os participantes do novo plano não estavam deixando de realizar cuidados preventivos com boa relação custo-benefício, como exames médicos anuais e mamografias anuais. Assim, as economias parecem ser permanentes e sustentáveis. O programa também é popular, com recomendações pessoais positivas fazendo com que a participação voluntária suba de 2% dos funcionários do estado no primeiro ano do programa para 70% dos funcionários no segundo ano do programa.

Programas similares implementados por empresas privadas como a Whole Foods Market também mostram reduções de custos de 30% a 40%. Assim, fica claro que economias substanciais de custos podem ser obtidas simplesmente impondo aos consumidores custos não subsidiados, que devem ser pagos com desembolso direto.

Economias ainda maiores podem, presumivelmente, ser obtidas com a implementação das outras duas políticas de redução de custos de Singapura: incentivo à concorrência e poupança obrigatória. Encorajar a competição provavelmente levaria a melhores serviços a custos mais baixos, e a poupança de saúde obrigatória presumivelmente tornaria as pessoas ainda mais cautelosas com os gastos diretos, porque elas estariam cientes de que gastariam muito seu próprio dinheiro.

No entanto, implementar de maneira ampla as inovações de Singapura pode ser difícil. Muitos indivíduos e empresas se saem muito bem financeiramente sob os sistemas de saúde atualmente em vigor. Eles, assim como os políticos que ajudaram a construir os atuais sistemas, podem relutar em apoiar inovações.

Capítulo **13**

Economia Comportamental: Investigando a Irracionalidade

Você se lembra do historiador da era vitoriana, Thomas Carlyle? Foi ele que desqualificou a economia chamando-a de "a ciência sombria" no final do século XIX. Felizmente para todos, a economia comportamental entrou em cena no final do século XX. Em poucos anos, grande parte do "sombrio" se tornou reluzente.

Explicando a Necessidade da Economia Comportamental

A economia neoclássica convencional do século XX faz muitas previsões precisas sobre o comportamento humano no processo de escolha e como as pessoas respondem a incentivos financeiros e a mudanças graduais de preços. Mas quando as decisões envolvem incerteza e exigem que a pessoa que faz a escolha se arrisque, se comprometa ou confie, as previsões neoclássicas geralmente falham.

O principal problema é que pessoas reais são frequentemente irracionais. Isso é problemático para a economia neoclássica porque ela *presume* que as pessoas são racionais. Como a racionalidade é o principal motivo de a economia neoclássica falhar, vamos começar nossa análise da economia comportamental definindo a racionalidade.

Racionalidade é definida por economistas como a tomada de decisão que evita erros sistemáticos.

Um *erro sistemático* é um erro reiterado, como se você não conseguisse aprender com seus erros. Um decisor racional não estaria sujeito a erros sistemáticos. Ele aprenderia com seus erros e descobriria como conseguir o que quer com o menor custo e esforço. Fatores externos ainda poderiam inviabilizar as coisas, mas tudo que o tomador de decisão racional pudesse ter feito para maximizar suas chances de sucesso teria sido aprendido e aplicado.

Se as pessoas fossem sempre racionais, então a economia neoclássica padrão de meados do século XX geraria sempre previsões confiáveis sobre a tomada de decisão humana. Mas as pessoas se envolvem regular e repetidamente em comportamentos que reduzem a probabilidade de alcançar o que desejam. Elas cometem erros sistemáticos. A economia comportamental tenta explicar esses erros sistemáticos, combinando conhecimentos de economia, psicologia e biologia. O objetivo é desenvolver teorias que possam fornecer previsões mais precisas sobre o comportamento humano no processo de escolha incluindo toda a irracionalidade.

Décadas de pesquisa permitiram que economistas comportamentais desenvolvessem teorias capazes de explicar por que nossos cérebros utilizam atalhos mentais sujeitos a erros, por que não economizamos o suficiente para a aposentadoria, por que nos apaixonamos por truques de marketing e por que rendas mais altas raramente levam à felicidade permanente. Armados com essas percepções, os economistas comportamentais foram, em alguns casos, capazes de desenvolver correções benéficas. E, o menos sombrio de tudo, economistas comportamentais encontraram amplas evidências de que as pessoas não são puramente egoístas.

Complementando a Economia Neoclássica com a Economia Comportamental

As pessoas nem sempre são irracionais. Às vezes, são muito racionais e, como resultado, os modelos econômicos neoclássicos costumam fazer previsões muito boas sobre a tomada de decisões. É por isso que você deve pensar em economia comportamental e economia neoclássica como métodos *complementares* para tentar explicar por que as pessoas fazem as escolhas que observamos.

Ao mesmo tempo, é importante perceber que os dois conjuntos de teorias são muitas vezes radicalmente diferentes, tanto no conteúdo quanto no que sugerem como melhor forma de lidar com o mundo. Em particular, eles acabam tendo abordagens muito diferentes sobre como podemos ajudar as pessoas a melhorar suas situações.

Nos casos em que as pessoas estão sendo racionais, uma maneira muito simples de ajudá-las é oferecer mais opções. Afinal, se elas sempre agem racionalmente e selecionam a melhor opção dentre as disponíveis, a escolha só pode ser aprimorada se houver mais opções. Assim, os economistas neoclássicos muitas vezes tentam resolver os problemas dos consumidores, apresentando-lhes opções adicionais.

Mas, em situações em que as pessoas estão cometendo erros sistemáticos, é improvável que a adição de mais opções melhore as coisas. Pode até piorar a situação porque o erro sistemático teria agora mais opções para brincar. Como apenas um exemplo, se você tiver um problema de comer por impulso, sua vida não melhorará se sua mãe lhe enviar um pacote de biscoitos e um pacote de brownies. É por isso que os economistas comportamentais se concentram em ajudar as pessoas a fazer melhores escolhas a partir de opções já disponíveis.

Os economistas comportamentais também tendem a supor que situações complexas de tomada de decisão tenderão a ser mais bem explicadas por uma combinação de economia neoclássica e economia comportamental.

Vamos analisar como as pessoas fazem compras em um supermercado:

» A economia neoclássica nos diz que *os incentivos são importantes*. Os clientes se preocupam com os preços. Quando os preços sobem, eles compram menos. Quando os preços caem, compram mais.

» A economia comportamental nos dá a compreensão adicional de que as pessoas tendem a comprar o que está à vista. Esse comportamento é chamado *compra por impulso* e não se encaixa na noção neoclássica de que o consumidor calcula utilidades marginais e compara preços. Ela também

> explica por que os mercados colocam o refrigerador de leite nos fundos da loja — para forçá-lo a passar por muitos outros itens e, assim, aumentar a probabilidade de que veja algo tentador e faça uma compra por impulso. E é por isso que vendem barras de chocolate ao lado do caixa — para tentá-lo com uma compra por impulso justo quando você provavelmente está com fome depois de olhar todos os itens da loja.

Mas como acabamos com cérebros que precisam tanto de modelos racionais neoclássicos quanto de modelos comportamentais irracionais para o explicar? A resposta é: quatro bilhões de anos de evolução.

Examinando Nosso Incrível, Eficiente, e Cérebros Propensos a Erros

O objeto mais complexo no universo conhecido é o cérebro humano, que tem 100.000.000.000 de neurônios compartilhando 10.000 vezes mais conexões. Essa rede incrivelmente densa de poder computacional nos permite observar nossos ambientes, pensar criativamente e interagir com pessoas e objetos.

Mas apesar de todo esse poder de processamento, o cérebro é bastante propenso a falhas. Isso é resultado de quatro bilhões de anos de evolução tendo que lidar com o fato de que o mundo era um lugar muito difícil para nossos ancestrais. Desenvolver cérebros maiores e mais inteligentes ajudou nossos ancestrais a sobreviver, mas cérebros maiores custam caro em termos de calorias. O cérebro moderno, por exemplo, representa apenas 5% do seu peso corporal, mas consome cerca de 20% de todas as suas calorias. Assim, embora houvesse pressão evolutiva para desenvolver cérebros maiores, havia também um forte fator limitante, pois encontrar calorias suficientes para alimentar um cérebro maior era muito difícil antes da agricultura, do fogo e das ferramentas modernas de caça.

Em resposta à restrição calórica, a evolução fez duas coisas: na medida do possível, ela desenvolveu um cérebro maior (e mais faminto!), mas também gerou muitos atalhos mentais de baixo consumo de energia, ou *heurística*, para ajudar a obter o maior poder de decisão de cada grama de tecido cerebral.

Decifrando a heurística

LEMBRE-SE

Como são atalhos, heurísticas não são as opções de processamento mental mais precisas. Mas, em um mundo onde as calorias eram difíceis de encontrar, uma heurística de baixa energia "boa o bastante" era melhor do que uma alternativa "perfeita, mas dispendiosa". Em termos econômicos, houve retornos decrescentes para implantar unidades adicionais de poder cerebral. A heurística se desenvolveu porque o custo de oportunidade da perfeição era muito alto.

O cérebro emprega heurísticas para quase todo tipo de ação e decisão que tomamos. Três exemplos ilustram a ideia geral de como esses atalhos mentais ajudam a economizar calorias e cálculos:

>> **O olhar heurístico:** Você é um centro-campista e uma bola de beisebol é rebatida em sua direção. Se você fixar seus olhos na bola e correr para que a bola permaneça no mesmo ângulo acima do horizonte em que estava quando a viu pela primeira vez, desde que você seja rápido o suficiente, acabará correndo para onde precisa para pegar a bola. Esse é o método realmente usado pelas pessoas ao agarrar bolas lançadas. Elas não usam equações físicas ou um aplicativo para prever para onde correr. Elas simplesmente fixam os olhos na bola e correm de modo a manter o ângulo constante. É uma solução simples para um problema difícil.

>> **A heurística da direção:** Você está andando de bicicleta e se deslocando para frente. Se começar a cair e, por reflexo, mover-se na direção em que está caindo, gerará força centrífuga suficiente para se manter firme por tempo suficiente para estabilizar a bicicleta. Isso é o que aprendem os pilotos novatos de bicicleta: se caírem para a direita, vire para a direita; se cair para a esquerda, vire à esquerda. Essa regra básica sempre funciona? Não, no gelo não. E também se você estiver parado. Mas se estiver se deslocando para frente, o truque funciona muito bem.

>> **A heurística de reconhecimento:** Você é solicitado a adivinhar se Munique ou Stuttgart têm a população maior. A maioria das pessoas não conhece o suficiente sobre a Alemanha para dar uma resposta informada a essa pergunta. Mas costumam dar a resposta correta escolhendo a cidade com o nome mais familiar. A heurística de reconhecimento geralmente funciona porque existe uma relação positiva entre o tamanho da população e a frequência com que as cidades são mencionadas em livros, conversas e mídias sociais.

As heurísticas nos ajudam a tomar decisões rapidamente e com baixo custo. Mas o fato de estarem programadas em nosso cérebro significa que esperar evitá-las ou desaprendê-las não é prático. Na maior parte, estamos presos a elas e propensos a fazer o que sugerem.

CUIDADO

Essa programação pode nos deixar vulneráveis à manipulação por aqueles que entendem heurísticas e estão dispostos a usá-las contra nós. Por outro lado, ela pode nos ajudar em situações em que as heurísticas tendem a resultados desejáveis. Mas, se considerarmos cinicamente qual dessas duas alternativas é mais provável, poderemos ver a sabedoria de reforçar nossas defesas com mais informações sobre como nossos cérebros são estruturados e como seus sistemas de tomada de decisões funcionam.

Desconstruindo a modularidade cerebral

O cérebro humano moderno evoluiu com uma estrutura modular, de modo que áreas específicas lidam com sensações, atividades e emoções específicas, como visão, respiração e raiva.

Localizada na parte de trás da cabeça, adjacente à entrada da medula espinhal no crânio, as partes mais ancestrais do cérebro controlam atividades subconscientes, como respiração e suor, assim como reações emocionais automáticas, como medo e alegria.

Na parte da frente, perto da testa, estão as partes mais novas do cérebro que permitem o pensamento criativo, a imaginação sobre o futuro e o acompanhamento da sua rede social (Mark Zucker *quem?*). Essas áreas mais novas estão em grande parte sob controle consciente.

As diferenças entre os módulos cerebrais antigos e os mais recentes nos permitem pensar sobre a tomada de decisão como sendo controlada por dois sistemas inter--relacionados que receberam nomes realmente criativos: Sistema 1 e Sistema 2.

> **» Sistema 1:** É controlado pelos módulos cerebrais mais antigos na parte de trás da cabeça. Ele produz reações rápidas e inconscientes e "intuições".

> **» Sistema 2:** É controlado pelos novos módulos cerebrais na frente. Ele trabalha mais devagar, "pensa" deliberadamente e fornece cálculos conscientes sobre como lidar com várias situações.

Algumas decisões são o resultado do seu cérebro combinando sugestões do Sistema 1 e do Sistema 2. Mas você precisa ter em mente que um grande corpo de evidências sugere que a grande maioria das decisões é provavelmente total ou principalmente resultado do Sistema 1. Isso é muito importante porque a tomada de decisões do Sistema 1 é propensa a uma ampla variedade de erros sistemáticos.

Cogitando em vieses cognitivos

Vieses cognitivos são percepções equivocadas ou mal-entendidos que produzem erros sistemáticos. Os vieses cognitivos se enquadram em duas categorias:

> **»** Os resultantes de heurística defeituosa.

> **»** Erros de processamento mental que são o resultado da tentativa de usar cérebros que evoluíram em tempos muito mais simples para resolver problemas modernos. Nossos cérebros evoluíram diante de complexidades modernas como o cálculo, a ciência da computação e a tentativa de obter mais "curtidas" nas mídias sociais. Portanto, nossos cérebros simplesmente não desenvolveram as ferramentas necessárias para resolver esses problemas muito bem.

Imagine um submundo dominado por erros de pensamento — a lista a seguir traz os habituais "suspeitos". Você reconhece estes malfeitores (e é capaz de dar exemplos pessoais de cada um desses vieses)?

>> **Viés de confirmação** é a tendência humana comum a prestar atenção apenas a informações que concordam ou confirmam seus vieses. Isso faz com que as informações que os contradizem sejam completamente ignoradas ou racionalizadas, e a opinião incorreta persiste.

>> **Viés de autoconveniência** refere-se à tendência das pessoas de atribuir seus sucessos ao esforço pessoal ou aos traços de caráter pessoal, mas seus fracassos a fatores fora de seu controle. Esse viés dificulta que as pessoas aprendam com seus erros.

>> **O efeito do excesso de confiança** refere-se à tendência das pessoas de serem excessivamente confiantes sobre a correção de suas opiniões e julgamentos e de agir sem antes verificar seus palpites iniciais.

>> **Viés de retrospectiva** ocorre quando as pessoas acreditam retroativamente que foram capazes de prever eventos passados. Uma perspectiva defeituosa de "eu sei tudo" faz com que muitas pessoas superestimem suas habilidades preditivas.

>> **A heurística de disponibilidade** faz com que as pessoas baseiem suas estimativas sobre a probabilidade de um evento não em fatos objetivos, mas em se imagens mentais de eventos similares são rapidamente e prontamente lembradas. Os eventos que carregam imagens mentais vívidas e emocionalmente carregadas são supostamente muito mais comuns do que eventos que trazem à mente imagens mentais maçantes ou entediantes. Os ataques de tubarões são, na verdade, muito raros, mas a imagem mental de ser atacado por um tubarão é extremamente vívida para a maioria das pessoas.

>> **A falácia do planejamento** refere-se à tendência de as pessoas subestimarem substancialmente o tempo necessário para concluir uma tarefa. Quando um aluno espera até as 2h da manhã para começar a estudar para uma prova às 8h da manhã, e quando o Congresso aguarda até pouco antes do recesso para tentar aprovar uma reforma há muito esperada, ambos enfrentam a falácia do planejamento.

>> **Efeito de enquadramento** tem a ver com fornecer contexto, ou enquadramento, para uma decisão. Efeitos de enquadramento estão em jogo quando uma mudança no contexto (quadro) leva as pessoas a mudarem suas tomadas de decisão, e mudanças no contexto podem causar mudanças extraordinárias no comportamento. Quando os pesquisadores demarcam uma área com pichações e lixo espalhado ao redor, as pessoas comuns tinham o dobro de chances de jogar lixo, roubar e transgredir. Marqueteiros de varejo de luxo fazem um jogo oposto, gastando em embalagens caras,

displays e até mesmo em arquitetura para aumentar o valor percebido de suas mercadorias — e, você adivinhou, quanto os clientes estão dispostos a pagar.

Analisando a Teoria da Perspectiva

A economia neoclássica concentra grande parte de sua atenção nas situações de escolha do consumidor, nas quais as pessoas têm que escolher entre diferentes "bens", como quando selecionam itens em um supermercado. Mas no mundo real as pessoas também têm que fazer escolhas que envolvem a possibilidade de "males" — eles têm que lidar com a incerteza e a possibilidade de resultados ruins, bem como bons resultados.

Teoria da perspectiva faz previsões sobre como as pessoas tomarão decisões quando apresentadas com ganhos potenciais e perdas potenciais. É baseada em três fatores principais que influenciam a maneira como as pessoas escolhem nessas situações:

» As pessoas julgam coisas boas e ruins em termos relativos, como ganhos ou perdas em relação à sua situação atual, ou *status quo*.

» As pessoas experimentam tanto a utilidade marginal decrescente para ganhos (cada unidade sucessiva de ganho é boa, mas não tão boa quanto a unidade anterior), bem como a desutilidade marginal decrescente para perdas (cada unidade sucessiva de perda dói, mas menos do que a unidade anterior).

» As pessoas experienciam a *aversão à perda,* o que significa que, para perdas e ganhos próximos do *status quo*, as perdas são sentidas muito mais intensamente do que os ganhos — de fato, cerca de 2,5 vezes mais intensamente.

Além de esclarecer como os consumidores avaliam suas perspectivas, a teoria da perspectiva também permite compreender como os anunciantes selecionam suas táticas, como os fabricantes decidem os preços, por que as pessoas tendem a economizar pouco para a aposentadoria e por que não conseguem seguir programas de perda de peso.

Para entender melhor por que o psicólogo Daniel Kahneman recebeu o Prêmio Nobel de Economia pelo desenvolvimento da teoria prospectiva, esta seção analisa casos de comportamento do consumidor que seriam difíceis de explicar sem ele.

CORRENDO NA ESTEIRA HEDÔNICA

Assim como uma pessoa que corre em uma esteira não chega a lugar nenhum, as pessoas que tentam se tornar permanentemente mais felizes, consumindo mais, também não chegam a lugar algum, porque acabam se acostumando com qualquer elevação no nível de consumo. O economista Richard Easterlin cunhou o termo *esteira hedônica* (esteira de prazer) para descrever esse fenômeno. E, de fato, as pesquisas indicam que, com exceção dos extremamente pobres, as pessoas em todo o espectro de renda relatam níveis semelhantes de felicidade e satisfação com suas vidas. Isso levou vários economistas, incluindo Robert Frank, a argumentar que todos nós devemos parar de tentar consumir mais, porque isso não nos deixa mais felizes.

Reduzindo pacotes e aversão à perda

Como as pessoas veem o mundo em termos de ganhos e perdas em relação às situações em que estão acostumadas, as empresas precisam tomar cuidado para aumentar os preços que cobram por seus produtos, já que os consumidores tendem a tratar qualquer aumento de preço como uma perda dolorosa. Isso levou as empresas a desenvolver uma "solução alternativa" que pode ajudá-las a aumentar os preços sem irritar os consumidores.

Cerca de 100 anos atrás, quando a marca de chocolates Hershey's estava intimamente identificada com sua barra de chocolate de cinco centavos, a empresa diminuía o tamanho da barra de cinco centavos quando o custo das matérias-primas subia e aumentava o tamanho quando o custo da matéria-prima caía. Você pode pensar nisso como uma maneira de proteger os clientes das mudanças nos preços das matérias-primas. Mas, se pensar um pouco mais, perceberá que os preços dos insumos continuavam a ser repassados como mudanças em quanto (ou quão pouco!) chocolate os clientes recebiam por cinco centavos. O preço *por grama* continuava variando.

O Sr. Hershey entendeu que os clientes não prestam muita atenção ao preço por grama, e sim ao preço por unidade. Ele entendeu que qualquer aumento no preço por unidade seria categorizado mentalmente como uma perda (preços mais altos!) em relação ao *status quo* de cinco centavos por unidade. Assim, ele manteve o preço fixo em cinco centavos para evitar o sentimento de aversão à perda das pessoas.

Este truque é agora muito bem conhecido, e muitas outras marcas, incluindo Haagen-Dazs, Kraft, Tropicana e Bounty reagiram ao aumento dos preços dos insumos nos últimos anos reduzindo o tamanho dos produtos.

Efeitos de enquadramento e publicidade

Como as pessoas avaliam situações em termos de ganhos e perdas, a sua tomada de decisão pode ser muito sensível ao *quadro mental,* ou contexto, que elas usam para avaliar se um possível resultado deve ser encarado como um ganho ou uma perda. Em termos de teoria da perspectiva, as informações de enquadramento definem o *status quo* e, assim, nossa percepção de se algum resultado possível será percebido como um ganho ou uma perda.

Aqui estão dois exemplos de *efeito de enquadramento* e como mudar o quadro pode inverter a sua percepção sobre se um possível resultado deve ser visto como um ganho ou como uma perda:

> » Você recebe uma proposta de salário de R$100.000 por ano. Legal! Mas e se estiver acostumado a ganhar R$140.000 por ano? Não é legal.
>
> » Você tem um emprego de meio período. Seu chefe diz que vai lhe dar um aumento de 10%. Que beleza! Mas então ele diz que todos os outros funcionários de meio período receberão um aumento de 15%. Que tristeza!

Os anunciantes sabem o quão importante é o contexto e se esforçam para enquadrar suas ofertas como ganhos, em vez de perdas. Pense em anúncios de carne de hambúrguer. Se disserem "80% de carne magra", pensamos que a carne oferece ganhos para a saúde; mas se disserem "20% de gordura", a mesma carne parece um infarte em potencial.

LEMBRE-SE

Qualquer enquadramento que altere percepções de ganho ou perda afetará as decisões de compra. Então, os vendedores se esforçam para enquadrar as compras em potencial como ganhos em vez de perdas.

Contas de cartão de crédito e ancoragem

Antes que as pessoas possam calcular seus ganhos e perdas, elas devem primeiro definir o *status quo* a partir do qual medir essas mudanças. Infelizmente, o senso de *status quo* das pessoas pode ser distraído por informações irrelevantes, incluindo números sem importância.

Empresas de cartão de crédito conhecem esse truque, conhecido como *ancoragem,* porque o número irrelevante pode ser usado para ancorar ou definir a percepção das pessoas sobre o que deveria ser o *status quo.* As empresas de cartão de crédito fazem isso exibindo valores de pagamento mínimo muito pequenos nas faturas mensais do cartão de crédito.

Os pequenos valores mínimos de pagamento podem inconscientemente definir o *status quo* das pessoas em termos de quanto devem pagar a cada mês. Se isso acontecer, qualquer quantia maior parecerá uma perda em relação ao valor do pagamento mensal mínimo sugerido pela empresa do cartão de crédito. E isso dificulta a escolha de uma quantia maior.

Conseguir que você selecione o valor de pagamento mínimo é de total interesse da empresa de cartão de crédito, porque ela quer que você pague sua conta o mais lentamente possível para que possa cobrar-lhe o máximo de juros possível. Eles tentam ancorá-lo à pequena quantidade mostrada como pagamento mínimo.

DICA

Aqui está uma dica profissional: decida quanto quer pagar antes de ver a fatura. Dessa forma, você não será influenciado por qualquer informação que possa ancorá-lo a pagar pouco.

Examinando o efeito dotação

Se você mostrar a uma pessoa uma nova caneca e pedir que coloque um preço nela, ela poderá dizer $10. Mas se você presenteá-la com a caneca e depois perguntar quanto teria que pagar para comprá-la de volta, ela normalmente lhe dará um preço substancialmente mais alto, como $15, por exemplo.

O que é interessante é que o preço mais alto de recompra não é o resultado de seu blefe ou de tentar uma barganha difícil. Do modo como os cérebros humanos são conectados, as pessoas tendem a valorizar mais qualquer coisa que possuam atualmente do que a itens idênticos que não possuem, mas que podem comprar. Esse fenômeno é chamado de *efeito dotação* ou *efeito posse*. Ele aparece em todo o lugar, até na hora de comprar uma casa.

Parece que a aversão à perda é o provável culpado por trás do efeito dotação. Uma vez que você possua algo, ele se torna seu novo *status quo*. E isso significa que a perspectiva de se separar do item seria percebida como uma perda potencial em relação ao *status quo* de reter a posse. Consequentemente, as pessoas exigem mais dinheiro para se desfazer de algo que possuem atualmente do que pagariam pelo mesmo item se ainda não o possuíssem.

Essa diferença no valor percebido pode ser um problema para as negociações entre compradores e vendedores. Os vendedores exigirão, em média, mais do que os compradores estarão dispostos a pagar.

Estipulando o viés do *status quo*

A teoria da perspectiva também explica o *viés do status quo*, que é a tendência que as pessoas têm de favorecer qualquer opção que lhes seja apresentada como sendo a opção padrão ou *status quo*.

O efeito do viés do *status quo* pode ser brutal. Considere programas de doação de órgãos vinculados a solicitações de carteira de habilitação e renovações. Em países onde a opção-padrão é doar seus órgãos se morrer em um acidente de carro, quase 100% das pessoas são registradas como doadoras. Por outro lado, em países onde a opção-padrão é *não* doar se morrer em um acidente de carro, apenas cerca de 10% das pessoas são registradas como doadoras.

Ambos os casos exigiam preencher um formulário para alterar a opção-padrão. E em ambos os casos, dificilmente alguém se incomoda de preencher o formulário. Eles apenas seguem qualquer opção apresentada como padrão ou *status quo*.

A teoria da perspectiva explica tais exemplos de viés do *status quo* como uma combinação da aversão à perda e efeito de dotação. Diante de uma situação nova, as pessoas tratarão opção-padrão como dotação e considerarão qualquer outra opção como uma potencial perda. A aversão à perda entra em ação e reforça o apelo da opção-padrão. O resultado é uma tendência a manter o *status quo* e continuar com qualquer que seja a opção padrão.

O viés do *status quo* foi bem utilizado por pesquisadores que queriam um método simples para aumentar a poupança para a aposentadoria. Eles fizeram a inscrição automática em um programa de poupança a situação padrão para milhares de trabalhadores. Esses trabalhadores acabaram poupando muito mais do que aqueles cuja opção-padrão era a não inscrição no programa.

DICA

Essa pesquisa leva a um ponto mais geral: como as pessoas, em sua maioria, tendem a manter o *status quo*, por que não tornar o *status quo* útil?

Combatendo a Miopia e a Inconsistência de Tempo

Nossos antepassados distantes tinham que estar quase inteiramente focados no momento presente — como evitar doenças, animais predatórios e a fome, por exemplo, e como passar as próximas semanas ou meses.

É por isso que parte de nossa herança genética é a nossa dificuldade com planejamento e decisões de longo prazo que envolvem concessões entre o presente e o futuro. Dois dos nossos principais obstáculos são a miopia e a inconsistência no tempo.

Focando a miopia

Em medicina, *miopia* significa a dificuldade de enxergar de longe. As pessoas com miopia podem ver os objetos próximos com clareza, mas tudo o mais distante parece borrado. Por analogia, os economistas usam *miopia* para se referir ao fato de que nossos cérebros têm dificuldade em conceituar o futuro: parece confuso, fora de foco e difícil de ver. É por isso que temos grande dificuldade em imaginar, por exemplo, o poder de compra adicional que teremos em 30 anos se começarmos a poupar agora.

Uma consequência primária da miopia da tomada de decisão é que, quando um consumidor é forçado a escolher entre uma coisa que gerará benefícios rapidamente e outra que não renderá benefícios por um longo tempo, ele terá uma forte tendência a favorecer a opção mais imediata, mesmo que valha a pena esperar pela opção de longo prazo.

Pense na escolha entre comer donuts hoje versus ter um corpo atlético daqui algum tempo. Os donuts estão perto, apetitosos e muito tentadores. Você pode sentir o cheirinho e vê-los agora. Mas os benefícios de estar em boa forma em três ou quatro anos (abdômen de tanquinho!) parecerão relativamente vagos e muito menos urgentes. Seu cérebro lhe dirá para comer um donut — ou dois — e assim diminuir a probabilidade de ter o físico ideal em três anos, mesmo que seja algo que você realmente queira.

Divagando na inconsistência no tempo

Enxergamos o futuro através das lentes míopes do aqui e agora. Isso leva a uma tendência a fazer previsões ruins sobre o que faremos em determinados pontos no futuro.

SALVANDO O AMBIENTE AO MODO MÍOPE

A miopia faz com que os consumidores se concentrem muito nos custos iniciais da instalação de painéis solares. Eles não conseguem enxergar longe o suficiente no futuro para apreciar as enormes economias em longo prazo que poderiam obter se pagassem por painéis solares agora em troca de eletricidade barata no futuro.

Uma empresa chamada Solar City descobriu uma maneira de usar essa miopia a seu favor, e não contra. Ela oferece opções de financiamento que eliminam a necessidade de os consumidores pagarem os custos iniciais da instalação de um sistema solar. A Solar City paga os custos iniciais e, depois, recupera o dinheiro dividindo as economias de custos resultantes com os consumidores.

Esse arranjo realmente se beneficia da miopia, porque os consumidores se concentram em sua parte da economia, que está imediatamente disponível. É um ótimo exemplo de trabalhar a favor, e não contra, um viés comportamental.

Imagine-se às 10h da noite ajustando um alarme para as 6h da manhã do dia seguinte, para se levantar e ir para a academia. Seu eu das 10h da noite presume que seu eu das 6h da manhã estará de acordo em para a academia assim que o alarme tocar. Afinal, é o mesmo você. Mas, quando o alarme toca às 6h da manhã, o seu eu das 6h não quer ir — ele desliga o alarme, volta a dormir e nunca chega à academia.

O problema subjacente é que seu eu das 10h da noite não consegue enxergar a dificuldade que será se levantar e ir para academia. Mas, quando esse momento chega, seu eu das 6h da manhã encara a dificuldade muito claramente. Assim, seu eu das 6h toma uma decisão em um momento que seu eu das 10h da manhã não previu corretamente a noite anterior.

Os economistas se referem a situações como essa como exemplos de *inconsistência no tempo*. Acontece sempre que os nossos eus atuais não compreendem o que nossos eus futuros vão querer quando o futuro se tornar o presente.

Superando problemas de autocontrole com pré-compromissos

A inconsistência no tempo é uma das principais causas de problemas de autocontrole. As percepções equivocadas e os erros de julgamento causados pela inconsistência no tempo estimulam sutilmente as pessoas a se colocarem no caminho da tentação. Você pode dizer hoje que vai passar três horas amanhã trabalhando em sua declaração de imposto de renda. Mas, quando o amanhã chegar, você vai assistir ao seu programa favorito.

Felizmente, os economistas comportamentais desenvolveram algumas técnicas para nos ajudar a tomar atitudes hoje que podem ajudar a controlar nossos geniosos eus futuros.

DICA

Uma das principais estratégias para lidar com a inconsistência no tempo é fazer *pré-compromissos* que não são possam ser cancelados pelo seu futuro eu. Essa estratégia pode incluir táticas como configurar vários despertadores para que você não possa voltar a dormir facilmente na hora da academia; inscrevendo-se em deduções automáticas de folha de pagamento, para que não precise decidir a cada duas semanas se deseja economizar para a aposentadoria ou gastar todo o dinheiro em cartões de Pokémon; e participar de uma competição de perda de peso para que haja pressão social contínua para ajudar a mantê-lo comprometido a alcançar suas metas de perda de peso.

Medindo a Imparcialidade e o Egoísmo

A economia neoclássica presume que as pessoas são puramente egoístas. Adam Smith, o fundador da economia moderna, colocou esta ideia em palavras em *A Riqueza das Nações*, de 1776: "Não é da benevolência do açougueiro, do cervejeiro ou do padeiro que esperamos nosso jantar, mas da consideração que eles têm pelo seu próprio interesse. Dirigimo-nos não à sua humanidade, mas à sua autoestima, e nunca lhes falamos das nossas próprias necessidades, mas das vantagens que advirão para eles."

Uooou, explique melhor, Sr. Smith! Isso parece obra de Ebenezer Scrooge ou o Grinch.

No entanto, não julgue Smith rápido demais. Ele era um filósofo antes de ser economista e em outro livro famoso, *Teoria dos Sentimentos Morais*, Smith escreveu: "Por mais egoísta que se possa admitir que o homem seja, existem evidentemente alguns princípios em sua natureza que o levam a se interessar pela sorte de outros e tornam a felicidade destes necessária para ele, apesar de não obter nada disso, a não ser o prazer de vê-la."

LEMBRE-SE

Adam Smith era na verdade um coração de manteiga, apesar de sua declaração mais famosa sobre o egoísmo? Parece que sim. E parece que ele estava certo em se sentir assim. Economistas comportamentais acumularam uma pilha de evidências que indicam que há uma tendência humana sempre presente em relação ao altruísmo e preocupação com o próximo. Embora o interesse pessoal também esteja sempre presente, a maioria das pessoas se preocupa profundamente com os outros e com a imparcialidade de seu próprio comportamento nas interações com outras pessoas. Por essa razão, as transações econômicas são fortemente influenciadas por fatores morais e éticos.

Definição de justiça

Em economia, *justiça* é o senso sobre se um preço, salário ou alocação é considerado moral ou eticamente aceitável. Qualquer tendência ao egoísmo puro é modificada pelo senso de justiça das pessoas. Em alguns casos, as pessoas chegam ao ponto de agir de forma exatamente oposta de como você esperaria que uma pessoa puramente egoísta se comportasse. Exemplos incluem doar anonimamente a instituições de caridade, obedecer à lei mesmo quando não há chances de ser pego, e estar disposto a pagar um preço alto para comprar um produto de "comércio justo".

Examinando a evidência experimental da justiça

Nas últimas décadas, jogos experimentais foram criados para testar os sentimentos das pessoas sobre justiça. Uma característica fundamental é que os jogos utilizam dinheiro real, de modo que os participantes têm um forte incentivo para agir de maneira egoísta, para ganhar o máximo de dinheiro possível.

Outra característica fundamental é que os jogadores interagem anonimamente através de telas de computador. Os economistas fornecem esse anonimato para dar a cada jogador a chance de agir ser um babaca sem temer a retaliação durante o jogo ou depois. Essa liberdade de retaliação liberta os jogadores para usar quaisquer estratégias que possam maximizar seus próprios ganhos durante o jogo. A questão é se os jogadores usarão essa liberdade para agir de uma maneira puramente egoísta — ou se comportar melhor.

O jogo do ditador e o jogo do ultimato são dois dos mais famosos. Cada jogo envolve dois jogadores.

Bancando o ditador

O pesquisador experimental que administra este jogo deposita uma quantia fixa de dinheiro, digamos $10, e designa um dos dois jogadores como o "ditador". O trabalho do ditador é determinar a divisão — seja $10/$0 ou $8,67/$1,33 ou outra divisão — entre o ditador e o outro jogador. O ditador escolhe a divisão. O pesquisador a executa, pagando a cada participante sua parte. E o jogo termina.

O jogo do ditador foi jogado centenas de milhares de vezes em todo o mundo. Uma análise dos resultados mostra que cerca de um terço dos ditadores mantém todo o dinheiro para si. Os outros dois terços dos ditadores mostram generosidade ao permitir que o outro jogador ganhe algum dinheiro — em média, $4,20. Dezessete por cento de todos os ditadores dividiram o dinheiro igualmente, e 5% de todos os ditadores deram o valor total ao outro jogador.

A partir desses resultados experimentais, os economistas comportamentais passaram a acreditar que algumas pessoas são incrivelmente egoístas, outras, incrivelmente generosas, e a maioria de nós está em algum lugar no meio. Mas a coisa mais importante a lembrar é que o comportamento mais comum é dar a um estranho anônimo uma parcela substancial do dinheiro, mesmo que haja zero consequências por ser inteiramente egoísta.

Desvendando o jogo do ultimato

Este jogo é um pouco mais complexo, representa uma situação de divisão de dinheiro mais realista e é frequentemente jogado em apostas maiores que $10. Neste jogo de duas pessoas a dinheiro real, não há ditador que possa decidir unilateralmente qual será a divisão. Em vez disso, ambos os jogadores devem concordar em conjunto com qualquer divisão proposta do dinheiro para que a divisão ocorra.

Nos mercados do mundo real, em que compradores e vendedores interagem voluntariamente, uma transação ocorre somente quando uma proposta feita por uma parte é aceita pela outra. No jogo do ultimato, um jogador é aleatoriamente designado para funcionar como *líder* e o outro como *receptor* — e ambos enfrentam a possibilidade de que, se não conseguirem chegar a um acordo, ambos renunciarão a todos os benefícios possíveis.

O líder faz uma oferta (o ultimato) em que sugere uma divisão — talvez 70% para ele e 30% para o outro jogador — e o receptor pode aceitá-la ou rejeitá--la. Se aceitar a divisão proposta, a divisão é feita, o jogo termina e ambos os jogadores seguem sua vida no anonimato. Mas se o receptor rejeitar a divisão sugerida pelo líder, nenhum dos jogadores recebe nada, e o jogo termina sem que ninguém consiga dinheiro algum.

Aqui está o que normalmente acontece: quase nenhum líder sugere alocar o dinheiro de forma perfeitamente injusta, 100% a favor deles. A grande maioria sugere uma divisão 50/50% perfeitamente igual ou algo próximo a ela, como 55/45%.

O principal a notar é que os proponentes neste jogo de ultimato são ainda mais cuidadosos nas suas divisões propostas do que os ditadores no jogo do ditador. Isso acontece porque os receptores do jogo do ultimato podem ter um papel ativo e rejeitar a proposta, enquanto os segundos jogadores no jogo do ditador são passivos e apenas aceitam o que o ditador propuser. A capacidade dos receptores no jogo do ultimato de rejeitar ofertas significa que os líderes devem ter cuidado para não ofender os receptores, especialmente quanto ao senso de tratamento justo. Isso leva os líderes a sugerir divisões mais equânimes.

Entendendo as evidências experimentais sobre a justiça

Uma boa maneira de interpretar o comportamento que observamos nos jogos de ditador e ultimato é perceber que os dois jogos corroborar a ideia de compaixão discutida em *A Teoria dos Sentimentos Morais* e o poder do egoísmo que aparece tão proeminentemente em *A Riqueza das Nações:*

LEMBRE-SE

» O fato de que ditadores que não enfrentam a possibilidade de retaliação em média oferecerem um pouco do dinheiro para o outro jogador no jogo do ditador é consistente com o senso de justiça intrínseco ao ser humano, que faz com que eles ajudem os outros mesmo quando não haja vantagem para si mesmos.

» O fato de as divisões se tornarem mais iguais quando há uma ameaça de rejeição no jogo do ultimato mostra que os incentivos para o bom comportamento podem fazer com que as pessoas se comportem de maneira mais justa do que quando deixadas livres sem qualquer ameaça de punição ou retaliação.

LEVANDO AS PESSOAS A MELHORES RESULTADOS

CUIDADO

Os economistas comportamentais começaram a "cutucar" as pessoas em direção a melhores decisões usando lembretes gentis ou pressão moderada dos colegas. Muitos incentivos podem ser implementados a um custo extremamente baixo. Aqui estão alguns exemplos:

- **Lembretes semanais via mensagens de texto aumentaram a frequência nas aulas de alfabetização de adultos na Inglaterra em 33%.**

- **Cartas informando os contribuintes da Guatemala de que a maioria de seus vizinhos já havia pago seus impostos triplicaram a arrecadação.**

- **A economia pessoal foi aumentada em sete vezes nas Filipinas, oferecendo às pessoas contas de poupança que restringiam a possibilidade de saques até uma data específica ou até que a conta atingisse um valor específico.**

- **As famílias reduziram substancialmente o consumo de eletricidade depois que uma empresa de eletricidade começou a imprimir ícones de carinha triste, como este ☹, nas contas das famílias de alto consumo.**

Mas, antes de aplaudir esses esforços com muito entusiasmo, considere por si mesmo se os estímulos são éticos. Você acharia normal ser subconscientemente manipulado se a manipulação o ajudasse a conseguir algo que desejasse?

A maior igualdade de divisões que vemos quando ambas as partes devem consenti-las nos oferece outra maneira de entender a metáfora de Adam Smith sobre a *mão invisível*. Quando as pessoas são constrangidas por terem que considerar as necessidades e os interesses dos outros, elas tendem a se comportar de maneiras mutuamente benéficas, socialmente ideais — como se fossem guiadas para fazer a coisa certa por uma mão invisível.

Esse é um resultado poderoso de dois jogos simples. E é mais uma ilustração dos deslumbrantes insights que a economia comportamental produziu desde que surgiu na década de 1980.

4

Macroeconomia: A Ciência do Crescimento Econômico e da Estabilidade

Descubra o produto interno bruto — o valor total de bens e serviços produzidos em um país.

Examine a inflação, os índices de preços e as taxas de juros para saber como a inflação é causada pela impressão excessiva de dinheiro.

Explore o ciclo dos negócios e por que acontecem as recessões.

Descubra o que os governos devem e não devem fazer para combater recessões usando ferramentas como incentivo ao consumo e políticas fiscais e monetárias.

Entenda que empréstimo e dívida impulsionam as bolhas e crises financeiras e por que a política fiscal e monetária não funcionam muito bem depois de uma crise financeira.

» **Medindo o PIB: O valor total dos bens e serviços**

» **Decompondo o PIB em $C + I + G + EL$**

» **Entendendo por que o livre comércio é bom para você**

Capítulo **14**

Como os Economistas Medem a Macroeconomia

A *macroeconomia* estuda a economia como um todo. Vista de cima, a produção de bens e serviços é feita igualmente pelas empresas e pelo governo. As empresas produzem o grosso do que as pessoas consomem, mas muitos bens e serviços são providos pelo governo, incluindo segurança pública, defesa nacional e bens públicos como ruas e pontes. Além disso, o governo fornece a estrutura legal na qual as empresas operam e ainda intervém na economia de modo a garantir alguns deveres e direitos, como regular a poluição, a obrigatoriedade de equipamento de segurança e redistribuir a renda dos ricos para os pobres (para saber mais sobre a divisão das tarefas entre empresas privadas e o governo, veja o Capítulo 3).

Para estudar os processos de produção, distribuição e consumo de uma forma mais real, os economistas precisam manter o controle sobre exatamente quanto está sendo produzido, bem como onde tudo acaba. Consequentemente, os economistas desenvolveram um grande dispositivo contábil conhecido por *Avaliação de Produto* e *Rendimentos Nacionais* (NIPA, do original National Income and Product Accounts) para medir a atividade econômica. Esse sistema produz diversas estatísticas úteis, incluindo o famoso *produto interno bruto* (PIB), que mede a quantidade total de bens e serviços produzidos em um país em dado período de tempo.

O sistema pode parecer enigmático, mas saber como a contabilidade funciona é indispensável, porque ela é a base de todos os modelos matemáticos que os economistas usam para entender e prever coisas como o ciclo dos negócios, inflação, crescimento econômico e as políticas monetária e fiscal (alguns desses modelos são apresentados nos Capítulos 16 e 17). Portanto, certifique-se de levar em consideração o que estamos prestes a mostrar.

Entendendo o PIB (e Suas Partes)

O produto interno bruto, ou PIB, é uma estatística que calcula o valor de todos os bens e serviços produzidos em determinado país em um dado período de tempo. No Brasil, o Instituto Brasileiro de Geografia e Estatística (IBGE) computa e publica essa estatística com regularidade trimestral, revisando-a à medida que novos dados tornam-se disponíveis, dando-nos uma ideia de quanta atividade econômica ocorreu no primeiro trimestre do ano.

O PIB é muito importante porque, as outras coisas estando bem, pessoas mais ricas são pessoas mais felizes (mais ou menos — pessoas mais ricas também se pronunciam mais alto sobre sua sorte). Não estamos dizendo que dinheiro é a única coisa que importa na vida, mas os economistas avaliam economias pelo quão satisfatoriamente elas maximizam a felicidade, e, embora dinheiro não compre amor, ele pode comprar muitas coisas que o fazem feliz, como comida, educação e férias. Consequentemente, um crescimento rápido e alto do PIB é preferível porque reflete um grande número de transações econômicas que proporcionam os bens e serviços que as pessoas desejam (para examinar algumas razões pelas quais o PIB nem sempre reflete uma melhoria na felicidade, consulte a seção "O bom, o mau e o feio: Todas as coisas aumentam o PIB", a seguir).

Nos Capítulos 2 e 3, falo de como o objetivo econômico fundamental das pessoas é maximizar a felicidade dados os limitados recursos que as restringem. Em razão de as pessoas gostarem de consumir bens e serviços, medir o PIB permite que os economistas quantifiquem, em um certo sentido, o quanto um país está se saindo bem em maximizar a felicidade de seus cidadãos, considerando suas limitações. A elevação do PIB indica que um país está descobrindo meios para proporcionar mais bens e serviços que tornam as pessoas felizes.

Nesta seção, mostro a vocês como e por que os economistas, que tabulam as Contas de Produto e Rendimento Nacional, fragmentam o PIB em partes. A fragmentação do PIB permite analisar cada parte separadamente e obter um bom gerenciamento sobre os fatores de maior influência na produção de bens e serviços. Mas primeiro daremos uma breve explicação sobre o que o PIB *não leva* em consideração.

Deixando algumas coisas de fora do PIB

LEMBRE-SE

A estatística do PIB leva em consideração apenas transações que envolvem dinheiro, portanto, se você toma conta de seus pais idosos ou se uma mãe fica em casa para cuidar de seu bebê, aquela atividade econômica — embora muito produtiva e socialmente benéfica — não é levada em conta no PIB.

Em economias desenvolvidas, o PIB é muito bom em capturar quase toda a vazão de produção, porque quase tudo que é produzido é vendido na sequência. Porém, em uma ampla sociedade rural e agrária, de pequenos agricultores, a maior parte da produção é para consumo doméstico, o que significa que a produção não fará parte das estatísticas oficiais do PIB mantidas pelos economistas do país.

CUIDADO

Conforme os países fazem a transição de estruturas econômicas rurais e agrárias, com muita produção doméstica, para economias de mercado em que quase tudo o que é produzido é vendido, o PIB parece se elevar, porque muito do que é produzido está sendo contado pela primeira vez. Entretanto, essa mudança aparente pode não ser um aumento efetivo na produção. Essas limitações podem fazer com que a comparação do PIB entre vários países seja enganosa.

Calculando o que conta para o PIB

Computar vendas em que o dinheiro troca de mãos pode ser um pouco complicado porque ambos, comprador e vendedor, estão envolvidos em cada uma dessas operações. O dinheiro que o comprador gasta é igual ao que o vendedor recebe. Traduzindo em jargão economista, a renda é igual à despesa. Consequentemente, você pode medir o PIB ao totalizar todas as despesas em uma economia ou ao contar todas as rendas de uma economia. Se seus cálculos estiverem corretos, ambos os métodos darão o mesmo resultado para o PIB.

LEMBRE-SE

Quando pensamos em PIB, também é necessário levar em consideração os bens e serviços que estão sendo trocados por dinheiro. Os economistas simplificam a vida dizendo que todos os recursos ou fatores de produção de uma sociedade — terra, trabalho e capital (veja o Capítulo 3) — pertencem à unidade doméstica. *Unidades domésticas* podem ser constituídas por uma pessoa ou várias — pense em termos de indivíduos ou famílias. As *empresas* compram ou alugam os fatores de produção das unidades domésticas e os utilizam para produzir bens e serviços, os quais são vendidos de volta para as unidades domésticas. Esse processo estabelece um *fluxo circular* para os recursos, movendo-os das unidades domésticas para as empresas, que devolvem bens e serviços, como mostra a Figura 14-1.

Movendo-se no sentido oposto ao do fluxo dos recursos e bens estão os pagamentos em dinheiro. Quando as empresas compram fatores de produção de unidades domésticas, elas têm que pagar dinheiro a estas. Esse dinheiro é *renda* para as unidades domésticas. E, quando as unidades domésticas compram bens e serviços das empresas, pagam por esses bens e serviços em dinheiro, que é mostrado na Figura 14-1 como *despesas*.

As unidades domésticas são donas das empresas; as empresas não existem por si mesmas. Fundamentalmente, as empresas pertencem às unidades domésticas, seja diretamente, no caso de pequenas empresas, ou via fundos de investimentos de bancos e fundos de pensões. Como resultado, qualquer dinheiro que uma empresa receba quando vende um bem ou serviço flui como renda para algum indivíduo ou grupo de indivíduos. Por causa desse fluxo, as rendas na Figura 14-1 têm que corresponder às despesas. Quaisquer recursos que de propriedade das empresas — terras, fábricas, minas, entre outros — também são das unidades domésticas, pois é assim para todas as empresas na economia. Assim, toda renda gerada pela venda de recursos e serviços flui direta ou indiretamente para as unidades domésticas.

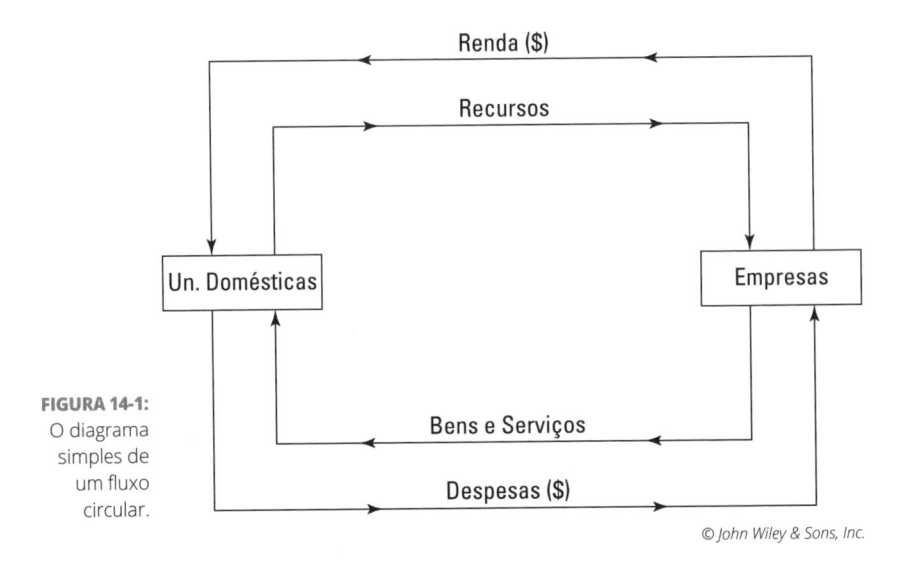

FIGURA 14-1:
O diagrama
simples de
um fluxo
circular.

© John Wiley & Sons, Inc.

Considerando fluxos de renda e ativos

Embora você possa utilizar tanto renda quanto despesas para medir o PIB, os economistas preferem utilizar a renda, porque os governos obrigam indivíduos e empresas a manter o registro de cada centavo que ganham, para que tudo possa ser tributado. Essa exigência do governo proporciona dados extensos e exatos sobre a renda.

Rastreando o fluxo de renda

Toda a renda na economia flui para uma destas quatro categorias:

» Trabalho assalariado.

» Receita de aluguel de terra.

> » Juros sobre o capital.

> » Lucros recebidos por empreendedorismo.

Como precisamos de terra, mão de obra e capital para fazermos coisas, é necessário pagar por eles. Isso explica por que parte da renda na economia flui dessa forma. Mas, em uma economia competitiva e dinâmica, você também precisa de pessoas dispostas a assumir os riscos de um negócio e investir em novas tecnologias que podem nunca decolar. Para conseguir pessoas que façam isso, é preciso pagá-las, motivo pelo qual parte da renda também flui para o risco assumido do empreendimento na forma de lucros, como forma de recompensá-las pela habilidade empreendedora.

Cada um dos quatro pagamentos é um fluxo de dinheiro que compensa um fluxo de serviços necessários à produção:

> » **Salários:** Os trabalhadores cobram salários por serviços prestados.

> » **Aluguel:** Os proprietários de imóveis e terras cobram aluguel de seus inquilinos pelos serviços imobiliários prestados e as estruturas físicas fornecidas.

> » **Juros:** Empresas que desejam obter serviços de capital, como máquinas e computadores, devem pagar por eles. Esse pagamento é considerado lucro, porque, por exemplo, o custo da obtenção de serviços de um equipamento de capital de $1.000 é o pagamento de juros que uma empresa tem que fazer sobre um empréstimo de $1.000 para comprar aquele equipamento.

> » **Lucros:** Os lucros da empresa devem fluir para os empreendedores e donos da empresa, que assumem o risco de que a empresa pode sair-se mal ou até mesmo ir à falência.

Levando os ativos em consideração

O que acontece com o fluxo de renda se uma empresa compra o espaço de seu terreno e escritório em vez de alugá-lo? Ou se uma empresa possui seu próprio capital diretamente em vez de pedir dinheiro emprestado para comprá-lo? Se uma empresa possui tais condições, não precisa mais disponibilizar um fluxo de dinheiro para obter um fluxo de serviços. As despesas ainda se igualam à receita? Não precisa ter medo: receitas ainda são iguais às despesas. Entretanto, você precisa julgar contabilmente para ver como isso ocorre. A chave para este equilíbrio é entender o que é um ativo.

LEMBRE-SE

Um *ativo* é algo durável, que não é diretamente consumido, mas que gera um fluxo de serviços que você consome. Por exemplo, uma casa é um ativo, porque ela proporciona abrigo. Você não consome a casa, mas apenas os serviços que ela proporciona. De modo semelhante, um carro é um ativo porque, embora você não consuma o carro literalmente, ele lhe proporciona serviços de transporte.

Frequentemente você tem uma escolha entre comprar um ativo diretamente e, desse modo, possuir todos os futuros serviços que ele irá proporcionar, ou deixar que outra pessoa o compre e venda a você os serviços que forem produzidos. Por exemplo, você pode comprar uma casa e, assim, obter todos os serviços futuros de abrigo que ela lhe proporcionará ou pode alugar uma casa e obter aqueles mesmos serviços pagando mensalmente por eles. Por essa razão, um ativo é considerado um *estoque*, enquanto os serviços que ele proporciona são chamados de *fluxo*.

Para cada ativo que uma empresa possui os contadores atribuem um valor em dinheiro sobre os serviços que ele proporciona com base em quanto aqueles mesmos serviços teriam custado se a empresa os tivesse alugado. Eles podem distribuir a receita total da empresa chamando uma parte renda, outra parte juros e ainda outra parte lucro, como se os donos da empresa recebessem três fluxos de rendimentos.

Visto que os donos de empresa proveem o dinheiro para comprar os ativos da empresa, parte da renda é a compensação por proporcionar esses bens e serviços, e o restante de seus rendimentos é contabilizado como compensação pelo empreendedorismo, assim como assumir os riscos. Consequentemente, todo o dinheiro gasto em bens e serviços flui como receita para alguém, por proporcionar terra, trabalho e capital ou empreendedorismo (os quatro fatores favoráveis à produção). Essa metodologia permite aos economistas continuarem dizendo que as receitas são iguais às despesas mesmo quando as empresas possuem seus próprios ativos.

Seguindo os fundos de perto

O diagrama simples do fluxo circular mostrado na Figura 14-1 capta o fato de que existe uma renda para cada despesa. Entretanto, como o diagrama divide a economia apenas em empresas e unidades domésticas, acaba por omitir muito da ação que acontece no mundo real. Na Figura 14-2 você pode observar um fluxo circular muito mais realista e detalhado, que divide a economia entre empresas, unidades domésticas e o governo, com essas entidades realizando transações pelos três seguintes mercados:

» **Mercados por fatores de produção:** O dinheiro é trocado para comprar ou alugar terra, mão de obra, capital e empreendedorismo usados na produção.

» **Mercados financeiros:** As pessoas que desejam emprestar dinheiro (poupadores) interagem com aqueles que desejam tomar dinheiro emprestado (mutuários). Neste mercado, a oferta e procura por empréstimos determina a *taxa de juros*, que é o preço que você tem que pagar para conseguir que alguém lhe empreste dinheiro por um tempo. Porque muitos governos estão em deficit (em outras palavras, o governo está sempre no buraco) e precisam tomar emprestado muito dinheiro, eles são os principais agentes do mercado financeiro.

» **Mercados de bens e serviços:** São aqueles em que o governo e as pessoas compram o que as empresas produzem.

Na Figura 14-2 as setas mostram os fluxos de dinheiro por toda a economia. As empresas fazem pagamentos administrativos — aluguel, salários, juros e lucros — às unidades domésticas para obterem os fatores de produção — terra, trabalho, capital e empreendedorismo (consulte a seção anterior, "Levando os ativos em consideração", para mais informações). As unidades domésticas pegam o rendimento que obtêm da venda desses fatores e o utilizam para pagar por bens e serviços, para pagar impostos ou para economizar. O governo compra bens e serviços usando a arrecadação tributária que recolhe ou o dinheiro que toma emprestado dos mercados financeiros. O mercado financeiro também provê dinheiro para as corporações realizarem investimentos. Esse dinheiro é somado ao que as empresas obtêm da venda de bens e serviços para unidades domésticas e o governo.

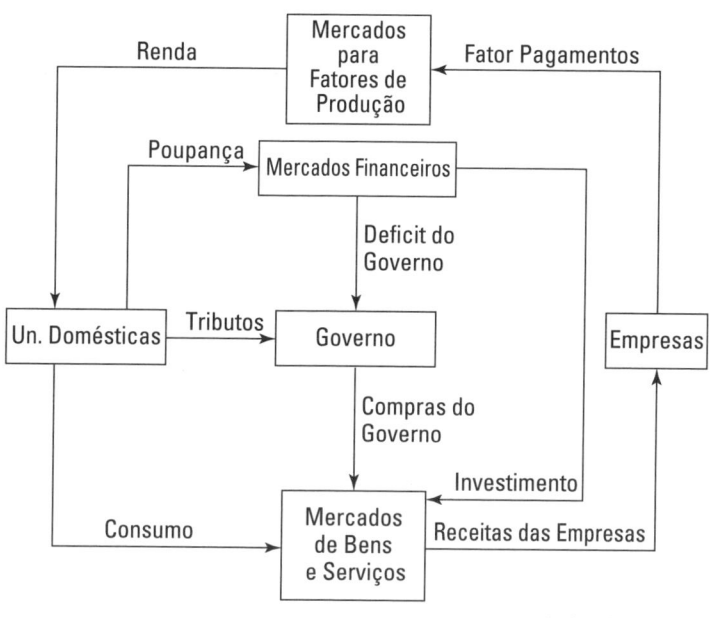

FIGURA 14-2
O diagrama detalhado do fluxo circular.

© *John Wiley & Sons, Inc.*

LEMBRE-SE

Nem todas as transações nos mercados financeiros são relevantes para o cálculo do PIB. O PIB mede a saída de produção atual, e a maior parte das transações nos mercados financeiros são negociações do direito de propriedade por coisas produzidas muitos anos antes. Por exemplo, uma casa construída há 30 anos não tem nada a ver com a produção atual, assim, a venda dessa casa não é um fator para o PIB deste ano. Somente as vendas de casas recentemente construídas figuram no PIB deste ano.

Contando o produto quando é produzido, não quando é vendido

A produção (output) recente é contada como parte do PIB tão logo é produzida, mesmo antes de ser vendida. Isso faz com que o rastreamento do dinheiro associado à nova produção fique um pouco difícil.

Por exemplo, assim que a construção de uma nova casa é concluída, seu valor de mercado de R$300.000 (ou £1 milhão, se você vive em Londres) é estimado e contado, desde então, como parte do PIB, mesmo que a casa não seja vendida por meses. Suponha que sua construção tenha sido concluída em 29 de dezembro de 2020, acrescentando R$300.000 ao PIB de 2020. Se a casa for vendida posteriormente, em 21 de fevereiro de 2021, seu valor não será computado ao PIB do ano de 2021 porque não é permitido inserir o mesmo valor duas vezes.

Quando a casa for vendida, será considerada propriedade antiga e não produção recente. Os economistas apenas dizem que o direito de propriedade desta casa antiga mudou de mãos do construtor para o novo proprietário. Como o comércio de antigos ativos obviamente não envolvem nova produção, não são computados no PIB. Da mesma forma, itens como carros e livros usados não contam para o PIB, não importa quantas vezes sejam comprados e vendidos.

Essa convenção contábil aplica-se a empresas que produzem qualquer tipo de saída de mercadoria, seja o que for. Se a Sony produzir uma TV em 31 de dezembro de 2020, o valor dessa TV é computado no PIB do ano de 2020, mesmo que ela não seja vendida a nenhum consumidor até o ano seguinte.

DICA

Uma maneira útil para entender isso é imaginar que a Sony fabrica a TV e então vende-a para si mesma quando a coloca no inventário. Essa "venda" é computada no PIB do ano de 2020. Mais tarde, quando a TV é vendida do estoque para o cliente, é apenas uma troca de ativos (a venda da TV por dinheiro).

CUIDADO

O fato de o produto ser computado quando produzido em vez de quando vendido, é uma bandeira vermelha quando se interpretam as estatísticas do PIB para aferir a saúde da economia. Um PIB elevado significa apenas que uma grande quantidade de coisas está sendo produzida e colocada em estoque. Isso não significa que as empresas estão vendendo essas grandes quantidades.

Os economistas que tentam prognosticar qual o rumo da economia prestam muito mais atenção aos níveis de estoque do que ao último trimestre do PIB. Isso porque é possível que o PIB esteja alto, mas a economia se encontre à beira da recessão porque os estoques estão cheios e os gerentes logo cortarão a produção para que os estoques diminuam a níveis ideais.

O bom, o mau e o feio: Todas as coisas aumentam o PIB

Em linhas gerais, um PIB alto é melhor que um baixo porque mais bens produzidos significam um alto potencial de padrão de vida, o que inclui melhor assistência médica para os doentes e mais dinheiro para ajudar os necessitados. Um PIB elevado, todavia, não garante que a felicidade esteja aumentando, porque o PIB frequentemente sobe quando coisas ruins acontecem. Por exemplo, se uma enorme inundação destruir grande parte de uma cidade, o PIB aumentará quando a reconstrução começar e muitos produtos novos serão fabricados para substituir o que foi destruído, Mas, claro, não teria sido bem melhor se a inundação não tivesse ocorrido?

De modo semelhante, um PIB elevado pode ser possível em certas situações somente se você estiver disposto a tolerar mais poluição ou uma grande desigualdade de renda. Países que experimentam rápido desenvolvimento econômico e aumento nos padrões de vida frequentemente também obtêm um meio ambiente mais poluído e mais desassossego social, porque algumas pessoas estão enriquecendo muito mais depressa que as outras. Os números do PIB não refletem esses resultados negativos.

O PIB também não computa o valor do tempo livre. Muitos dos nossos tempos favoritos provavelmente ocorreram quando não estávamos produzindo nem consumindo qualquer coisa que fosse computado no PIB — sentados na praia, escalando uma montanha, dando uma caminhada. Ademais, um aumento do PIB frequentemente vem à custa do sacrifício dessas atividades de lazer — o que significa que quando você vê um aumento no PIB, em termos globais, o bem-estar social e a felicidade não melhoraram necessariamente. Assim, embora as políticas que elevam o PIB sejam geralmente benéficas para a sociedade, é preciso sempre examinar os custos envolvidos no aumento da produção.

Mergulhando na Equação do PIB

Agora é hora de você e o PIB ficarem amigos, para que você possa entender todos os pequenos segredinhos dele — em particular, as partes que o constituem e como elas se comportam. A discussão nesta seção é realmente interessante e duplamente útil porque ela torna o modelo Keynesiano macroeconômico padrão (que apresentamos no Capítulo 16) bem mais fácil de entender e manejar.

Na seção "Calculando o que conta para o PIB", anteriormente neste capítulo, explico que você pode medir o PIB totalizando todas as despesas realizadas na compra de bens e serviços ou somando todas as rendas derivadas da produção de bens e serviços. Os dois números devem ser iguais. Assim, essa mudança para o método das despesas para computar o PIB é totalmente autêntica (o método das despesas também é a oportunidade perfeita para que você entenda a economia do ponto de vista de onde o dinheiro é gasto, em oposição a quem guarda o dinheiro ganho).

A equação das despesas para totalizar o PIB junta as quatro categorias tradicionais de despesas — consumo (C); investimento (I); governo (G) e exportações líquidas (EL) — para igualar o valor em reais (ou qualquer que seja a moeda que o país estiver utilizando) de todos os bens e serviços produzidos domesticamente naquele período, ou o PIB (Y). Em termos de álgebra, a equação fica assim:

$$Y = C + I + G + EL$$

Eis uma rápida olhadela nas quatro despesas variáveis que totalizam o PIB.

>> **Consumo:** C corresponde a despesas de consumo sobre bens e serviços feitos por unidades domésticas produzidas internamente ou no exterior.

>> **Investimento:** I corresponde a despesas com investimentos feitos pelas empresas sobre novos bens de capital, incluindo edifícios, fábricas e equipamentos. I também contém as mudanças de estoques, uma vez que qualquer bem produzido, mas não vendido durante um período, deve ser adicionado ao inventário de uma empresa e contado como investimentos de inventário.

>> **Despesas de governo:** G corresponde às compras governamentais de bens e serviços (eles têm que comprar clipes de papel, por exemplo).

>> **Exportações líquidas:** EL corresponde ao líquido das exportações, que são definidos como o valor total das exportações de um país (EX), menos o valor total de todas as suas importações (IM), ou EL = EX - IM. EX é o número em reais dos nossos produtos que os estrangeiros compram. IM e o número em reais dos produtos estrangeiros que nós compramos.

Essas quatro despesas compõem o PIB porque, como grupo, elas compram até o último produto feito em nosso país em determinado período. As seções a seguir trazem mais detalhes sobre cada uma delas.

"C" corresponde a despesas de consumo

As despesas de consumo das unidades domésticas representam 70% do PIB — muito mais do que os outros três componentes combinados. Muitos fatores afetam quanto de suas rendas as unidades domésticas decidem gastar em consumo e quanto decidem poupar para o futuro.

Os microeconomistas passam muito de seu tempo estudando os diversos fatores que afetam tais decisões, inclusive expectativas quanto ao futuro, se este parece promissor ou nebuloso e se as taxas de retorno sobre a poupança serão altas ou baixas (consulte a Parte III deste livro para tudo o que você sempre quis saber sobre microeconomia). Os macroeconomistas, por outro lado, não se envolvem nesses fatores porque, ao estudar a economia como um todo, o que importa saber é quanto de consumo total existe, em vez de tentar compreender o motivo de as unidades domésticas escolherem aquele nível em particular.

DICA

O modelo de consumo dos macroeconomistas é muito simples, como uma função das pessoas depois do pagamento dos impostos ou receitas *disponíveis*. Você pode obter a receita disponível de maneira algébrica usando este utilíssimo processo em três etapas:

1. Comece com *Y* o total de rendimentos na economia.

Na equação de Keynes, *Y* é igual ao total das despesas, mas porque as receitas são iguais às despesas, você pode usar o mesmo modelo para elas também. Lembre-se de que todo dinheiro gasto por você torna-se a receita de outra pessoa.

2. Calcule quanto de imposto as pessoas têm que pagar.

Para simplificar, suponha que a única taxa é um imposto sobre a renda e que a taxa do imposto de renda é dada por t. Por exemplo, $t = 0,25$ significa uma porcentagem de tributação de 25% das receitas das pessoas. Consequentemente, o total de impostos que as pessoas pagam, T, é dado por $T = t \times Y$.

3. Subtraia os impostos das pessoas, *T*, das suas receitas, *Y*, para calcular seus rendimentos líquidos.

Os economistas se referem a isso como *receitas disponíveis* e escreveram algebricamente como YD. Subtrair os impostos das receitas se parecera com isto:

$$Y_D = Y - T = Y - t \, z \, Y = (1-T) \times Y$$

Depois de derivar a receita disponível, você usa um modelo muito simples para calcular as despesas de consumo das unidades domésticas. O modelo diz que o consumo, C, e uma função da receita disponível e algumas outras variáveis, C_o e c.

$$C = C_o + C \times Y_D$$

O c minúsculo é chamado de *propensão marginal de consumo* ou PMC, em que c é sempre um número entre 0 e 1 que indica a taxa em que você escolhe consumir rendimentos em vez de poupá-los. Por exemplo, se $c = 0,9$, então você consome \$0,90 de cada real de receita disponível que obteve depois de pagos todos os impostos (você economiza os outros \$0,10). O valor vigente da propensão marginal de consumo, c, é determinado pelo indivíduo e varia de pessoa para pessoa dependendo do quanto de suas receitas disponíveis eles gostariam de economizar.

Pense no C_o como a quantidade que as pessoas consomem, mesmo que elas tenham zero de receita disponível no ano (se você assumir que $Y_D = 0$ na equação $C = C_o + c \times Y_D$, então esta equação se reduz em $C = C_o$). Mas de onde vem o dinheiro para pagar por C_o se você tem zero de receita disponível? Esse valor vem de suas economias pessoais, acumuladas ao longo dos anos ou que emprestou de pessoas que pouparam ao longo dos anos.

O que a equação completa $C = C_o + c \times Y_D$ diz é que o total de despesas de consumo em uma economia é o montante que as pessoas consuma mesmo que não tenham receita alguma (C_o), mais uma parte de suas receitas disponíveis (cY_D).

Para o resto deste livro, presumo que a equação $C = C_o + c \times Y_D$ é um modelo bom o suficiente de como as despesas de consumo são determinadas na economia. A equação não é perfeitamente realista, mas mostra que o consumo é reduzido por taxas de impostos mais altas e que as pessoas tomam uma decisão sobre quanto de suas receitas disponíveis economizar ou consumir. A equação nos permite analisar os efeitos das políticas que alteram as taxas de impostos e os efeitos de outras políticas que estimulam as pessoas a gastar frações maiores ou menores de sua renda.

"I" corresponde a investimento em títulos de capital

O investimento é de vital importância porque a capacidade econômica para produzir depende de quanto capital está disponível para realizar a produção. O capital de ações aumenta quando empresas adquirem novas ferramentas, edifícios, máquinas, computadores e assim por diante, para ajudar na produção de bens de consumo. O investimento é um fluxo que aumenta o capital de ações da economia.

Contudo, o capital se desgasta à medida que é utilizado. Alguns enferrujam. Alguns quebram. Alguns são jogados fora quando se tornam obsoletos. Todos esses fluxos que diminuem o capital social são chamados de *depreciação* pelos economistas.

Naturalmente, as empresas precisam fazer alguns investimentos para repor o capital que foi depreciado. Mas qualquer investimento em excesso de depreciação faz com que o tamanho global do capital de ações aumente, criando um maior potencial de produção para as pessoas consumirem.

O fluxo de investimento gasto em qualquer período de tempo depende das comparações que as empresas fazem entre os benefícios potenciais e os custos da compra desses pedaços de capital social. Os benefícios em potencial são medidos em termos de lucro em potencial e os custos da compra são medidos pela taxa de juros, independente de a empresa tomar ou não dinheiro emprestado para pagar pelo referido pedaço de capital.

Por que as taxas de juros interessam tanto? Naturalmente, se uma empresa precisa fazer um empréstimo para comprar capital, altas taxas de juros tornam menos atraente tomar dinheiro emprestado, porque os custos do ressarcimento do empréstimo serão altos. Entretanto, mesmo que uma empresa tenha dinheiro suficiente em mãos para comprar algum equipamento, altas taxas de juros forçam a empresa a decidir entre utilizar o dinheiro para comprar o equipamento e emprestá-lo para mais alguém. Quanto mais altas as taxas de juros, mais atrativo o empréstimo se torna. Consequentemente, altas taxas de juros desencorajam os investimentos, independentemente de a empresa precisar tomar dinheiro emprestado para custear o investimento (veja o Capítulo 2 para as razões de as altas taxas de juros aumentarem a oportunidade de custo do investimento).

Os economistas formulam a quantidade de despesas com investimentos que as empresas desejam fazer, I, como uma função da taxa de juros, r, que é dada como porcentagem. A equação que utilizamos aqui é padrão em livros introdutórios sobre macroeconomia (embora o sistema de numeração possa variar de livro para livro):

$$I = I_o - I_r \times r$$

Essa equação é semelhante, em certo sentido, à equação do consumo, na seção anterior, exceto pelo sinal de menos, que indica que quando a taxa de juros sobe I cai.

O parâmetro I_r diz a você quanto de I cai em toda uma economia, por qualquer aumento nas taxas de juros. Por exemplo, suponha que r se eleve ao percentual de um por cento. Se I_r for, digamos, \$10 bilhões, você sabe que para cada um ponto percentual de aumento nas taxas de juros haverá uma diminuição de investimentos perto de \$10 bilhões.

O parâmetro I_o nos diz quanto investimento ocorre se as taxas de juros forem zero. Na verdade, as taxas de juros jamais caem até zero, mas suponha que sim. Dessa forma, o segundo termo na equação seria igual a zero, deixando você com $I = I_o$.

A equação como um todo diz que se as taxas de juros fossem zero, as despesas com investimentos atingiriam a I_o. Mas, como as taxas de juros sobem acima de zero e continuam subindo, os investimentos caem mais e mais. De fato, as tarifas poderiam potencialmente subir tanto que os gastos com investimentos cairiam para zero.

O relacionamento entre tarifas e investimentos é uma razão do porquê a habilidade do governo em fixar as taxas de juros tem grande sustentação na economia. Ao fixar taxas de juros, o governo pode determinar o valor que as empresas desejam gastar comprando bens de investimento. Em particular, se a economia estiver em recessão, o governo pode baixar as taxas de juros de modo a elevar os gastos das empresas em investimentos e (espero) ajudar a melhorar a economia.

"G" corresponde a governo

Em muitos países, uma imensa parcela do PIB é consumida pelo governo. Nos Estados Unidos, os governos municipais, estaduais e federal consomem cerca de 35 a 40% do PIB. Em muitos países, a proporção é ainda maior. Na maior parte da Europa, por exemplo, é próximo de 50%.

LEMBRE-SE

O governo obtém o dinheiro para comprar todos esses produtos a partir da tributação e dos empréstimos. Se as receitas dos tributos de um governo forem exatamente iguais às suas despesas, ele tem um *balanço orçamentário*. Se as receitas dos tributos são maiores que as despesas, está ocorrendo um *superavit orçamentário*. Mas se as despesas excederem as receitas dos tributos, o que pode ocorrer quando o governo faz empréstimos no mercado financeiro, teremos um *deficit orçamentário*.

O governo toma dinheiro emprestado vendendo títulos. Um título característico diz que em troca de $10.000 exatamente agora, o governo lhe pagará $10.000 em dez anos e, nesse meio tempo, pagará a você $1.000 ao ano, para cada ano que utiliza seu dinheiro. Se aceitar o trato e comprar o título, você está, na verdade, emprestando de imediato $10.000 ao governo e obtendo um retorno de 10% ao ano até que o governo devolva seus $10.000 daqui a dez anos.

Uma grande quantidade de negociação política é necessária para determinar o quanto um governo gastará em um determinado ano. Muitos grupos fazem lobby para programas especiais que beneficiem suas cidades natais ou setores, e, não importa o que ocorra, os governos têm que fornecer recursos para as funções governamentais essenciais, como a defesa nacional ou agentes da lei.

Entretanto, os economistas ignoram, em grande medida, as maquinações políticas que determinam os gastos do governo, porque os efeitos econômicos dos gastos do governo, G, depende do tamanho que a despesa e não como ela conseguiu ficar daquele tamanho. Consequentemente, para o resto deste livro, faremos a simples suposição de que as despesas do governo podem ser simbolizadas como:

$$G = G_0$$

G é igual a algum número determinado pelo processo político, G_0. Esse número pode ser alto ou baixo, dependendo da política, mas no final você só se interessa pelo quão grande ou pequeno este número se tornara e pode ignorar de onde vem.

DICA

G inclui apenas as despesas de governo sobre bens e serviços recentemente produzidos. Ele não inclui despesas que simplesmente transferem dinheiro de uma pessoa para outra. Por exemplo, quando o governo cobra impostos de você, e o dinheiro é transferido para uma pessoa pobre, essa transação não tem nada a ver com a produção atual de bens e serviços e, consequentemente, não conta como parte de G. Assim, lembre-se de que quando falamos de G, nos referimos apenas ao que o governo adquire da produção atual de bens e serviços.

Medindo o comércio internacional com a "EL"

Quando seu país vende bens e serviços para alguém ou uma empresa em outro país, esse tipo de venda é chamado de *exportação*, ou *EX*. Quando alguém em seu país compra algo que foi produzido fora dele, esse tipo de compra é chamado de *importação*, ou *IM*. A *exportação líquida*, ou *EL*, é simplesmente a soma de todos os valores das exportações menos todos os valores das importações durante um determinado período de tempo (matematicamente, $EL = EX - IM$). Quando usar o método de despesa para calcular o PIB, você acrescenta esse valor em líquido das exportações, *EL*. Mas por que adicionar apenas as exportações *líquidas*?

Toda a questão da totalização das despesas para se obter o PIB é calcular quantos reais são gastos em produtos feitos dentro das fronteiras de nosso país. A maior parte desses gastos é feita pelos nativos, mas os estrangeiros também podem gastar dinheiro com nossos produtos. Isso é exatamente o que acontece quando eles pagam pelas mercadorias que você exporta para eles. Consequentemente, você tem que adicionar *EX* se quiser obter o valor correto das despesas sobre as mercadorias produzidas internamente.

Você precisa subtrair suas importações de mercadorias estrangeiras porque é preciso diferenciar o total das despesas que os residentes fazem sobre *todos* os bens e serviços, daquelas despesas sobre os produtos e serviços *produzidos internamente*. O total dos gastos sobre bens e serviços, tanto os internos quanto os estrangeiros, é *C* (como mostrado anteriormente). Se quiser obter apenas a parte gasta em itens produzidos internamente, precisará subtrair o valor das importações, *IM*, porque todo o dinheiro gasto em importações é dinheiro que *não* foi gasto na produção interna de bens e serviços. Portanto, $C - IM$ nos dá a quantia em dinheiro que a população gastou em produtos produzidos no país.

O resultado é que você pode escrever sua equação de despesas do PIB, que totaliza todos os gastos internos sobre a produção doméstica, como segue:

$$Y = C - IM + I + G + EX$$

Mas geralmente a equação é reorganizada, a fim de colocar as exportações e importações próximas umas das outras, desta forma:

$$Y = C + 1 + G + EX - IM$$

DICA

Reorganizar a equação de despesas do PIB para incluir $EX - IM$ rapidamente revela a *balança comercial* de seu país. Quando o resultado de $EX - IM$ é positivo, você está exportando mais do que importando; quando é negativo, está importando mais do que exportando. Os economistas gostam de apresentar a matemática de forma a contar uma historinha. O comércio internacional é muito importante, e você deve entender não apenas o motivo de a balança comercial poder ser positiva ou negativa, mas também por que não deveria necessariamente preocupar-se quando ela é negativa.

Entendendo Como o Comércio Internacional Afeta a Economia

Os países modernos têm um volume enorme de comércio com outros países — na verdade tão grande que para muitos países as importações e exportações são iguais ou superiores a 50% de seus PIBs. Então, agora é uma boa hora para focarmos um pouco mais profundamente a partícula *EL* da equação de despesas do PIB, $Y=C+I+G+EL$.

Entender como o comércio internacional afeta a economia é essencial se você espera ter uma compreensão ampla da macroeconomia. Também é importante porque os políticos estão constantemente sugerindo novas políticas para as tarifas alfandegárias e novos controles para as taxas de câmbio, que miram diretamente o comércio internacional — mas cujos efeitos reverberam por toda a economia interna.

Esta seção explica por que deficits comerciais (valores negativos de *EL*) não são necessariamente ruins e por que envolver-se com comércio internacional — mesmo quando isso significa sustentar deficits comerciais — em geral, é extremamente benéfico.

Deficits comerciais podem ser bons para você!

Se suas exportações excedem as importações, você tem um *superavit comercial*, ao passo que, se suas importações excedem suas exportações, você tem um *deficit comercial*. Infelizmente, as palavras superavit e deficit carregam uma conotação extremamente forte, que nos faz pensar que superavits são, necessariamente, melhores que deficits. Isso não é verdade, mas você não saberia disso pela retórica dos políticos. Eles fazem parecer que o deficit comercial é sempre ruim e que está conduzindo a economia a uma calamidade.

CUIDADO

Analisar apenas se há um deficit ou um superavit comercial é ignorar a questão de que o comércio internacional é uma reorganização de ativos torna todo mundo mais feliz — mesmo em um país com deficit comercial. Como o comércio internacional é voluntário, todas as negociações aumentam a felicidade, mesmo que os políticos digam o contrário.

Considere o exemplo de dois indivíduos que queiram fazer uma transação comercial. Cada um deles começa com $100 em dinheiro e cada qual produz uma mercadoria para vender. O primeiro produz e vende maçãs ao preço de $1 cada. O segundo produz e vende laranjas ao preço de $1 cada. Cada um deles produz 50 frutas.

Em seguida, suponha que o produtor de maçãs realmente goste de laranjas e queira comprar 30 laranjas por $30, e o produtor de laranjas queira comprar 20 maçãs ao preço de $20. Ambos estão satisfeitos por poderem satisfazer o desejo um do outro, dessa forma, o produtor de maçãs gasta $30 comprando laranjas e o produtor de laranjas gasta $20 comprando maçãs.

A atividade comercial que acabaram de praticar não soa nenhum alarme, mas se as pessoas olharem para essa operação comercial em termos de *superavit comercial* e *deficit comercial* chegarão à falsa conclusão de que apenas uma das pessoas envolvidas realmente se beneficiou com essa transação, que na realidade ambos estavam ansiosos para realizar. Para saber onde começa a confusão, note que no vocabulário de comércio internacional, o produtor de maçãs exporta apenas o valor de $20, mas importa o valor de $30. Ao passo que, para o produtor de laranjas, a exportação é de $30 em laranjas e a importação é de apenas $20 em maçãs. Como resultado, o produtor de maçãs terá um deficit comercial de $10, já o produtor de laranjas terá um superavit comercial de $10.

Isso significa que o produtor de maçãs está em pior situação do que o produtor de laranjas? Não. Cada um deles começou com o valor de $150 em mercadorias: seus respectivos $100 em dinheiro acrescidos de $50 relativos à quantidade de frutas produzidas. Quando terminam sua transação comercial, eles ainda têm $150 em mercadorias. O produtor de maçãs tem $90 em dinheiro mais o valor de $30 em maçãs e $30 em laranjas. O produtor de laranjas tem $ 110 em dinheiro mais a importância de $20 em laranjas e o valor de $20 em maçãs.

Dizer que essa transação comercial empobreceu um deles é totalmente equivocado. De fato, ambos estão mais satisfeitos com suas disposições financeiras após a comercialização do que antes, porque seu comércio foi voluntário. Se o produtor de maçãs ficasse feliz conservando consigo seus $100 em dinheiro e mais 50 maçãs, ele não as teria comercializado por laranjas. O mesmo vale para o produtor de laranjas.

Considerando os ativos — Não apenas o dinheiro

Para aqueles que odeiam deficit comercial, mudanças no montante de dinheiro vivo é alarmante. Mas, ao avaliar se uma negociação é benéfica, você precisa considerar o valor dos ativos comercializados, não apenas quanto dinheiro cada parte tem no final. Por exemplo, o fato de o acúmulo monetário do produtor de maçãs ter caído de $100, antes da transação comercial, para $90, faz soar o alarme para os que não gostam de deficit comercial, pois eles se concentram no fato de que o produtor de maçãs ficou $10 mais pobre em termos de dinheiro vivo. E eles ficam ainda alarmados porque os $10 acabaram ficando com o produtor de laranjas, dando-lhe a vantagem de $110 versus $90, em termos de acúmulo em numerário.

Essa perspectiva ignora o fato de que a riqueza geral do produtor de maçãs ainda é de $150 e que ele agora tem uma distribuição de ativos que lhe agrada mais do que a anterior. As pessoas que não gostam do deficit comercial respondem perguntando-lhe o que acontece depois que o produtor de maçãs comer suas 30 maçãs e laranjas, e depois que o produtor de laranjas também comer suas 20 maçãs e 20 laranjas. No final, tudo o que ambos os produtores terão será o valor em espécie que acumularam. Como o produtor de maçãs tem $20 a menos em seu caixa do que o produtor de laranjas, ele deve estar em pior situação por causa do deficit comercial.

Novamente, esse raciocínio perde o foco de que o produtor de maçãs ficou mais feliz com a negociação e em terminar com $90 em dinheiro do que teria ficado se não tivesse feito o negócio e terminado com $100 em caixa. Se não fosse pelo comércio, ele teria tido uma dieta muito enfadonha comendo apenas maçãs.

Aqueles que se opõem ao deficit comercial realmente fazem as coisas parecerem terríveis quando começam a falar sobre a terra trocando de mãos devido ao comércio internacional. (Oh não, os estrangeiros estão assumindo o controle de nosso país!) Para entender o raciocínio deles, imagine que, em vez de começar com $100 cada, os produtores de frutas começassem com 100 acres de terra cada um, ao preço de $1 o acre. A única maneira para o produtor de maçãs conseguir $10 para pagar por seu deficit comercial seria vendendo 10 acres de terra ao produtor de laranjas. Ou seja, em linhas gerais a troca a que se comprometeram é 20 maçãs mais 10 acres de terra combinados, que valem $30, em troca de 30 laranjas ao preço de $30. Porque agora 10 acres de terra do produtor de maçãs pertencem ao produtor de laranja, aqueles que odeiam o deficit comercial imaginam que o produtor de maçãs vendeu seu país — literalmente.

Esse tipo de transferência de propriedade acontece na vida real. Durante a década de 1980, os Estados Unidos atingiram um formidável deficit comercial com o Japão. O resultado foi que corporações japonesas e indivíduos terminaram por possuir muitas empresas e edifícios norte-americanos famosos. Isso realmente assombrou diversos políticos norte-americanos, nacionalistas exacerbados, mas eles perderam o foco de que toda a atividade comercial na vida — seja com estrangeiros ou concidadãos — é concebida para fazer as pessoas felizes. Afinal, qual a finalidade de manter todos os seus 100 acres de terra se você fica mais feliz ao comercializar 10 deles por mercadorias estrangeiras? Ou, no caso dos Estados Unidos durante a década de 1980, que bem havia em continuar possuindo a Times Square ou os estúdios da Columbia Pictures se você preferiria trocá-los por carros Honda e videocassetes da Sony? (A histeria anti-Japão naquela ocasião foi ainda mais estúpida, se considerarmos que o maior grupo estrangeiro a possuir propriedades norte-americanas eram, e ainda são, os britânicos!)

Para o desapontamento dos economistas, o argumento de que o objetivo do comércio é deixar você *mais feliz* nem sempre dá resultado. Muitas pessoas veem o comércio como uma disputa antagônica para dominar outros países pela competição comercial constante do superavit; assim, em algum momento, você terá todos os ativos dos outros competidores. Eles argumentam que são necessárias restrições ao comércio destinadas a burlar as relações comerciais, de forma que seus próprios países sempre obterão superavit. Mas essas políticas inevitavelmente fracassam pois qualquer momento que você impõem barreiras tarifárias ou impostos de importação para desestimular as impostações e melhorar a balança comercial, outros países podem fazer o mesmo. O resultado desse comércio é que todas as barreiras, restrições e tributos impostos por ambos os lados para reduzir o comércio internacional ao mínimo. Ninguém tem vantagem e ninguém fica feliz.

Consequentemente, nos últimos 70 anos, os governos nacionais têm impulsionado, de maneira crescente, a diminuição de restrições ao comércio internacional. Este movimento de *livre comércio* tem resultado em centenas de milhares de novos empregos e uma ampla melhoria nos padrões de vida e felicidade, porque as pessoas em todo o mundo são livres para comercializar e comprar o que desejam para torná-las mais felizes — mesmo que isso implique em comprar de um estrangeiro.

Dominando uma vantagem comparativa

O argumento de que mesmo países com deficit comercial estão em melhores condições baseia-se no fato de que eles consomem um misto de mercadorias e serviços que não obteriam de outro modo, e se beneficiam do comércio de produtos que já foram produzidos. Mas um argumento ainda melhor para o comércio internacional é o fato de que ele aumenta, efetivamente, o montante total de mercadorias produzidas no mundo, o que significa que há mais produtos por pessoa e, em linhas gerais, o aumento dos padrões de vida.

Esse argumento, conhecido como *vantagem comparativa*, foi desenvolvido pelo economista inglês David Ricardo em 1817, como uma refutação enérgica contra a tarifa de importação conhecida por Corn Laws, que no passado, estabelecia impostos pesados para as importações de grãos produzidos no exterior. Essas leis mantinham os preços dos grãos altos, desse modo, a nobreza, que possuía a grande maioria das terras produtivas, era favorecida. Naturalmente, com os pobres dava--se o contrário, pois isso encarecia o preço de seu alimento principal: o pão.

Ricardo pontuou que a abolição das restrições ao comércio internacional deveria, além de ajudar aos pobres da Inglaterra, efetivamente tornar a Inglaterra e todos os países que comercializavam com ela mais ricos, encorajando-os a especializarem-se na produção de bens e serviços que cada um deles pudesse produzir aos mais baixos custos. Ele demonstrou que este processo de especialização deveria melhorar a produção mundial e, desse modo, elevar os padrões de vida.

A lógica por trás do argumento da vantagem comparativa é entendida mais facilmente se pensarmos em termos de pessoas em vez de países. Considere uma advogada de patentes chamada Heather e seu irmão Adam, que trabalha como mecânico de bicicletas. Heather é muito boa em arquivar patentes de novas descobertas, mas ela também é muito boa em consertos de bicicletas. De fato, ela é mais rápida para consertar bicicletas do que seu irmão. Por outro lado, Adam pode arquivar patentes muito bem, embora não tão rapidamente quanto Heather. A Tabela 14-1 lista quantas bicicletas consertadas e quantas patentes arquivadas eles podem fazer em um dia se colocarem todos os seus esforços em apenas uma das atividades.

TABELA 14-1 **Produtividade de Heather e Adam por Dia**

Pessoa	Produtividade em Patentes	Produtividade em Consertos de Bicicletas
Heather	6	12
Adam	2	10

Em um dia de trabalho Heather pode registrar 6 patentes ou consertar 12 bicicletas, ao passo que Adam pode registrar 2 patentes ou consertar 10 bicicletas. Heather é mais eficiente que seu irmão, tanto produzindo patentes quanto consertando bicicletas, porque ela pode converter um dia de trabalho na produção de mais de ambos, enquanto Adam não. Heather tem uma *vantagem absoluta* sobre Adam na produção de ambos os produtos, o que significa que ela é a produtora mais eficiente dos dois; com a mesma entrada de trabalho (um dia), ela consegue produzir mais que seu irmão. Antes de David Ricardo conceber o conceito de vantagem comparativa, a única coisa que todos observavam era a vantagem absoluta. E quando os economistas viam situações como a de Heather e Adam, concluíam (incorretamente) que, porque Heather é mais eficiente que Adam em ambas as tarefas, ela não precisaria negociar com ele.

Em outras palavras, as pessoas costumavam acreditar, erroneamente, que porque Heather é melhor que Adam no conserto de bicicletas, ela poderia não só trabalhar como advogada de patentes, registrando grandes quantidades, como também consertar sua própria bicicleta quando esta quebrasse. Ricardo apontou que esse argumento baseado em vantagem absoluta é falso e que Heather deveria, de fato, *nunca* consertar bicicletas, a despeito do fato de ser a melhor mecânica de bicicletas em toda a região. O que Ricardo percebeu é que o mundo fica em melhores condições se cada pessoa (e país) se especializar.

CUIDADO

O ponto-chave dentro da vantagem comparativa é que a proporção adequada de custo, quando se considera se Heather deveria produzir um produto ou outro, não é quantas horas de trabalho ela levaria para produzir uma patente ou consertar uma bicicleta (que é a lógica por trás da vantagem absoluta). Em vez disso, o custo real é quanto da produção de uma mercadoria você terá que abrir mão para produzir uma unidade de outro produto.

Para produzir uma patente, Heather deve abrir mão da chance de consertar duas bicicletas. Para produzir uma patente, Adam teria que abrir mão da chance de consertar cinco bicicletas. Assim, Heather é a produtora de patentes com menor custo e, por consequência, deve especializar-se nisso. Adam deve especializar-se em consertos de bicicletas porque ele é o produtor de menor custo para essa atividade.

Na terminologia da economia, Heather tem uma *vantagem comparativa* na produção de patentes, enquanto Adam tem uma *vantagem comparativa* na produção de bicicletas.

Em uma escala maior, países devem especializar-se na produção de bens e serviços que possam distribuir a custos de oportunidades mais baixos. Se as nações forem livres para fazer isso, tudo o que será produzido virá a partir dos mais baixos custos de produção. Como esta disposição leva à produção mais eficiente possível, a produção total aumenta e, desse modo, eleva-se o padrão de vida.

Os políticos frequentemente argumentam que os países não deveriam ser "dependentes" de outros, em diferentes bens e serviços. Qualquer política que leve essa advertência a sério, impedindo o comércio e a especialização, aumenta os custos e provoca a total queda da produção. Ao permitir que a vantagem comparativa guie quem faz o que, o livre comércio aumenta a produção global e eleva o padrão de vida. No livre comércio, cada país se especializa em sua(s) área(s) de vantagem comparativa e, então, comercializa com os outros países para obter os bens e serviços que deseja consumir.

LEMBRE-SE

Não se engane com a vantagem absoluta. Ter uma vantagem absoluta significa que ser capaz de fazer algo a um custo de produção mais baixo em termos de insumos (Heather precisa de menos horas de trabalho para registrar uma patente do que Adam). Mas o que importa na vida é a produção — coisas que as pessoas queiram consumir. Ao focar os custos medidos em termos de tipos alternativos de produção aos quais se deve abrir mão para produzir outro item, a vantagem comparativa assegura que você se concentre em ser eficiente naquilo que realmente importa: a produção.

Capítulo **15**

A Frustração da Inflação: Por que Mais Dinheiro Nem Sempre É uma Coisa Boa

nflação é a palavra que os economistas usam para descrever uma situação em que o nível geral dos preços na economia está subindo. Embora alguns preços possam permanecer estáveis e alguns até caiam, a grande maioria dos preços sobe.

Normalmente, a inflação é moderada, com o nível geral dos preços aumentando apenas um pequeno percentual por ano. Mas as pessoas não gostam nem mesmo de uma inflação moderada, porque — sejamos honestos — quem gosta de pagar preços mais altos? Uma inflação amena também causa problemas como tornar o planejamento para a aposentadoria mais difícil. Afinal, se você não sabe como serão os preços das coisas quando se aposentar, calcular de quanto dinheiro você precisa economizar hoje é complicado.

As coisas podem ir de mal a pior se a inflação realmente ficar fora de controle, e os preços subirem 20 ou 30% ao mês — algo que tem acontecido em alguns países desde o século passado. Tais situações de *hiperinflação* geralmente acompanham um colapso econômico maior, caracterizado por altos níveis de desemprego e uma diminuição na produção de bens e serviços (para saber mais sobre preços e como eles afetam a economia, veja o Capítulo 16).

A boa notícia, contudo, é que os economistas sabem exatamente o que causa a inflação e precisamente como pará-la. O culpado é uma oferta de dinheiro que cresce muito rapidamente e a solução é diminuir esse ritmo ou parar completamente o aumento da oferta de dinheiro. Infelizmente, alguma pressão política é sempre exercida em prol da inflação, de maneira que simplesmente saber como preveni-la não significa necessariamente que não haverá inflação.

Neste capítulo, vamos partilhar algumas coisas sobre dinheiro e inflação que você pode ainda não saber, inclusive por que os governos são sempre tentados a imprimir uma grande quantidade de dinheiro para cobrir os deficits orçamentais, por que fazer isso é na verdade uma forma de tributação, e por que sempre há um eleitorado encorajando o governo a seguir adiante e imprimir uma tonelada de dinheiro. Também mostraremos por que imprimir grandes quantidades de dinheiro causa inflação, como medir a inflação e como medir seus efeitos sobre as taxas de juros. A única coisa que não vamos dizer é como imprimir seu próprio dinheiro — este livro não é *Falsificação Para Leigos*.

Comprando a Inflação: Quando Dinheiro Demais É Ruim

Acho que não é preciso enfatizar o quanto o dinheiro é importante para o funcionamento adequado da economia. Sem ele você gastaria muito de seu tempo praticando escambo ou organizando trocas de um bem por outros — sabe, igualzinho ao jardim de infância ("eu troco minha maçã pelo seu bolo de chocolate"). O sistema de escambo só funciona bem em raras circunstâncias em que você recorre a alguém que tenha o que você quer e que quer o que você tem.

Em contrapartida, o dinheiro proporciona um meio de troca que permite que você ainda possa trocar o bolo de chocolate com seu colega, mesmo que não tenha uma maçã. O *dinheiro* pode ser qualquer mercadoria, objeto ou coisa, mas a característica que o define é que ele é aceito como pagamento para todos os outros bens e serviços. Na economia de hoje, as pessoas pagam pelas coisas usando uma ampla variedade de dinheiro, inclusive moedas e numerários emitidos pelo governo, cheques sacados em bancos privados e pagamentos eletrônicos facilitados por cartões de crédito e débito. Uma vez que afeta diretamente qualquer transação econômica que acontece, o dinheiro está no coração da *macroeconomia*, o estudo da economia como um todo.

A DERROTA DO ESCAMBO: MOSTRE-ME O DINHEIRO!

Historicamente, as pessoas têm utilizado uma ampla variedade de coisas como dinheiro:

- Conchas marinhas foram utilizadas como moeda na China antiga, ao longo de todo o Pacífico e até mesmo por nativos norte-americanos.

- Maços de cigarros foram utilizados como moeda nos campos de prisioneiros de guerra, durante a Segunda Guerra Mundial.

- Uma variedade de produtos agrícolas, como cevada ou gado, foram utilizados como moeda por muitas culturas.

- Enormes pedras em formato de rosquinha foram utilizadas na Ilha de Yap, no Pacífico.

Por fim, a maior parte do mundo antigo compreendeu que metal era o que produzia o melhor dinheiro. O metal não se desgasta ou estilhaça como conchas marinhas, não mofa como cevada e pode ser facilmente carregado por aí, em seu bolso, ao contrário das enormes pedras com formato de rosquinha.

As moedas, contudo, foram inventadas mais tarde. Os primeiros dinheiros de metal tinham outras formas, com os antigos celtas preferindo anéis de dinheiro; os antigos mesopotâmios tinham carinho por longas fitas helicoidais de metal e os chineses utilizavam dinheiro de metal na forma de facas e espadas. Independente da forma ou matéria-prima, quase todas as sociedades designaram um bem ou outro para servir como dinheiro. Caso contrário, teriam que se conformar como o escambo — um destino que todos queriam evitar.

Como tudo na vida, equilíbrio é essencial. Se um governo imprime muito dinheiro, os preços sobem e temos inflação. Se um governo imprime pouco dinheiro, os preços baixam e temos uma deflação. Mas qual é a quantia certa? E por que imprimir muito ou pouco dinheiro causa inflação ou deflação? Nesta seção, analiso essas questões em detalhes.

Equilibrando oferta e demanda de dinheiro

Basicamente, o valor do dinheiro é determinado pela oferta e pela demanda (que discuto detalhadamente no Capítulo 4):

- » A *oferta* de dinheiro está subordinada ao controle do governo e este pode, muito facilmente, imprimir mais dinheiro sempre que quiser.

- » A *demanda* por dinheiro provém de sua utilidade como meio de pagamento e pelo fato de que com dinheiro você não precisa se envolver em escambo.

CRESO E KUBLAI: OS REIS DO DINHEIRO

Historicamente, é atribuído ao rei Creso, da Lydia, o crédito por ter resolvido o problema da falsificação do dinheiro de metal. No século VI a.C., Creso emitiu o primeiro certificado governamental de moedas que garantia a pureza e o peso.

A Lydia se localizava onde hoje é o oeste da Turquia, e rapidamente todas as nações comerciais do Mediterrâneo estavam usando as novas moedas da Lydia, porque elas eram de longe os mais confiáveis meios de troca disponíveis. A nova cunhagem deu aos comerciantes de Lydia uma vantagem maior e o reino logo se tornou muito abastado, tanto que Creso era considerado o homem mais rico do mundo — mais rico até do que o rei Midas (famoso pelo toque de Midas), cujo ouro Creso usou para cunhar moedas.

Mas moedas são pesadas para serem carregadas em grandes quantidades, e ficou a cargo do imperador da China Kublai Khan criar o primeiro papel-moeda, no século XIII. Esse papel-moeda era, na realidade, um tipo de certificado de metal precioso; as pessoas que possuíssem um desses certificados poderiam ir a um cofre do governo e trocá-los por ouro. Consequentemente, os papéis eram tão bons quanto ouro, mas um monte de papel era muito mais fácil de carregar do que uma pesada bolsa com moedas.

O papel-moeda foi uma inovação tão radical que quando Marco Polo voltou da China e contou aos europeus a novidade eles riram, incapazes de conceber qualquer outra coisa que não fossem moedas de ouro ou prata servindo como dinheiro. A incredulidade deles foi difícil de ser superada, e depois que o papel-moeda caiu em desuso na China levaria séculos antes que outro governo emitisse algum novamente.

Para um determinado suprimento de dinheiro, a oferta e demanda interagem para fixar um valor para cada unidade monetária. Se o dinheiro está com baixa oferta em pequena oferta, ele se torna valioso; menos dinheiro significa menos chances de evitar o escambo. Mas se o governo aumentar tremendamente a oferta de dinheiro, então cada unidade individual de dinheiro perde valor porque juntar dinheiro suficiente para evitar a permuta é fácil.

DICA

Os preços e o valor do dinheiro estão *inversamente relacionados*, significando que, quando o valor do dinheiro sobe, os preços baixam (e vice-versa). Para ver como esta relação funciona, suponha que a oferta de dinheiro seja pouca e, consequentemente, seu valor esteja elevado. Como ele está valorizado pode comprar muitas coisas. Por exemplo, imagine que $10 possam comprar 1.000 gramas de café (ou seja, você obtém 10 gramas por $0,10). Mas se o dinheiro estiver muito disponível, então cada uma de suas unidades não será muito valiosa. Neste caso, digamos que $10 só podem comprar 100 gramas de café (ou seja, você obtém 1 grama por $0,10 e tem que pagar $1 para ter suas 10 gramas). Assim, quanto maior a oferta de dinheiro, mais elevados serão os preços.

EVITANDO A INFLAÇÃO COM O PADRÃO-OURO

Até o início da década de 1970, imprimir novas cédulas era difícil porque a maioria das medas do mundo tinham lastro em metais preciosos, como ouro. Nesse sistema, cada cédula de dinheiro circulando na economia era conversível em uma quantidade específica de outro de modo que qualquer pessoa com uma cédula de dinheiro poderia trocá-lo por ouro a qualquer momento. Por exemplo, nos Estados Unidos, se alguém levar US$35 em dinheiro até o Departamento do Tesouro e receberá exatamente 28,34 gramas.

Esse *padrão-ouro* dificultou que o governo desvalorizasse a moeda imprimindo cédulas demais, pois primeiro precisava aumentar as reservas de ouro para lastrear o novo dinheiro. Como comprar ouro é caro, os governos acabam com uma restrição eficaz para aumentar a oferta de dinheiro.

Mas, em 1971, o presidente Nixon desvinculou os Estados Unidos do padrão-ouro e criou o *sistema de câmbio flutuante*, em que a moeda não é lastreada. As pessoas apenas aceitam a moeda como se tivesse valor. Assim, a *moeda fiduciária* basicamente é um dinheiro criado pelo governo simplesmente ordenando sua existência. O problema com a moeda fiduciária é que não há limite para a quantidade de moeda que o governo pode imprimir para pagar suas dívidas.

A demanda por dinheiro tende a crescer lentamente ao longo do tempo, economias em desenvolvimento produzem mais coisas e os consumidores procuram por mais dinheiro com o qual possam comprar as coisas disponíveis. Dependendo de como o governo reage à demanda por dinheiro, três cenários são possíveis:

> » **O governo aumenta a oferta de dinheiro na mesma proporção do crescimento da demanda por dinheiro.** Neste caso, os preços não mudam. Em outras palavras, se a oferta e procura por dinheiro crescerem em proporções iguais, o valor relativo do dinheiro não muda.

> » **O governo aumenta a oferta de dinheiro mais rápido do que a demanda.** Aqui, o resultado é inflação, pois o dinheiro se torna relativamente mais abundante e cada fração dele passa a ter, relativamente, um valor menor. Com cada fração de dinheiro carregando um valor menos, você precisará de mais dele para suas compras, acarretando aumento nos preços.

> » **O governo aumenta a oferta de dinheiro mais lentamente do que o crescimento da demanda.** Neste caso, o resultado é deflação, porque cada fração dele passa a ter, relativamente, um valor maior. A compra de qualquer bem ou serviço requer menos dinheiro.

Você pode estar imaginando se existe alguma maneira de saber exatamente quanta inflação pode ser esperada, a partir da impressão de uma determinada quantia de dinheiro extra. Você está com sorte! A *teoria quantitativa da moeda* afirma que o nível global de preços na economia é proporcional a quantidade de dinheiro circulando nela. *Proporcional* significa apenas que as coisas sobem em quantidades iguais, assim, a teoria quantitativa pode ser apresentada dessa maneira: se você dobrar a oferta de dinheiro, dobrará os preços.

Mas, *por que* qualquer governo iria querer causar inflação ou deflação qualquer que fosse o tamanho? Para a resposta dessa pergunta, continue lendo!

Cedendo às tentações da inflação

A inflação de preços é normalmente explicada pela impressão de grandes quantidades de papel-moeda pelos governos ou devido à produção de grandes quantidades de moedas em metal barato, o que aumenta a oferta de dinheiro amplamente e torna cada fração deste menos valiosa. Como os vendedores estipulam preços mais elevados para compensar o fato de o dinheiro ter menos valor, acontece a inflação.

Então por qual razão deste mundo os governos imprimiriam tanto dinheiro? Boa pergunta. Historicamente, os governos circulam mais dinheiro em três circunstâncias:

» Quando os governos não podem aumentar suficientemente a receita fiscal para pagar suas obrigações.

» Quando os governos sentem a pressão feita pelos devedores que querem a inflação para poder restituir seus débitos usando dinheiro com menor valor.

» Quando os governos querem estimular a economia durante uma recessão ou depressão.

À medida que você for descobrindo mais sobre essas três razões para o aumento da oferta de dinheiro, tenha em mente o que leu na seção anterior: se a oferta de dinheiro aumentar mais rapidamente que a procura, o resultado é inflação. Consequentemente, não importa qual motivo um governo tenha para aumentar a oferta de dinheiro, ele correrá o risco de inflação. E, esse fato é verdadeiro tanto para boas razões, como querer ajudar a economia a sair da recessão, quanto para as más razões, como ajudar devedores a restituir seus empréstimos usando dinheiro desvalorizado para isso.

Pagando contas imprimindo cédulas: Hiperinflação

Governos quase sempre têm débitos, e imprimir dinheiro extra é uma maneira muito tentadora de pagá-los. Muitas vezes, um governo pode querer gastar mais dinheiro do que recolhe com a arrecadação fiscal. Uma solução é pedir emprestada a diferença, mas outro modo seria simplesmente imprimir novas cédulas para cobri-la.

O problema de permitir que o governo imprima dinheiro para pagar seus débitos e obrigações é que, tão logo o dinheiro circula, as pessoas o gastam, os preços aumentam e causam inflação. E se o governo imprime mais e mais dinheiro, terminará com as pessoas oferecendo aos comerciantes e produtores mais e mais dinheiro pela mesma quantidade de mercadorias. É como um leilão gigante em que todos estão dando lances para os itens e recebendo mais e mais dinheiro para fazer lances.

Se um governo adquire o hábito de rapidamente imprimir mais dinheiro para pagar suas contas, a inflação pode, na mesma velocidade, atingir ou até mesmo superar os 20 ou 30% ao mês, uma situação chamada de *hiperinflação*. Os economistas (e todo mundo) odeiam hiperinflação porque ela perturba enormemente a vida quotidiana e estraga o clima de investimento. A hiperinflação faz o seguinte:

» **Faz com as pessoas desperdicem grandes quantidades de tempo tentando evitar os efeitos do aumento de preços:** Durante a hiperinflação de Weimar na Alemanha (que discuto no box "Hiperinflação e Hitler"), os homens que trabalhavam nas fábricas eram pagos duas, ou até três vezes ao dia, porque o dinheiro perdia seu valor muito rapidamente. Suas esposas esperavam nas portas das fábricas para imediatamente usar o dinheiro nas lojas mais próximas, tentando gastar o pagamento antes que o dinheiro perdesse a maior parte de seu valor. Fazer compras pode ser divertido, mas não quando você está correndo desesperadamente contra um ultrajante aumento de preços!

» **Acaba com o incentivo para poupar:** A única coisa sensata a fazer com o dinheiro durante uma hiperinflação é gastá-lo o mais rápido possível, antes que ele perca mais do seu valor. As pessoas cuja poupança de toda uma vida estava em marcos alemães durante a hiperinflação de Weimar rapidamente descobriram que aquilo pelo que elas trabalharam arduamente para acumular havia se tornado inútil. E os indivíduos que pensavam em poupar para o futuro ficavam totalmente desencorajados porque sabiam que qualquer dinheiro economizado poderia perder todo seu valor rapidamente.

» **Prejudica os negócios:** Esse desestímulo para poupar causa problemas gigantescos para as empresas, pois, se as pessoas não guardarem dinheiro, não há dinheiro disponível para empréstimos para novos investimentos. E sem novos investimentos a economia não consegue crescer.

Sentindo a pressão para imprimir dinheiro: A política da inflação

Mesmo que o governo não esteja tentando utilizar a inflação para evitar o aumento da arrecadação fiscal, a política de certos círculos eleitorais sempre irá pressioná-lo para circular mais dinheiro. Você mesmo pode até ser um membro desse grupo — eles são chamados de *mutuários*. Para entender a política da inflação, entenda que uma das funções do dinheiro é funcionar como um *padrão de pagamento diferido*. O que isso significa?

Imagine que você tomou emprestado $1.000 para investir em sua fazenda, comprometendo-se a devolver ao banco o valor de $1.200 no próximo ano. Nos últimos anos, os preços na economia se mantiveram estáveis, e particularmente os porcos que você cria foram vendidos por $100 cada. Essencialmente, seu empréstimo lhe permitiu tomar emprestado o equivalente a 10 porcos com a promessa de restituir 12 porcos no ano seguinte.

Mas já deu para ter uma ideia. Você pressiona seu congressista para que ele pressione o governo para imprimir mais dinheiro. Por conta de uma pressão coletiva, o Departamento do Tesouro concorda e instrui a casa da moeda a imprimir muito dinheiro. Todo esse novo dinheiro provoca inflação, e posteriormente o preço do porco sobe para $200 cada. Agora, você só precisara vender seis porcos para restituir o empréstimo de $1.200, deixando-o com mais porcos, seu porco!

Aqueles que emprestam dinheiro com certeza se opõem aos desejos inflacionários dos mutuários. Se você fosse o banco, faria tudo ao seu alcance para parar a inflação. Se ela continuasse, não apenas seus lucros seriam arruinados, mas você também seria um completo perdedor. No primeiro ano, seu empréstimo de $1.000 equivaleria a dez porcos. Mas, depois da inflação, você recebe a restituição equivalente a seis porcos. Você teve uma perda de 40% sobre o valor do seu empréstimo. Inflação demais, o concessor do empréstimo acaba de mãos abanando.

HIPERINFLAÇÃO E HITLER

A mais vergonhosa hiperinflação da história golpeou a Alemanha na década de 1920, durante a economicamente incompetente República de Weimar. Ela destruiu de tal forma a economia alemã que, mais tarde, o povo alemão colocou Adolf Hitler no poder, porque ele prometeu consertar as coisas.

No final da Primeira Guerra Mundial, a Alemanha enfrentou o fato de ter que saldar débitos pesados gerados durante o conflito, além dos custos normais de administração de um governo. Muitos desses débitos estavam em sua própria moeda, o marco alemão.

Em razão de o governo alemão ter direito exclusivo sobre a produção de marcos alemães, seus débitos se tornaram uma forte tentação para começar a produzir dinheiro para pagá-los. Se o governo devesse 1 bilhão de marcos para uma empresa, ele simplesmente imprimia o valor e a pagava. Se os professores não tivessem recebido seus salários no mês anterior, o governo de Weimar simplesmente imprimia e os pagava. Rapidamente, todo o dinheiro novo causou uma feroz hiperinflação. Na verdade, a taxa de inflação em Weimar, Alemanha, em 1922 era bem superior a 100% ao mês — que quase atingiu 6.000% perto do final do ano!

Então as coisas *realmente* ficaram fora de controle. Os preços subiram 1.300.000.000.000 vezes (isso não é erro de impressão!) em 1923. Naquele ano, os alemães pagaram 200.000 marcos por uma fatia de pão e dois milhões de marcos por aproximadamente um quilo de carne. Os preços subiam tão rapidamente que os garçons nos restaurantes tinham que alterar, a lápis, os preços no cardápio, muitas vezes ao dia. E, se você comesse devagar, provavelmente veria o preço da refeição ser alterado no mínimo duas vezes antes de pagar a conta. Em alguns lugares na Alemanha, as pessoas pararam de se dar ao trabalho de perder tempo contando dinheiro. Em vez disso, elas amarravam cédulas de papel em enormes tijolos e pesavam os tijolos de dinheiro. Por exemplo, poderia ter custado dois quilos de dinheiro para comprar uma galinha.

Enquanto as economias utilizarem dinheiro, emprestadores e tomadores de empréstimos estarão sempre em direção contrária uns dos outros, ambos tentando manejar o governo.

Estimulando a economia com inflação: Política monetária

Uma razão muito mais legítima para estimular o governo a produzir mais dinheiro tem o respeitável nome de política monetária. *Política monetária* refere-se às decisões tomadas pelo governo sobre aumentar ou diminuir a oferta de dinheiro, de modo a estimular ou desacelerar a economia.

Estudaremos a política monetária em detalhes no Capítulo 17, mas a ideia básica é que se a economia estiver em recessão, o governo pode imprimir dinheiro novo e gastá-lo. Todos os bens e serviços comprados com esse dinheiro novo estimularão a economia imediatamente. Além disso, todas aquelas empresas que recebem dinheiro do governo podem agora gastá-lo por conta própria. E qualquer pessoa que receber dinheiro deles também vai sair e comprar coisas. De fato isso pode, teoricamente, continuar para sempre e estimular uma gama de outras atividades econômicas — o suficiente para erguer uma economia de uma recessão.

Se esse resultado parece bom demais para ser verdade, é porque ele é. E o motivo é a inflação. Quando as pessoas começam a gastar todo aquele dinheiro novo, isso faz com que os preços subam. Em algum ponto, o único efeito das boas intenções do governo será que os preços subirão mercadorias adicionais não serão vendidas. Por exemplo, se o governo dobrar a oferta de dinheiro, as empresas dobrarão os preços cobrados porque cada fração do dinheiro passa a valer metade do que valia antes. Consequentemente, a quantidade total de bens e serviços vendidos será a mesma porque, embora existam duas vezes mais dinheiro sendo gasto, os preços também estarão duas vezes mais altos.

A triste conclusão é que um aumento no fornecimento de dinheiro estimula a economia apenas quando é uma surpresa. Se o governo puder imprimir dinheiro e começar a gastá-lo antes que as pessoas possam aumentar os preços, obtém-se um aumento na quantidade de bens e serviços vendidos. No devido tempo, com certeza, as pessoas calculam e aumentam os preços, mas até que façam isso o estímulo monetário funciona.

Infelizmente, é difícil enganar as pessoas continuamente. Você pode surpreendê-las uma vez, mas é muito difícil uma segunda e muito mais difícil a terceira. Na realidade, se o governo continuar tentando surpreender as pessoas, elas começarão a antecipar seus atos e aumentarão os preços mesmo antes que mais dinheiro seja impresso. Consequentemente, muitos governos modernos decidiram contra a utilização desse tipo de estímulo monetário e agora se esforçam ao máximo para chegar a inflação zero ou uma inflação muito baixa.

Calculando os efeitos da inflação

Nos Estados Unidos, os preços aumentam apenas um pouco por anos. Entretanto, mesmo a inflação moderada causa problemas, ao reduzir os benefícios práticos do uso do dinheiro em vez de escambo. Você pode ter uma ideia melhor desse fato observando as quatro funções que os economistas geralmente atribuem ao dinheiro e as maneiras pelas quais a inflação distorce cada uma delas:

» **Dinheiro é uma provisão de valor.** Se você vender uma vaca hoje por uma moeda de ouro, você deveria ser capaz de voltar e negociar aquela mesma moeda de ouro por uma vaca, amanhã ou na próxima semana ou no próximo mês. Quando o dinheiro mantém seu valor, você pode retê-lo, em vez de reter vacas, ou bens imóveis, ou qualquer outro ativo.

   A inflação enfraquece o uso do dinheiro como uma provisão de valor porque cada unidade de moeda vale cada vez menos com o passar do tempo.

» **Dinheiro é uma unidade de cálculo.** Quando o dinheiro é amplamente aceito em uma economia, ele frequentemente torna-se uma unidade de cálculo na qual as pessoas escrevem contratos. As pessoas escrevem frases como "$50 em madeira serrada" em vez de dizer "$50 por metro quadrado de madeira serrada" ou "$1 milhão em camisas no estoque" em vez de "20.000 camisas no inventário".

Essa prática faz sentido se o dinheiro mantém o valor ao longo do tempo, mas, em presença da inflação, utilizar dinheiro como uma unidade de cálculo cria problemas, porque o valor do dinheiro declina. Por exemplo, se o valor do dinheiro estiver caindo rapidamente, quanta madeira é exatamente "$50 em madeira serrada"?

» **Dinheiro é um padrão de pagamento deferido.** Se você quer uma vaca, certamente não irá alugar uma com a promessa de restituir duas vacas no próximo ano. Em vez disso, seria muito mais plausível emprestar e reembolsar em termos de dinheiro. Assim, você emprestaria uma moeda de ouro e a usaria para comprar uma vaca, com a promessa de pagar de volta duas moedas de ouro no ano seguinte.

A desvalorização progressiva do dinheiro durante um período de inflação faz com que os emprestadores fiquem relutantes em utilizar o dinheiro como padrão de pagamento deferido. Suponha que um amigo peça emprestado $100 prometendo pagar $120 após um ano. Parece ser um bom negócio — afinal a taxa de juros é de 20%. Mas, se os preços subirem rapidamente e o valor do dinheiro cair, quanto você será capaz de comprar com os $120 no próximo ano?

A inflação deixa as pessoas relutantes em emprestar dinheiro. Elas temem que quando os empréstimos forem ressarcidos o dinheiro reembolsado não tenha o mesmo poder de compra da época em que foi emprestado. Essa incerteza pode ter um efeito devastador no desenvolvimento de novos negócios, que contam com empréstimos pesados para financiar suas operações.

» **Dinheiro é um meio de troca.** Dinheiro é um *meio* (literalmente "algo no meio") de comércio entre compradores e vendedores, porque pode ser trocado diretamente por qualquer outra coisa, facilitando a compra e a troca. Em uma economia de troca, um produtor de laranjas que queira comprar cerveja terá primeiro que comercializar as laranjas por maçãs e, então, as maçãs por cerveja, porque o comerciante de cerveja quer apenas maçãs. O dinheiro pode eliminar esse tipo de inconveniência.

Porém, se uma inflação estiver suficientemente ruim, o dinheiro deixará de ser um meio de troca. Durante as hiperinflações as economias frequentemente revertem ao escambo, de forma que ambos, compradores e vendedores, não precisam se preocupar com a queda no valor do dinheiro. Por exemplo, em uma economia saudável, o vendedor de laranjas pode primeiramente vender suas laranjas por dinheiro e então trocar o dinheiro por cerveja. Mas durante uma hiperinflação, entre o tempo em que ele vende as laranjas por dinheiro e compra a cerveja, o preço da cerveja pode ter decolado tanto que ele não conseguirá comprar muita cerveja. Durante uma hiperinflação, economias devem recorrer ao incômodo escambo.

LEMBRE-SE

Outro efeito da inflação é que ela funciona como um colosso de aumento de impostos. Isso parece estranho porque você sempre pensa no governo criando taxas para arrancar grandes pedaços do dinheiro do povo, não pela impressão de mais dinheiro. Mas uma taxa é basicamente qualquer coisa que transfira propriedade particular para o governo. Depreciar a moeda ou imprimir mais dinheiro pode ter esse efeito.

Suponha que o governo queira comprar uma van no valor de $20.000 para um vilarejo. O jeito honesto de fazer isso é usar $20.000 das receitas fiscais para pagar pelo carro. Porém, o jeito sorrateiro é imprimir $20.000 em dinheiro novo para fazer a compra. Imprimindo e gastando o dinheiro novo dessa maneira, o governo está convertendo $20.000 em propriedade privada — a van — em propriedade pública. Assim, imprimir dinheiro novo funciona exatamente como um imposto. Como imprimir dinheiro novo termina causando inflação, este tipo de taxação é frequentemente classificada como *taxa de inflação*.

A taxa de inflação não só é furtiva, como também atinge injustamente os pobres, porque eles gastam quase todas as suas receitas em bens e serviços, custos estes que são grandemente afetados durante uma inflação. Em contraste, como os ricos têm condições de economizar muito mais de suas receitas em vez de gastar tudo o que adquirem, eles proporcionalmente são menos afetados pela taxa de inflação. Investindo suas economias em ativos (como bens imóveis), cujos preços sobem durante uma inflação, os ricos podem se prevenir de muitos danos causados por ela.

Medindo a Inflação

A inflação pode causar muitos problemas. Para mantê-la sob controle, o governo precisa medi-la de maneira cuidadosa.

O valor do dinheiro é determinado pela *oferta* e pela *demanda* do dinheiro (como explico na seção anterior "Comprando a Inflação: Quando Dinheiro Demais É Ruim"), o valor do dinheiro é determinado pela interação entre a oferta e a procura por dinheiro. A oferta está sob o controle do governo, mas este não pode averiguar diretamente a demanda, portanto, ele precisa observar como a oferta e a demanda interagem de modo a determinar quanto aumentar ou diminuir da oferta de dinheiro:

>> Se uma inflação está acontecendo, o governo sabe que a oferta de dinheiro está aumentando mais rapidamente do que a procura por ele. Se o governo quiser tratar a inflação, deve reduzir a oferta de dinheiro.

>> Se uma deflação está acontecendo, o governo sabe que a procura por dinheiro está aumentando mais rapidamente do que a oferta dele. Se o governo quiser terminar com a deflação, deve aumentar a oferta de dinheiro.

DICA

Como a inflação é um aumento *geral* dos preços, a melhor maneira de analisá-la é ver se o custo de compra de uma grande quantidade de produtos diferentes está se alterando ao longo do tempo. Se, em vez disso, você checar apenas um ou dois preços, pode terminar confundindo uma mudança de preços *relativa* com uma mudança de preços geral (um *aumento de preços relativo* é quando um preço aumenta em relação aos outros, que permanecem estáveis).

LEMBRE-SE

Arbitrariamente, os economistas definem uma ampla coleção de bens e serviços e se referem a eles como uma *cesta básica*. Então eles descobrem quanto dinheiro é necessário para comprar essa cesta em diferentes ocasiões. No Brasil, a cesta básica mais conhecida é monitorada pela FIPE. Ela é chamada de *Índice de Preços ao Consumidor*, ou IPC. A cesta consiste em produtos considerados básicos para uma família de quatro pessoas todo mês.

Nesta seção, mostro como funciona esse processo criando uma cesta básica, analisando como ela pode ser usada para medir a inflação e padronizando-a em determinado ano-base para facilitar o cálculo das taxas de inflação no intervalo de dois anos. O IPC pode ser consultado em `https://www.fipe.org.br/pt-br/indices/ipc/`.

Criando sua própria cesta básica

O Índice de Preços ao Consumidor envolve um grande número de produtos e serviços — é uma grande cesta básica. Entender os índices de preços é mais fácil se criar um índice simplificado com uma pequena cesta básica. Nesta seção, vamos observar uma cesta básica muito pequena contendo pizza, cerveja e livros didáticos — três compras típicas de estudantes universitários. Eu o chamo de Índice de Preços aos Universitários.

Para cada um dos três itens do Índice de Preços aos Universitários, criamos preços para os anos de 2021, 2022 e 2023, e os listamos na Tabela 15-1.

TABELA 15-1 **O Índice de Preços aos Universitários**

Item	Quantidade Comprada	2021	2022	2023
Pizza	5	$20	$18	$18
Cerveja	30	$4	$4	$4,50
Livros didáticos	1	$120	$160	$170

Em 2021, uma pizza média de queijo custa $20, uma garrafa de cerveja gelada custa $4 e um livro excessivamente longo, mal escrito, com uma incompreensível introdução à Economia custa $120. No ano seguinte, o preço de uma pizza média de queijo baixa para $18 porque outra pizzaria pequena foi aberta próximo à antiga, causando uma guerra de preços. A cerveja ainda custa $4, mas a livraria da universidade resolve que pode, de fato, apunhalar os estudantes aumentando o preço do livro didático para $160 (não se preocupe com a coluna de 2023 ainda, daremos a você a chance de pôr a mão na massa e calcular a inflação utilizando os números de 2023 mais adiante neste capítulo).

Até aqui tudo bem. Mas, avaliando o índice, você também precisa ficar atento para a quantidade de cada item que é comprada a cada ano pelo suposto estudante. Para simplificar, vamos assumir que cada estudante compre 5 pizzas de muçarela, 30 cervejas e 1 livro didático de economia por ano.

Calculando a taxa de inflação

Para calcular quanto de inflação a economia de sua universidade tem (ou deflação, se o custo de vida acontecer de baixar), primeiro, totalize quanto a cesta básica custa a cada ano. Em 2021, ela custa $340: $100 em pizza (5 pizzas a $20 cada), $120 em cerveja (30 cervejas a $4 cada) e $120 em livros didáticos de economia (1 livro a $120). O custo de compra da mesma cesta básica em 2022 é de $370. Assim, o custo de compra da mesma cesta básica subiu $30.

Agora que você fez a soma, precisa fazer alguns cálculos simples de álgebra. Os economistas utilizam a letra maiúscula P para denotar quanto dinheiro custa a cesta básica definida. Assim, neste caso, P_{2021} significa o custo de compra da cesta básica em 2021 e P_{2022}, o custo de compra da cesta básica em 2022. A economia também tem uma prática-padrão para denotar a taxa de inflação por uma letra grega π (pronunciado "pi").

Para calcular a taxa de inflação, você utiliza uma fórmula bastante simples:

(6) $\pi = (P_{Segundo\ Ano} - P_{Primeiro\ Ano}) / P_{Primeiro\ Ano}$

No caso do Índice de Preços aos Universitários, a fórmula se torna:

(7) $\pi = (P_{2022} - P_{2021}) / P_{2021}$

Substituindo $P_{2021} = \$340$ e $P_{2022} = \$370$, você chega ao valor de $\pi = 0{,}088$. Converta esse número em porcentagem multiplicando-o por 100 e a inflação do Índice de Preços aos Universitários é de 8,8% entre 2021 e 2022 Assim, com base nesses números, um estudante precisa de 8,8% a mais de dinheiro em 2022 para comprar a cesta básica.

Estabelecendo um índice de preços

A cesta básica universitária (veja a Tabela 15-1) é um exemplo simples. Quando os estatísticos do governo avaliam o Índice de Preços ao Consumidor eles fazem, basicamente, a mesma coisa, só que utilizando uma quantidade maior de itens. Eles também apresentam o conceito e um *índice de preços* (ou *índice de nível de preços*) para calcular e interpretar as taxas de inflação de muitos anos com mais facilidade. Para estabelecer um índice de preços, eles primeiro estabelecem um ano-base ou ano-índice. Continuando o exemplo da Tabela 15-1, vamos imaginar que 2021 seja o ano-base para o Índice de Preços aos Universitários. Você pode então fazer uma conversão matemática adequada, dessa forma, o nível de preços de 2021 é fixado no número 100 e os níveis de preços de qualquer outro ano são fixados, de modo que sejam relativos ao 100 do ano-base.

DICA

Para tornar $P_{2021} = \$340$ seu ano-base, divida-a por ele mesmo. O que, claro, dará 1, que multiplicado por 100 obterá ($100 \times 1 = 100$). Pode parecer uma coisa idiota de fazer até que você compreenda que se fizer o mesmo com os outros anos, terminará com algo bastante útil. Divida P_{2022} por P_{2021} e e então multiplique o resultado por 100 para obter 108,8. Esse número é simples de interpretar: ele é 8,8% que 100. Ou, colocando de outra maneira, o nível de preços em 2022 é 8,8% maior que o nível de preços em 2021.

Você pode continuar, utilize os números para 2023 que aparecem na Tabela 15-1. Por exemplo, $P_{2023} = \$395$. Se dividir P_{2023} por P_{2021} e multiplicar por 100, obterá 116,2; o nível de preços em 2023 é 16,2% maior do que o de 2021.

Calcular a taxa de inflação entre 2022 e 2023 utilizando esses índices numéricos é igualmente fácil. Visto que o nível do índice de preços em 2022 é 108,8 e o nível em 2022 é 116,2, a inflação é, simplesmente, (116,2 - 108,8) / 108,8 = 0,068 , ou 6,8%. (Você esta usando a equação (1) aqui, mas está colocando índices numéricos, em vez dos custos de verdade da cesta básica).

A Figura 15-1 demonstra o gráfico dos valores atuais do Índice de Preços ao Consumidor de 1983 até 2016. O índice foi fixado ao nível de 100, utilizando preços que os consumidores pagaram em média, no período de dois anos entre 1983 e 1984.

Você pode notar que o Índice de Preços ao Consumidor cresceu de seu nível inicial de 100, em 1983, para um nível de 240 em 2016. Ou seja, para comprar o que uma típica família com quatro pessoas consome, você precisaria do dobro de dinheiro em 2016 do que em 1983. Aumentos na oferta de dinheiro fizeram com que o nível de preços nos Estados Unidos mais que dobrasse ao longos desses 33 anos.

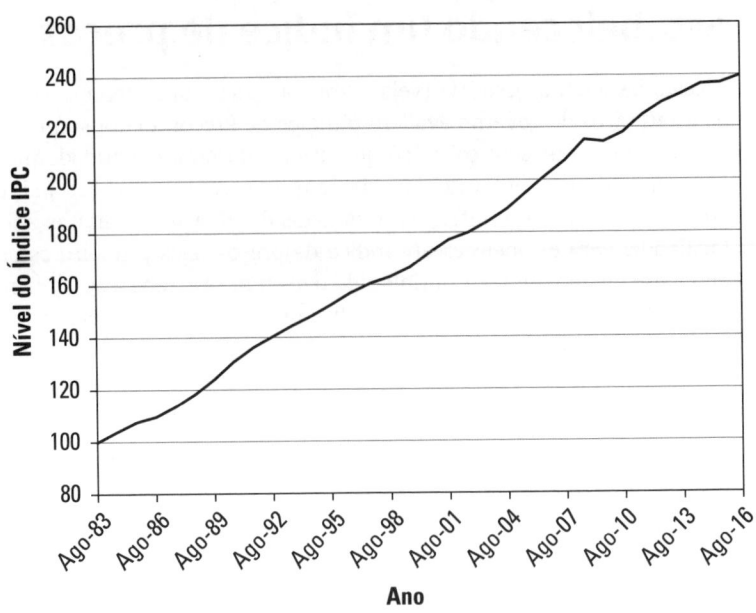

FIGURA 15-1:
Índice de
Preços ao
Consumidor,
1983–2016.

Determinando o padrão de vida real com o índice de preços

LEMBRE-SE

Além de tornar a inflação fácil de ser medida e interpretada, os índices de preços também ajudam a mensurar uma diferença bastante importante entre os preços reais e os nominais. *Preços nominais* são simplesmente os preços em dinheiro que podem mudar ao longo do tempo devido a inflação. Uma vez que os preços nominais podem mudar, os economistas gostam de focar os *preços reais*, que indicam quanto de uma determinada mercadoria você terá que abrir mão para adquirir outro tipo de mercadoria, não importando o que acontece com os preços nominais.

Por exemplo, suponha que em 2021, você ganhou $10 por hora trabalhando em um acampamento para jovens, e o custo de um ingresso de museu é de $20. O *custo real* do ingresso do museu para você é o de duas horas de trabalho. Suponha que no ano seguinte os preços de todas as mercadorias dobrem, mas o seu salário também dobra e, então, você esteja ganhando $20 por hora, e o ingresso custa $40. O resultado é que você ainda precisa de duas horas de trabalho para comprar o ingresso do museu. Assim, embora o preço *nominal* do ingresso tenha dobrado, o preço *real*, em termos de trabalho — quanto você precisa trabalhar para comprá-lo — não mudou.

Ao elaborar índices de preços como o IPC, os economistas podem dizer como o *padrão de vida* muda para as pessoas de ano em ano. No exemplo do Índice de Preços aos Universitários das seções anteriores (utilizando os dados da Tabela 15-1), a inflação é de 8,8% entre 2021 e 2022; isso significa que o custo de vida de um estudante universitário subiu 8,8%. Assim, se nesse mesmo tempo, a renda dos estudantes subiu apenas 5%, eles estão em pior situação porque os custos subiram mais rapidamente que as rendas. O padrão de vida real — padrão de vida medido em temos de quanta mercadoria você pode comprar com sua renda — caiu.

Identificando problemas no índice de preços

Utilizar os índices de preços para rastrear o custo de vida não é um sistema perfeito. Aqui estão três grandes problemas:

» **A cesta básica pode não refletir perfeitamente os gastos da família.** As instituições responsáveis por este levantamento (IBGE, FGV, FIPE) tentam não perder de vista o que uma família comum, com quatro pessoas, compra quando calculam o Índice de Preços ao Consumidor (IPC). Mas as famílias diferem grandemente, não apenas em termos *do que* elas compram, mas também em termos de *quantidade* que compram.

» **A cesta básica se torna desatualizada.** As instituições esperam tempo demais para substituir um produto por outro na lista de itens de uma cesta básica. Por exemplo, nos Estados Unidos, levou anos para que a locação de DVDs fosse substituída pelo pagamento de filmes onlines, embora os serviços de download e de streaming estivessem substituindo rapidamente o aluguel de DVDs no mercado. Se o IPC deixar de considerar novos itens populares, não estará captando integralmente as mudanças de preços que importam para os consumidores.

» **A cesta básica não leva em consideração a qualidade.** O preço não é o único item que interessa aos consumidores. Por exemplo, o que acontece se uma cerveja mantém seu preço, mas melhora a qualidade de um ano para outro? Você comprará uma cerveja melhor pelo mesmo preço, mas isso não se reflete nos dados. Esse problema é especialmente grave para produtos como computadores, telefones celulares e videogames. A qualidade desses produtos melhora drasticamente ano após ano, enquanto os preços continuam os mesmos ou até baixam.

Cada um desses problemas preocupa os estatísticos do governo, que estão sempre elaborando melhores índices de preços e métodos estatísticos para tentar superá-los. O Federal Reserve [equivalente ao Banco Central nos Estados Unidos, é o órgão que regulamenta o fornecimento de dinheiro] publicou recentemente uma avaliação sugerindo que o CPI [IPC norte-americano] exagera no índice de inflação de 1 a 2 pontos percentuais ao ano. Muito desse exagero vem do fracasso do CPI em levar em conta novas mercadorias e o aperfeiçoamento da qualidade.

A principal consequência é que o governo é demasiadamente generoso com o aumento do custo de vida que concede aos trabalhadores e aposentados. Todo ano, os trabalhadores e aposentados do governo dos EUA recebem aumentos salariais baseados no aumento do CPI. Esses aumentos salariais são destinados a garantir que os ganhos reais das pessoas não sejam corroídos pela inflação, mas como o CPI provavelmente exagera a taxa de inflação em cada ano, os aumentos do custo de vida são excessivamente generosos.

Por outro lado, o aumento de serviços populares gratuitos de internet causou o problema inverso. Milhões de pessoas se divertem em serviços gratuitos como Facebook, Google e outras grandes empresas de internet. Então não fica claro como seria possível incorporar esses itens na cesta básica ou acompanhar quanto a inflação na economia geral afeta a oferta e a demanda desses serviços — ou como contabilizar as melhorias de qualidade dos serviços online gratuitos.

Precificando o Futuro: Taxas de Juros Nominais e Reais

Como a inflação corroeu o valor do ressarcimento dos empréstimos (veja "Calculando os efeitos da inflação", anteriormente neste capítulo), os economistas precisam distinguir entre *taxas de juros nominais* e *taxas de juros reais*. Taxas de juros nominais são simplesmente as taxas normais de juros com as quais você está acostumado a lidar. Elas medem os retornos de um empréstimo em termos de quanto dinheiro foi emprestado e quanto dinheiro retornou. Taxas de juros reais, entretanto, compensam a inflação medindo o retorno dos empréstimos em termos de unidades de bens emprestados e unidades de bens retornados. Essa distinção é muito importante porque o que faz com que as pessoas queiram economizar ou investir é a taxa de juros real. Afinal, os emprestadores realmente estão mais interessados não na quantidade de dinheiro que receberão de volta, mas na quantidade de mercadorias que podem comprar com esse dinheiro.

Imagine que você tomou emprestado $1.000 com a promessa de pagar $1.100 em um ano ao credor. Sua taxa de juros nominal é de 10%, porque você está restituindo um adicional de $100, ou 10% mais dinheiro do que emprestou. Mas, se ocorrer inflação, a quantidade de mercadorias que $100 pode comprar diminuirá ao longo do tempo.

Digamos que uma boa refeição para dois com uma garrafa de vinho custe agora exatamente $100, mas custará $105 no próximo ano. Agora, o credor do empréstimo estaria abrindo mão de 10 dessas excelentes refeições ($1.000 divididos por $100 por refeição), a fim de dar-lhe o empréstimo. No próximo ano, quando for reembolsado em $1.100, ele poderá comprar 10,47 refeições ao preço de $105. O credor abre mão de 10 refeições agora em troca de 10,47 no próximo ano, o que significa que a taxa de juros real sobre o empréstimo é de 4,7%. Por causa da inflação, a taxa de juros real sobre o empréstimo é substancialmente menor que a taxa nominal.

Quando tomadores e concessores de empréstimo empréstimos negociam uma taxa de juros nominal sobre um empréstimo, ambos tentam estimar quanto será a taxa de inflação para o período do empréstimo. Essa *taxa de inflação esperada* é denotada algebricamente como π^e (não confunda inflação esperada, π^e, com a inflação atual, π. A primeira é o que as pessoas esperam que aconteça enquanto a segunda é o que realmente acontece). Nesta seção mostro como estimar e utilizar esta taxa.

Usando a equação de Fisher

O economista Irving Fisher desenvolveu uma fórmula simples, conhecida como a *equação de Fisher*, que vincula as taxas de juros nominal e real. Utilizando n para denotar a taxa de juros nominal e r para denotar a taxa de juros real, a fórmula é mostrada a seguir:

(8) $n = r + \pi^e$

Essa equação diz simplesmente que a taxa de juros nominal é a taxa de juros real mais a taxa de expectativa de inflação. Essa relação é muito importante para os que fazem empréstimos e os emprestadores porque embora todos os contratos de empréstimos especifiquem uma taxa de juros nominal, seu objetivo é alcançar uma taxa de juros real especificada, mesmo depois que qualquer inflação subsequente reduza o valor do dinheiro. Utilizando a equação Fisher, os envolvidos em empréstimos podem determinar qual juro nominal cobrar agora, de modo a alcançar uma taxa de retorno real, levando em conta a taxa de expectativa da inflação.

Suponha que um tomador e um concessor de empréstimo concordem que 6% é uma taxa de juros real justa, e que é provável que a inflação seja de 3,3% ao longo de um ano. Usando a equação de Fisher, eles escrevem um contrato de empréstimo com uma taxa de juros nominal de 9,3%. Um ano depois, quando o devedor restitui ao credor 9,3% a mais de dinheiro do que havia emprestado, espera-se que aquele dinheiro tenha apenas 6% mais de capacidade de compra do que tinha o dinheiro emprestado, dada a expectativa de aumento de preços.

Percebendo que as previsões não são perfeitas

Negociações como as descritas na seção anterior dependem crucialmente da estimativa da taxa de inflação esperada, πe, e existem muitos economistas cujo trabalho é, essencialmente, tentar prever a taxa de inflação futura. Suas previsões são amplamente divulgadas pela mídia empresarial, porém cada pessoa acaba projetando sua inflação ao seu próprio modo. Algumas pessoas ouvem os especialistas, enquanto outras fazem estimativas baseadas em suas próprias experiências diárias.

Durante o período de baixa inflação nos Estados Unidos, começando no início da década de 1980 e que se estendeu por muitos anos de recuperação depois da grande recessão de 2007–2009, as expectativas de inflação das pessoas foram notavelmente precisas. Por exemplo, consumidores pesquisados pela Universidade do Michigan todo mês de janeiro foram no máximo alguns pontos percentuais distantes da taxa de inflação real durante os 12 meses seguintes. Além do mais, a grande maioria das pessoas entrevistadas fizeram previsões semelhantes sobre a inflação. Nesse tipo de cenário, as pessoas confiavam em suas próprias expectativas de inflação e também tendiam a concordar com as expectativas de inflação das outras pessoas. Chegar a um acordo quanto às taxas de juros nominais era, portanto, relativamente fácil para os tomadores e concessores de empréstimo.

Mas durante períodos de alta inflação as taxas reais de inflação tendem a ser muito imprevisíveis e voláteis — com, digamos, 35% em um ano, seguida por uma taxa de 15% no ano seguinte e, então, 45% no próximo anos. Assim, em períodos de alta inflação, os indivíduos tender a não confiar em suas próprias previsões de inflação nem concordar com as taxas previstas pelas outras pessoas. Nesse tipo de cenário, tomadores e concessores de empréstimo encontrarão dificuldade para chegar a um acordo quanto às taxas de juros nominais a serem cobradas em empréstimos particulares. O resultante declínio na concessão e tomada de empréstimos podem reduzir os investimentos e, consequentemente, a capacidade da economia de produzir bens e serviços.

NESTE CAPÍTULO

» **Visualizando ciclo econômico**

» **Esperando o ideal: Permitindo que os ajustes de preços eliminem a recessão**

» **Lidando com a realidade: Preços incômodos e longas recessões**

» **Vinculando lentos ajustes de preços a lentos ajustes de salários**

» **Apresentando o modelo keynesiano**

Capítulo **16**

Entendendo Por que Acontecem Recessões

A principal tarefa dos macroeconomistas é tentar prevenir — ou pelo menos abreviar — as *recessões*, aqueles períodos nos quais a produção de bens e serviços declina. Economistas, políticos e muitas outras pessoas que trabalham para viver desprezam as recessões em razão do alto preço que cobram em sofrimento humano. Pois quando a produção cai, as empresas precisam de menos funcionários. O resultado típico é a demissão em massa, o que causa o aumento significativo do desemprego. Em países grandes como os Estados Unidos, milhões de trabalhadores perdem seus empregos e sua capacidade de sustentar a si mesmos e a suas famílias.

Neste capítulo, utilizo o modelo de *oferta agregada/demanda agregada* para demonstrar como os economistas analisam as recessões. Normalmente, elas começam com o que costumamos chamar de *choques* — eventos ruins e inesperados, como ataques terroristas, desastres naturais, a implementação de péssimas políticas governamentais ou aumentos súbitos no custo de importantes recursos naturais, como petróleo.

A primeira grande lição deste capítulo é que se os preços de bens e serviços na economia fossem livres para se ajustar às mudanças na demanda e oferta causadas pelos choques, a economia seria capaz de se recuperar muito rapidamente.

Infelizmente, entretanto, a segunda grande lição é que nem todos os preços no mundo real são totalmente livres para se ajustarem aos choques. Particularmente, alguns preços muito importantes são bastante lentos para se ajustar — eles são, como os economistas gostam de dizer, rígidos. Como resultado, as recessões podem se prolongar e causar muitos prejuízos, a menos que o governo intervenha para ajudar a economia a se recuperar mais rapidamente (no Capítulo 17, discuto as melhores maneiras de o governo intervir).

Conhecendo o Ciclo Econômico

LEMBRE-SE

As economias passam por períodos alternados durante os quais a produção de bens e serviços expande e depois se contrai. O padrão alternado de expansão e contração da economia, ilustrado na Figura 16-1, é chamado de *ciclo econômico* e envolve diretamente as empresas em razão das mudanças na produção.

LEMBRE-SE

A linha sólida na Figura 16-1 representa a variação da produção ao longo do tempo. Ela alterna entre picos e declínios, o que nos ajuda a identificar períodos de recessão e recuperação. Veja como distinguir entre os dois:

> » **Recessão:** Recessão, ou contração, é o período de tempo durante o qual a produção cai — isto é, depois de um pico e antes do próximo declínio.

> » **Recuperações:** Recuperação, ou expansão, é o período de tempo durante o qual a produção aumenta — isto é, depois de um declínio e antes do próximo pico.

A linha pontilhada na Figura 16-1 representa a tendência de crescimento médio em longo prazo do total de produção de bens e serviços. A Figura 16-1 mostra uma tendência de crescimento médio ascendente, representando que as economias da maioria dos países apresentam atualmente crescimento econômico sustentado. Em outras palavras, em média, a produção tende a aumentar ano após ano. Como as recessões ainda acontecem, entretanto, o caminho real mostrado pela linha sólida oscila em torno do crescimento em longo prazo exibido pela linha pontilhada.

Na Figura 16-1, é possível ver que a política macroeconômica tem dois objetivos naturais:

> » **Tornar a linha de crescimento médio a longo prazo tão íngreme quanto possível:** Quanto mais íngreme ela for, mais rapidamente (em média) a produção total e o padrão de vida aumentam.

> » **Reduzir a dimensão de flutuação do ciclo econômico ao redor da linha de crescimento médio a longo prazo.** Distâncias menores entre picos e declínios se traduzem em um menor número de pessoas sofrendo por surtos de desemprego quando a produção cai.

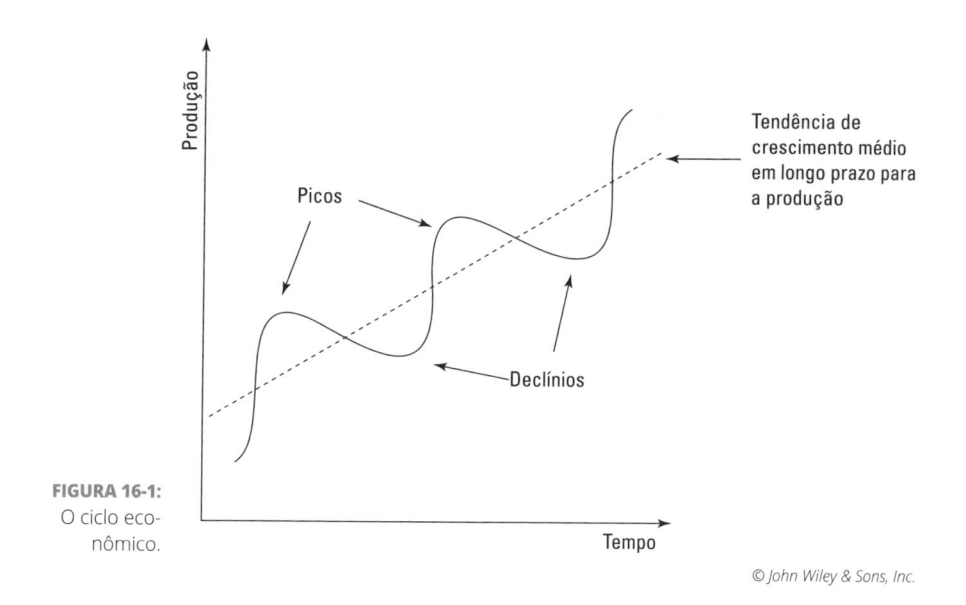

FIGURA 16-1:
O ciclo eco-
nômico.

(graph labels: Produção, Picos, Tendência de crescimento médio em longo prazo para a produção, Declínios, Tempo)

© John Wiley & Sons, Inc.

No Capítulo 17, explico as políticas que os economistas acreditam ser melhores para atingir estes dois objetivos. Mas, para que o Capítulo 17 faça sentido, temos que primeiro explicar o que causa o ciclo econômico — especialmente as recessões e as altas taxas de desemprego que as acompanham. Afinal, se você não compreender o que está errado, não poderá corrigi-lo de maneira sensata.

Empenhando-se para a Produção de Pleno Emprego

Antes que se possa dizer se uma economia vai bem ou não, é preciso ter um objetivo-padrão do que "indo bem" significa. Os economistas utilizam o conceito de *produção de pleno emprego* (representada pelo símbolo Y^*) como medida de quão bem uma economia deve estar.

LEMBRE-SE

A ideia de produção de pleno emprego gira em torno do conceito de *pleno emprego* que, para os economistas, significa uma situação na qual todos os que desejam um emprego em tempo integral conseguem obter um. Produção de pleno emprego é o quanto é produzido na economia quando há empregos para todos no mercado de trabalho.

CUIDADO

Por favor, não confunda produção de pleno emprego com *produtividade máxima* da economia, que é a maior quantidade de produtos que seriam produzidos se todos fossem forçados a trabalhar tanto quanto humanamente possível. Também não presuma que pleno emprego é o mesmo que ter uma taxa de desemprego zero. Mesmo quando todos os que desejam um emprego conseguem um, sempre haverá algum desemprego, como quando as pessoas deixam um emprego voluntariamente para procurar outro melhor. Enquanto durar sua procura, essas pessoas serão consideradas desempregadas. De forma parecida, embora a economia possa estar crescendo, algumas empresas podem despedir trabalhadores e esses também estarão procurando empregos. Os economistas chamam essa situação de *desemprego friccional*, pois consideram que a demora em encontrar um emprego melhor se deva a algum tipo de atrito retardando o processo.

CUIDADO

Conforme a tecnologia avança, a produção de pleno emprego (Y^*) cresce, porque melhor tecnologia significa que uma força de trabalho plena pode produzir mais mercadorias. Mas, para simplificar suas análises, os economistas geralmente ignoram a tendência de crescimento em longo prazo e observam apenas se a produtividade real, Y, está atualmente acima ou abaixo de suas melhores estimativas para Y^* em determinado momento. (Também sigo essa convenção ao longo do restante deste capítulo.) A seguir, você descobrirá como a economia se ajusta a situações em que a produção está acima ou abaixo da produção potencial em um determinado momento.

Como apresentamos neste capítulo, a economia naturalmente deseja voltar a ajustar-se a Y^* sempre que se desvia desse ponto. Se esse processo de ajuste fosse suficientemente rápido, não seria necessário nos preocuparmos com o ciclo econômico, recessões e desemprego. Se a economia revertesse para Y^* rápido o suficiente, as recessões seriam muito breves para causar quaisquer consequências negativas graves. Infelizmente, o processo de ajuste pode ser muito lento e, como resultado, as recessões podem ser longas e terríveis.

Retornando a Y^*: O Resultado Natural dos Ajustes de Preços

Depois de um choque econômico, tal como uma catástrofe natural ou um aumento no custo dos recursos naturais, os ajustes de preços tendem a retornar uma economia para a produção de pleno emprego (Y^*). Veja "Empenhando-se para a Produção de Pleno Emprego" anteriormente neste capítulo para mais detalhes sobre pleno emprego). Isso mesmo, eu disse *ajustes de preços* — não o governo nem o presidente do Banco Central. Não acredita em mim? Continue lendo.

Considere uma situação na qual a demanda total para bens e serviços na economia diminui: as pessoas, as empresas e o governo procuram e compram menos produtos do que a economia está atualmente produzindo. O resultado é um excesso de oferta de produtos que, por outro lado, baixam os preços. Afinal, o que faz qualquer empresa quando não consegue vender tudo que produz aos preços atualmente praticados? Ela abaixa os preços. Os preços baixos atraem mais compradores e, logo, a empresa é capaz de vender o restante de sua produção.

LEMBRE-SE

Esse processo se repete por toda a economia durante uma desaceleração econômica. Quando a demanda agregada diminui, devido a um choque econômico, as empresas baixam os preços para assegurar que venderão seus produtos. Com o tempo, esse processo conduz a dois resultados:

» Os preços em toda a economia caem.

» A economia retoma a produção de pleno emprego, Y^*.

Para que esse processo funcione, os preços devem poder mudar rapidamente; se puderem, a economia retorna rapidamente para Y^*. Se, contudo, os ajustes dos preços forem lentos, a economia pode produzir menos produtos que Y^* por uma quantidade significativa de tempo. Em outras palavras, se os preços não se ajustarem rapidamente, você pode ter uma recessão. E até os preços se ajustarem, a recessão continua.

Respondendo a Choques Econômicos: Efeitos de Curto e de Longo Prazo

Os economistas gostam de dividir o período de tempo após um choque econômico em duas partes, que eles chamam de *curto prazo* e *longo prazo*:

» **Curto prazo:** Refere-se ao período em que as empresas ainda não fizeram alterações nos preços em resposta a um choque econômico.

» **Longo prazo:** Refere-se ao período de tempo após as empresas terem feito todas as alterações de preços necessárias em resposta a um choque econômico.

Essas definições são intencionalmente vagas, porque a velocidade com que as empresas ajustam os preços varia de choque para choque. Nesta seção, mostramos que existem grandes diferenças entre o que acontece em curto e em longo prazo.

Definindo alguns termos críticos

Para ver a diferença entre uma resposta econômica para um choque em curto prazo versus em longo prazo, comece observando a Figura 16-2, que é um modelo da macroeconomia. O eixo horizontal mede o valor em dinheiro da produção de bens e serviços vendidos na economia (Y). Esse número é o mesmo do produto interno bruto (PIB) do país, que discuto no Capítulo 14. O eixo vertical mede o nível global de preços na economia, P.

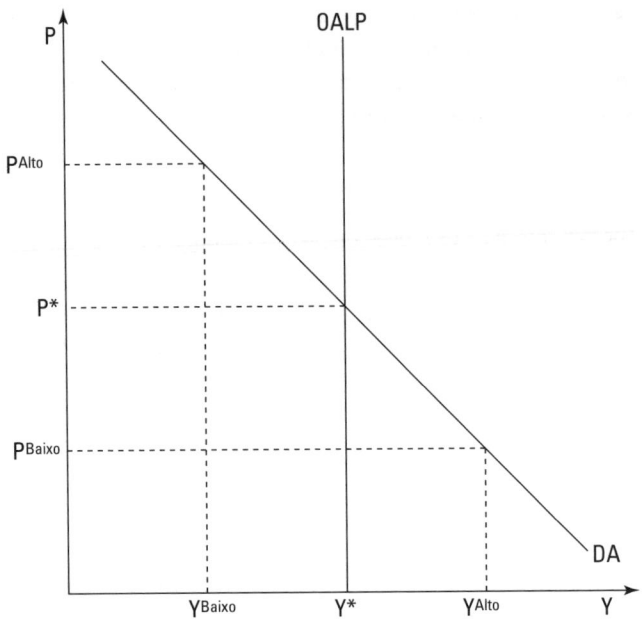

FIGURA 16-2:
Um modelo
de macro-
economia.

© *John Wiley & Sons, Inc.*

Para compreender o significado de P, considere o seguinte: embora cada produto e serviço tenham seu próprio preço e alguns desses preços possam subir enquanto outros baixam, existe sempre uma tendência geral de preços para a economia como um todo. P é simplesmente uma medida de como os preços de bens e serviços se comportam como um todo. Se P sobe, então em média, os preços estão subindo; se P baixa, então em média, os preços estão caindo. E, se os preços se mantêm os mesmos, então P (certamente) permanece o mesmo. Veja o Capítulo 15 para mais detalhes sobre como os economistas medem o P.

Agora que você compreende o significado de P, está pronto para entender as duas curvas que aparecem na Figura 16-2:

» **Curva de demanda agregada:** Esta curva representa a quantidade total de bens e serviços (Y) que as pessoas desejam comprar em um determinado nível de preço P, mantidos todos os outros fatores constantes.

Note que na Figura 16-2, a curva DA está em declive. Isso porque há uma relação inversa entre o nível de preços e a quantidade de produtos que as pessoas desejam comprar. Relação inversa significa simplesmente que, com preços em alto nível (P^{Alto}), as pessoas desejam comprar um nível baixo de produtos (Y^{Baixo}). Mas, se os preços caem para P^{Baixo}, as pessoas procuram uma quantidade maior de produtos (Y^{Alto}). O declive da curva DA representa o fato de que com preços baixos as pessoas compram mais.

> » **Curva de oferta agregada de longo prazo:** Esta curva representa o montante de bens e serviços que uma economia produzirá quando os preços forem ajustados após um choque econômico.
>
> Na Figura 16-2, você pode ver que *OALP* é uma linha vertical — e de maneira alguma uma curva! (Se estiver se sentindo enganado, lembre-se de que uma linha reta é apenas um tipo especial de curva, uma sem curvatura!) A OALP é estabelecida acima do ponto do eixo horizontal, que representa o nível de produtividade do pleno emprego, Y^*. Por quê? Porque, em longo prazo, as mudanças nos preços *sempre* fazem a economia tornar a produzir no nível de produtividade de pleno emprego.

O tal do P: Observando o ajuste de preços em longo prazo

Na Figura 16-2, P^* representa o *equilíbrio* do nível de preços de na economia. P^* é determinado pela interseção da *curva de oferta agregada em longo prazo* (OALP) com a *curva de demanda agregada* (DA). P^* é tanto o nível de preço em que a demanda dos consumidores corresponde exatamente à quantidade de produção de pleno emprego (Y^*) quanto o nível de preço ao qual a economia naturalmente retorna se o nível de preços se desvia de P^*.

Para ver por que o nível de preço sempre retorna a P^*, observe o nível de preço P^{Alto} e seu respectivo nível de demanda, Y^{Baixo}. Obviamente, Y^{Baixo} é menor que o nível de produção de pleno emprego da economia (Y^*). Isso é importante, porque as empresas prefeririam produzir ao nível de saída Y^*. Na verdade, elas investiram em fábricas e equipamentos que seriam desperdiçados se baixassem os níveis de produção. Consequentemente, sua resposta é cortar os preços para aumentar as vendas. E elas continuam a reduzir os preços até que o nível de preço geral na economia caia para P^*, porque este é o nível de preço no qual os consumidores desejam comprar, exatamente Y^* como valor de produção.

Você está preocupado que todos esses cortes nos preços façam as empresas perderem dinheiro? Tenha fé: as empresas não têm que, necessariamente, perder seus lucros nessa situação, porque seus custos também estão caindo ao mesmo tempo. Isso por que quando a economia está produzindo abaixo de Y^*, há um grande número de trabalhadores desempregados disponíveis, assim como muitos insumos produtivos sem utilização, como ferro e petróleo. O desemprego pressiona os salários para baixo; em outras palavras, ter muita mão de obra disponível significa que você pode contratar pessoas por salários mais baixos. E quanto mais insumos produtivos não utilizados houver, mais os preços cairão.

Certo, então os preços baixos atraem mais consumidores, aumentam as vendas e fazem com que as empresas contratem novamente os trabalhadores que estavam desempregados. Esse processo continua até que os preços atinjam P^*, e neste ponto a economia está operando a pleno emprego novamente, o que significa que qualquer trabalhador que deseje um emprego em tempo integral conseguirá um.

De forma semelhante, os preços não podem permanecer abaixo de P^* por muito tempo. Ao nível de preço P^{Baixo}, as pessoas desejam comprar Y^{Alto} de produção. Mas isso é mais do que as empresas são capazes de produzir a pleno emprego. A única maneira de produzir mais é se os empregados trabalharem mais que o padrão de 40 horas semanais. Um modo de obter isso é pagando mais, e para tanto as empresas precisarão aumentar os preços. Portanto, com a demanda excedendo a oferta, os preços são aumentados até atingirem P^*, ao nível de preço em que a quantidade solicitada pelos consumidores é exatamente igual ao nível de produção de pleno emprego, Y^*.

Como você pode ver, se os preços tiverem tempo suficiente para se ajustarem, a economia sempre retornará ao nível de produção Y^*. Já que chamo o tempo necessário para o ajuste de preços de *longo prazo*, faz sentido chamar a linha vertical sobre Y^* de *curva de oferta agregada em longo prazo*, porque ela mostra quanta produção a economia oferecerá após os preços terem tido tempo suficiente para se ajustar e equalizar a oferta e demanda por bens e serviços (para saber muito mais sobre oferta e demanda, veja o Capítulo 4).

Um choque para o sistema: Ajustando para uma mudança na demanda agregada

O que faz os preços ficarem altos ou baixos demais? Um choque na *demanda agregada* — a quantidade total de bens e serviços que as pessoas desejam comprar.

Primeiro, visualize como é um choque de demanda: a Figura 16-3 mostra a curva de demanda agregada se movendo para a esquerda de DA_0 para DA_1. O deslocamento da demanda agregada à esquerda é chamado de *choque de demanda negativo* e poderia ser causada, por exemplo, por um declínio na confiança na economia, o que faz com que as pessoas queiram poupar mais e consumir menos. O deslocamento da DA à direita é chamado de *choque de demanda positivo*.

O nível de preço original, P_0, foi determinado pelo ponto em que a curva original DA_0 intercepta a curva vertical *OALP*. Em longo prazo, após as empresas se adaptarem ao choque da demanda, o novo nível de preços, P_1, será o ponto da nova curva DA_1 intercepta a curva vertical *OALP*.

LEMBRE-SE

O novo nível de preço (P_1) é menor que o nível de preço original (P_0). Por quê? A procura por bens e serviços diminuiu após o choque de demanda negativo. A única maneira de seduzir os consumidores para comprar novamente em níveis de produção de pleno emprego (Y^*) é baixando o custo de compra de muitos produtos, então o nível de preço tem que cair. Levará algum tempo para que as empresas façam as reduções de preços necessárias, mas quando fizerem a economia novamente produzirá em Y^* em longo prazo.

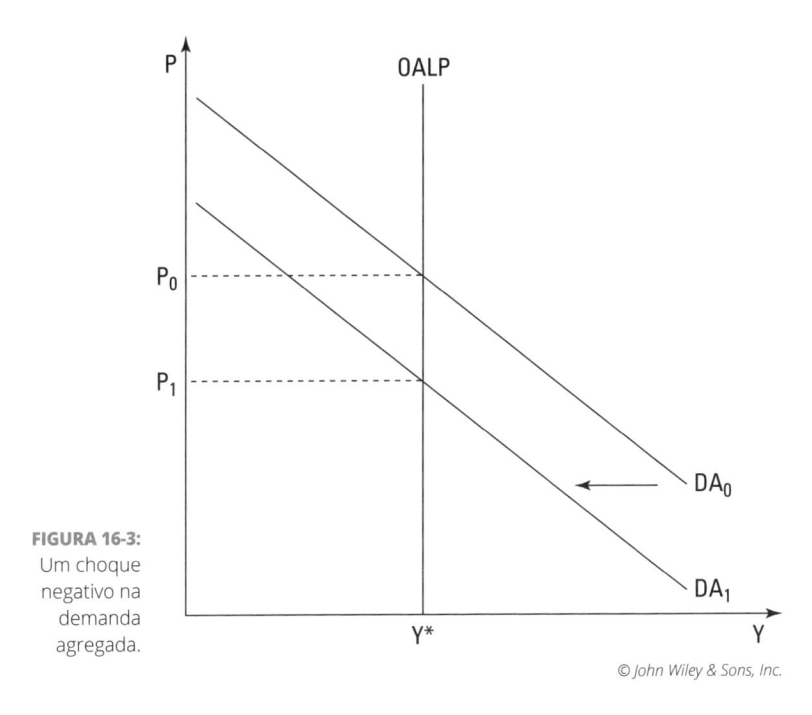

FIGURA 16-3: Um choque negativo na demanda agregada.

© John Wiley & Sons, Inc.

Lidando com preços fixos em curto prazo

Após um choque econômico acontecer, os preços em algum momento se ajustam para retornar a economia a produção de pleno emprego (Y^*). Entretanto, esse processo pode demorar um pouco, porque, em curto prazo, os preços são essencialmente fixos. Mesmo os gestores das mais ágeis empresas precisam de algum tempo para decidir quanto cortar dos preços. E algumas empresas não são tão ágeis.

Suponha que uma empresa tenha imprimido catálogos listando os preços dos produtos que vende. Essa empresa distribui catálogos uma vez ao ano, o que significa que ela é obrigada a vender aos consumidores àqueles preços até o próximo catálogo ser impresso. Em tal situação, a empresa ajustará sua produção para atender a qualquer quantidade de demanda que possa acontecer com esses preços fixos. Se um grande número de pessoas começar a comprar a esses preços, a empresa aumentará sua produção contratando mais empregados. Se apenas poucas pessoas comprarem, ela reduzirá sua produção, empregando um número menor de funcionários.

A Figura 16-4 retrata uma situação em que as empresas se comprometem com um conjunto fixo de preços e podem responder às mudanças na demanda apenas ao ajustar seus níveis de produção. A figura mostra a *curva de oferta agregada de curto prazo* (OACP) na horizontal, que na verdade não é uma curva, mas uma linha reta. Esta "curva" corresponde ao nível de preço P_o porque as empresas, em curto prazo, não podem ajustar seus preços. Os movimentos à direita e esquerda ao longo da curva

OACP captam os aumentos e as diminuições da produção que as empresas têm que fazer, conforme a demanda pelos seus produtos variarem ao nível de preço fixo.

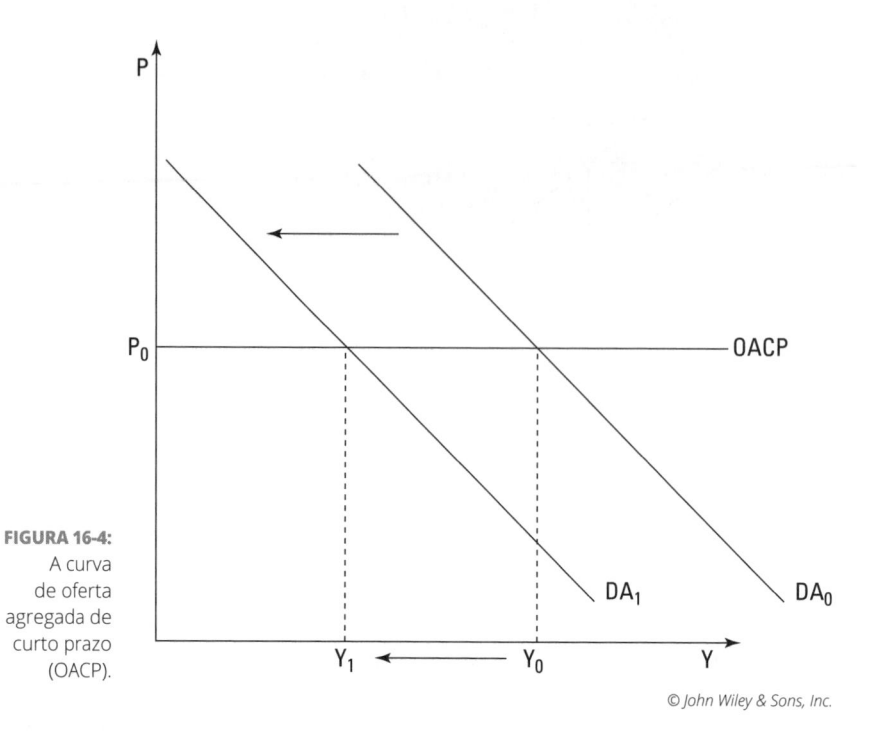

FIGURA 16-4: A curva de oferta agregada de curto prazo (OACP).

© John Wiley & Sons, Inc.

Os economistas têm inúmeras maneiras complicadas de explicar como uma economia se ajusta a um choque de demanda. Para simplificar a questão ao seus pontos essenciais, represento a curva OACP como uma linha horizontal. Em explicações mais elaboradas, a curva OACP é uma linha ascendente. Mas não se confunda: a ideia básica em ambos os casos é que a economia se move de uma curva de oferta agregada perfeitamente horizontal logo depois do choque, para uma ascendente logo em seguida e uma linha totalmente vertical — a OALP — em longo prazo. Pulo a etapa intermediária para deixar a discussão a mais direta possível. Uso apenas a curva inicial horizontal e a curva final vertical, a primeira chamo de OACP e a segunda, OALP.

A Figura 16-4 também tem duas curvas de demanda agregada, DA_o e DA_1, que novamente mostra o que acontece quando a demanda agregada é reduzida, como resultado de um choque de demanda negativo. O nível inicial de produtos que a empresa produz, Y_o, é determinado pela interseção da curva de demanda agregada original, DA_o, com a curva OACP. Em outras palavras, no nível de preços de P_o, as pessoas demandam produtos nível Y_o, e as empresas respondem fornecendo-os.

AJUSTANDO PREÇOS RAPIDAMENTE: O WALMART E O Y^*

As recessões de 1991 e 2001 nos Estados Unidos foram bem amenas — muito mais amenas, na verdade, do que a maioria das recessões anteriores no país. O motivo exato para isso não é claro, mas muitos economistas acreditam que um fator importante foi que a partir da década de 1980, os varejistas se aperfeiçoaram no rápido ajuste de preços quando a oferta não é igual à demanda.

O Walmart foi o pioneiro nessa questão, desenvolvendo o sistema mais sofisticado do mundo para o gerenciamento de inventário. Com esses sistemas computadorizados, os gerentes do Walmart são capazes de dizer minuto a minuto o que está ou não está vendendo. Como resultado, os preços de itens com baixa venda podem ser reduzidos rapidamente para que os produtos não encalhem nas prateleiras por semanas ou meses, como era o caso nas décadas anteriores quando o controle de inventário era feito à mão uma vez por mês.

Como resultado dessa inovação, os preços podem ser ajustados rapidamente para equilibrar a oferta e a demanda. Eles agora são reduzidos muito mais depressa, para fazer com que a economia volte à produtividade de pleno emprego (Y^*) mais rápido. Se os outros fatores permanecerem inalterados, isso significa recessões mais breves e mais amenas.

Esse efeito ajudou a abrandar a grave recessão de 2007–2009. Essa recessão ocorreu quando a demanda agregada caiu significativamente depois de um colapso nos preços dos imóveis. Graças a sofisticados sistemas de gerenciamento de inventário, varejistas como o Walmart e a Amazon foram capazes de rapidamente identificar e responder à queda da demanda. Eles conseguiam avaliar quais produtos não eram mais populares e, assim, reduzir os pedidos para esses produtos imediatamente.

O sistema de gerenciamento de inventário do Walmart evitou grandes acúmulos de produtos não vendidos em seus estoques. Assim, quando a economia finalmente retomou seu crescimento em 2009, o Walmart e outros varejistas tiveram que prontamente aumentar seus pedidos para as fábricas para acompanhar o aumento da demanda — algo que não teriam feito se grandes quantidades de produtos não vendidos tivessem se acumulado durante a recessão.

Quando o choque de demanda negativo acontece, ele altera a demanda agregada a esquerda para DA_1. Reduzir a demanda significa que no nível de preços fixos, os consumidores estão desejando comprar menos produtos. Uma vez que as empresas não podem reduzir os preços, seu único recurso é reduzir a produção para se igualar à diminuição da demanda; essa redução no nível de produção (Y_1) aparece no gráfico no ponto em que a curva OACP cruza com DA_1. Baixa produtividade significa que as empresas precisam de poucos empregados, o que tem como consequência uma recessão. A produtividade cai e o desemprego aumenta.

Se comparar as Figura 16-3 e 16-4, verá que o deslocamento à esquerda na demanda agregada tem efeitos bastante diferentes em curto e longo prazos:

> **No curto prazo, quando os preços são fixos:** A produtividade cai e o desemprego aumenta.

> **No longo prazo, quando os preços podem cair:** A produtividade retorna ao nível de pleno emprego.

Por que a diferença tão grande entre curto e longo prazo? As empresas não estão presas para sempre aos seus catálogos originais de preços. Em algum momento, elas imprimem novos catálogos com preços mais baixos. Os baixos preços atraem os consumidores e, rapidamente, a economia pode retornar a produção ao nível de produtividade de pleno emprego, Y^*.

Juntando o curto e o longo prazo

Se você compreendeu as respostas de curto e longo prazo a um choque econômico, está pronto para juntar as duas respostas bem diferentes em um quadro geral. A Figura 16-5 permite que você observe como a economia se adapta a choques de demanda negativos tanto em curto quanto em longo prazo. A economia começa no ponto A, no qual a curva de demanda agregada original, DA_o, cruza com ambas as curvas, OALP e OACP. No ponto A, a economia está em equilíbrio, porque no nível de preços P_o, a demanda agregada para produção é igual ao nível de produção de pleno emprego, Y^*. Não há nem excedente, nem escassez que poderia causar a mudança nos preços.

LEMBRE-SE

A curva $OACP$ é horizontal ao preço P_o para refletir o fato de que, após a economia atingir seu equilíbrio (o ponto em que DA_o cruza OALP no nível de produção Y^*), os preços que são determinados naquele nível são fixos em curto prazo; eles não podem mudar imediatamente, mesmo se um choque de demanda acontecer.

Por exemplo, suponha que a curva de demanda agregada se desloca à esquerda de DA_o para DA_1 devido a um choque de demanda negativo de algum tipo. Como os preços são fixos em curto prazo em P_o, a primeira resposta da economia será mover-se do ponto A para o ponto B. Em outras palavras, em razão de os preços estarem fixos, a produção cai de Y^* para Y^{Baixo}, à medida que as empresas respondem à diminuição da demanda com o corte de produção. As setas pequenas indicam o movimento da economia do ponto A para o ponto B.

No ponto B, a economia está operando abaixo do pleno emprego, o que implica que há muitos trabalhadores desempregados. Esse alto nível de desemprego causa queda salarial. Conforme os salários caem, os custos das empresas também caem, permitindo que elas cortem preços de modo a atrair mais consumidores.

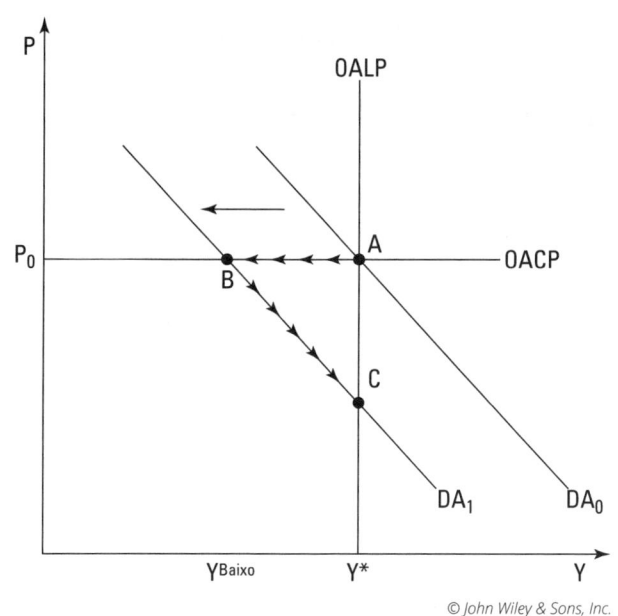

FIGURA 16-5: As respostas de curto e longo prazos a um choque de demanda negativo.

A queda de preços causa um aumento na demanda agregada para bens e serviços, que eventualmente moverá a economia do ponto B para o ponto C (esse movimento é indicado pelas setas no gráfico). Quando a economia atinge o ponto C, ela está, mais uma vez, produzindo a pleno emprego, Y^*.

LEMBRE-SE

Em curto e em longo prazo, os efeitos de um choque de demanda negativo são basicamente totalmente opostos:

» **Curto prazo:** No curto prazo, os preços são fixados enquanto a produtividade diminui.

» **Longo prazo:** No longo prazo, os preços diminuem enquanto a produção retorna a Y^*.

Se os preços não permanecerem fixos por muito tempo, a economia pode se mover rapidamente de A para B para C. Mas, se os preços se ajustarem lentamente ao choque de demanda negativo, a economia pode levar muito tempo para conseguir ir de A para B para C. Em tais situações, o resultado é uma recessão de longa duração, durante a qual a produção se mantém abaixo de Y^* e muitas pessoas estão desempregadas.

Caminhando para a Recessão: Paralisado pelos Preços Rígidos

Quando a economia encontra um choque de demanda negativo, como o retratado na Figura 16-5, a rigidez de preço (ou a falta dela) determina tanto a gravidade quanto a duração de qualquer recessão que possa resultar. Se os preços fossem infinitamente flexíveis — se pudessem mudar em segundos ou minutos logo após um choque —, a economia poderia imediatamente mover-se do ponto A para o ponto C e tudo ficaria bem no mundo. Mas se os preços permanecerem fixos por qualquer período de tempo a economia entra em recessão, movendo-se do ponto A para o ponto B, antes que os preços caiam e tragam de volta a produtividade de pleno emprego ao ponto C.

No mundo real, os preços são, de fato, lentos para a mudança ou, como os economistas gostam de dizer, os preços são *rígidos*. Um fato interessante é que eles tendem a ser mais rígidos quando estão baixando e não quando estão subindo; isso significa que os preços parecem resistir mais quando o ajuste é para baixo do que quando é para cima.

O principal culpado dessa situação parece ser uma categoria de preço em especial: os salários. *Salário* é o preço que os empregadores devem pagar aos empregados por sua força de trabalho. Diferente de outros preços na economia, as pessoas são, em particular, emocionalmente vinculadas aos salários e como eles mudam ao longo do tempo.

LEMBRE-SE

Os trabalhadores não gostam de ver seus salários reduzidos. Eles têm um forte senso de justiça quando se trata de seus salários e, como resultado, geralmente, retaliarão qualquer corte salarial trabalhando com menos afinco. Como resultado, os gestores normalmente acham contraprodutivo reduzir salários, mesmo se a empresa estiver perdendo dinheiro e precisar cortar custos.

Esta seção explica como as preocupações das empresas com a motivação de seus funcionários leva a preços rígidos de produção que impedem a economia de se recuperar rapidamente das recessões. Quando as vendas caem em decorrência da recessão, os preços de produção não caem muito, porque as empresas preferem demitir funcionários em vez de cortar salários.

Reduzindo salários ou trabalhadores

Durante uma recessão, vemos um grande aumento no desemprego, mas pouca redução nos salários. O fato de gestores não estarem dispostos a reduzir salários, entretanto, tem um efeito colateral terrível: a não redução de salários torna muito difícil para as empresas diminuir os preços de seus bens e serviços (para saber mais, veja a próxima seção).

Suponha que um choque de demanda negativo atinja uma economia e reduza drasticamente as vendas em uma determinada empresa. A empresa está perdendo dinheiro, portanto, os gestores precisam achar uma solução para cortar os custos. Aproximadamente 70% do total dos custos desta empresa estão relacionados à mão de obra (salários e outros vencimentos). Naturalmente, os custos da mão de obra são um alvo óbvio para as reduções.

Mas os gestores da empresa percebem que, se cortarem os salários, os empregados ficarão furiosos e trabalharão menos. De fato, a produtividade pode cair tanto que reduzir os salários pode tornar a situação do lucro da empresa ainda pior: a produtividade pode cair tanto que as receitas das vendas diminuirão mais do que a redução nos custos trabalhistas. Portanto, cortar salários não é realmente uma boa opção.

Então, os gestores preferem demitir grande parte de sua força de trabalho para reduzir os custos da mão de obra. Por exemplo, se as vendas caem 40%, a empresa pode demitir 40% de sua força de trabalho. Entretanto, os demais, que permanecem no emprego, mantêm seus antigos salários e, assim, não há motivo para descontentamento ou diminuição na produtividade.

Somando os custos dos salários e lucros

Obviamente, as empresas necessitam gerar lucro para continuarem no negócio. E isto significa garantir que o preço por unidade cobrado em seus produtos exceda o custo de produção por unidade.

Durante uma recessão, menor procura agregada significa que as empresas reduzem a produção e vendem menos unidades. Como já discutimos nas seções anteriores, os salários são os maiores componentes dos custos da maioria das empresas — de fato, eles representam 70% da média dos custos da empresa. Se uma empresa não pode cortar salários por medo de causar queda na produtividade, tampouco pode reduzir o custo de produção por unidade. Portanto, a empresa não consegue reduzir muito seus preços, porque eles precisam ficar acima dos custos de produção, isso se as empresas pretendem ao menos equilibrar receitas e permanecer no negócio. O que isso tudo significa?

Quando a demanda cai, os preços são, normalmente, rígidos. Eles permanecem altos, a despeito do fato de existir menor demanda de produção na economia. Essa é a razão por trás do movimento horizontal da economia do ponto *A* para o ponto *B* na Figura 16-5, após o choque de demanda negativo. Com os preços irredutíveis porque as empresas não podem cortar os salários, o choque de demanda negativo resulta em recessão, com a produtividade caindo e o desemprego aumentando, já que muitos trabalhadores são demitidos.

Pior que isso, a menos que os preços possam, de alguma forma, começar a cair, a economia não será capaz de mover-se de B para C para voltar ao nível de produtividade de pleno emprego (Y^*). *Com o tempo*, os preços caem, mas esse processo pode demorar, o que significa que o choque de demanda negativo pode causar uma recessão de longa duração.

Uma forma de contornar esse lento processo de ajuste de preços é o governo tentar contrabalancear o choque de demanda negativo. A próxima seção trata de como essas tentativas podem acelerar a recuperação evitando a necessidade de ajuste de preços para trazer a economia de volta ao nível de produção de pleno emprego.

Retornando a Y^* com e sem intervenção do governo

No Capítulo 17, explico como o governo pode fazer uso de estímulos monetários e fiscais para contornar o problema dos preços rígidos, impulsionando a demanda agregada. Aqui, mostro uma prévia de como esse processo funciona.

Imagine que, após o choque de demanda negativo, representado na Figura 16-5, que desloca a procura agregada à esquerda de DA_o para DA_1, o governo não fica esperando passivamente que os preços caiam. Em vez disso, ele estimula a demanda agregada, de forma que a curva de demanda agregada se desloca para a direita e retorna para o ponto inicial, DA_o. Essa ação leva a economia de volta à produção de pleno emprego sem precisar esperar pela queda de preços.

O que acontece se o governo não agir para estimular a demanda agregada dessa maneira? E se a economia estiver no ponto B e o governo não intervir? Nesses casos, os preços acabam caindo em algum momento porque os custos de produção das empresas também caem.

Os custos de mão de obra caem muito lentamente porque os gestores não querem arriscar a perda de produtividade pela insatisfação de seus funcionários com o corte de salários. Mas, como há muitos trabalhadores desempregados quando a economia está no ponto B, os salários acabam diminuindo também (veja a seção "Reduzindo salários ou trabalhadores"). Algumas empresas contratam pessoas desempregadas por baixos salários, o que reduz seus custos, ou seja, elas podem vender por preços inferiores aos de empresas que mantém salários altos. Por fim, essa pressão competitiva significa que todas as empresas acabam por reduzir os salários.

Outros custos também declinam porque durante uma recessão, com a produtividade tão reduzida, uma porção significativa da capacidade produtiva da economia não é utilizada: existem fábricas, caminhões, vagões de trem e navios ociosos, assim como grandes quantidades não utilizadas de madeira, ferro, petróleo e outros insumos de produção.

Os proprietários desses insumos não utilizados baixam seus preços, para tentar vendê-los. À medida que os preços caem, os custos das empresas também caem, permitindo assim que reduzam os preços de vendas de seus produtos. E, conforme esses preços de venda caem, a economia se move do ponto *B* para o ponto *C* na Figura 16-5, restaurando a economia para o nível de produção de pleno emprego (Y^*). Viram como tudo (às vezes) se resolve?

Atingindo o Equilíbrio com Preços Rígidos: O Modelo Keynesiano

John Maynard Keynes foi o economista mais influente do século XX. Por quê? Ele foi o primeiro economista a compreender que os preços rígidos (causados pelos salários rígidos) são os culpados por trás das recessões, uma noção que mudou a forma de as pessoas estudarem a economia.

O que inspirou Keynes a ter essa visão? Ele chegou a essas conclusões pelo terrível estado que a economia alcançou durante a Grande Depressão dos anos 1930. O nome em si — Grande Depressão — já nos dá alguma ideia do quanto as coisas ficaram ruins. Reveses normais da economia são chamadas *recessões*. Recessões mais graves são chamadas de *depressões*. O que aconteceu em 1930 foi tão ruim, que as pessoas começaram a chamá-la de a *Grande Depressão* para indicar o quanto foi grave.

A Grande Depressão começou com uma recessão prolongada de 1929 até 1933. Os Estados Unidos só voltaram a ver sua produção retornar ao nível de 1929 depois de entrarem na Segunda Guerra Mundial, em 1941. Para uma noção mais clara da Grande Depressão, observe a Tabela 16-1, que fornece dados para cada uma das oito recessões que os Estados Unidos experimentaram desde 1960, e (na primeira linha) os mesmos dados para a Grande Depressão.

TABELA 16-1 A Grande Depressão e as Recessões dos Estados Unidos desde 1960

Início (Mês/Ano)	Fim (Mês/Ano)	Duração (Meses)	Maior Taxa de Desemprego	Alteração no PIB Real (%)
08/1929	03/1933	43	24,9	−28,8
04/1960	02/1961	10	6,7	2,3
12/1969	11/1970	11	5,9	0,1
11/1973	3/1975	16	8,5	1,1
1/1980	07/1980	6	7,6	−0,3

(continua)

(continuação)

Início (Mês/Ano)	Fim (Mês/Ano)	Duração (Meses)	Maior Taxa de Desemprego	Alteração no PIB Real (%)
06/1981	11/1982	16	9,7	–2,1
06/1990	3/1991	8	7,5	–0,9
03/2001	11/2001	8	6,0	0,5
12/2007	6/2009	18	9,9	–4,1

Fonte: NBER, Economic Report of the President, Bureau of Labor Statistics

Como você pode ver, a Grande Depressão foi muito, muito pior que qualquer recessão comum. Perto de 25% da força de trabalho estava desempregada, e a desaceleração inicial levou cerca de quatro vezes mais tempo que a média de 10,7 meses de duração das recessões pós-1960.

A produção econômica total medida pelo PIB real (que discuto no Capítulo 15) também caiu muito mais do que em uma recessão normal. Uma vez que o PIB real se ajusta pela inflação, ele capta mudanças na quantidade física das mercadorias produzidas. Em recessões recentes, O PIB caiu no máximo 4,1%, sendo de 0,5 a 2% a faixa mais comum. Durante a Grande Depressão, o PIB real caiu 28,8%!

O QUE TORNA UMA RECESSÃO, UMA RECESSÃO?

Defino *recessão* como um período de tempo no qual a produtividade cai e o desemprego aumenta. Mas essa não é a única definição. Por exemplo, você pode ler em um livro didático ou em um artigo de jornal que uma economia está em recessão se o PIB real cair por dois trimestres consecutivos. Porém, se observar a Tabela 16-1, notará que durante determinadas recessões (como a que começou em abril de 1960 nos EUA), a produtividade real na verdade aumentou, em vez de cair. Então, por que aquele período foi classificado como recessão?

Muitos fatores são relevantes para se determinar o que é uma recessão. Um grupo de economistas do National Bureau of Economic Research (NBER), em Cambridge, Massachusetts, é o responsável por declarar "oficialmente" o início e o fim de uma recessão nos Estados Unidos. Esse grupo tem uma ampla gama de critérios que começa com a queda na produção e o aumento do desemprego e inclui muitas outras coisas, como, por exemplo, com que rapidez as fábricas recebem novos pedidos. Às vezes, esses outros fatores fazem com que a NBER identifique que a economia passou por um pico e entrou em uma recessão, mesmo quando a produção não está caindo.

Como testemunha da Grande Depressão, Keynes obviamente desejou entender o que poderia causar uma desaceleração econômica tão drástica — e o que poderia prevenir tal devastação de acontecer novamente. Continue lendo para saber mais sobre o modelo keynesiano.

Ajustando estoques em vez de preços

Keynes não só compreendeu que os preços rígidos causam recessões; ele também desenvolveu um amplo e influente modelo que ainda é apresentado em muitos livros didáticos de macroeconomia. Esse modelo é uma pequena parte de uma abordagem maior à gestão da macroeconomia, que passou a ser chamada de *keynesianismo* — uma abordagem que favorece grandes intervenções governamentais na economia, em vez das políticas de *laissez faire*, de não intervenção, preferida por outras pessoas (para uma discussão sobre os custos e benefícios da intervenção governamental na economia, veja o Capítulo 3).

Para ser justo, precisamos salientar que o keynesianismo tem atraído um grande número de críticos e não é o ponto central da macroeconomia. Porém, a parte que apresentamos aqui não é controversa. Ela explica como uma economia se ajusta ao *equilíbrio* — o ponto em que a oferta agregada corresponde à demanda agregada — no extremo curto prazo, após um choque econômico, quando os preços não podem mudar de modo algum.

Olhe novamente para a Figura 16-4 por um momento. O modelo keynesiano baseia-se exatamente em como a economia se move do nível de produção Y_0 para o nível de produção Y_1, quando acontece um choque na demanda agregada e os preços são fixados ao nível de P_0.

O modelo de Keynes chama nossa atenção para o estoque das mercadorias que foram produzidas, mas que ainda não foram vendidas. De acordo com Keynes, as mudanças no estoque podem guiar as empresas a aumentar ou diminuir a produção durante situações nas quais os preços estão rígidos e não servem como indicadores.

Para ver a inovação das ideias de Keynes sobre estoques, entenda que, se os preços pudessem mudar, então eles (não os estoques) guiariam as decisões das empresas sobre quanto produzir:

» Se os preços estiverem subindo, a empresa saberá que seu produto é popular e que deve aumentar a produção.

» Se os preços estiverem caindo, a empresa saberá que seu produto não está indo bem e que, provavelmente, deveria interromper a produção (e, talvez, adotar outra linha de produtos!).

Em uma economia com preços fixos, entretanto, as empresas precisam de algum outro modo para decidir se devem aumentar ou diminuir a produção. Keynes percebeu que o fator orientador seriam as mudanças nos estoques, como você verá nas seções seguintes.

De olho no nível alvo de produção

Os estoques estão constantemente movimentação, com o fluxo de mercadorias entrando e saindo. Novas produções aumentam os estoques, enquanto novas vendas os diminuem. Os dois fatores interagem para determinar se os estoques estão aumentando, diminuindo ou permanecendo igual. Por exemplo, se a nova produção se iguala às nova vendas, os níveis de estoque permanecem constantes. Se a nova produção supera as novas vendas, o estoque aumenta.

LEMBRE-SE

A interação entre nova produção e nova venda é importante porque cada empresa tem um *nível-alvo* de estoques que ela gostaria de manter para as situações em que as vendas sejam, temporariamente, mais rápidas do que a capacidade de produção. O nível-alvo é determinado pelos custos e benefícios de ter um grande ou pequeno estoque em mãos.

Ter menos estoque que o nível-alvo é perigoso, porque a empresa pode não ser capaz de acompanhar o crescimento das vendas. Ter mais estoque do que o nível alvo é desperdício, porque não há vantagem em ter coisas que não se podem vender, ano após ano. Cada empresa pesa esses custos e benefícios para determinar seu próprio nível alvo de estoque.

Níveis-alvo do estoque podem variar de ano para ano, dependendo de se as empresas esperam um volume de vendas forte ou fraco. Se os gestores esperam vendas fortes, eles podem planejar um aumento dos estoques, ao passo que, se esperarem vendas fracas, eles poderão planejar uma diminuição dos estoques.

LEMBRE-SE

Keynes compreendeu que os choques de demanda agregada (que são, por definição, inesperados) apareceriam como mudanças inesperadas nos estoques da empresa:

> » Demanda agregada inesperadamente baixa significa que as vendas estão tão lentas que o estoque aumenta e atinge níveis mais altos do que as empresas haviam planejado.

> » Demanda agregada inesperadamente alta significa que as vendas aumentam tanto que o estoque diminui e atinge níveis mais baixos do que as empresas haviam planejado.

Aumentando ou diminuindo a produção conforme os estoques flutuam

Grandes alterações inesperadas dos estoques fazem com que as empresas mudem seus níveis de produção, como mostrado a seguir:

> » Se os estoques aumentam acima dos níveis-alvo, as empresas respondem cortando a produção. Ao reduzir os índices de produção para menos que os índices de vendas, os estoques começam a cair em direção aos níveis-alvo.

> » Se os estoques diminuem abaixo dos níveis-alvo, as empresas respondem aumentando a produção. Aumentando os índices de produção para mais que os índices de vendas, os estoques começam a subir em direção aos níveis-alvo.

As mudanças nos níveis de produção, causadas pelas mudanças no estoque, são muito importantes, uma vez que elas determinam não apenas se a produção (Y) está aumentando ou diminuindo, mas também se o desemprego está em ascensão ou queda. Por exemplo, se as empresas aumentam a produção, porque os estoques caíram abaixo do nível alvo, elas precisam contratar mais empregados e o desemprego diminui. Se, por outro lado, as empresas diminuem a produção porque os estoques aumentam acima do nível-alvo, elas precisam demitir empregados e o desemprego aumenta.

Ajustando os estoques com base em despesas planejadas e reais

O modelo keynesiano distingue despesas planejadas de reais da seguinte forma:

> » **Despesas planejadas:** São o montante que as famílias, empresas, o governo e estrangeiros gostariam de gastar em produtos e serviços produzidos no país.

> » **Despesas reais:** São o montante que as famílias, empresas, o governo e os estrangeiros realmente gastam em bens e serviços produzidos no país. A soma de todas essas despesas é o PIB.

LEMBRE-SE

O que acontece quando os despesas reais são diferentes dos despesas planejadas? Os estoques automaticamente mudam. Por exemplo, se mais dinheiro é gasto em bens e serviços do que foi planejado, as pessoas estão comprando mais mercadorias do que o que está sendo produzido atualmente. Essa situação é possível porque as empresas vendem mercadorias de seus estoques que foram produzidas em períodos anteriores. Por outro lado, se as pessoas gastam menos dinheiro em bens e serviços do que foi planejado, os estoques das empresas aumentam, porque elas precisam estocar todas as mercadorias que não podem vender.

Keynes representou as despesas planejadas, DP, algebricamente com a seguinte equação:

(1) $DP = C + I^P + G + EL$

O que todas essas letras significam? Discuto cada item em detalhes no Capítulo 14, mas aqui vai um resumo:

» C representa a quantidade de mercadorias que os consumidores desejam consumir.

» I^P representa a quantidade de produtos que as empresas planejam adquirir, como investimento em mercadorias, tais como novas fábricas e equipamentos, bem como quaisquer alterações de estoques que planejam fazer.

   Se, mais tarde, as empresas precisarem aumentar ou diminuir seus estoques mais do que planejaram, então o investimento real, I, não será igual ao investimento planejado, I^P.

» G representa quantos produtos o governo quer comprar para coisas como o investimento na construção de escolas ou assegurar o suprimento de itens como papel para o trabalho administrativo.

» EL significa *exportação líquida* — o valor de suas exportações menos o valor de suas importações. O EL nos informa a demanda do setor estrangeiro da economia sobre nossos produtos internos.

Para as despesas reais, Y, Keynes usou a mesma equação que usamos para calcular o produto interno bruto (que discuto no Capítulo 14):

(2) $Y = C + I + G + EL$

DICA

Por que podemos utilizar a equação do PIB para calcular as despesas reais? Conforme explico no Capítulo 14, a despesa real é igual ao rendimento nacional, porque cada centavo de despesa feito na economia é receita para alguém. Além disso, a despesa real também é igual ao valor em dinheiro de todos os bens e serviços produzidos na economia, porque todos os itens produzidos são vendidos (esse processo na verdade faz parte da forma com que os estoques são avaliados para propósitos contábeis: qualquer item produzido, mas não vendido ao cliente é contado como sendo "vendido" para a própria empresa e colocado em seu inventário. Essas mudanças no estoque são conhecidas como *investimentos em inventário* e são totalizadas no PIB como parte do investimento total, *I*).

Ter três maneiras de olhar para Y é realmente muito útil quando você começa a se familiarizar com o modelo keynesiano. Às vezes, é mais fácil entender o modelo se você pensar em Y como sendo as despesas reais; em outras ocasiões, é mais fácil entender se você pensar em Y como sendo a receita nacional ou produção. Alterno entre essas três definições sempre que isso ajudar a entender o modelo mais facilmente.

A única diferença entre os lados direitos da equação (1) e da equação (2) é o investimento variável, que é o *investimento planejado* (I^P) na primeira equação e *investimento real* (I) na segunda. Em outras palavras, Y e DP diferem apenas por causa das diferenças nos investimentos causados pelos inesperados aumentos ou diminuições dos estoques, quando as vendas são maiores ou menores do que o planejado.

Acrescentando um pouco de álgebra

Você sabia que esta hora chegaria: vamos aprender cálculos algébricos para identificar o equilíbrio econômico do modelo keynesiano, usando superpoderes matemáticos. (Onde será que coloquei os meus?)

Primeiro, precisamos definir uma *função de consumo* — uma forma de calcular o consumo total — que você possa substituir na equação (1). No Capítulo 14, apresento a seguinte fórmula para calcular o consumo:

(3) $C = C_o + c(1-t)Y$

Por ora, o que você realmente precisa saber sobre esta fórmula é que a maior receita (Y) leva a um maior consumo (C). Se você substituir a equação (3) na equação (1), você tem:

(4) $DP = C_o + c(1-t)Y + I^P + G + EL$

Se olhar cuidadosamente, verá que essa equação mostra que o total das despesas previstas para a aquisição de bens e serviços na economia (DP) depende do rendimento total da economia (Y). Quanto maior o rendimento total, mais dinheiro as pessoas planejarão gastar.

Uma boa forma para simplificar essa equação é criar uma variável A e defini-la da seguinte forma:

$$A = C_o + I^P + G + EL$$

Se fizer isso, a equação (4) parecerá um pouco mais agradável:

(5) $DP = A + c(1-t)Y$

A variável A corresponde às *despesas autônomas*, termo usado pelos economistas para traduzir a parte das despesas planejadas que não depende da renda (Y). A parte das despesas planejadas que não depende de rendimentos, $c(1-t)Y$, é conhecida como *despesa induzida*.

Para compreender as despesas induzidas, entenda que como t representa a alíquota do imposto de renda, $(1-t)Y$ é o que as pessoas deixam de gastar depois que o governo cobra seus impostos. E, desse montante, a fração c é gasta em consumo, de forma que $(1-t)Y$ nos diz quanto de despesa é "induzida" por um rendimento de tamanho Y.

A Figura 16-6 mostra a equação (5) e a identifica como *linha de despesas planejadas*.

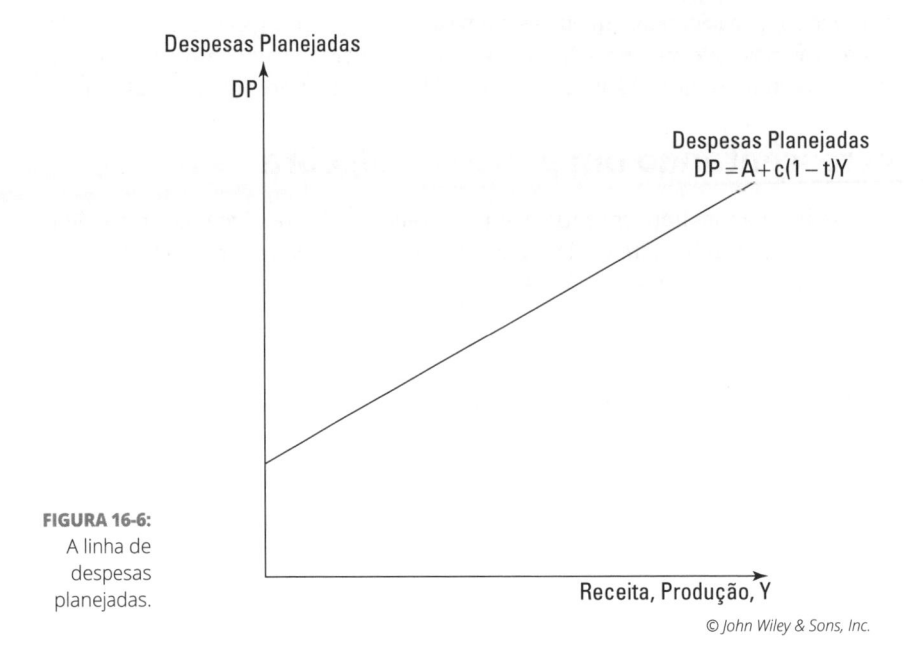

Despesas Planejadas

Despesas Planejadas
$DP = A + c(1 - t)Y$

Receita, Produção, Y

© *John Wiley & Sons, Inc.*

FIGURA 16-6:
A linha de despesas planejadas.

Para encontrar o equilíbrio específico do modelo keynesiano, compreenda que todos os equilíbrios possíveis são captados pela seguinte equação:

(6) $DP = Y$

Essa equação pode ser lida como "despesas planejadas são iguais a despesas reais" (lembre-se de que Y é igual ao total de receitas e ao total de despesas na economia, porque todas as despesas são receitas para alguém).

LEMBRE-SE

Qualquer situação em que $DP = Y$ é de equilíbrio. Por quê? Porque se a economia puder atingir o ponto em que $DP = Y$, então ninguém teria qualquer razão para mudar seu comportamento. Os consumidores estariam consumindo tanto quanto planejaram (C). O governo estaria comprando tanta produção quanto desejasse comprar (G). Os estrangeiros estariam comprando nossas mercadorias tanto quanto pretendessem (EL). E, mais importante, as empresas estariam gastando exatamente o que planejaram em investimentos — o que implica que os estoques não se alterariam inesperadamente.

Se as despesas planejadas se igualarem às despesas reais, você realmente tem um equilíbrio, porque todos estão obtendo o que desejam e ninguém tem qualquer incentivo para mudar seu comportamento.

Você pode resolver o valor de equilíbrio da produção, que chamarei de $\tilde{Y}$, pela substituição da equação (5) pela equação (6). Se você fizer isso obterá o seguinte:

$$(7) \quad \tilde{Y} = \frac{1}{1 - c(1 - t)} A$$

Mostrando o equilíbrio em um gráfico

Se a equação (7) parecer muito assustadora, aguente mais um pouco, pois é muito mais fácil encontrar o equilíbrio do modelo keynesiano graficamente. Para isso, você precisa representar a equação $DP = Y$ no mesmo gráfico da equação $DP = A + c(1 - t) Y$, como fazemos na Figura 16-7. O ponto no qual as duas linhas se cruzam é o equilíbrio. Nesse ponto, os gastos previstos e os gastos reais são exatamente iguais na economia.

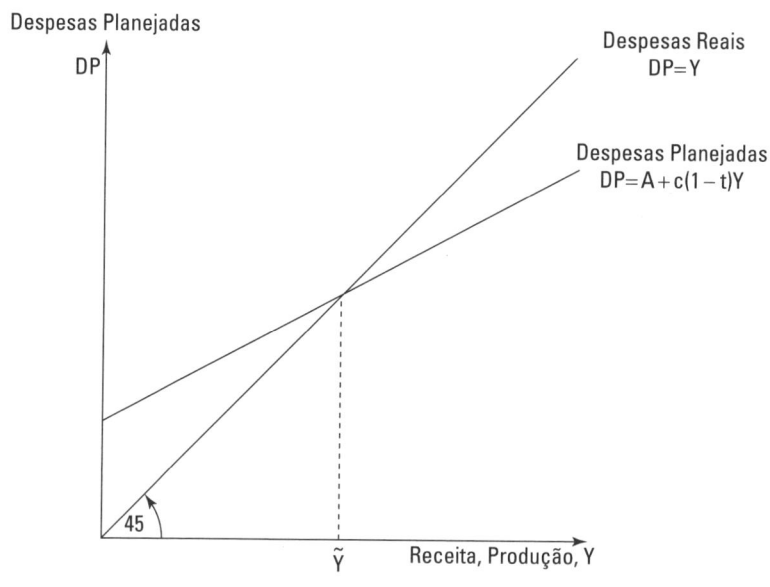

FIGURA 16-7:
O equilíbrio do modelo keynesiano, $\tilde{Y}$.

© John Wiley & Sons, Inc.

Esse equilíbrio é *estável*, o que significa que se a economia se iniciar em qualquer nível de receitas que não seja $\tilde{Y}$, ela rapidamente retornará à $\tilde{Y}$. O que faz com que a economia retorne para $\tilde{Y}$ são as alterações no estoque.

Para ver por que isso é verdade, observe a Figura 16-8, que explora um truque geométrico sobre a linha $DP = Y$ para mostrar como a economia se comporta quando não está produzindo ao nível de equilíbrio de produção, $\tilde{Y}$.

DICA

O truque é que a linha $DP = Y$ aparece no gráfico em um ângulo de 45 graus, o que significa que ela pode ser usada para desenhar quadrados — formas cujos lados têm o mesmo comprimento. Isso significa que você pode transpor qualquer valor de Y para o eixo vertical. Para fazer isso, pegue qualquer valor de Y, siga em frente até atingir a linha de 45 graus, e então siga em linha reta lateralmente até atingir o eixo vertical. O ponto que você atinge representa tanto dinheiro verticalmente quanto Y representa horizontalmente.

Por exemplo, na Figura 16-8, comece no eixo horizontal no nível de produção Y_2, que é menos que o nível de equilíbrio de produção $\tilde{Y}$. Se você subir verticalmente para a linha de 45 graus e depois para a esquerda, pode representar graficamente o nível de produção Y_2 no eixo vertical. Por que isso é útil? Porque Y_2 pode então ser comparado diretamente com o nível de gastos planejados, DP_2, que você obtém começando no nível de produção Y_2 no eixo horizontal.

Como você pode ver, $DP_2 > Y_2$, o que quer dizer que as despesas planejadas excedem a produção na economia. Isso significa que os estoques baixarão inesperadamente, conforme as empresas venderem parte de suas reservas de estoque para compensar o fato de que as pessoas estão comprando mais mercadorias do que as empresas estão produzindo. Essa baixa nos estoques leva a economia de volta ao equilíbrio.

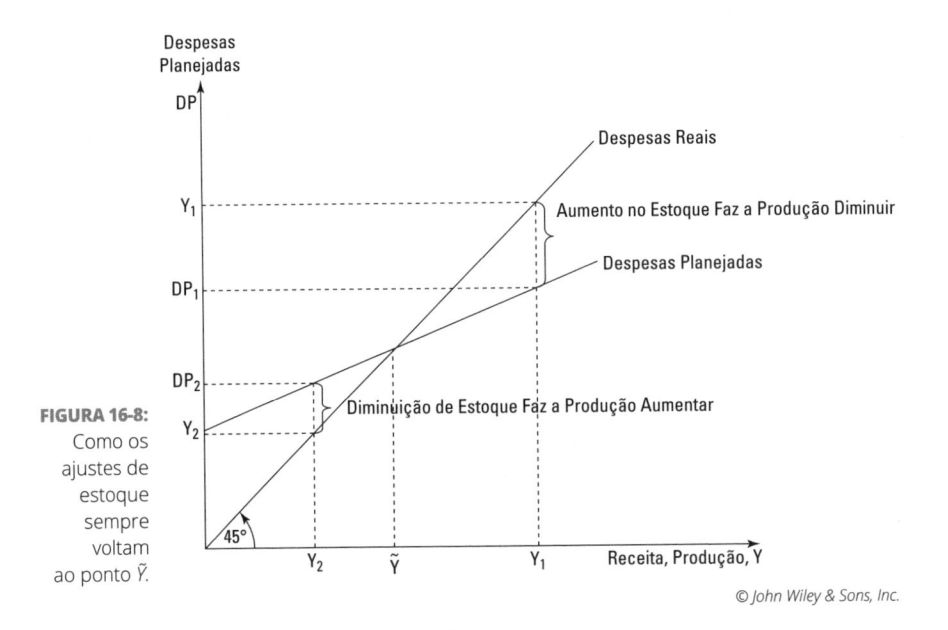

FIGURA 16-8: Como os ajustes de estoque sempre voltam ao ponto $\tilde{Y}$.

© John Wiley & Sons, Inc.

Conforme os estoques caem inesperadamente, as empresas aumentam a produção. Como resultado, Y aumenta. Além disso, continua a aumentar até atingir $\tilde{Y}$, porque para qualquer valor de $Y < \tilde{Y}$, você pode ver no gráfico que as despesas planejadas continuarão a exceder a produção.

Os ajustes no estoque também retornam a economia ao equilíbrio se começarem em um nível de produção como Y_1, que é maior que $\tilde{Y}$. Como você pode ver na

Figura 16-8, utilizando a linha de 45 graus, a produção real, Y_1, excede as despesas planejadas, DP_1. Em outras palavras, as pessoas então comprando menos (DP_1) do que as empresas estão produzindo atualmente (Y_1), dessa forma os estoques começarão a aumentar.

As empresas respondem aos aumentos nos estoques com a redução da produção. Eles demitem trabalhadores e cortam a produção. Como resultado, Y diminui, e continua a cair até atingir $\tilde{Y}$ porque, para qualquer valor de $Y > \tilde{Y}$, você pode ver no gráfico que a produção continuará a exceder os gastos reais.

Impulsionando o PIB no modelo keynesiano

Keynes não inventou seu modelo para explicar como as economias com preços rígidos alcançam um equilíbrio estável. O que ele realmente queria era usá-lo para mostrar o que os governos poderiam fazer durante uma recessão para melhorar a situação.

Por exemplo, considere a Figura 16-8 mais uma vez. Suponha que os ajustes de estoque tenham levado a economia ao equilíbrio das receitas, $\tilde{Y}$, mas que $\tilde{Y}$ é menor que o nível de produtividade de pleno emprego da economia, Y^*. Neste caso, Keynes perguntou, o que — se existisse algo — deveriam fazer os governos?

Os governos poderiam escolher fazer nada. Com o tempo, porque $\tilde{Y} < Y^*$, os preços cairiam e a economia retornaria ao pleno emprego (o que acontece movendo-se do ponto B para o ponto C na Figura 16-5). Mas Keynes argumentou que os governos poderiam acelerar a recuperação incrementando as despesas planejadas.

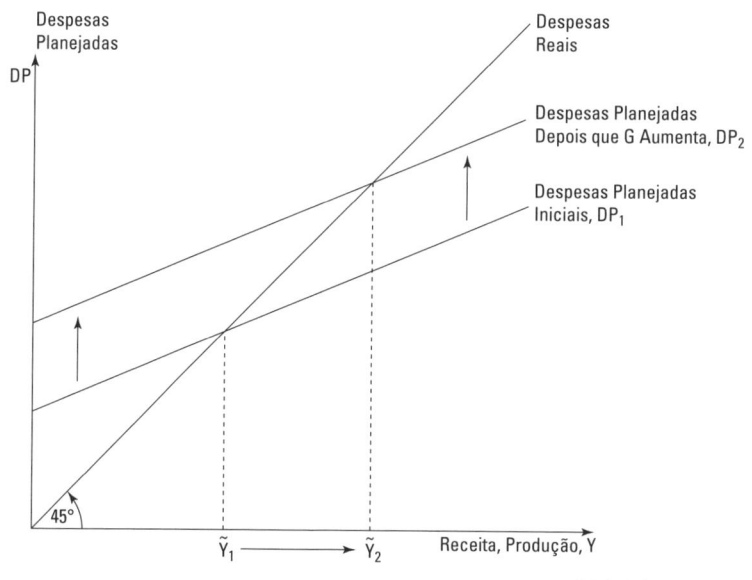

FIGURA 16-9: Aumentar as despesas do governo aumenta a produção de equilíbrio de $\tilde{Y}_1$ para $\tilde{Y}_2$.

© John Wiley & Sons, Inc.

Por exemplo, suponha que o governo decida aumentar G, os gastos do governo com bens e serviços. Se ele fizer isso, então DP na equação (4) claramente se tornará maior. Como G é uma parte das despesas autônomas (A), o aumento em G significa um aumento em A na equação (5). Graficamente, um A maior significa que a linha de despesas planejadas mudou verticalmente de DP_1, para DP_2, como mostrado na Figura 16-9. Dado o fato de a linha de despesa real ($DP = Y$) não mudar, a troca vertical na linha das despesas planejadas faz com que o equilíbrio da produção aumente de $\tilde{Y}_1$ para $\tilde{Y}_2$.

Keynes sugeriu utilizar a política do governo para aumentar as despesas planejadas, com qualquer que fosse a quantia necessária para aumentar, em curto prazo, o equilíbrio da economia dos preços rígidos, $\tilde{Y}$, até o nível produção de pleno emprego, Y^*. No Capítulo 17, discuto essas políticas em maiores detalhes, incluindo por que elas nem sempre funcionam bem na prática.

Capítulo **17**

Combatendo a Recessão com Política Monetária e Fiscal

A s políticas monetária e fiscal são duas das mais importantes funções dos governos modernos. A *política monetária* se refere a aumentar ou diminuir a oferta monetária a fim de influenciar a economia, enquanto a *política fiscal* utiliza os gastos do governo e as leis tributárias para influenciar a economia.

Graças ao desenvolvimento de uma boa teoria econômica, atualmente os governos têm uma boa ideia de como utilizar as políticas monetária e fiscal para abrandar a duração e a severidade das recessões. Esse desenvolvimento é extremamente importante, porque dá aos governos a oportunidade de fazer uma diferença positiva nas vidas de bilhões de pessoas. Boas políticas econômicas podem tornar uma nação próspera, da mesma forma que más políticas econômicas podem arruiná-la.

No entanto, as políticas monetária e fiscal não estão isentas de problemas, e neste capítulo mostro não apenas o quão bem elas podem funcionar no melhor cenário possível, mas também seus limites e problemas quando implementadas no mundo real. Vendo o quadro completo, você poderá decidir por si mesmo quando e como as políticas monetária e fiscal devem ser usadas.

A informação contida neste capítulo o colocará dois passos à frente de muitos políticos e o ajudará a julgar quando economistas politicamente tendenciosos estiverem tentando o ludibriar. Como disse Joan Robinson, um dos maiores economistas do século XX: "O propósito do estudo da economia não é adquirir um conjunto de respostas sem originalidade para as questões econômicas, mas aprender como evitar ser enganado por um economista." Concordo totalmente. Mas, não se preocupe, você pode confiar em *mim*.

Se você ainda não leu o Capítulo 16, recomendo a fazê-lo antes de seguir em frente. Embora meu objetivo com este livro seja tornar cada capítulo individual, de modo que o leitor possa consultar qualquer assunto que necessitar sem estar obrigado a obedecer a uma sequência, muito da terminologia que você encontrará neste capítulo é apresentada e explicada no capítulo anterior. Pode ser que você ache mais fácil enfrentar as políticas monetária e fiscal se tiver uma compreensão básica de como as recessões funcionam, que é o foco do Capítulo 16.

Incentivando a Demanda para Acabar com as Recessões

Antes de examinarmos as políticas monetária e fiscal separadamente e em detalhes, é importante compreender que o propósito de ambas é alterar a demanda agregada para bens e serviços. (A *demanda agregada* é a demanda total de bens e serviços de uma economia.) Em particular, ambas podem ser utilizadas para aumentar a demanda agregada durante uma recessão. Esta seção explica esse conceito em detalhes.

Buscando a produção de pleno emprego

A capacidade de usar a política monetária e a fiscal para estimular a economia é importante porque você sempre deseja finalizar uma recessão e retornar a economia para a produção em nível de pleno emprego o mais rapidamente possível.

Como explico no Capítulo 16, o nível de produção de pleno emprego — simbolizado por Y^* — é a quantidade de produtos que a economia produz em pleno emprego, que ocorre quando todas as pessoas que desejam um emprego de tempo integral podem conseguir um. Se a economia entra em recessão e produz um valor menor do que Y^*, milhões de pessoas perdem seus empregos, porque as empresas necessitam de poucos trabalhadores para produzir a quantidade menor de produtos.

Pior ainda, a taxa de desemprego permanece alta até a produção retornar ao nível de pleno emprego. As políticas monetária e fiscal são úteis justamente porque podem ajudar a retornar a economia à produção em Y^* tão rápido quanto possível; elas podem encurtar o período de frustração e miséria que os desempregados têm de suportar.

Observe a Figura 17-1, que mostra como as políticas monetária e fiscal podem ser usadas para estimular a demanda agregada e retornar a economia à produção em Y^*, o mais rápido possível, depois de a economia de ter sido atingida por um choque de demanda negativo. Como explico no Capítulo 16, *choque de demanda negativo* são acontecimentos que inesperadamente diminuem a demanda agregada, tal como uma queda de confiança por parte dos consumidores.

Na Figura 17-1, a economia começa em equilíbrio no ponto A, em que a curva de demanda agregada de inclinação para baixo, DA_o, cruza a curva vertical da oferta agregada de longo prazo, *OALP*. Como explico no Capítulo 16, os preços na economia são fixados em curto prazo. Por esta razão, a curva de oferta agregada de curto prazo, *OACP*, é horizontal no ponto inicial de nível de preço (P_o), que é determinado pela intersecção de DA_o e *OALP* (como no Capítulo 16 para fins de simplicidade, usamos curvas horizontais de *OACP* neste livro, em vez de curvas inclinadas ascendentes usadas em outros livros. Se estiver acostumado a ver curvas *OACP* inclinadas ascendentes, leia o Capítulo 16).

Quando ocorre o choque de demanda negativo, veja o que acontece:

» A curva de demanda agregada se desloca para a esquerda para DA_1, refletindo a redução dos gastos com bens e serviços.

» Com os preços fixados em P_0 a curto prazo, o equilíbrio da economia se desloca a esquerda do ponto A para o ponto B, e a produção na economia cai de Y^* para Y^{Baixo}.

» Como a produção cai, o desemprego aumenta, porque as empresas não necessitam mais de muitos trabalhadores.

Como você pode ver, o resultado global do choque de demanda é a recessão: um período de declínio da produção e aumento do desemprego. Infelizmente, uma recessão pode levar muito tempo até se resolver. Como explico no Capítulo 16, se o governo não toma providências para acabar com a recessão, a única maneira de a economia voltar ao nível de produção de pleno emprego é uma queda nos preços, de modo que o equilíbrio da economia possa deslizar para DA_1, a curva do ponto B para o ponto C. Esse processo normalmente é muito lento, em razão de preços e especialmente salários rígidos (de mudança lenta), conforme descrito no capítulo anterior. Como consequência, a economia terá uma elevada taxa de desemprego e levará muito tempo para voltar a produzir em Y^*, a menos que o governo interfira. Veja o Capítulo 16 para informações mais detalhadas.

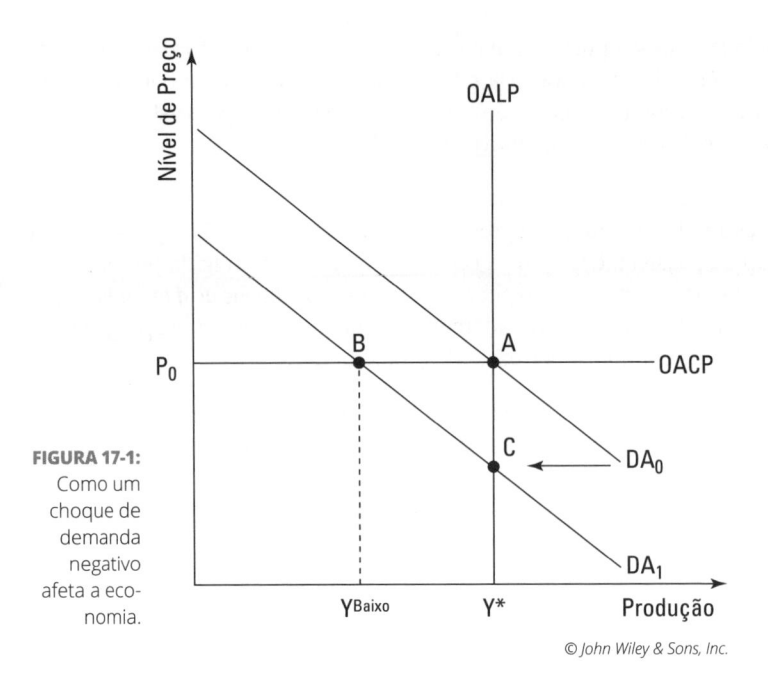

© John Wiley & Sons, Inc.

De volta ao trabalho: Deslocando a curva de DA para a direita

O truque que ambas as políticas, a monetária e a fiscal, realizam é aumentar a demanda agregada, eliminando a necessidade de suportar o lento processo de ajuste que leva a economia do ponto B para o ponto C (veja a Figura 17-1). Eles fazem isso deslocando a curva da demanda agregada para a direita.

Por exemplo, se o governo fosse capaz de mudar a curva de demanda agregada de DA_1 de volta a DA_o, a economia daria um salto para trás para o equilíbrio do ponto A. Isso é muito bom, porque faz com que a economia volte a produzir em Y^*, sem ter que passar pelo lento processo de ajuste que é necessário para conseguir que a economia se mova do ponto B para o ponto C. Em termos humanos, isso significa que o desemprego acabará mais cedo para milhões de trabalhadores, que poderão mais uma vez encontrar emprego e sustentar a si mesmos e suas famílias. Infelizmente, porém, a efetiva implantação do deslocamento da curva de demanda agregada para combater as recessões não é fácil. Vários problemas podem surgir envolvendo tanto a inflação como as expectativas das pessoas sobre como os aumentos na demanda agregada podem afetar os preços.

Gerando Inflação: O Risco do Excesso de Incentivo

A melhor maneira para começar a entender as limitações das políticas econômicas que estimulam a demanda agregada é compreender que, em longo prazo, essas políticas só podem alterar o nível de preços e não o nível de produção. Por quê? Não importa em que ponto a curva de demanda agregada parece estar — não importa quantos itens os consumidores estão dispostos (ou não) a comprar — os preços, no devido tempo, se ajustam até que a economia esteja, mais uma vez, atingindo a produção de pleno emprego (Y^*). A economia simplesmente não deseja perder-se de Y^* indefinidamente.

Explico a tendência da economia ao Y^* no Capítulo 16, e você pode percebê-la na Figura 17-1 também. O choque de demanda negativa desloca a curva de demanda agregada de DA_o para DA_1. Se o governo não usar algum tipo de estímulo, a economia se ajustará lentamente sobre si mesma a partir do ponto A para o ponto B para o ponto C. No ponto C, o nível de preços terá caído e a produção terá retornado para Y^*.

Mas, mesmo se o governo aplicar algum tipo de estímulo para mover a curva de demanda agregada à direita de DA_1, o resultado em longo prazo será sempre que a economia chegará ao equilíbrio no ponto em que a curva de demanda agregada cruza a curva de oferta agregada de longo prazo ($OALP$). E, conforme mostrado no capítulo anterior, a $OALP$ é uma linha vertical, que corresponde ao nível de produção de pleno emprego, Y^*.

Nesta seção, explico por que alterações em salários e preços impedem que o incentivo do governo empurre permanentemente a produção além de Y^*. Em especial, mostro que uma economia que foi temporariamente estimulada a produzir além de Y^* é uma economia em que os trabalhadores trabalham demais e demandam aumentos de salários — os aumentos nos salários que, por sua vez, aumentam os custos de produção diminuem os lucros das empresas e fazem com que as empresas reduzam a produção. Esse processo de realimentação continua até que a produção volte ao nível Y^*.

Tentando aumentar a produção além de Y*

Como a economia sempre retorna à produção de pleno emprego (Y^*), o governo não pode manter a economia produzindo além de Y^* por qualquer período de tempo significativo. Para entender o motivo, suponha que o governo utilize a política monetária e/ou fiscal para deslocar a curva de demanda agregada de DA_o para DA_1, como mostrado na Figura 17-2.

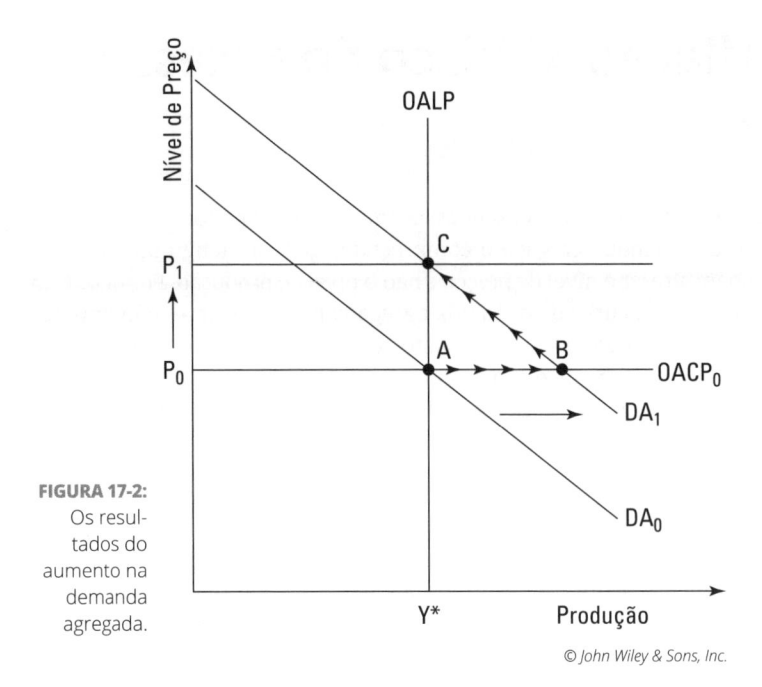

FIGURA 17-2:
Os resultados do aumento na demanda agregada.

© *John Wiley & Sons, Inc.*

Antes do deslocamento, a economia está em equilíbrio no ponto A, no qual a curva de demanda agregada original, DA_o, intercepta a curva de oferta agregada de longo prazo ($OALP$), que é a linha vertical acima de Y^*. Naquele equilíbrio inicial, o nível de preço é P^o, e como os preços são rígidos a curto prazo (veja o Capítulo 16), a curva de oferta agregada de curto prazo, $OACP_o$, e horizontal na linha em P_o.

Quando o governo estimula a economia e desloca a curva de demanda agregada para a direita de DA_o para DA_1, a economia inicialmente se desloca do ponto A para o ponto B. Ou seja, porque os preços são fixados a curto prazo, a economia ajusta-se a um equilíbrio temporário em B (em que DA_1, intercepta $OACP_o$).

O nível de produção da economia no ponto B é maior que o nível de produção de pleno emprego, Y^*. Por essa razão, o ponto B é apenas um equilíbrio temporário. Isso porque a única maneira de a economia produzir mais que Y^* é se ela estiver usando mais força de mão de obra do que é usada em Y^*. Em nosso modelo simples, só há duas maneiras de isso acontecer, ambas aumentam os salários:

» **Empresas convencem seus empregados atuais a fazer hora extra.**
Para fazer com que os trabalhadores atuais trabalhem em horas extras reiteradamente, as empresas precisam pagar altos valores de horas extras.

» **As empresas aumentam o número total de trabalhadores seduzindo pessoas, como os aposentados, que normalmente não seriam contados como força de trabalho, a assumirem novos empregos.** Para seduzir pessoas como os aposentados para se juntarem à força de trabalho, as empresas precisam aumentar os salários (pois, obviamente, essas pessoas não se sentiriam tentadas a trabalhar pelos salários antigos).

As duas maneiras aumentam os custos de produção. E quando estes sobem, as empresas os repassam aos consumidores aumentando os preços cobrados por bens e serviços. É por isso que a economia se move do ponto B para o ponto C na Figura 17-2. Os preços sobem porque os salários aumentam e, portanto, a economia se move acima da curva DA_1 (como indicado pelas setas). Salários, e consequentemente os preços, continuam a subir até que a economia esteja mais uma vez produzindo valor de produção Y^* no ponto C. Nesse ponto, não há necessidade de novos aumentos dos salários: a economia está produzindo em Y^*, e as empresas não precisam aumentar salários para tentar produzir mais do que este nível.

Rastreando o movimento dos salários reais

No movimento de A para B para C na Figura 17-2 causado pelo incentivo do governo, você pode ver que a única consequência, em longo prazo, é um aumento no nível de preços de P_0 para P_1. Após um período de aumento da produção, a economia volta ao nível de produção de pleno emprego, Y^*.

Você pode tirar duas lições cruciais deste exemplo:

» O governo não pode manter indefinidamente a produção acima de Y^*.

» O governo não consegue manter indefinidamente mais pessoas empregadas do que o número de empregados em Y^*.

Essas duas lições são verdadeiras por causa dos *salários reais* — medidos não em termos de dinheiro, mas em termos de quantas coisas os trabalhadores podem comprar com o dinheiro que lhes é pago.

LEMBRE-SE

Salários reais são cruciais para entender como os estímulos governamentais afetam a economia, porque as pessoas não trabalham pelo dinheiro em si — elas trabalham pelas coisas que o dinheiro pode comprar. Esta distinção é importante porque quando a economia reage às mudanças governamentais da curva de demanda agregada de DA_0 para DA_1, os salários reais aumentam apenas temporariamente. Enquanto eles estiverem elevados, os trabalhadores fornecem mais labor. Mas quando eles voltam ao seu nível original, os trabalhadores voltam a oferecer sua quantidade original de trabalho.

Aumentando os salários nominais enquanto os preços estão imobilizados

Para ver a importância do salário real, vamos pensar na situação de um trabalhador que ama bananas, chamado Ralph. Quando a economia está no ponto A

na Figura 17-2, Ralph recebe $10 por hora, e as bananas, seu alimento favorito, custam $1 a dúzia. Isto significa dizer que seu *salário real* — seu salário medido em termos do que é possível comprar com ele — é de 10 dúzias de bananas por hora. Com esse salário real, Ralph está disposto a trabalhar em tempo integral.

Quando o governo estimula a economia e desloca a curva de demanda agregada de DA_0 para DA_1, trabalhadores como Ralph são inicialmente beneficiados, porque o salário real inicialmente aumenta. Isso porque, para produzir mais que Y^*, as empresas têm que aumentar os *salários nominais* (salários medidos em dinheiro), de modo a fazer com que os trabalhadores produzam mais. Porque os preços estão inicialmente rígidos ao nível de P_0, o aumento dos salários nominais significa um aumento nos salários reais.

No caso de Ralph, suponha que o preço das bananas permaneça em $1 a dúzia em razão dos preços fixos, mas o salário nominal de Ralph aumenta para $12 por hora, porque a empresa em que ele trabalha precisa de mais mão de obra. O salário real de Ralph aumentou de 10 dúzias de bananas por hora para 12 dúzias por hora.

Esse aumento no salário real motiva os trabalhadores a oferecer todo o trabalho extra que for necessário para elevar os níveis de produtividade (na Figura 17-2, este evento está acontecendo no ponto B). Como os salários nominais subiram, mas os preços não, o aumento resultante nos salários reais faz com que os trabalhadores ofereçam mais trabalho, o que por sua vez permite as empresas um nível maior de produtividade, maior que Y^*.

De volta a Y^* e aos salários reais originais

Infelizmente, como as empresas começam a repassar os custos do aumento dos salários aumentando os preços, os salários reais começam a cair. Suponha que, em razão do alto custo da mão de obra, o preço das bananas aumente para $1,10 a dúzia. A esse valor, o salário real de Ralph cai de 12 dúzias de bananas por hora para 10,91 dúzias por hora. Para chegar nesse valor, divida o salário por hora de Ralph de $12 pelo preço da dúzia da banana, $1,10.

LEMBRE-SE

Na Figura 17-2, a diminuição nos salários reais acontece à medida que a economia se move ao longo da curva de demanda agregada do ponto B para o ponto C. Como os preços sobem, os salários reais caem. Os preços continuarão a subir até chegarem ao ponto em que o salário real volte para onde estava originalmente, no ponto A, antes do governo estimular a demanda agregada.

No caso de Ralph, os preços das bananas continuarão a subir até custarem $1,20 a dúzia. Agora, seu salário nominal de $12 por hora volta a comprar apenas dez dúzias de bananas por hora; seu salário real voltou para o ponto em que começou.

Esse efeito bumerangue nos salários reais faz total sentido. Como a economia retorna à produção de Y^*, você só precisa motivar os trabalhadores a oferecer mão de obra suficiente para produzir em Y^*, e nada extra. Trabalhadores como Ralph estavam dispostos a oferecer aquela quantidade de mão de obra no ponto A por um salário real de dez dúzias de bananas por hora. Depois que a economia se move para o ponto C, eles novamente estarão dispostos a oferecer uma quantidade maior de mão de obra para o mesmo salário real.

Obviamente, nem todos os trabalhadores são aficionados por bananas como Ralph. Mas esperamos que você tenha entendido a comparação. Salários e preços aumentaram em 20%, portanto, os salários reais permanecem inalterados, e consequentemente a quantidade de trabalho que os empregados oferecem termina inalterada.

Como a quantidade de trabalho reflete os salários reais, as políticas de estímulo do governo que deslocam a demanda agregada de DA_o para DA_1 (como mostra a Figura 17-2), não podem permanentemente aumentar a quantidade de trabalho utilizado pelas empresas. Tampouco essas políticas podem aumentar permanentemente os salários reais dos trabalhadores. Esses efeitos são, na melhor das hipóteses, temporários; eles durarão apenas o tempo necessário para que a economia se ajuste de A para B para C.

Falha no incentivo: O que acontece quando um estímulo é esperado

Infelizmente, ser as pessoas sabem com antecedência que haverá um incentivo, a economia pode se ajustar diretamente do ponto A para o C e eliminar a capacidade de deslocamento da demanda agregada de incentivar a economia mesmo que temporariamente. Nesta seção, mostraremos que os preços podem se ajustar tão rapidamente que os estímulos podem fracassar em aumentar a produtividade, mesmo que temporariamente.

Respeitando a importância da rigidez de preços

Como mostramos na Figura 17-2, qualquer aumento na produção depois do deslocamento da demanda agregada à direita de DA_o para DA_1, depende dos preços serem rígidos em curto prazo. Em outras palavras, a economia se move do ponto A para o ponto B ao longo da curva de oferta agregada de curto prazo, $OACP_o$, somente se o nível de preços estiver fixado em P_o, a curto prazo.

No Capítulo 16, explico que muitas evidências mostram que os preços têm dificuldades de cair durante uma recessão. Em particular, as empresas não gostam de cortar salários e afrontar seus empregados. Eles sabem que se cortarem salários, os trabalhadores ficarão irritados e deixarão de produzir e os resultados do declínio na produtividade farão com que a situação de lucro das empresas fique cada vez pior.

Como resultado, existe uma *rigidez salarial para baixo* — que significa que os salários nominais raramente declinam. A rigidez salarial para baixo leva a uma *rigidez de preço para baixo*, pois as empresas não podem cortar seus preços abaixo do custo de produção se quiserem ao menos empatar e continuar no negócio. Tenha em mente que os custos do trabalho são, para a maioria das empresas, a maior parcela dos custos de produção. Se as empresas não podem cortar os salários, também não podem reduzir os preços de seus produtos.

Percebendo que os preços não são muito rígidos para cima

Na seção anterior falo apenas sobre a rigidez para baixo; nada disse sobre a rigidez de preços e salários em aumentar. Na verdade, parece haver poucas situações na economia que capazes de causar rigidez salarial *para cima* ou rigidez salário *para cima*.

Salários e preços parecem bastante livres para aumentarem se a demanda aumentar em relação à oferta. Os contratos de trabalho e de negócios podem limitar os aumentos de salários e de preços por um tempo, mas, logo que esses contratos terminam, preços e salários estão livres para subir.

Antecipando (e comprometendo) um incentivo

A falta de rigidez de preços para cima sugere duas coisas muito importantes para qualquer governo que esteja tentando estimular a economia produzindo mais que o nível de produção de pleno emprego (Y^*):

>> **Se os preços e salários podem subir rapidamente, a economia produzirá mais que Y^* apenas por um breve período.** Ou seja, ela passará de *A* para *B* para *C* na Figura 17-2 muito rapidamente — tão rapidamente que fará com que o estímulo da produção e do emprego cresça acima de Y^* somente por um breve período.

>> **Se as pessoas puderem ver um estímulo vindo, esse estímulo, que visa aumentar a produtividade além de Y^*, é suscetível a gerar apenas inflação e não aumentar a produção de forma alguma.** Se as pessoas puderem antecipar um aumento na demanda agregada, a economia pode saltar diretamente do ponto *A* para o ponto *C*; assim, o nível de preços subirá sem que haja um aumento temporário de produtividade.

Esse fenômeno é um exemplo de *expectativa racional*, um termo que economistas utilizam para descrever como as pessoas racionalmente alteram seu comportamento em antecipação a eventos futuros. Neste caso, as empresas decidem aumentar os preços racionalmente ao descobrirem que o governo aumentará a demanda agregada de DA_0 para DA_1 no futuro.

De fato, o curso racional das ações de uma empresa é apenas aumentar os preços imediatamente, porque se estes fossem deixados sozinhos em P_0 eles seriam voluntariamente os causadores da diminuição dos lucros, que é o resultado de quando a economia se move do ponto *A* para o ponto *B* (quando os salários nominais aumentam e os preços permanecem constantes). Aumentando os preços imediatamente e deslocando a economia diretamente de *A* para *C*, eles podem evitar completamente esta situação.

LEMBRE-SE

A *expectativa racional* é uma das mais importantes ideias da macroeconomia, porque ela nos diz que há fortes limites na capacidade do governo de controlar a economia. As pessoas não ficam paradas como plantas nos vasos, quando o governo anuncia uma mudança na política, elas mudam seus comportamentos. E, às vezes, como no caso descrito na seção anterior, as mudanças no comportamento das pessoas podem arruinar completamente a habilidade do governo em atingir seus objetivos de estimular a economia.

AJUDANDO O EMPREGO COM UM POUCO DE INFLAÇÃO

Os economistas pensaram muito sobre a melhor maneira de usar uma política monetária. Muitos concluíram que ela deveria ser sempre um pouco superestimulante para que sempre exista uma modesta taxa de inflação de 1 ou 2%. A ideia é que uma inflação moderada ajuda a apaziguar o mercado de trabalho, fornecendo às empresas uma maneira furtiva de aumentar os lucros caso se deparem com uma queda temporária nas vendas.

Salários normalmente têm rigidez para baixo, pois, se as empresas cortarem salários dos trabalhadores, eles podem se irritar e passar a se esforçar menos. O resultado é que quando a demanda pela produção de uma empresa diminui e os custos de trabalho precisam ser cortados para restaurar a lucratividade, administradores normalmente demitem uma parte da força de trabalho e mantêm os trabalhadores remanescentes com seus antigos salários, em vez de manter todos os funcionários no emprego com salários mais baixos.

A pressão para essas demissões é menor na presença de inflação, pois ela eleva os preços de venda da produção. Se os administradores mantiverem os salários nominais fixos enquanto isso está ocorrendo, os lucros aumentam e diminuem a necessidade de demitir pessoal.

Mas os salários reais dos trabalhadores cairão, porque, enquanto o salário nominal (dinheiro) são fixos, o custo de vida continua aumentando por causa da inflação. E como a inflação ajuda as empresas a lucrar, elas têm menos necessidade de demitir trabalhadores. Então, embora os trabalhadores percam com a diminuição dos salários reais, muitos ainda teriam empregos, enquanto de outra forma teriam sido demitidos.

Para entender como esse processo funciona, suponha que o governo anuncie um grande pacote de estímulo que deslocará a demanda agregada de DA_o para DA_1 em poucos meses (veja Figura 17-2). Como os trabalhadores e os empresários podem aprender macroeconomia tão bem quanto os políticos que governam, eles percebem que o único efeito de longo prazo para o estímulo que está por vir será elevar os preços de P_o para P_1.

Além disso, os trabalhadores entendem que seus salários reais continuarão os mesmos a longo prazo, porque ambos, salário nominal e custo de vida (determinado pelo nível de preços), aumentarão em proporções iguais. Como resultado, eles sabem que a longo prazo esse estímulo não os ajudará em nada. Na verdade, sua única esperança de ganho baseia-se inteiramente no curto prazo, quando os salários nominais podem subir e o nível de preços deve permanecer inalterado. Em outras palavras, eles esperam se beneficiar do movimento de A para B na Figura 17-2.

Mas as empresas não são ingênuas. Elas não querem ter seus lucros reduzidos porque os salários estão aumentando enquanto os preços estão fixos. Assim, simplesmente antecipam tudo. Uma vez que os preços, em determinado momento, têm que subir de P_o para P_1 e os salários têm que subir em proporções iguais, as empresas se adiantam aos aumentos de salários, aumentando seus preços tão rápido quanto possível.

Nada impede as empresas de aumentarem seus preços, porque não há nada na economia que cause rigidez de preços para cima. Portanto, se as empresas puderem pressentir um estímulo econômico se aproximando, elas simplesmente aumentarão seus preços o mais rápido possível, de forma a estarem certas de que seus preços e os salários subirão na mesma proporção. Como resultado, os preços saltam de P_o para P_1.

Obviamente, ao mesmo tempo, as empresas aumentam os salários em porcentagens iguais, de modo a manter o salário real inalterado. Elas desejam manter os funcionários motivados a oferecer a força de trabalho necessária para produzir valor de produção Y^*.

Como você pode ver, se um governo tenta estimular a economia para produzir além de Y^*, e se o estímulo for entendido e antecipado por todos na economia, ele pode não funcionar. Os preços e salários podem simplesmente saltar do ponto A para o ponto C, significando que o estímulo falhou em seu objetivo, uma vez que a produção permanece em Y^*, enquanto os preços e os salários aumentam simultaneamente.

Explico a política monetária e fiscal no decorrer deste capítulo em maiores detalhes, mostrando também outros exemplos de expectativas racionais limitando a eficácia da política governamental. Observe que, em todos os casos, as mudanças no comportamento das pessoas reduzem o impacto das iniciativas da política governamental.

Descobrindo a Política Fiscal

A *política fiscal* se preocupa em como os governos cobram e gastam os impostos. Ela se sobrepõe à macroeconomia, porque os governos modernos têm muitas oportunidades de aumentar a demanda agregada ao fazer alterações na política fiscal. Essas alterações estão contidas em duas categorias:

» **Indireto:** Aumentar a demanda agregada indiretamente pela diminuição de impostos, para que os consumidores tenham maior rendimento dos impostos e, consequentemente, gastem mais comprando bens e serviços.

» **Direto:** Aumentar a demanda agregada diretamente pela compra de bens e serviços.

A primeira categoria envolve a diminuição das receitas governamentais e a segunda, o aumento dos gastos do governo. Como o deficit orçamentário do governo é definido como a receita de impostos menos as despesas, ambos os tipos de política fiscal são suscetíveis ao aumento dos deficits orçamentários. Esse fato é importante, porque grandes e contínuos deficits orçamentários do governo podem levar a muitos problemas econômicos, inclusive a inflação. Como resultado, o temor de grandes deficits orçamentários restringe a amplitude das iniciativas de política fiscal.

DICA

Ao ler sobre política fiscal nas seções seguintes, tenha em mente esse receio de grandes deficits orçamentários, justamente porque ele limita o tamanho do deslocamento da demanda agregada que o governo pode realizar. Por exemplo, se olhar novamente para a Figura 17-1, o governo pode querer usar a política fiscal para deslocar a demanda agregada da direita de DA_o a DA_1, mas isso implicaria em um deficit orçamentário demasiadamente grande e o governo teria que estabelecer um deslocamento menor, que movesse a economia apenas em parte no caminho de volta à produção de pleno emprego (Y^*).

Aumentando os gastos públicos para ajudar a pôr fim às recessões

Se uma economia começa a ter problemas, uma das primeiras opções dos políticos é o aumento dos gastos públicos. A ideia é que, se as pessoas estão desempregadas e mercadorias não são vendidas e acabam nas prateleiras, o governo pode vir com um monte de dinheiro e comprar todos os produtos não vendidos. O resultado dessa ação é que o governo gera tanta demanda que as empresas começam a contratar os desempregados para aumentar sua produção e atender à toda a nova demanda.

A esperança é que este estímulo dê a partida para novas demandas. Quando as pessoas que estavam desempregadas começam a receber seus contracheques novamente, gastam mais dinheiro, o que significa que a demanda cresce. Quando isso acontece, a economia recuperada deve ser autossustentável, de forma que o governo não precise continuar a gastar tanto dinheiro.

Pagando pelo aumento dos gastos públicos

Os políticos naturalmente gostam de sugerir o aumento nos gastos do governo, porque tais aumentos fazem com que eles pareçam bons, especialmente se conseguirem obter algum desses novos gastos revertidos para o seu eleitorado. Contudo, nada na vida é de graça.

LEMBRE-SE

O governo só pode pagar pelo aumento dos gastos públicos de três formas:

» **Imprimindo mais dinheiro.** Imprimir grandes quantidades de dinheiro para pagar o aumento dos gastos leva a grandes saltos de inflação, que traz com ela caos e recessão (veja o Capítulo 15). Consequentemente, os governos hoje em dia raramente recorrem à impressão de dinheiro para pagar pelo aumento nas comprar de bens e serviços.

» **Aumentando os impostos.** Aumentar impostos também é problemático, porque se você estiver tentando sair de uma recessão, deseja que os consumidores gastem tanto quanto possível em bens e serviços. Se aumentar os impostos, os consumidores reduzirão suas despesas. Você pode compensar, em parte, a diminuição de gastos privados imediatamente, mudando de direção e gastando toda a receita de impostos, mas claramente essa abordagem não estimula a demanda agregada de longo prazo. O governo também pode deixar que seus cidadãos gastem seu dinheiro em primeiro.

» **Tomando mais dinheiro emprestado.** Para combater a recessão o governo precisa descobrir uma maneira de aumentar as suas próprias despesas sem diminuir as despesas privadas. A solução é tomar dinheiro emprestado.

Emprestando e gastando: A solução mais comum

Ao tomar dinheiro emprestado durante uma recessão e gastá-lo, o governo pode aumentar suas compras de bens e serviços sem diminuir as compras do setor privado. De quem o governo toma emprestado? De você e de outros como você.

Em algum momento na vida, as pessoas querem poupar certa parte de suas receitas. Elas podem usar essas poupanças para comprar muitos tipos diferentes de ativos, inclusive ações e títulos emitidos por corporações, imóveis, fundos mútuos e anuidades. Mas também podem usar suas economias para comprar títulos do governo, que são, na essência, empréstimos para o governo.

LEMBRE-SE

Ao oferecer mais títulos para venda, o governo pode redirecionar algumas das poupanças que as pessoas estão fazendo para compras de outros ativos e para compras de títulos da dívida do governo. Ao vender títulos da dívida, o governo pode obter o controle de muito dinheiro para gastar em bens e serviços, transformando o que seria um investimento privado em ativos na despesa pública de bens e serviços.

Lidando com deficits

Aumentar as despesas do governo e financiá-las através de empréstimos é claramente uma boa forma de aumentar a demanda geral por bens e serviços, mas ela tem o desagradável potencial de um efeito colateral, a criação de um *deficit orçamentário*, que é o montante em dinheiro em que as receitas fiscais excedem as despesas públicas durante o ano em curso. Qualquer deficit orçamentário atual é adicionado à *dívida nacional*, o total acumulado de todo o dinheiro que o governo deve aos credores.

O problema com o deficit orçamentário e a dívida nacional é que eles devem ser pagos algum dia. Considere um título de dez anos que paga uma taxa de 6% de retorno. Quando você compra o título do governo, paga $1.000. Em contrapartida, o governo promete fazer duas coisas:

» Devolver a você $1.000 em dez anos.

» Dar a você $60 ao ano (6% de retorno) até lhe devolver o valor de seu investimento.

Assim, o governo obtém $1.000 agora para gastar em bens e serviços para impulsionar a economia, mas tem que descobrir onde obter $60 ao ano para pagar os juros de seu empréstimo e também onde obter $1.000 em dez anos, quando o título vencer.

Nesta seção, explico como a receita tributária e a possibilidade de imprimir dinheiro garante que ele seja sempre capaz de pagar seus títulos.

Contando com as futuras receitas tributárias

Obviamente, a única razão pela qual as pessoas estão dispostas a emprestar dinheiro ao governo ao comprar títulos é que elas acreditam que ele acabará por pagá-las de volta. Elas têm confiança no fato por que o governo tem direito exclusivo de tributar coisas. Basicamente, todos os empréstimos são garantidos pelas futuras receitas tributárias do governo.

Mas a relação entre impostos e pagamento de títulos não é direta. Em outras palavras, só porque o governo tem muitos títulos a vencer, isso não significa necessariamente ter que aumentar impostos de repente para conseguir mais dinheiro para pagá-los. Normalmente os governos refinanciam os títulos que estão vencendo, emitindo novos títulos para obter dinheiro suficiente para pagar os títulos antigos. Este processo é referido como *rolagem da dívida* e é praticado rotineiramente pelos governos em todos os lugares.

Mas não pense que este processo é apenas um truque para adiar indefinidamente o pagamento da dívida. Há uma razão para que os investidores desejem participar de uma rolagem de dívida: porque eles confiam que o governo sempre pode usar seu poder de tributação para pagar seus débitos. A confiança dos investidores permite que os governos mantenham os empréstimos, quer para financiar novos empréstimos ou para rolar as dívidas mais antigas.

Pagando dívidas com a impressão de dinheiro: Uma escolha devastadora

Às vezes, a confiança dos investidores no governo acaba por ter sido inapropriada. Os governos têm outra (e diabólica!) maneira de saldar suas obrigações, além de utilizar as receitas tributárias: eles podem imprimir muito dinheiro.

Um título de $1.000 obriga o governo a pagar de volta a você o valor de $1.000 em dinheiro. O título não diz de onde vem o dinheiro. Portanto, o governo é livre para imprimir o valor de $1.000 em cédulas novas e entregá-las a você. Essa solução parece boa em princípio, mas quando você e todos os outros portadores de títulos do governo estiverem de posse do dinheiro recém-impresso e começarem a gastá-lo farão os preços subirem e causarão inflação.

Conforme mostro no Capítulo 5, grandes inflações destroem a atividade econômica. Durante uma grande inflação, os preços perdem muito de seu valor e as pessoas se tornam muito mais desconfiadas e relutantes em participar de contratos de longo prazo ou fazerem investimentos, porque não sabem qual será o valor do dinheiro no futuro.

LEMBRE-SE

Conhecendo os horrores potenciais da inflação, as pessoas tendem a se preocupar sempre que veem um governo com grandes deficits orçamentários ou acumulando uma grande dívida. Elas temem que o governo possa colocar-se em uma posição em que não possa aumentar impostos para pagar suas obrigações (ou que não queira contrariar seu eleitorado ao fazer isso). Os investidores temem que, se esta situação ocorrer, o governo poderá recorrer à impressão de dinheiro para pagar suas dívidas. E, fazendo isso, arruinar a economia.

Imprimir dinheiro para pagar débitos do governo também abalaria outros portadores de títulos, porque a maioria deles teria seu dinheiro após os preços subirem, o que significa que o dinheiro deles não compraria muitas coisas. Consequentemente, quando as pessoas realmente começam a se preocupar que seu governo possa imprimir dinheiro para pagar seus débitos, fica cada vez mais difícil conseguir investidores dispostos a comprar títulos do governo. Em tal situação, a única maneira de o governo conseguir que alguém compre seus títulos é oferecer uma taxa de juros cada vez maior para compensar os temores de que o dinheiro que eventualmente as pessoas receberão não terá mais o mesmo valor de compra. Essas altas taxas de juros então, fazem com que o governo fique em uma situação ainda mais desesperadora, porque qualquer um que tiver seu título rolado terá que fazê-lo com base nessas altas taxas de juros.

Além disso, uma vez que a inflação afeta todos os títulos e não apenas os emitidos pelo governo, as taxas de juros em toda a economia aumentam se as pessoas recearem que uma inflação esteja se aproximando. Essa situação pode ter, de imediato, más consequências econômicas, porque altas taxas de juros desestimulam os consumidores de tomarem dinheiro emprestado para comprar coisas, como carros ou casas, e também desencorajam as empresas de fazer empréstimos para comprar novas fábricas e equipamentos. Consequentemente, a simples expectativa de que um governo possa imprimir dinheiro, em algum momento futuro, para saldar suas obrigações, pode causar danos imediatos a economia. Esse é outro exemplo da expectativa racional em ação; veja a seção "Antecipando (e comprometendo) um incentivo", no início deste capítulo, para mais detalhes.

A maioria dos governos tenta manter o seu nível de divida e seus deficits sob controle, para garantir que ninguém se preocupe seriamente que ele esteja tentado a imprimir mais dinheiro para saldar suas obrigações.

Dissecando a Política Monetária

A *política monetária* é a manipulação da oferta de dinheiro e taxas de juros, de modo a estimular e estabilizar a economia. Nas economias modernas, a política monetária tem sido considerada o mecanismo mais poderoso que os governos têm para lutar contra a recessão e reduzir o desemprego — ainda mais poderosa do que a política fiscal.

Governos colocam a política monetária em prática primeiro alterando a oferta de dinheiro, com a finalidade de manipular as taxas de juros. As taxas de juros afetam todas as coisas, desde a procura dos consumidores por imóveis financiados até a demanda por bens de investimentos por parte das empresas; elas têm um enorme efeito estimulante ou deprimente sobre toda a atividade econômica.

Para lhe dar uma visão completa de como funciona a política monetária, vou rever o que é o dinheiro. Em seguida, mostro que é realmente possível que uma economia tenha dinheiro em excesso, e como este fato está relacionado com a taxa de juros e inflação. Isto, por sua vez, dá a visão necessária para compreender como o governo pode afetar as taxas de juros, alterando a quantidade de dinheiro que está flutuando na economia.

Identificando os benefícios da moeda fiduciária em relação ao padrão-ouro

O dinheiro é um *ativo*, o que significa que ele detém seu valor ao longo do tempo. Outros ativos incluem imóveis, metais preciosos, como ouro, e os ativos financeiros como ações e títulos. Mas o dinheiro é único pois é o único ativo universalmente aceitável como moeda de pagamento de bens e serviços.

O dinheiro torna a economia muito mais eficiente porque elimina a necessidade de escambo. Mas a necessidade de se verificar a autenticidade do dinheiro (para que as pessoas se disponham à aceitá-lo) significa que a responsabilidade pela produção do dinheiro e pelo combate à falsificação recai sobre o governo. Isso, por sua vez, acarreta alguns potenciais problemas, porque os governos sempre enfrentam a tentação de imprimir mais dinheiro para pagar dívidas antigas ou comprar muitos bens e serviços recém-produzidos.

Historicamente, uma maneira de limitar a capacidade do governo de imprimir dinheiro para pagar suas contas era colocar um *lastro baseado em algum metal precioso*. Sob tal sistema, os governos não podiam imprimir mais cédulas sem que pudessem garanti-las com algum metal precioso, como o ouro. Por exemplo, os Estados Unidos costumavam ter um padrão-ouro para o qual 35 dólares em dinheiro circulante poderiam ser trocados por uma onça (28,349 gramas) em ouro. Você poderia, literalmente, levar 35 dólares ao Tesouro dos Estados Unidos e trocá-los por cerca de 28,349 gramas de ouro.

O que isso significa para a política monetária é que o governo não poderia, arbitrariamente, aumentar a oferta de papel-moeda, porque para cada 35 dólares em novas cédulas o governo precisaria comprar 28,349 gramas de ouro, que serviriam como garantia daquele valor. O alto custo da compra de ouro limitava a oferta de dinheiro. Esse sistema é ótimo para evitar grandes inflações, porque a única maneira de haver uma grande inflação é se o governo imprimir uma quantidade absurda de dinheiro novo. Quando esse novo dinheiro entra em circulação, faz com que os preços aumentem.

CUIDADO

Evitar inflação é uma coisa boa, mas usar um padrão metálico acaba gerando grandes inconvenientes. Isso porque utilizar o padrão metálico faz com que o fornecimento de dinheiro seja fixo ao longo do tempo, o que significa que, mesmo se a economia precisar de um pouco mais ou um pouco menos de dinheiro para melhorar seu funcionamento, o governo não pode fazer nada, porque a oferta de dinheiro é atrelada à quantidade de ouro que há nos cofres.

Em particular, o padrão metálico significa que você não pode usar a política monetária para estimular sua economia se ela estiver em recessão. Uma das razões por que a Grande Depressão foi tão devastadora em muitos lugares do mundo é que quase todos os países utilizavam o padrão-ouro quando a calamidade começou. Isso significava que os governos eram incapazes de aumentar suas ofertas de dinheiro para ajudar suas economias. Esse fato também explica por que os países que rapidamente abandonaram o padrão-ouro terem enfrentado menores e menos violentas recessões: eles estavam livres para imprimir dinheiro novo para estimular suas economias. Por outro lado, países como os Estados Unidos e a Inglaterra, que teimosamente se mantiveram presos ao padrão-ouro, tiveram recessões dolorosas e prolongadas.

Principalmente por causa dessa experiência e pelo desejo de usar a política monetária se necessário, todos os países no mundo abandonaram o padrão-ouro e a adotaram a *moeda fiduciária*. Em um sistema de moeda fiduciária, o governo simplesmente imprime quantas cédulas desejar, declara que essas cédulas são dinheiro e as coloca na economia. A grande vantagem deste sistema é que o governo pode aumentar ou diminuir arbitrariamente a oferta de moeda da forma que melhor ajude a regular a economia.

Uso a letra M para me referir à demanda total de moeda circulando pela economia. Por exemplo, "$M = \$1,3$ trilhão" significa que a soma dos valores nominais de todas as cédulas e moedas na economia é \$1,3 trilhões.

Percebendo que é possível ter dinheiro demais!

A política monetária funciona manipulando a oferta de dinheiro de forma a alterar o preço do empréstimo, que é a taxa de juros. A chave para manter a política monetária funcionando é o fato de que a demanda por dinheiro depende da taxa de juros.

Imagine que você tenha \$1 milhão e possa fazer o que quiser com esse dinheiro. Suponha que seja econômico e decida poupar até o último centavo, por pelo menos um ano, porque imagina que assim terá tempo para avaliar qual a melhor maneira para investir o dinheiro. Minha pergunta é: Você deveria manter toda sua nova fortuna em espécie? A resposta correta é: "Não!"

Manter sua riqueza em dinheiro é, para ser franco, realmente uma estupidez, porque dinheiro em espécie não rende juros. Mesmo se você colocar o dinheiro em uma conta corrente, poderá obter, ao menos, um minúsculo rendimento de juros. Mesmo 1% de juros sobre 1 milhão de reais é 10 mil. Por que você desprezaria isso? Ainda melhor, se usar o dinheiro para comprar títulos do governo, pode obter 5 ou 6% por cento. Isto representa 50 ou 60 mil a mais do que você obteria se mantivesse sua fortuna sob a forma de numerário.

Obviamente, quanto maior taxa de juros que puder obter em outros ativos, mais incentivo você tem para converter seu numerário em outros ativos. De fato, a única coisa que impede as pessoas de converter toda sua riqueza em outros ativos e nunca mais reter dinheiro em espécie é o fato de que o dinheiro permite a elas comprarem coisas. Além dessa função, o dinheiro não é melhor do que qualquer outro ativo, na verdade, é pior em termos de taxa de retorno, pois a taxa de retorno sobre o numerário é sempre zero.

Na Figura 17-3, criamos um gráfico que demonstra quanto dinheiro as pessoas necessitam guardar para uma determinada taxa de juros. Denotamos a demanda de dinheiro como M^D. A taxa de juros nominal, j, está no eixo vertical. Para uma explicação sobre taxa de juros nominal veja o Capítulo 5. O eixo horizontal é medido em reais (\$).

Como você pode ver a partir da inclinação descendente da curva de demanda, quanto maior a taxa de juros, menos dinheiro as pessoas desejam guardar. Este gráfico representa simplesmente a ideia de que o dinheiro, com sua taxa de juros zero, é um péssimo lugar para você estacionar sua fortuna se você pode obter um retorno mais elevado em ativos alternativos. Em outras palavras, quanto maior a taxa de juros sobre outros ativos, mais você desejará economizar toda sua reserva em moeda.

A Figura 17-3 também contém uma curva de oferta monetária vertical, em que M^o sustenta a oferta de dinheiro. Essa curva é vertical porque o governo pode decidir quanto dinheiro é necessário imprimir e circular sem considerar a taxa de juros.

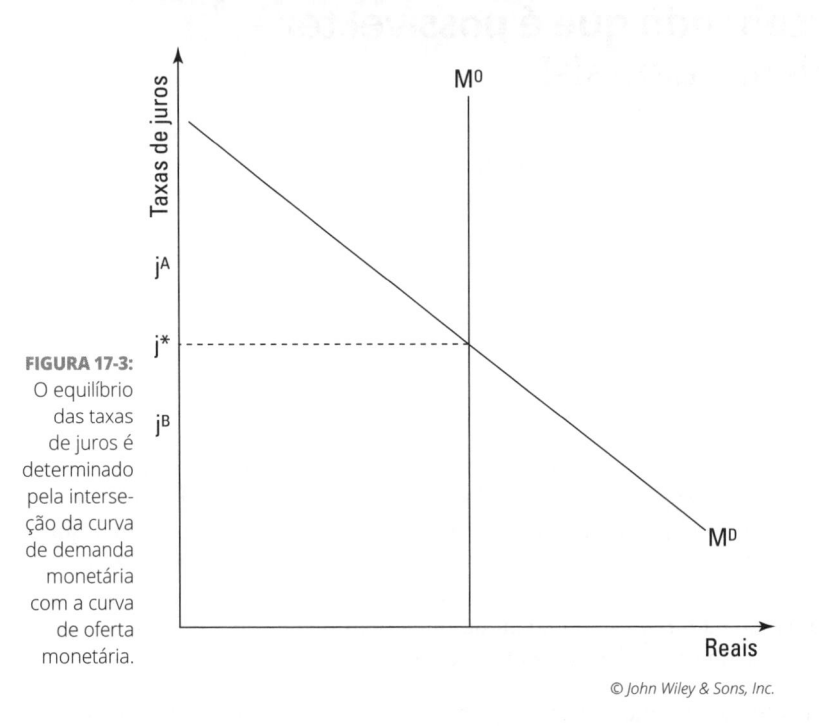

FIGURA 17-3: O equilíbrio das taxas de juros é determinado pela interseção da curva de demanda monetária com a curva de oferta monetária.

As curvas M^D e M^o cruzam a taxa de juros j^*. Essa taxa de juros é a taxa de juros do *equilíbrio*, pois é a única em que o número total de reais que as pessoas desejam manter é igual ao número total em reais que o governo tem circulando. Mais importante, j^* é um *equilíbrio estável*, o que significa que, se as taxas de juros se desviarem dele, elas serão forçadas a voltar para j^* pelas forças de mercado.

Aprendendo o básico sobre títulos

A melhor maneira de ver por que a taxa de juros de equilíbrio constitui um equilíbrio estável (veja a seção anterior) é entender como as taxas de juros são determinadas no mercado de títulos. Preste muita atenção, porque o mercado de títulos é o local onde as taxas de juros, para toda a economia, são determinadas. Os mercados de títulos têm um efeito enorme sobre tudo o que acontece na economia.

Um *título* é um ativo financeiro para o qual você paga uma determinada quantia em dinheiro agora em troca de uma série de pagamentos no futuro. Existem dois tipos de pagamentos: pagamentos de valor nominal e pagamentos de cupom:

>> **Pagamento de valor nominal:** É o valor impresso no certificado do título e é feito na data de vencimento do título.

>> **Pagamentos de cupom:** Esses pagamentos são feitos normalmente duas vezes por ano até que o vínculo expire. Eles são chamados pagamentos de cupom porque antes da manutenção dos registros de controle computadorizados você literalmente teria que retirar um cupom da parte inferior de seu certificado de títulos e enviá-lo para receber seu pagamento.

Normalmente os títulos expiravam após 1, 5, 10 ou 20 anos.

Os títulos não garantem qualquer tipo de taxa de retorno. Eles prometem apenas efetuar os pagamentos dos cupons e dos valores nominais dentro dos prazos. A taxa de retorno depende de quanto você paga pelo direito de receber aqueles pagamentos.

Se acha que estamos falando besteiras, analise conosco. Imagine um tipo bastante simples chamado título *zero coupon* [título de cupom zero] (porque não há qualquer cupom de pagamento). O único pagamento que esse título fará é o de valor nominal que vem quando o título expira. E para tornar as coisas muito simples, suponha que este título pagará ao portador $100, exatamente daqui a um ano.

Se você for portador de títulos, o que precisa entender é que a taxa de retorno do título será paga dependendo de quanto você paga por ele exatamente agora. Suponha que seja ingênuo o suficiente para pagar $100 pelo título agora. Sua taxa de retorno será de 0%, porque você pagou $100 por algo que lhe dará $100 em um ano.

Por outro lado, suponha que você pague apenas $90 pelo título agora. Sua taxa de retorno será de aproximadamente 11% porque ($100 − $90)/$90 = 0,111 ou 11,1%. Se pudesse comprar o título por $50, sua taxa de retorno seria de 100%, porque você dobraria seu dinheiro no período de um ano.

A taxa de retorno de um título *varia inversamente* ao valor pago por ele. Como a quantidade de dinheiro que receberá no futuro será sempre fixa, quanto mais você pagar por ele exatamente agora, menor será sua taxa de retorno. Preços de títulos mais elevados implicam em menores taxas de retorno.

Observando a relação entre preços dos títulos e taxas de juros

O fato de os preços dos títulos variarem inversamente às taxas de juros é a chave para compreender por que j^* é um equilíbrio estável na Figura 17-3. Primeiro, imagine taxas de juros maiores do que j^*, como j^A. Quando as taxas de juros estão maiores que j^*, a quantidade de dinheiro oferecida excede a quantidade de demanda. Isto significa que as pessoas têm mais desse ativo chamado *dinheiro* do que gostariam de reter. Então, elas tentam redistribuir a sua carteira de ativos, utilizando o excesso de dinheiro para comprar outros bens.

Outro tipo de ativos são os títulos. Mas com todo esse novo dinheiro sendo jogado na oferta limitada de títulos, o preço deles aumenta. Agora, seja cuidadoso. O que acontece com as taxas de juros quando os preços dos títulos aumentam? Elas *caem*. Isso porque, se você começa com uma taxa de juros que é maior que j^*, as taxas de juros voltarão a cair para j^*. Dinheiro em excesso fará com que os preços dos títulos aumentem, o que baixa as taxas de juros.

Por outro lado, para as taxas de juros como j^B, que são mais baixas que j^*, a quantia de dinheiro demandada excede a quantia de dinheiro oferecida. Como as pessoas querem mais dinheiro do que têm, elas tentam obtê-lo mediante a venda de ativos como títulos, para converter tais ativos no dinheiro que querem.

Imagine que todas as pessoas tentem vender seus títulos para chegar a essa meta. Com todas as vendas, os preços dos títulos caem, significando que as taxas de juros *subirão*. De fato, o preço dos títulos continuará a cair e as taxas de juros continuarão a subir até que voltem para j^*, porque esta é a única taxa de juros na qual as pessoas estão satisfeitas com a quantidade de dinheiro que recebem, M^O, que o governo decidiu colocar em circulação.

Movimentos que retornam o equilíbrio para a taxa de juros j^A são muito rápidos. Qualquer excesso na demanda ou na oferta de dinheiro nunca dura muito tempo, porque os rápidos ajustes nos preços dos títulos movem a taxa de juros para o seu equilíbrio.

Uma importante consequência do fato de as taxas de juros se ajustarem tão rapidamente é que o governo pode imprimir a quantidade de dinheiro que quiser, sabendo que a taxa de juros se ajustará para que as pessoas queiram reter exatamente aquele valor. Isso lhe dá uma ferramenta útil para administrar a economia, pois ele pode pensar um passo à frente e criar a taxa de juros que quiser imprimindo a quantidade adequada de dinheiro.

Alterando a oferta de dinheiro para modificar as taxas de juros

A política monetária funciona porque os governos sabem que a taxa de juros se ajusta, de modo a conseguir que as pessoas retenham a quantidade de dinheiro que o governo decide imprimir. A taxa de juros é, de certo modo, o preço do dinheiro, e ela reage de maneira semelhante à dos outros preços. Ou seja, se a oferta de moeda aumenta repentinamente, o preço do dinheiro cai e vice-versa.

Você pode ver esse fato transformado em gráfico na Figura 17-4, no qual o governo aumenta a oferta de dinheiro de M^0_0 para M^0_1. Essa ação desloca a linha vertical de oferta de moeda para a direita e baixa o equilíbrio nominal da taxa de juros de j^*_0 para j^*_1.

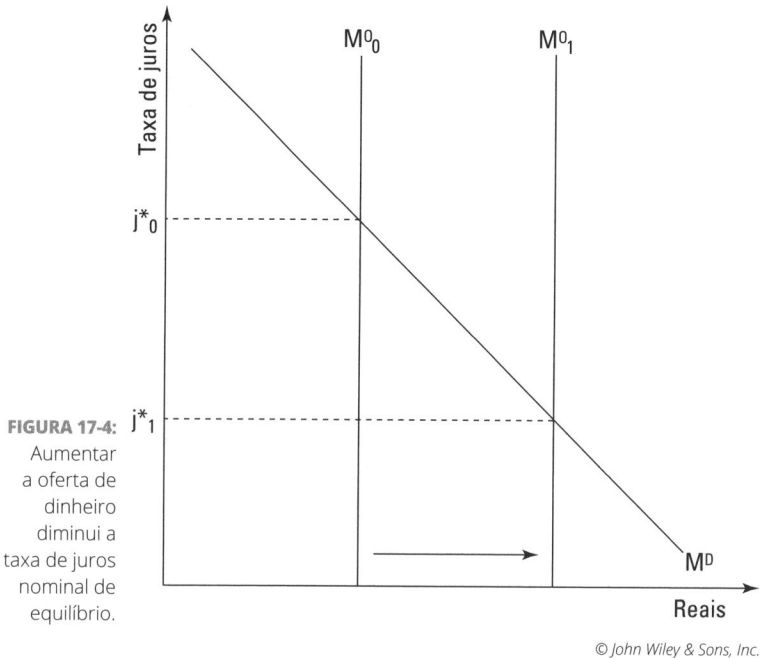

FIGURA 17-4: Aumentar a oferta de dinheiro diminui a taxa de juros nominal de equilíbrio.

© *John Wiley & Sons, Inc.*

No Brasil, alterações na oferta de dinheiro são controladas pelo Banco Central, que é o único detentor do direito de imprimir moeda; isso que significa que a M_0 pode ser do tamanho que ele quiser, imprimindo mais dinheiro e colocando-o em circulação. Nos Estados Unidos, essa função é do *Fed* ou *Federal Reserve Bank*. Entretanto, os bancos centrais podem utilizar um método mais sútil para alterar a oferta de dinheiro, um método que economistas chamam de *operações de mercado aberto*.

Operações de mercado aberto se referem à compra e venda de títulos do governo. Isto é, as operações de mercado aberto são transações realizadas em mercado público

LEMBRE-SE

aberto de títulos. Essas operações podem ser realizadas pelo Banco Central ou por bancos comerciais, e dependendo da operação efetuada, compra ou venda de título, a oferta de dinheiro em circulação na economia aumenta ou diminui:

» **Se o Banco Central quiser aumentar a oferta do dinheiro, compra títulos.** Para comprar títulos, o Banco Central precisa pagar em espécie, o que fará com que esse dinheiro circule na economia.

» **Se o Banco Central quiser diminuir a oferta de dinheiro, vende títulos.** As pessoas que compram os títulos devem pagá-los em espécie; esse dinheiro é guardado pelo Banco Central e tirado de circulação.

Comprando e vendendo títulos dessa maneira, a quantidade de dinheiro em circulação (M^0) pode ser controlada com precisão, o que significa que o governo pode, por sua vez, manter um controle rigoroso sobre as taxas de juros.

Reduzindo as taxas de juros para estimular a economia

A ideia básica por trás da política monetária é que baixas taxas de juros causam tanto maior consumo quanto maior investimento, deslocando assim a curva de demanda agregada para a direita. Da seguinte maneira:

» **Gastos com consumo:** Taxas de juros mais baixas estimulam os gastos dos consumidores, tornando mais atraente contrair empréstimos para comprar coisas como automóveis e casas.

» **Gastos com investimento:** Taxas de juros mais baixas estimulam as empresas a investirem, porque com as taxas baixas um grande número de projetos de investimento potencial torna-se lucrativo. Ou seja, se as taxas de juros são de 10%, as empresas só estarão dispostas a emprestar dinheiro para investir em projetos com taxas de retorno superiores a 10%. Mas, se todas as taxas de juros caírem para 5%, todos os projetos com taxas de retorno superiores a 5% se tornam viáveis. Portanto, as empresas fazem mais empréstimos e começam mais projetos. Para saber mais sobre como as taxas de juros afetam os investimentos, veja o Capítulo 14.

Ao tentar lembrar como a política monetária funciona, lembre-se de que ela é um simples processo com três etapas. Quando o Banco Central quer ajudar a aumentar a produção, ele inicia a seguinte cadeia de eventos:

1. **Compra títulos do governo, de forma a aumentar a oferta de dinheiro.**

2. **O aumento da oferta de dinheiro provoca a queda das taxas de juros, porque os preços dos títulos também aumentam.**

3. **Os consumidores e as empresas respondem à redução das taxas de juros, tomando mais empréstimos e usando o dinheiro para comprar mais mercadorias.**

A parte mais difícil é lembrar que os altos preços dos títulos significam redução de taxas de juros, pois parece contraditório. Mas, se você tiver dificuldades para lembrar-se disso, não fique envergonhado. Muitos economistas também se enrolam neste detalhe.

Entendendo como as expectativas racionais podem limitar a política monetária

A capacidade do governo de utilizar aumentos na oferta de dinheiro para estimular a economia é limitada por expectativas racionais e pelos temores que as pessoas têm da inflação. Especificamente, os investidores entendem que os aumentos na oferta de dinheiro podem causar inflação (como discuto no Capítulo 15). Essa compreensão significa que sempre que um Banco Central aumentar a oferta de dinheiro, a fim de baixar as taxas de juros nominais, ele precisa fazê-lo com alguma moderação, de modo a evitar causar temores inflacionários que podem deslocar o efeito de estímulo do aumento do suprimento de dinheiro.

Os resultados dos aumentos na oferta de dinheiro em gráfico

Observe a Figura 17-5, que mostra uma economia em recessão no ponto A, em que a curva de demanda agregada DA_0 intercepta a curva de oferta agregada de curto prazo $OACP_0$, que é fixada ao nível de preço de P_0. O Banco, então, aumenta a oferta de dinheiro para baixar a taxa de juros e estimular a economia, o que causa o deslocamento da curva de demanda agregada para a direita para DA_1.

Neste ponto, duas coisas podem acontecer, dependendo das expectativas inflacionárias das pessoas:

» Se as pessoas acreditarem que o nível de preços permanecerá fixo em P_0, o deslocamento à direita na demanda agregada moverá o equilíbrio da economia para a direita ao longo da curva $OACP_0$ do ponto A para o ponto B.

» Se as pessoas acreditarem que o nível de preço saltará em resposta ao aumento na oferta de dinheiro, a curva de oferta agregada de curto prazo se deslocará verticalmente para cima até o montante em que se espera que o nível de preços aumente. Portanto, o equilíbrio da economia se moverá de A para C, ponto no qual DA_1 intercepta a nova curva de oferta agregada de curto prazo, $OACP_1$.

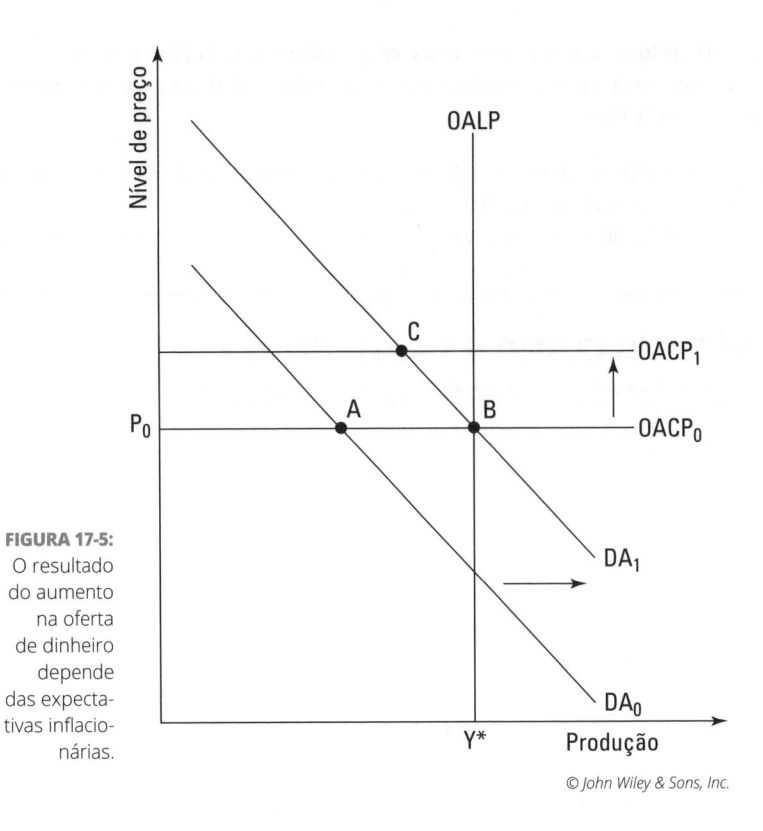

FIGURA 17-5: O resultado do aumento na oferta de dinheiro depende das expectativas inflacionárias.

© John Wiley & Sons, Inc.

Como a produção aumenta menos quando a economia se move de *A* para *C* do que quando se move de *A* para *B*, o Banco Central obviamente precisa ser muito cuidadoso sobre as expectativas inflacionárias ao tentar estimular a economia pelo aumento da oferta de dinheiro. Se as pessoas esperarem que ocorram inflações, suas ações podem compensar alguns dos estímulos esperados pelo aumento na oferta de dinheiro.

Entendendo como as expectativas inflacionárias afetam as taxas de juros

LEMBRE-SE

O problema subjacente da política monetária é que o Banco Central tem apenas controle parcial sobre as taxas de juros. Ele controla a oferta de dinheiro, mas não sua demanda. Isso é um problema, porque se as pessoas imaginam que um aumento na oferta de dinheiro poderá causar inflação, aumentam sua demanda por dinheiro, pois esperam precisar de mais dinheiro em espécie para pagar os altos preços das mercadorias.

Assim, embora o aumento na oferta de dinheiro tenda a reduzir as taxas de juros, como mostrado na Figura 17-4, o aumento na demanda de dinheiro causado pelo temor de uma inflação tende a aumentar as taxas de juros. Como taxas de juros elevadas tendem a diminuir os investimentos, qualquer aumento nas taxas causado por temores inflacionários funciona contra o estímulo que o Banco Central está tentando aplicar na economia pelo aumento da oferta de dinheiro.

Essa diminuição da eficácia do estímulo monetário é o motivo pelo qual o grande deslocamento na demanda agregada na Figura 17-5 não traz toda a economia de volta à produção de Y^*. Com as pessoas esperando inflação, parte do estímulo termina causando inflação em vez de estimular a economia a produzir mais.

Mantendo as expectativas inflacionárias baixas para ajudar a política monetária a funcionar bem

Desde 1970, a maioria dos países tem bastante cautela ao utilizar a política monetária. Durante os anos de 1970, os países aprenderam a lição da seção anterior — que se as pessoas acreditarem que um aumento na oferta de dinheiro causará inflação, um aumento na oferta de dinheiro pode mesmo acabar causando inflação, em vez de estimular a economia.

Um caso extremo dessa situação pode ser visto na Figura 17-6, na qual a produção permaneceu inalterada ao nível de recessão Y^{Baixo}, a despeito de um aumento na oferta de dinheiro, que fez com que a demanda agregada se deslocasse à direita de DA_o para DA_1. O problema é que a alta expectativa inflacionária faz com que a curva de oferta agregada de curto prazo se deslocasse verticalmente para cima de $OACP_o$ para $OACP_1$, anulando totalmente o aumento da demanda agregada. O equilíbrio de curto prazo muda de A para B, mas o único efeito é uma alta nos níveis dos preços com nenhum aumento na produção. Economistas chamam a situação mostrada na Figura 17-6 de *estagflação,* em que a economia tem um nível de produção estagnado combinado com inflação.

LEMBRE-SE

A experiência da estagflação durante a década de 1970 ensinou aos bancos centrais de todos os países que a política monetária funciona melhor se as pessoas acreditarem que o próprio Banco Central *não* causará inflação. Consequentemente, atualmente os bancos centrais fazem apenas aumentos moderados na oferta de dinheiro quando desejam estimular a economia. Esses aumentos acabam sendo mais eficientes que grandes aumentos, porque eles não disparam o temor da inflação.

Examinando a flexibilização quantitativa e a Grande Recessão

A Grande Recessão mundial de 2007–2009 começou quando a bolha imobiliária estourou nos Estados Unidos em 2006. Trilhões de dólares tinham sido investidos nos mercados financeiros com base na premissa de que os preços dos imóveis residenciais nunca cairiam significativamente. Quando a bolha estourou e os preços dos imóveis começou a despencar, dezenas de grandes bancos e centenas de instituições financeiras ameaçaram quebrar.

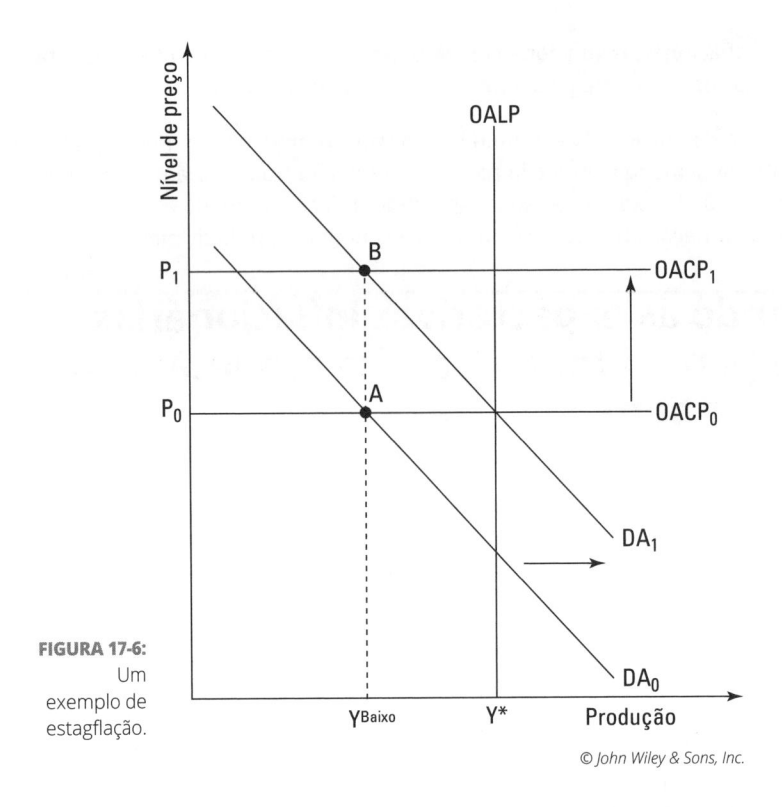

FIGURA 17-6:
Um exemplo de estagflação.

Y Baixo — Y* — Produção

© *John Wiley & Sons, Inc.*

Os empréstimos cessaram não apenas para o financiamento imobiliário como também para investimentos em empresas, e se não fossem as agressivas intervenções dos governos e bancos centrais, o sistema financeiro do mundo todo poderia ter entrado em colapso de forma que ninguém seria capaz de obter empréstimo para qualquer finalidade. Como a economia do mundo é altamente dependente do dinheiro proveniente de empréstimos para financiar tudo, de compras com cartão de crédito à construção de fábricas, outra Grande Depressão surgiu no horizonte.

Para acalmar a crise imediata, o Federal Reserve e outros bancos centrais do mundo se tornaram o último recurso para a concessão de empréstimo, garantindo que as empresas ainda pudessem obter financiamento diretamente do Fed mesmo quando os bancos relutavam em conceder empréstimos. O Fed também protegeu os bancos do pânico da população, aumentando os limites dos seguros dos depósitos em contas correntes. Esses e outros passos limitaram a recessão a apenas moderadamente grave.

No entanto, a Grande Recessão ainda foi muito mais grave do que as recessões típicas. Assim, o fato de o Fed e de outros bancos centrais tomarem inovadoras medidas de política monetária para estimular a economia não chegou a ser uma surpresa. Essas medidas passaram a ser conhecidas como *política monetária não convencional*.

Nessa nova política, os bancos centrais, como o Fed, utilizaram operações de compra de títulos do governo de curto prazo (de menos de um ano) para aumentar a oferta de dinheiro e baixar as taxas de juros de curto prazo para zero a fim de estimular a economia. (Para saber mais, veja a seção "Reduzindo as taxas de juros para estimular a economia".)

Mas, dada a gravidade da Grande Recessão, os bancos centrais descobriram que a política monetária convencional não seria suficiente para baixar as taxas de juros de curto prazo a zero. Mais estímulos eram necessários. Assim, os bancos centrais começaram a comprar trilhões de dólares em títulos do governo de longo prazo (com prazos de 5, 10 e 20 anos), títulos privados (incluindo títulos garantidos por financiamentos imobiliários) e até ações. O objetivo em todos esses casos foi aumentar a quantidade de dinheiro disponível para empréstimo. Esperava-se que mais operações de empréstimos e com isso mais estímulos ao consumo e ao investimento. Essas políticas ficaram conhecidas como *flexibilização quantitativa*, pois seu objetivo era flexibilizar as limitações à concessão e tomada de empréstimos, aumentando a quantidade de dinheiro em circulação. Em contrapartida, a política monetária convencional não objetiva aumentar a quantidade de dinheiro em circulação, e sim o *preço* do dinheiro — a taxa de juros. A política monetária convencional tenta estimular a economia baixando o preço do empréstimo. A política monetária não convencional (flexibilização quantitativa) tenta aumentar o volume total de empréstimos.

Outra política monetária não convencional foi estabelecer uma meta clara para a inflação, para que as pessoas soubessem de antemão quão agressiva seria a intervenção do banco central na oferta de dinheiro. A meta de inflação foi ficar em 2% nos Estados Unidos, e só poderia ser alcançada se o Fed aumentasse a oferta com mais rapidez do que o aumento da demanda do dinheiro. Ao estabelecer uma meta de 2%, o Fed estava se comprometendo a deslocar continuamente a curva de DA para a direita e, portanto, sempre tentando estimular a economia. Esse compromisso pretendia dar aos consumidores e às empresas a confiança de que o Fed continuaria a estimular a economia pelo tempo que fosse necessário até que a Grande Recessão chegasse ao fim e a economia estivesse totalmente recuperada.

Capítulo **18**

Entendendo Origens e Efeitos de Crises Financeiras

U ma *crise financeira* é um período de instabilidade econômica desencadeado pelo fracasso de uma ou mais instituições financeiras importantes em cumprir suas promessas. Por exemplo, as crises bancárias são detonadas quando os bancos deixam de honrar com sua obrigação legal de devolver depósitos quando solicitado. E as crises cambiais são desencadeadas quando os bancos centrais nacionais quebram as promessas de manter as taxas de câmbio fixas.

As crises financeiras podem causar *recessões*, períodos de declínio na produção total de bens e serviços gerados pela economia. Por favor, entenda, porém, que nem toda falha bancária ou promessa quebrada sobre uma taxa de câmbio desencadeia uma recessão. Uma recessão só surge após uma crise financeira se eventos anteriores levaram a economia a uma situação tão precária que os fracassos bancários ou colapsos cambiais tornam a recessão quase inevitável. Isso aconteceu nos Estados Unidos e na Europa em 2007, quando o fracasso de muitos bancos e empresas de investimento em pagar o dinheiro que tomaram emprestado para investir em imóveis levou à mais grave recessão em mais de 70 anos.

LEMBRE-SE

Então, o que define o cenário para uma crise? Dívidas gigantescas. As crises financeiras são sempre precedidas por festas de empréstimos em toda a economia que alimentam bolhas insustentáveis nos preços de ativos, geralmente ações ou imóveis. Esses excessos de empréstimos também alimentam os booms econômicos, porque grande parte do dinheiro emprestado é usada para comprar não apenas ações ou imóveis, mas também bens e serviços.

À medida que o boom continua, as pessoas começam a pensar que é permanente e que suas rendas continuarão subindo rapidamente. Isso as encoraja a assumir ainda mais dívidas, então, quando a bolha eventualmente explode, elas se veem com enormes dívidas, mas com rendimentos muito abaixo do esperado. A economia entra em recessão à medida que as pessoas se retraem, direcionando mais de sua reduzida renda para pagar dívidas e menos para comprar bens e serviços.

Este capítulo explica como as bolhas geradas por dívidas se desenvolvem, como podem causar má alocação de recursos na economia e por que as recessões que ocorrem depois que as bolhas de crédito estouram são tão severas e difíceis de lidar pelos governos.

Entendendo Como as Bolhas de Dívida Se Desenvolvem

Contratos de dívida, tais como títulos e hipotecas, são promessas de pagar quantias específicas de dinheiro. Ao negociar tais contratos, os credores normalmente acreditam que aqueles a quem estão emprestando terão condições de pagar — caso contrário não lhes emprestariam. Por outro lado, os mutuários geralmente acreditam que serão capazes de pagar — caso contrário não tomariam esses empréstimos.

No entanto, um processo circular de autorreforço pode se desenvolver entre o montante total do empréstimo e a capacidade antecipada dos mutuários de pagar seus empréstimos. Essas situações impulsionam as *bolhas de preço dos ativos*, em que as compras especulativas financiadas com dinheiro emprestado direcionam o preço de um ativo (como imóveis) para cima.

Enquanto a bolha continuar a se expandir e os preços continuarem a subir, quase todos os empréstimos serão pagos — levando tanto os devedores quanto os credores a erroneamente concluir que conceder e tomar empréstimo é muito seguro. Isso impulsiona a demanda por mais empréstimos, inflando ainda mais a bolha.

Isso continua até que a bolha finalmente estoure e os preços caiam. Nesta seção, dou mais detalhes sobre como as bolhas surgem e se expandem, e discuto colapsos de preços mais tarde em "O Estouro da Bolha".

Compreendendo os empréstimos em uma economia em expansão

LEMBRE-SE

Durante os períodos que precedem as crises financeiras, as expectativas tanto dos credores quanto dos tomadores tendem a ser excessivamente otimistas, geralmente porque a economia desfrutou de um período de crescimento sustentado da produção e dos padrões de vida. Com a demanda por bens e serviços em alta, empregos são abundantes e os salários tendem a crescer fortemente. Assim, os tomadores e credores passam a acreditar que as perspectivas financeiras dos tomadores são muito sólidas — e, portanto, que conceder ou tomar emprestadas quantias sucessivamente maiores a taxas de juros cada vez mais baixas não seria tão arriscado.

O problema é que conceder e tomar empréstimos facilitados pelo otimismo inicial pode rapidamente se tornar um círculo vicioso, porque, quando as pessoas gastam o dinheiro emprestado, esse dinheiro estimula a economia ainda mais e provoca um nível de otimismo ainda maior que justifica empréstimos ainda maiores.

As empresas usam os empréstimos para expandir fábricas e os indivíduos usam dinheiro emprestado para comprar casas, carros e bens duráveis. Toda essa atividade econômica torna fácil para os tomadores de empréstimo e credores concluírem que o boom continuará indefinidamente e que o pagamento de empréstimos será sempre fácil para os tomadores de empréstimo.

Oferecendo empréstimos maiores conforme os valores da caução aumentam

O aumento acentuado na concessão e tomada de empréstimos que precede uma crise financeira é exacerbado pelo fato de que os empréstimos podem aumentar o valor dos ativos (como imóveis) que são usados como garantia para empréstimos. Caução é uma propriedade que um tomador compromete a um credor como garantia de um empréstimo. Caso o mutuário não pague o empréstimo, o credor recebe a caução. Assim, a caução fornece alguma segurança financeira (garantia) para o credor.

Por exemplo, quando um comprador residencial faz um financiamento imobiliário, o contrato com o banco do qual está tomando empréstimo especifica que a casa é dada em garantia para o empréstimo. Assim, se o tomador do empréstimo não pagar o devido, a casa passará a ser propriedade do banco, que pode então vender a casa em leilão para levantar o dinheiro para liquidar o empréstimo inadimplente.

LEMBRE-SE

O fato de imóveis servirem como garantia em contratos de financiamento colabora com as bolhas de habitação. Como o aumento dos preços das residências implica aumento nos valores das garantias, os bancos sentem-se confortáveis emprestando quantias sucessivamente maiores para financiamentos imobiliários. Mas, à medida que os empréstimos se tornam mais fáceis de obter, mais compradores tomam empréstimos, aumentando a demanda por imóveis e aumentando os preços das moradias.

As pessoas entram em um processo de autorreforço, uma vez que o aumento do crédito leva a uma demanda mais alta, que leva a preços mais altos, que leva ao aumento dos empréstimos, porque os preços mais altos implicam valores de garantia mais altos. Esse tipo de processo impulsionou a bolha imobiliária no Japão durante o final da década de 1980, bem como as bolhas imobiliárias nos Estados Unidos, na Irlanda e na Espanha, de 2000 a 2006.

Flexibilizando os padrões de empréstimos

Além de aumentar os valores das garantias, o aumento dos preços também faz com que os credores se tornem negligentes em relação aos seus padrões de empréstimo de uma forma adicional. Durante os tempos normais, os credores verificam se os mutuários são capazes de pagar seus empréstimos com a renda do trabalho. Se você tem uma baixa renda, então normalmente não é permitido tomar empréstimo de quantias elevadas porque não poderá arcar com grandes pagamentos mensais.

Essa lógica é deixada de lado durante os períodos de rápido aumento dos preços dos imóveis. Na verdade, os bancos estão cada vez mais dispostos a emprestar grandes quantias a qualquer pessoa, incluindo pessoas com rendas muito baixas, porque o aumento dos preços dos imóveis implica que os mutuários devem sempre poder vender suas casas por mais do que pagaram por elas.

Por exemplo, pense na disposição de um banco em conceder um empréstimo de $200.000 mesmo para uma pessoa com baixa renda para comprar uma casa se a expectativa é de que o preço da casa aumente para $225.000 ao longo do próximo ano. Com a valorização esperada da casa em $25.000, o banco presume que a chance de o tomador do empréstimo se tornar inadimplente é praticamente zero, porque sempre poderá vender a casa por mais dinheiro do que pediu emprestado. Assim, em situações em que se espera que os preços das casas continuem subindo, os bancos se tornam dispostos a emprestar mesmo àqueles com baixa renda.

Emprestando mais na esperança de lucro

A disposição dos bancos em emprestar quando é esperado que os preços das residências aumentem é igualada ao desejo dos tomadores de tomar empréstimos na tentativa de lucrar com os crescentes preços dos imóveis. Por exemplo, se os preços dos imóveis aumentarem de $200.000 para $225.000 no próximo ano, os potenciais tomadores de empréstimo presumirão que poderão facilmente pagar um financiamento imobiliário de $200.000 vendendo a casa no ano seguinte por

$225.000. Na verdade, eles esperam lucrar quase $25 mil com isso, mesmo depois de contabilizado os juros acumulados sobre o empréstimo.

O risco é que os preços dos imóveis podem não subir tanto quanto o esperado e até cair, mas durante uma bolha imobiliária muitas pessoas ficam tão convencidas de que os preços das casas subirão que acham que não estão de fato assumindo risco algum ao tomar empréstimos para comprar imóveis.

De fato, como o ganho potencial de $25 mil parece dinheiro fácil, muitos milhões de pessoas são tentadas a contrair empréstimos para comprar imóveis e, de outra forma, não teriam motivo para se preocupar. Seu objetivo não é morar nem alugar esses imóveis, mas usar dinheiro emprestado para "comprar em baixa e vender em alta", esperando lucrar se os preços dos imóveis continuarem a subir.

Observando o processo ganhando impulso

Ambos, mutuários e credores, estão dispostos a participar de uma bolha imobiliária. Os credores acreditam que os preços crescentes dos imóveis quase certamente garantirão o pagamento dos empréstimos e os tomadores acham que o aumento dos preços dos imóveis quase certamente garantirá que os compradores ganhem dinheiro facilmente.

Assim que esse processo ganha impulso, ele pode se tornar temporariamente sustentável. Muito dinheiro emprestado eleva os preços dos imóveis, fazendo com que cada vez mais pessoas pensem que os aumentos de preço serão sustentados, o que atrai tanto tomadores quanto credores a fazer mais empréstimos — que leva a aumentos de preços ainda maiores. Infelizmente, no entanto, não existe festa que nunca acaba — ou uma festa em que ninguém para a conta.

O Estouro da Bolha

Bolhas de preços de ativos impulsionadas pela dívida em algum momento estouram, porque chega o ponto em que tomar emprestado dinheiro suficiente para manter os preços subindo torna-se impossível. Imagine que os preços dos imóveis comecem em $100.000. A esse preço, os compradores em potencial devem ser capazes de obter $100.000 cada para comprar um imóvel. Mas se os preços aumentarem para $300.000, qualquer novo comprador em potencial precisará de $300.000 emprestado para comprar o imóvel. E se os preços subirem para $500.000, então os potenciais compradores precisarão de empréstimos de $500.000.

Dadas as quantidades limitadas de dinheiro disponíveis para empréstimos, os compradores enfrentarão, em algum momento, a realidade de que simplesmente não conseguem encontrar dinheiro novo suficiente para emprestar para elevar os preços. Nesse ponto, os preços atingirão o ápice.

Nesta seção, explico por que as bolhas de preço dos ativos estouram rapidamente, em vez de deflacionar lentamente. O fim é rápido porque quando os preços param de subir causam tanto um aumento maciço na oferta quanto uma queda maciça na demanda. Com o aumento da oferta e a queda da demanda, os preços caem rapidamente.

Desalavancagem: Tentando se livrar da dívida quando os preços caem

As pessoas que emprestaram dinheiro para comprar ativos estão em um *posição de alavancagem*, significando que aumentaram (ou em outras palavras, *alavancaram*) seu próprio poder de compra com o dinheiro que tomaram emprestado.

Quando uma bolha de preço atinge o máximo, estar em posição de alavancagem é extremamente precário. O problema é que, se você é um devedor, provavelmente não tem renda suficiente para pagar o empréstimo. Isso porque você tomou o empréstimo prevendo futuros aumentos de preço. Seu plano era vender sua casa por mais do que pagou por ela, conseguindo assim dinheiro suficiente para pagar o financiamento imobiliário, deixando qualquer dinheiro extra como lucro.

Com os preços incapazes de aumentar mais (devido ao fato de os novos tomadores não conseguirem emprestar dinheiro suficiente para manter os preços subindo), você não tem incentivo para manter a propriedade. Você quer vendê-la, pagar seu empréstimo e *desalavancar* enquanto o preço dos imóveis ainda está acima do preço de compra. Infelizmente, o mesmo acontece com todos os outros em sua situação.

O resultado é um aumento maciço na oferta de casas à venda. Quando os preços começam a cair devido ao aumento da oferta, os vendedores começam a entrar em pânico, prejudicando o preço de venda porque todos estão desesperados para vender antes que o preço caia abaixo do preço que pagaram (o que equivale à quantidade de dinheiro que tomaram emprestado).

Ainda pior, a demanda por imóveis despenca ao mesmo tempo. Por quê? Porque durante a bolha, a demanda foi principalmente impulsionada pela antecipação de futuros aumentos de preços. Agora, com os preços caindo, os especuladores abandonam o mercado.

Tomados em conjunto, o aumento vertiginoso da oferta e o colapso da demanda fazem com que os preços caiam drasticamente. A bolha de preço estoura, e as pessoas que não conseguiam vender rápido o suficiente se veem "insolventes", devendo mais dinheiro em suas hipotecas do que suas propriedades atualmente valem. A menos que tenham renda alta o suficiente para arcar com os pagamentos mensais do financiamento, elas acabarão inadimplentes em seus empréstimos. Nesse ponto, a bolha pode derrubar o sistema bancário e induzir uma recessão em toda a economia.

Compreendendo os colapsos bancários causados pelo estouro das bolhas

As crises financeiras começam quando as bolhas explodem. Como milhões de devedores devem mais do que o valor de suas propriedades, milhares de bancos e outros credores dificilmente conseguirão receber uma grande parcela dos financiamentos imobiliários concedidos durante a bolha. Muitos desses credores provavelmente irão à ruína porque sua renda futura está associada ao pagamento dos empréstimos será substancialmente menor do que o que precisam para cumprir suas obrigações financeiras atuais e futuras.

Considere os bancos comerciais, que tentam se sustentar tomando empréstimos a uma taxa de juros baixa e emprestando esse mesmo dinheiro a uma taxa de juros mais alta. Em particular, o dinheiro que os correntistas depositam em suas contas em um determinado banco comercial é, na verdade, um empréstimo para esse banco. O banco paga a esses depositantes uma pequena quantia de juros sobre seus depósitos e depois empresta seu dinheiro com uma taxa de juros mais alta para custear financiamentos imobiliários e empréstimos para pequenas empresas.

Normalmente, a grande maioria desses empréstimos para financiamentos imobiliários e investimentos de pequenas empresas seria reembolsada a tempo. Mas muitos dos empréstimos feitos durante uma bolha nunca serão pagos. E isso significa que o banco não terá dinheiro suficiente advindo dos pagamentos de empréstimos para garantir que possa devolver todo o dinheiro que deve aos seus correntistas.

Em termos legais, o banco se torna *insolvente*, deve mais às pessoas de quem pediu dinheiro emprestado do que pode esperar receber das pessoas a quem emprestou dinheiro. Resumindo, um banco insolvente é um banco que não pode honrar seus compromissos financeiros. O governo normalmente socorre bancos que atingiram a insolvência e usa o dinheiro do contribuinte para garantir que todos os depositantes da conta corrente recebam o dinheiro de volta. Após a aquisição, esses bancos deixam de fazer novos empréstimos porque nem sequer têm dinheiro suficiente para pagar seus depositantes.

Da mesma forma, os bancos que ainda não estão insolventes, mas se sentem ameaçados por essa possibilidade, também deixam de fazer novos empréstimos. Eles fazem isso de modo que toda a renda que flui dos pagamentos dos empréstimos que estão sendo honrados possa ser economizada para garantir a capacidade do banco de cumprir suas obrigações com os correntistas.

O resultado é que o volume de empréstimos na economia cai, pois a maioria dos bancos para de fazer novos empréstimos, seja porque já está ou porque pode se tornar insolvente.

Levando a uma recessão

Após o estouro da bolha de preços dos ativos, a redução dos empréstimos concedidos por bancos financeiramente desgastados diminui a demanda agregada por bens e serviços de duas maneiras:

> » Empreendedores e empresas não podem emprestar tanto dinheiro quanto antes para financiar a compra de bens de investimento, como máquinas, computadores e assim por diante.

> » Os consumidores não conseguem tantos empréstimos para financiar a compra de bens de consumo.

Além disso, muitas das pessoas que assumiram grandes dívidas durante a bolha começam a tentar pagar seus empréstimos. O reembolso só é possível se dedicarem uma parte maior de seus salários ao pagamento de empréstimos e uma fração menor à aquisição de bens e serviços. Essa realocação de suas rendas do consumo para o pagamento de dívidas reduz ainda mais a demanda agregada, exacerbando a recessão.

E é assim que o colapso de uma bolha de preços de ativos pode levar a uma recessão. Após a bolha estourar, o crédito reduz e cai a demanda total por bens e serviços. Com menos demanda, as empresas vendem menos produtos. E então eles começam a demitir funcionários que são despedidos pelo baixo nível de vendas. O desemprego aumenta, os gastos desaceleram e o PIB (produto interno bruto; veja o Capítulo 14) começa a declinar.

Depois da Crise: Buscando a Recuperação

Um estudo histórico internacional sobre as crises financeiras revela que os períodos de recessão que se seguem às crises financeiras duram várias vezes mais do que os que ocorrem depois de recessões que não envolvem o acúmulo de dívidas enormes. Esta seção examina por que a recuperação de recessões pós-bolha tende a demorar tanto e por que as políticas governamentais que podem funcionar bem contra as recessões normais têm dificuldade em acelerar o processo de recuperação depois que uma bolha de preços de ativos entra em colapso. Aqui estão os dois principais culpados:

> » Um sistema bancário fraco que não é capaz de conceder muitos novos empréstimos.

> » *Incompatibilidade estrutural* entre os bens e serviços que as empresas existentes são capazes de produzir e os bens e serviços que os consumidores realmente demandam no período pós-bolha.

Resistindo a um sistema bancário quebrado

Na esteira de uma crise financeira, o sistema bancário de uma nação tende a estar fraco e incapaz de conceder um bom volume de empréstimos. Muitos bancos tornam-se insolventes e são forçados a fechar à medida que os tomadores deixam de pagar seus empréstimos (veja a seção anterior "Compreendendo os colapsos bancários causados pelo estouro das bolhas" para mais detalhes). Outros bancos sobrevivem, mas geralmente estão em condição financeira frágil porque fizeram muitos empréstimos ruins durante a bolha.

Como resultado, o sistema bancário pós-crise tem pouca capacidade de conceder empréstimos à medida que a economia se recupera de sua recessão pós-bolha. A fraca capacidade de empréstimo prolonga a recessão porque, mesmo quando os consumidores e as empresas recuperam a confiança e querem tomar empréstimos e voltar a consumir, encontram poucos bancos dispostos a atender à demanda.

Por outro lado, as recessões comuns tendem a causar pouco dano aos bancos, porque elas não são precedidas por bolhas de preços de ativos. Quando a economia está se recuperando de uma recessão normal, os empréstimos geralmente continuam amplamente disponíveis. Isso acelera a recuperação, permitindo que empresas e consumidores tomem empréstimos e gastem mais livremente.

Lutando com incompatibilidades estruturais

As recessões pós-bolha tendem a ser mais longas e mais severas do que as comuns, em parte devido à incompatibilidades estruturais. Uma economia tem uma *incompatibilidade estrutural* entre a sua capacidade de produção e os produtos que os consumidores exigem quando o conjunto de bens e serviços que as empresas são capazes de produzir difere do que os consumidores querem comprar e consumir.

As economias pós-crise frequentemente apresentam incompatibilidades estruturais por causa de distorções na capacidade produtiva que ocorrem enquanto as bolhas estão se expandindo. Por exemplo, considere a bolha imobiliária dos Estados Unidos de 2000-2006 e a subsequente recessão de 2007-2009.

A bolha imobiliária norte-americana de 2000-2006 foi a maior da história mundial. Durante a fase de expansão dessa bolha, o crédito estava facilmente disponível em toda a economia. Isso levou a US\$2 trilhões em imóveis excedentes sendo construídos e a muitas empresas tomando trilhões de dólares para financiar novos projetos de moradias.

Mas, mesmo depois que a recessão terminou e a economia começou a crescer lentamente novamente em meados de 2009, o desemprego permaneceu muito alto e as empresas produziam em níveis muito abaixo de sua capacidade. Alguns especialistas atribuíram isso à baixa demanda agregada causada pela redução dos empréstimos dos bancos e pela diminuição do consumo pelos consumidores para conseguirem quitar suas dívidas.

Outros especialistas, no entanto, temiam que a economia dos EUA estivesse sofrendo de uma incompatibilidade estrutural. Seu raciocínio era que, durante a bolha, as empresas usaram seu acesso ao crédito fácil para aumentar a capacidade de produzir coisas populares durante o boom — grandes casas novas, shoppings sofisticados e muitos utilitários esportivos e caminhões de grande porte. Depois que a bolha estourou, no entanto, os consumidores não queriam muitas casas, SUVs ou caminhões grandes novos. Em vez disso, queriam produtos como iPads, celulares com tela sensível ao toque e carros menores, assim como a capacidade de fazer mais compras pela internet em vez de dirigir até os shoppings.

Se essa interpretação estiver correta, a recuperação da recessão de 2007-2009 implicou um processo de recuperação muito mais lento do que a recuperação de uma recessão cíclica simples. A dificuldade adicional veio da necessidade de redirecionar a capacidade de produção dos produtos em demanda enquanto a bolha estava se expandindo para produzir os diferentes bens e serviços em demanda após o estouro da bolha.

Fazer esse tipo de transição exige a renovação de empresas antigas ou a abertura de novas, deslocar os trabalhadores das indústrias moribundas para novas e dedicar tempo e recursos para a reorganização de fábricas e reestruturação de cadeias de suprimentos. Fazer esses ajustes em toda a economia não é rápido.

Observando os limites da política governamental

Quer uma recessão seja precedida por uma bolha ou não, os governos quase sempre tentam usar a política fiscal e monetária para aumentar a demanda agregada (veja o Capítulo 17). No entanto, as políticas de incentivo do governo muitas vezes parecem incapazes de acelerar significativamente o processo de recuperação após uma crise financeira. As políticas são frustradas pelo endividamento que permanece após o estouro da bolha.

LEMBRE-SE

Em particular, tanto a política fiscal quanto a monetária têm eficácia limitada porque os consumidores após a bolha querem se desalavancar ou se livrar de suas dívidas. Veja como o desejo de desalavancar prejudica a política fiscal e monetária:

>> **Política fiscal:** A política fiscal pós-crise vem na forma de aumentos maciços nos gastos do governo, com a intenção de estimular a demanda agregada através da compra de muitos bens e serviços pelo governo. A esperança é que, ao aumentar a renda das pessoas, essas compras iniciais estimulem mais atividade econômica que se transformará em crescimento econômico robusto à medida que os consumidores voltem a gastar com confiança.

Mas no rescaldo de uma bolha impulsionada pela dívida, os efeitos incentivadores da política fiscal podem ser limitados, porque as pessoas geralmente usam aumentos na renda para pagar a dívida (em vez de usar o dinheiro para comprar bens e serviços adicionais).

» **Política monetária:** O governo tenta usar a política monetária para estimular a demanda, baixando as taxas de juros para encorajar tanto os consumidores quanto as empresas a emprestar e gastar mais.

No entanto, a política monetária não funciona muito bem depois de uma bolha impulsionada pela dívida, porque os consumidores altamente alavancados não estão dispostos a tomar mais empréstimos. Eles estão compreensivelmente mais interessados em pagar suas dívidas atuais do que em assumir novas.

Essa situação parece, e de fato é, muito desanimadora. Até que o nível de endividamento da economia caia para que as pessoas não precisem dedicar tanto de suas rendas ao pagamento de empréstimos, o crescimento econômico provavelmente permanecerá estagnado, e as tentativas do governo de política monetária e fiscal provavelmente se mostrarão ineficazes.

5

A Parte dos Dez

Descubra as dez crenças mais comuns — e falsas — sobre economia.

Conheça dez valiosas ideias da economia.

Saiba mais sobre alguns dos economistas mais famosos do mundo.

Capítulo **19**

Dez Falácias Sedutoras da Economia

Neste curto capítulo, iremos sublinhar as mais atraentes, convincentes e erradas ideias em economia. Algumas são falácias lógicas. Umas poucas são opiniões míopes, que não levam em consideração a realidade geral. E outras são exemplos econômicos pobremente planejados. Todas estas falácias devem ser evitadas.

A Falácia do Grupo de Trabalho

O argumento de que existe uma quantidade fixa de trabalho que você pode dividir entre tantas pessoas quanto desejar é frequentemente apresentado como a cura para o desemprego. A ideia é que se você converter uma semana de 40 horas de trabalho em uma semana de 20 horas de trabalho, as empresas terão que contratar duas vezes mais trabalhadores. Em 2000, a França, por exemplo, reduziu sua semana de trabalho para apenas 35 horas na esperança de que as empresas contratassem mais trabalhadores e sanassem o persistente problema de desemprego no país.

A ideia não funcionou; tais políticas nunca funcionaram. Um problema é que contratar trabalhadores envolve muitos custos fixos, incluindo custos de treinamento e seguro saúde. Então, trabalhadores da jornada de 20 horas semanais custam mais para contratar do que trabalhadores com jornada de 40 horas semanais. Além do mais, dois trabalhadores da jornada de 20 horas semanais não produzem mais do que um trabalhador com jornada de 40 horas semanais.

Então, se forem aprovadas leis que forcem as empresas a mudar a semana de 40 horas para uma semana de 20 horas de trabalho, as empresas não dobrariam o tamanho de sua força de trabalho. Elas contratariam menos que duas vezes a quantidade de trabalhadores, porque os custos seriam muito elevados.

Além disso, mesmo cortando a jornada de trabalho semanal pela metade, isso não dobraria o número de trabalhadores utilizados, apenas ocultaria o problema geral do desemprego ao espalhá-lo por todas as partes. Se 100% dos funcionários estiverem trabalhando meio período, eles estarão todos 50% desempregados. Em termos do total de produção possível (e, portanto, disponível para consumo), essa situação não representa uma melhora significativa, já que teríamos 50% da população empregada em tempo integral e 50% desempregada.

LEMBRE-SE

O que você realmente deseja é uma situação em que cada trabalhador que deseja um emprego em tempo integral seja capaz de consegui-lo. Diminuir o tempo de trabalho semanal não atinge este objetivo.

O Mundo Está Enfrentando um Problema de Superpopulação

Várias versões desse mito têm rodeado a humanidade desde o final do século XVIII, quando Thomas Malthus fez tal afirmação pela primeira vez. Ele argumentou que o padrão de vida não poderia aumentar para sempre, porque os altos padrões de vida causariam um aumento populacional rápido. Ele acreditava que o crescimento demográfico ultrapassaria nossa capacidade de produzir mais comida, portanto, estaríamos condenados a retroceder aos níveis de nutrição e padrão de vida de subsistência.

Mesmo na época da primeira publicação dessa ideia de Malthus, muitas evidências indicavam que ela era um disparate. Por gerações, o padrão de vida tem aumentado enquanto a taxa de nascimentos tem diminuído. E como essa tendência se manteve até os dias de hoje, nós não vamos retroceder aos níveis de subsistência. De fato, agora muitas nações encaram o problema da *sub*população, porque as taxas de nascimentos têm ficado abaixo das taxas de reposição necessárias para manter o equilíbrio da população. As populações da Itália, Japão e Rússia, entre outras, já começaram a diminuir.

Um problema relacionado é que a rápida queda nas taxas de natalidade está acarretando caos aos sistemas de aposentadoria patrocinados pelo governo, porque não existem trabalhadores jovens suficientes para financiar os fundos de pensão dos aposentados.

A Falácia de Confundir Sequência com Causalidade

Post hoc ergo propter hoc é uma frase em latim que se traduz aproximadamente como: "Porque você vê uma coisa precedendo outra, imagina que ela causa a outra." Isto é, se A acontece antes de B, você presume que A causa B. Essa dedução é falsa, porque A e B, frequentemente, não têm qualquer relação. Por exemplo, às vezes chove pela manhã e você tem dor de cabeça à tarde. Isso não significa que a chuva causou sua dor de cabeça.

Os políticos tentam usar essa falácia lógica o tempo todo quando discutem economia. Por exemplo, suponha que o político A foi eleito e, uns poucos meses depois, há uma recessão. Uma coisa não tem nada a ver com a outra, mas você pode ter certeza de que nas próximas eleições um oponente do político A alegará que a recessão é o resultado das políticas do político A. A única prova oferecida é que um evento aconteceu antes do outro.

O Protecionismo É a Melhor Solução para a Concorrência Estrangeira

Muitos sindicatos de comércio e políticos defendem barreiras e impostos de importação argumentando que essas políticas beneficiam os cidadãos e evitam a exportação de empregos. O problema é que esse argumento leva em conta apenas os benefícios do protecionismo. Barreiras comerciais e impostos de importação *de fato* protegem os empregos específicos que pretendem proteger. Entretanto, outros empregos são sacrificados no processo.

Outro problema com o protecionismo é que os cidadãos são consumidores, assim como produtores. Por exemplo, se o governo evita a importação a baixo custo de automóveis estrangeiros de alta qualidade, ele preserva os empregos da indústria automobilística interna. Mas, como resultado, os custos para o consumidor interno se elevam.

Proteger uma indústria improdutiva que enfrenta concorrência estrangeira só lhe permite manter a utilização de recursos que seriam mais bem utilizados por indústrias mais vibrantes. Trabalhadores que, de outro modo, mudariam para empregos em novas empresas inovadoras e altamente produtivas, ficam presos a uma indústria tão improdutiva que só é capaz de sobreviver se o governo manipular a economia em seu favor.

É verdade que a mudança de uma empresa agonizante para uma nova indústria inovadora pode ser difícil para um trabalhador individual. Mas, em vez de evitar a necessidade de mudanças protegendo as indústrias improdutivas, o governo pode ajudar os trabalhadores domésticos de forma mais eficiente, proporcionando programas de requalificação. No caso dos trabalhadores mais velhos, que têm apenas uns poucos anos de trabalho restantes, a aposentadoria antecipada pode ser mais viável que treinamento.

A Falácia da Composição

Supor que o que é bom para uma pessoa é bom para todas é outro engano comum. Por exemplo, se você estiver em um evento esportivo com ingressos esgotados e quiser ter uma melhor visão, uma boa ideia é ficar em pé — mas somente se você for o único a se levantar. Se todos os demais também se levantarem, a visão será exatamente tão ruim quanto quando todos estavam sentados (mas agora todos estão ficando com as pernas cansadas). Consequentemente, o que era bom para você isoladamente passa a ser ruim se todos fizerem ao mesmo tempo.

O engano da composição é falso porque algumas coisas na vida têm a ver com a posição relativa. Por exemplo, se você começa como o empregado de menor salário em sua empresa, mas depois consegue um aumento de 50% enquanto ninguém mais conseguiu, sua posição relativa dentro da empresa melhora. Entretanto, se todos conseguem um aumento de 50% ao mesmo tempo, você ainda é a pessoa mais mal paga da empresa. Se o que importa para você é sua posição relativa dentro da empresa, obter o mesmo aumento que todos os outros não o fará mais feliz. Por outro lado, se você estiver mais interessado em saber sua posição em relação às pessoas que trabalham em outras empresas, conseguir 50% de aumento é bom, mesmo que todos os outros trabalhadores na sua empresa também o recebam.

Se Vale a Pena Fazer, Faça 100%

Todos nós valorizamos a segurança. Porém, um famoso político norte-americano estava realmente sendo sensato quando disse que deveríamos gastar tanto quanto o necessário para tornar o voo em companhias aéreas comerciais "tão seguros quanto possível"? Os economistas diriam: "Não!" O problema é que tornar as viagens aéreas comerciais "tão seguras quanto possível" significaria torná-las proibitivamente caras.

O político falhou em aplicar o *marginalismo* — a ideia de que a melhor maneira de encarar um problema é comparando seus benefícios marginais com os custos marginais. As primeiras inovações na segurança aérea (tais como cintos de segurança e radares) são sensatas de se aceitar porque o benefício extra, ou marginal, que cada uma delas trouxe é maior que seu custo extra, ou marginal. Mas, depois que a primeira inovação na segurança foi implementada, as inovações sucessivas se tornaram mais caras e menos eficientes. Em algum ponto, inovações adicionais trazem apenas pequenas melhorias marginais em segurança, ao passo que acumulam altos custos marginais.

Quando os custos para inovações de segurança superar seus benefícios, elas *não devem* ser implementadas. Só devemos acrescentar recursos de segurança se os benefícios marginais excederem os custos — o que significa que você normalmente para de acrescentar recursos de segurança muito antes de chegar perto de deixar as coisas "mais seguras possíveis".

Livres Mercados São Perigosamente Instáveis

Livres mercados são voláteis porque a oferta e a demanda frequentemente mudam com muita rapidez, causando mudanças bruscas no equilíbrio dos preços e quantidades (o que discutimos no Capítulo 4). Entretanto, a mudança rápida não é o problema. A receptividade do mercado é realmente um dos seus grandes benefícios. Diferente da burocracia governamental, que nunca pode reagir rapidamente para coisa alguma, os mercados podem ajustar-se às enormes mudanças de eventos mundiais em poucos minutos.

O novo equilíbrio dos preços e das quantidades garantem que os recursos sejam alocados para seus melhores usos, e que a sociedade não sofra nem de escassez nem de fartura. Portanto, não chame os mercados de instáveis. Chame-os de *reativos*.

Baixos Salários dos Estrangeiros Significam que os Países Ricos Não Conseguem Competir

Digamos que a empresa norte-americana pague a seus funcionários $20 por hora, enquanto a fábrica no país em desenvolvimento paga $4 por hora. As pessoas erroneamente tiram a conclusão de que, como os custos de mão de obra nas fábricas estrangeiras são muito baixos, essas empresas podem facilmente vender seus produtos a um preço inferior ao das fábricas nos Estados Unidos. Mas esse argumento cai por terra quando se leva em consideração duas coisas:

» O que realmente importa é o custo do trabalho por *unidade*, não o custo do trabalho por *hora*.

» As diferenças na produtividade normalmente significam que os custos do trabalho por unidade são quase idênticos, apesar das enormes diferenças nos custos do trabalho por hora.

Para compreender o que isso quer dizer, compare quão produtivas as duas fábricas são. Como a fábrica nos Estados Unidos usa tecnologia muito mais avançada, um trabalhador, em uma hora, produz 20 unidades de mercadoria. O trabalhador norte-americano é pago a $20 por hora, por isso o *custo do trabalho por unidade* produzida é de $1. A fábrica no país em desenvolvimento é muito menos produtiva; nela, um trabalhador produz apenas 4 unidades em uma hora. Dado o salário do estrangeiro de $4 por hora, o custo do trabalho por unidade de produção no país em desenvolvimento também é de $1.

Obviamente, o salário-hora mais baixo do país em desenvolvimento não se traduz em baixo custo de trabalho *por unidade* — o que significa que o país não será capaz de vender por um preço inferior ao seu concorrente norte-americano.

Pessoas que atentam exclusivamente às diferenças nos custos de trabalho por hora nunca mencionam as diferenças na produtividade que, normalmente, equilibram os custos do trabalho por unidade. E não pense que meu exemplo usa números favoráveis. As diferenças de salários entre os países realmente tendem a refletir diferenças de produtividade.

DICA

Tenha em mente que os governos podem confundir seriamente o que, de outra maneira, seria uma quase igualdade nos custos do trabalho por unidade, fixando artificialmente baixas taxas de câmbio. Por exemplo, se a uma taxa de câmbio de 8 yuan chineses para cada dólar norte-americano o custo do trabalho por unidade for igual, o governo chinês poderia fazer os custos trabalhistas por unidade parecerem artificialmente menores para os consumidores norte-americanos se ele fixar sua moeda em, digamos, 16 yuan para 1 dólar. Em tais situações, a incapacidade dos trabalhadores norte-americanos de competir com os trabalhadores chineses se deve à manipulação da moeda, não às baixas taxas salariais pagas por hora na China.

As Alíquotas de Impostos Não Afetam o Esforço de Trabalho

Alguns políticos defendem a ideia de elevar o imposto de renda como se o único efeito disso fosse o aumento da arrecadação. Mas a experiência vem demonstrando que, após certo ponto, as pessoas respondem ao aumento dos impostos trabalhando menos. E essa redução no trabalho nega à sociedade todos os benefícios que viriam do trabalho extra (porque as pessoas trabalham menos, o aumento da alíquota também não traz receitas tanto quanto o esperado).

Então, quando você vir um político defendendo a necessidade de aumentar a alíquota do imposto de renda, olhe para os detalhes, de tal modo a se certificar de que os efeitos do desestímulo do arrocho fiscal não causem mais estragos do que benefícios, que serão provenientes do gasto de dinheiro arrecadado com o aumento do imposto.

Esquecendo as Consequências Imprevistas

Ao avaliar a política, as pessoas tendem a se concentrar em como ela corrigirá alguns problemas específicos, enquanto ignoram ou amenizam outros efeitos. Os economistas, muitas vezes, referem-se a esta situação como *A Lei das Consequências Involuntárias*. Por exemplo, suponha a imposição de um imposto ao aço importado para proteger os empregos dos trabalhadores domésticos da indústria. Se você impuser uma alíquota alta o suficiente, o trabalho deles, de fato, será protegido da concorrência das companhias de aço estrangeiras. Mas uma consequência involuntária é que alguns trabalhadores na indústria automotiva perderão seus empregos para a concorrência estrangeira. Por quê? O imposto que protege os trabalhadores do aço aumenta o preço do aço que a indústria automobilística doméstica necessita para construir seus carros. Como resultado, os fabricantes de automóveis internos têm que aumentar os preços de seus carros, tornando-os relativamente menos atrativos quando comparados com os carros estrangeiros. Aumentar os preços tende a reduzir as vendas dos carros internos, o que significa que alguns trabalhadores dessa indústria perderão seus empregos.

Capítulo **20**

Dez Ideias Econômicas para Apreciar

Neste capítulo, listamos dez ideias econômicas que todas as pessoas bem informadas deveriam entender e utilizar prontamente para avaliar as propostas que os políticos, especialistas e a mídia fazem. Algumas dessas ideias não são necessariamente verdadeiras em todas as situações, mas, como geralmente estão corretas, fique atento se alguém quiser que você acredite que elas não se aplicam a uma situação particular. Provavelmente essa pessoa está errada.

A Busca pelo Interesse Próprio Pode Melhorar a Sociedade

A ideia de que o interesse próprio pode melhorar a sociedade é basicamente o famoso conceito da *mão invisível* de Adam Smith. Se todas as transações econômicas na sociedade são voluntárias para cada parte envolvida, então as únicas transações que ocorrerão são aquelas em que as todas as partes sentem que estão se beneficiando. Esse conceito não significa que ações de caridade são maus para a sociedade. Significa que mesmo a filantropia é incentivada pelo interesse próprio: pessoas doam porque gostam de ajudar os outros, assim tanto os doadores quanto as pessoas ajudadas se beneficiam. Além do mais, esse conceito motiva empreendedores a encontrar formas de produzir itens de que você goste a preços que você goste. Vendedores precisam temer o seu poder de escolha — seu direito de recusar qualquer oferta que não considere vantajosa.

Livres Mercados Requerem Regulação

Os economistas acreditam firmemente que transações voluntárias nos livres mercados tendem a trabalhar na direção do bem comum. Mas eles também acreditam que quase todos os participantes do mercado adorariam burlar o sistema a seu próprio favor. Adam Smith, em particular, foi rápido em apontar isso e argumentar que, para os mercados trabalharem e servirem ao bem comum, o governo teria que combater os monopólios e conluios, bem como quaisquer outras tentativas para prevenir um bom funcionamento do mercado, em que as empresas competem vigorosamente umas contra as outras para darem aos consumidores o que eles desejam ao menor preço possível. A intervenção do governo pode ser necessária para lidar com a informação assimétrica, bens públicos e externalidades.

Crescimento Econômico Depende de Inovação

A única maneira de ter um crescimento econômico sustentável e um disseminado aumento na qualidade de vida é inventar tecnologias mais eficientes, que permitam às pessoas produzir mais a partir de uma oferta de trabalho limitada e recursos físicos. Para isso, as sociedades devem promover a educação e criar instituições como direitos de patente, mercados competitivos e leis de direitos autorais para promover inovação e aumentar a eficiência.

Liberdade e Democracia Nos Fazem Mais Ricos

Existem muito boas razões éticas e morais para apoiar a liberdade e a democracia. Mas um fator mais "preponderante" é que, já que a liberdade e a democracia promovem o desenvolvimento e livre troca de ideias, as sociedades livres têm mais inovação e, consequentemente, um crescimento econômico mais rápido. E atraem investimento estrangeiro.

A Educação Eleva os Padrões de Vida

Pessoas instruídas não só produzem mais como trabalhadores — e, consequentemente, obtêm salários mais altos —, mas também, o que é mais importante, produzem tecnologias inovadoras. O crescimento sustentado da economia e o alto padrão de vida apenas são possíveis com uma boa educação dos cidadãos. Há, evidentemente, outras razões para se ter uma boa educação, inclusive a capacidade de apreciar a boa arte e literatura. Mas, mesmo que você só se preocupe em viver em um país onde o padrão de vida esteja crescendo, deveria trabalhar com afinco para promover a educação em ciências e engenharia, setores em que as tecnologias revolucionárias são criadas.

A Proteção dos Direitos de Propriedade Intelectual Promove Inovação

As pessoas precisas de incentivos para assumir riscos. Um dos maiores riscos que você pode assumir é deixar um emprego seguro para iniciar um novo negócio ou trabalhar no desenvolvimento de uma grande e nova ideia. Os *direitos de propriedade intelectual*, tais como patentes e direitos autorais, garantem que você será o único a ganhar dinheiro com seu trabalho árduo e inovador. Sem essa garantia, poucas pessoas estariam dispostas a assumir os riscos pessoais necessários para prover a sociedade com novas e inovadoras tecnologias e produtos.

Direitos de Propriedade Frágeis Causam Problemas Ambientais

Problemas ambientais se originam de direitos de propriedade deficientes ou inexistentes que permitem aos poluidores ignorar os custos que impõem às outras pessoas. Portanto, economistas defendem a criação e aplicação de sistemas de direitos de propriedade que obriguem as pessoas a levar todos esses custos em consideração. Sempre é necessário gerar um pouco de poluição. Afinal, mesmo que seja contra caminhonetes e SUVs que "bebem" combustível e são altamente poluidores, você provavelmente ainda quer que ambulâncias e caminhões de bombeiro circulem por aí fazendo seu importante trabalho, embora também poluam o ambiente. A diferença é que os benefícios para a sociedade superam os custos da poluição no caso de veículos de emergência. Como mostra o Capítulo 10, direitos de propriedade sólidos são a chave para garantir que as pessoas poderem todos os custos e benefícios de causar poluição. Os direitos de propriedade obrigam as pessoas a levar em consideração não apenas os custos pessoais, mas também os custos que suas ações impõem aos outros.

O Comércio Internacional É uma Coisa Boa

Abrir seu país ao comércio internacional significa abrir seu país para novas ideias e inovações recentes. A concorrência de estrangeiros leva as empresas locais a inovar, de modo a combinar as melhores ofertas das empresas do mundo todo. Ao longo da história, os mais ricos e as sociedades mais dinâmicas têm se aberto ao comércio internacional. Os países que se fecham ficam estagnados e são rapidamente deixados para trás. Evidentemente, o que os economistas têm em mente quando pensam nos benefícios do comércio internacional é o *livre comércio*, no qual as companhias competem além das fronteiras para fornecer os melhores bens e serviços, aos mais baixos preços. Os economistas condenam veementemente os muitos subsídios governamentais e as restrições comerciais que impedem o livre comércio e que tentam burlar o jogo em favor de um país.

O Governo Pode Oferecer Bens Públicos

Economistas encaram a existência de bens públicos como uma das mais importantes justificativas para a intervenção governamental na economia. Embora a filantropia privada possa proporcionar alguns bens públicos, muitos deles são tão caros que só podem ser oferecidos se o governo usar os recursos dos tributos para financiá-los. Consequentemente, os bens públicos são normalmente fornecidos pelo governo.

As empresas privadas só proveem bens e serviços se puderem, pelo menos, empatar. Para empatar (ou ter lucro) o que quer que uma empresa esteja vendendo tem que ser *excludente*, o que significa que apenas aqueles que pagam pelo bem ou serviço o recebem. Como explico no Capítulo 11, alguns bens e serviços não são excludentes. Por exemplo, um farol provê serviços de aviso para todos os navios nas proximidades, independentemente de terem pago ou não ao faroleiro. O farol particular rapidamente iria à ruína, pois apenas alguns comandantes de navios seriam conscientes o suficiente para pagar pelo serviço. Bens e serviços que não são excludentes são chamados *bens públicos*, pois são em sua essência abertos ao público e não podem ser mantidos particulares.

Uma vez que as empresas não têm lucro produzindo bens públicos, geralmente é necessária a ajuda dos governos para provê-los. Diferentemente das empresas privadas, os governos podem forçar as pessoas a pagarem por bens públicos. Eles fazem isso cobrando impostos e usando as receitas fiscais para pagar por bens públicos como a defesa nacional, departamentos de polícia, faróis, exibições públicas de pirotecnia, pesquisas científicas básicas e assim por diante. Os governos podem *forçar* as pessoas a pagar por bens públicos. Isso é feito através da arrecadação de tributos e usando essa receita a pagar pelos bens públicos, como defesa nacional, departamentos de polícia, faróis, shows de fogos de artifício, pesquisa científica básica e assim por diante.

Prevenir a Inflação É Fácil

Altas taxas de inflação são sempre causadas pelo aumento da oferta de dinheiro feita muito rapidamente pelo governo. Uma economia em crescimento sempre tem a demanda crescente por dinheiro, porque com mais coisas para comprar, você precisa de mais dinheiro para comprá-las. Para manter o nível global de preços constante, a resposta correta é aumentar a oferta de dinheiro ao mesmo tempo em que a demanda é incentivada. Se a oferta por dinheiro aumentar mais rápido que a demanda, o valor do dinheiro cai, gerando inflação. Em outras palavras, será necessário mais dinheiro para comprar a mesma quantidade de coisas de antes, pois os preços estão subindo. Uma forma de evitar a inflação é garantir que o governo aumente a oferta de dinheiro no mesmo ritmo que a demanda por dinheiro. Os bancos centrais modernos conseguem fazer isso facilmente, portanto, não há desculpa para altas taxas de inflação.

394   PARTE 5 **A Parte dos Dez**

Capítulo **21**

Dez (ou Mais) Economistas Famosos

Neste curto capítulo, damos uma descrição resumida das ideias apresentadas por 12 dos melhores e mais influentes economistas da história (apenas dez não foi suficiente). Cada um deles mudou radicalmente a maneira como a economia conceitua o mundo ou o modo como os políticos e funcionários de governo formulam as políticas públicas.

Mas nem por um segundo pense que estes homens fizeram isso tudo por conta própria. Como acontece com qualquer ciência, na economia a descoberta de uma única pessoa é construída sobre a fundação de centenas de contribuições feitas por incontáveis pesquisadores. Em outras palavras, há muito mais que 10 — ou mesmo 12 — grandes economistas. Com alguma sorte, este livro despertou seu interesse em aprender mais sobre economia; desse modo, você poderá conhecer as ideias estelares de diversos outros grandes economistas que não fizeram parte dessa lista.

Adam Smith

Adam Smith (1723-1790) desenvolveu a ideia de que, ao mesmo tempo em que as empresas são forçadas a fortes competições, sua busca pelo lucro individual faz com que, de forma não intencional, elas ajam de maneira socialmente correta — como se fossem guiadas por uma *mão invisível* para fazer a coisa certa. Ele também analisou a forma pela qual as novas tecnologias e organizações se combinavam para criar maneiras novas e mais eficientes de fazer as coisas, levando ao progresso técnico e econômico.

Mas Smith não era um ingênuo. Ele acreditava que os empresários preferiam conluiar-se a competir entre si sempre que possível, e que os governos têm um papel muito importante a desempenhar na economia, para a promoção da concorrência sadia, necessária para que a mão invisível possa fazer sua mágica. Ele também acreditava que os governos deveriam oferecer muitos serviços públicos essenciais, como a defesa nacional, que não são facilmente produzidos pelo setor privado.

David Ricardo

David Ricardo (1772-1823) descobriu o conceito de vantagem comparativa e demonstrou (corretamente) que o comércio internacional é uma situação de ganho--ganho para os países envolvidos. A vantagem comparativa destruiu a respeitabilidade intelectual do *mercantilismo*, a teoria equivocada por trás do colonialismo que considerava o comércio de modo unilateral e, consequentemente, argumentava que ele deveria ser estabelecido para beneficiar a pátria mãe à custa de sua colônia.

Além disso, Ricardo analisou corretamente o fenômeno econômico dos retornos decrescentes, que explica por que os custos tendem a crescer quando você aumenta os níveis de produção. Ele também foi um forte proponente da teoria quantitativa do dinheiro — a ideia de que ao aumentar a oferta de dinheiro os preços também aumentam.

Karl Marx

Karl Marx (1818-1883) foi o principal economista entre os socialistas do século XIX. Atualmente, nenhuma de suas principais teorias econômicas é aceita como sendo verdadeira, mas, por alguns dos defensores das suas ideias terem chegado ao poder em dezenas de países durante o século XX, ele foi, certamente, um dos mais influentes economistas que já viveu. (Marx tem um espaço maior aqui não porque ele é o economista mais importante da nossa lista, mas porque precisamos de espaço para explicar suas ideias antes de desacreditá-las. As ideias dos outros economistas da lista já estão explicadas em detalhes em outras partes deste livro. Fora isso, ao ler sobre Marx, tenha em mente que uma pergunta justa a ser feita é: quão marxistas eram os governos marxistas do século XX?)

A mais importante contribuição intelectual dada por Marx é sua ideia de que o capitalismo é historicamente uma forma única de organização produtiva e social. Em *O Capital*, ele analisou o capitalismo como uma nova forma de organização social e econômica baseada no acúmulo de capital e produção industrial. Ele chamava os proprietários das fábricas de "capitalistas" e argumentava que eles seriam forçados a explorar os trabalhadores de suas fábricas.

Em especial, ele acreditava que os únicos capitalistas que sobreviveriam e cujos negócios cresceriam eram aqueles que pagavam salários mínimos aos seus empregados para que estes pudessem sobreviver. Assim, mesmo que a produtividade aumentasse rapidamente, os trabalhadores suportariam permanentemente a opressão da pobreza, da qual não poderiam sair, exceto se acontecesse uma queda violenta dos capitalistas — uma queda na qual os trabalhadores ganhariam o controle das fábricas.

Marx argumentava que essa queda violenta seria facilitada pelo que ele via como uma tendência inevitável à concentração e ao monopólio. Quando houvesse apenas o monopólio de uma empresa em cada ramo de atividade, seria fácil para os trabalhadores se revoltarem e assumir o controle do sistema.

Passados mais de um século, sabemos que Marx estava errado em seu pensamento econômico. Em particular, os salários dos trabalhadores *aumentaram* ao longo do tempo — de fato, eles aumentam, em média, mais rápido que as inovações tecnológicas aumentam os níveis de produtividade. Isto porque os capitalistas competem pela oferta limitada de trabalhadores, e os salários sobem tão rapidamente quanto as melhorias na produtividade permitem um capitalista subir o valor dos salários para "roubar" trabalhadores de outros capitalistas. Além do que, a concorrência *não* permite que cada ramo de atividade seja dominado por um único monopólio empresarial. Ao contrário, a concorrência permanece sadia em muitos mercados e, consequentemente, oferece a todos os benefícios da mão invisível de Adam Smith.

Alfred Marshall

Alfred Marshall (1842-1924) inventou o método de oferta e demanda para analisar os mercados. Aplicando matemática à teoria econômica, ele diferenciou claramente os *deslocamentos* das curvas de demanda e oferta e os movimentos *ao longo* das curvas de demanda e oferta. Fazendo isso, esclareceu cerca de 2.000 anos de raciocínio falho. Ele também fez a previsão revolucionária de que os preços de mercado estariam onde acontece o cruzamento das curvas de demanda e de oferta.

Marshall deu um passo além e percebeu que, ao comparar os pontos ao longo das curvas de oferta e de demanda com o preço de mercado, seria possível quantificar os benefícios que os consumidores e produtores teriam com as transações de mercado: a soma do excedente do consumidor e do produtor é o superavit total.

Esse método de quantificação dos benefícios da produção e do consumo ainda hoje é usado e constitui a base da *economia social*, que estuda os custos e benefícios das atividades econômicas. O método também acontece apenas para ilustrar em um gráfico muito simples a intuição por trás da mão invisível de Adam Smith. O equilíbrio de mercado livre, o ponto em que as curvas de demanda e de oferta se cruzam, é exatamente o mesmo que um planejador social benevolente escolheria se estivesse tentando maximizar o bem-estar social pela maximização do superavit total da economia. Em outras palavras, um livre mercado age de fato "como que se movido por uma mão invisível" para promover o bem comum.

John Maynard Keynes

John Maynard Keynes (1883-1946) inventou a macroeconomia moderna e a ideia de usar incentivos econômicos fornecidos pelo governo para superar as recessões. Grande parte da macroeconomia do restante do século XX foi uma série de respostas à disseminação de suas ideias.

Suas ideias mais famosas foram desenvolvidas em resposta à longa agonia da Grande Depressão de 1930. Ele afirmou primeiro que a Grande Depressão foi o resultado de um colapso nos gastos realizados com bens e serviços. Em seguida, afirmou que a política monetária havia sido ineficiente no combate ao declínio das despesas. E finalmente concluiu, demonstrando seu desânimo com a política monetária, que a política fiscal era a única fonte de salvação. Em especial, Keynes acreditava que a melhor forma de aumentar as despesas em circunstâncias terríveis era que o governo gastasse pesadamente para pagar por programas que comprariam grandes quantidades de bens e serviços, de modo a colocar a economia em movimento novamente.

As prescrições de Keynes para a política foram adotadas durante a Grande Depressão em muitos países, inclusive nos Estados Unidos. E, embora muitas de suas ideias sobre a causa da Grande Depressão e as melhores políticas para lidar com recessões não sejam mais adotadas, sua ideia fundamental de que os governos são responsáveis por domar o ciclo de negócios permanece muito forte ainda hoje.

Kenneth Arrow e Gerard Debreu

Kenneth Arrow (nascido em 1921) e Gerard Debreu (1921-2004) provaram matematicamente que a intuição de Adam Smith sobre a mão invisível, de fato, estava correta. Não apenas as empresas concorrentes provêm a sociedade com uma combinação utilitária maximizada de bens e serviços, como também o fazem eficientemente e a um custo mínimo. Uma vez que esta prova veio na década de 1950, ela serviu para refutar as afirmações do totalitarismo e comunismo de que a economia planificada centralmente era mais produtiva e eficiente que as economias de mercado.

Milton Friedman

Milton Friedman (1912-2006) convenceu os economistas de que a teoria quantitativa da moeda era, de fato, verdadeira: inflações prolongadas resultam do encorajamento no aumento da oferta de dinheiro (imprimir muito dinheiro). Esse insight colocou limites no uso da política monetária para estimular a economia.

Friedman também argumentou que a Grande Depressão foi, principalmente, uma catástrofe monetária, e que sua gravidade foi o resultado de um horrível aperto na oferta de dinheiro, que manteve as reais taxas de juros muito altas. O diagnóstico da causa da Grande Depressão é agora a explicação-padrão, significando que a munição intelectual para a solução de Keynes para as recessões — grandes aumentos nos gastos do governo — perdeu muito da influência que já teve. Isso levou os economistas a concluírem que a política monetária é mais importante que a política fiscal para regular a economia e prevenir recessões.

Paul Samuelson

Paul Samuelson (1915-2009) fez várias contribuições para a economia. Talvez a mais importante tenha sido a cristalização da ideia de que todo o comportamento econômico pode ser pensado como consumidores e empresas maximizando ou sua utilidade ou seu lucro, sujeitos a uma série de restrições. Essa ideia de *maximização restrita* tornou-se o paradigma dominante que rege como os economistas concebem o comportamento econômico.

Samuelson também desenvolveu uma harmoniosa mistura das ideias Keynesianas e clássicas sobre a utilização adequada da intervenção governamental na economia. Keynes defendia as grandes intervenções governamentais para abrandar as recessões. Economistas clássicos como Smith e Ricardo defendiam a menor intervenção governamental possível, temendo que as intervenções do governo piorassem ainda mais as coisas. A *síntese neoclássica* de Samuelson declara que durante recessões o governo deveria estar disposto a fazer grandes intervenções na economia para conseguir que ela se movimentasse de novo, mas quando a economia está operando a pleno potencial, a tarefa apropriada do governo é prover bens públicos e cuidar das externalidades. Muitos economistas adotam essa visão.

Robert Solow

Robert Solow (nascido em 1924) tem dado enormes contribuições ao entendimento do crescimento econômico e elevação dos padrões de vida. Além de desenvolver modelos inovadores de como as economias crescem ao longo do tempo, ele também mostrou que a principal força propulsora de longo prazo para o crescimento econômico é a inovação tecnológica.

Antes de Solow, a economia declarava acreditar que os aumentos na produção eram resultado dos aumentos nos insumos. Em particular, os aumentos na produção eram apenas o resultado de usar mais trabalhadores ou mais capital (tal como fábricas maiores). O que Solow demonstrou foi que *no máximo* 50% do crescimento do padrão de vida a longo prazo pode ser explicado pelo aumento do trabalho e do capital. O restante tem que ser resultado da inovação tecnológica.

Essa visão criou uma enorme mudança de paradigma entre os economistas, que resultou no estudo sistemático da inovação tecnológica e as formas pelas quais ela pode ser melhorada por políticas governamentais, como patentes ou pelo investimento em capital humano. O insight de Solow também abre a refrescante possibilidade de que a inovação tecnológica nos permitirá desfrutar do mais alto padrão de vida sem termos que aumentar constantemente nossa utilização dos recursos da Terra.

Gary Becker

Gary Becker (nascido em 1930) tem sido extremamente influente porque tem empurrado a economia para áreas anteriormente imunes ao pensamento econômico. Sua primeira grande contribuição foi argumentar que os mercados livres tendem a trabalhar *para* a igualdade e *contra* a discriminação racial e de gênero. O pensamento é que as empresas que recusam contratar a mão de obra melhor qualificada devido à raça ou ao sexo se colocam em uma situação de desvantagem competitiva em relação as empresas não preconceituosas. Becker apoiou essa visão mostrando que as empresas que são mais competitivas, de fato, empregam mais minorias e mulheres.

Outra contribuição significativa de Becker foi o modelo de famílias como unidades econômicas, nas quais cada membro da família tende a agir nas bases da análise de custo-benefício. Por exemplo, à medida que as sociedades se tornaram mais ricas e a mão de obra assalariada se tornou mais abundante (e mais bem paga), Becker previu que mais mulheres prefeririam trabalhar fora a ficar em casa. Ele ofereceu uma explicação econômica para uma enorme mudança na força de trabalho que, de outra forma, teria sido explicada apenas em termos de considerações sociológicas (tal como mudar os papéis dos gêneros).

Do mesmo modo, ele foi o primeiro a criar o modelo de comportamento criminoso, em termos de como os criminosos observam os custos e benefícios potenciais de cometer qualquer crime. Se os benefícios esperados excederem os custos previstos, o criminoso estará muito mais propenso a tentar o crime. Esta teoria do comportamento criminoso é radicalmente diferente das explicações anteriores, o que levou Becker a propor uma ideia muito influente de que a melhor maneira para dissuadir o crime é aumentar os custos em relação aos benefícios.

Robert Lucas

Robert Lucas (nascido em 1937) mostrou que as pessoas são planejadoras sofisticadas, que modificam constantemente suas estratégias em respostas às mudanças na política do governo. Se você assume que as pessoas mudam seu comportamento provavelmente somente muito lentamente em resposta às mudanças na política, você estará, provavelmente, exagerando os resultados dessas mudanças.

Em particular, a política monetária perderia a maior parte de sua eficácia se as pessoas racionalmente delineassem as mudanças na política. Suponha que o governo anuncie que dentro de três meses dobrará a oferta de dinheiro em uma tentativa de estimular o aumento das compras de bens e serviços. Se os donos das lojas mantiverem o mesmo preço, a despeito do fato de que mais dinheiro está a caminho, a economia será estimulada, porque as pessoas poderão comprar muito mais coisas com todo esse dinheiro novo. Mas se em vez disso os donos das lojas reagirem racionalmente ao anúncio do governo, eles irão aumentar seus preços em antecipação a todo aquele dinheiro novo que está chegando para ser gasto em suas lojas. Ao fazer isso, eles reduzem enormemente o montante pelo qual as vendas de bens e serviços aumentam quando as pessoas começam a gastar todo aquele dinheiro novo.

Assim, se os lojistas dobrarem seus preços em antecipação à duplicação da oferta de dinheiro, a política de mudança não resultará em qualquer aumento na quantidade de bens e serviços vendidos. Com preços duas vezes mais altos, ter duas vezes mais dinheiro permitirá que os consumidores comprem exatamente a mesma quantidade de antes.

A ideia de Lucas veio a ser conhecida como *expectativas racionais*, e trouxe consigo uma nova humildade sobre em que medida a política do governo — especialmente a política monetária — pode influenciar o mundo.

Apêndice
Glossário

Este glossário contém termos comuns de economia. As palavras em *itálico* são termos definidos separadamente aqui.

ancoragem: A tendência que as pessoas têm de ancorar (basear) o valor atribuído a um item em uma informação logicamente irrelevante que acabaram de ver.

aversão à perda: A tendência que as pessoas têm de evitar potenciais perdas relativas a seu *status quo*. Explicada pela *teoria da prospecção*.

bens públicos: Bens ou serviços que não podem ser produzidos de maneira lucrativa pelas empresas particulares, porque são impossíveis de serem oferecidos a apenas uma pessoa; se você os oferecer a uma pessoa, terá que oferecê-los a todas. Como todos os consumidores esperam que alguém pague pelos bens públicos para que possam tê-los de graça, ninguém acaba pagando.

bolha especulativa: Uma situação em que o preço de um bem está acima de seu verdadeiro valor; normalmente provocada por compras especulativas financiadas com empréstimos.

capacidade empreendedora: O recurso humano, diferente do *trabalho*, que combina outros três *fatores de produção (terra, trabalho e capital)* para produzir novos bens ou fazer inovações na produção de bens existentes. Sem a capacidade empreendedora, ficamos presos fazendo as mesmas coisas da mesma maneira, para sempre.

capital: Máquinas, fábricas e infraestrutura utilizadas para a produção de mercadorias.

capital humano: O conhecimento e habilidades que as pessoas utilizam para ajudá-las a produzir.

cartel: Um grupo de empresas que conspira e age como um único conjunto coordenado para restringir a produção e aumentar os preços.

cesta básica: Um conjunto de bens e serviços selecionados para medir a inflação. Os economistas definem a cesta básica, tal como o *Índice de Preços ao Consumidor*, e depois rastreiam quanto dinheiro é necessário para comprar essa cesta, de um período de tempo a outro.

competição monopolística: Uma situação na qual muitas empresas com produtos ligeiramente diferentes competem. Os custos de produção estão acima do que poderia ser alcançado por empresas perfeitamente competitivas, porém a sociedade se beneficia com a diferenciação dos produtos.

concorrência perfeita: Uma situação em que inúmeras pequenas empresas, produzindo mercadorias idênticas, competem umas contra as outras em um dado setor. Isto conduz as empresas à produção nos níveis socialmente mais eficientes e ao menor custo possível por unidade.

condições de encerramento a curto prazo: Uma situação em que as receitas totais de uma empresa são menores que seus *custos variáveis* e, para a empresa, é melhor encerrar suas atividades imediatamente e perder apenas seus *custos fixos*.

condições de encerramento a longo prazo: Uma situação na qual o total das receitas de uma empresa excede seus custos variáveis, mas são menores que seus custos totais. A empresa irá operar até que seus custos fixos terminem (no longo prazo).

curva de demanda: Uma linha em um gráfico que representa quanto de um bem ou serviço os compradores irão consumir em preços variados.

curva de oferta: Uma linha em um gráfico que representa quanto de um bem ou serviço os vendedores irão produzir a preços diferentes.

custo fixo: Custos que têm que ser pagos, mesmo se a empresa não estiver produzindo.

custo variável: Custos que variam de acordo com a quantidade de mercadorias produzidas.

custo marginal: Quanto os custos totais aumentam quando você produz uma unidade a mais do produto.

custos de oportunidade: O valor da segunda melhor escolha que você poderia ter feito. Avalia-se do que você abriu mão em favor de fazer a melhor escolha.

custos econômicos: O custo total, inclusive o dinheiro gasto na produção e custos de oportunidade.

deflação: Quando o nível geral de preços na economia está caindo.

demanda: A faixa total das quantidades que uma pessoa com uma determinada receita e preferências irá procurar aos mais variados preços possíveis.

demanda agregada: A demanda total de bens e serviços em uma economia.

depreciação: Uma diminuição do estoque de *capital* da economia causada por desgaste ou obsolescência (quando uma máquina ou ferramenta, apesar de estar funcionando bem, não é mais desejada por ter sido superada por novas tecnologias).

dilema do prisioneiro: Uma situação na qual um par de prisioneiros (ou empresas) tem que decidir se quer ou não cooperar. O dilema é que embora os incentivos individuais favoreçam a não cooperação, se ambos os jogadores pudessem adivinhar uma maneira para cooperar, seria melhor para os dois.

economia: O estudo de como as pessoas alocam recursos escassos entre usos alternativos.

economia comportamental: O ramo da teoria econômica que lida com tomadas de decisões irracionais e *erros sistemáticos*.

economia de mercado: Uma economia em que quase toda atividade econômica acontece em mercados com pouca ou nenhuma interferência governamental, frequentemente referido como sistema econômico "laissez faire" ("deixem fazer").

economia dirigida: Uma economia na qual toda a atividade econômica é dirigida pelo governo.

efeitos de enquadramento: Mudanças nas decisões que são causadas pela forma que as opções são apresentadas e que alteram o modo de ver os ganhos e as perdas e vice-versa. Explicado pela *teoria da prospecção*.

efeito posse ou dotação: A tendência que as pessoas têm de atribuir um valor mais alto para os itens que possuem quando comparados a itens idênticos que não possuem. Explicado pela *teoria da perspectiva* e *aversão à perda*.

eficiência alocativa: Um termo que descreve uma situação em que os recursos limitados de uma economia são alocados para a produção de bens e serviços que os consumidores desejam muito consumir.

empreendedor: Indivíduos que fornecem capacidade empreendedora para as empresas.

equilíbrio: Uma situação em que cada parte envolvida em uma interação econômica não tem motivo para mudar seu comportamento atual.

erros sistemáticos: Escolhas abaixo do ideal que são feitas repetidas vezes como se a pessoa não conseguisse aprender com os próprios erros.

escassez: O fato de que não temos recursos suficientes para satisfazer todos os nossos desejos; o fenômeno que cria a necessidade da economia.

excedente do consumidor: O benefício que os consumidores obtêm quando podem comprar algo por menos do que estão dispostos a pagar.

excedente do produtor: O ganho que os produtores recebem quando podem vender seus produtos a um preço mais alto que a quantia mínima que eles estariam dispostos a vendê-los.

expectativas racionais: A teoria de que as pessoas mudarão de modo mais eficiente seus comportamentos em resposta às mudanças políticas. Dependendo da situação, essas mudanças de comportamento podem limitar consideravelmente a eficiência das mudanças políticas.

externalidade: Um custo ou benefício que não cai diretamente sobre a(s) pessoa(s) envolvida(s) em uma atividade, mas sobre os outros. As externalidades podem ser positivas ou negativas.

falhas de mercado: Situações em que os mercados apresentam resultados que não são socialmente bons. Duas causas comuns da falha de mercado são informação assimétrica e bens públicos.

fatores de produção: Entradas (recursos) utilizadas para criar bens e serviços, inclusive terra, mão de obra, capital e empreendedorismo.

Fronteiras de Possibilidade de Produção (PPF – Production Possibilities Frontier): Um gráfico que os economistas utilizam para ajudá-los a visualizar o comércio que você faz quando realoca eficientemente os recursos da produção de uma coisa para produzir outra, algumas vezes chamado de Curva de Possibilidades de Produção.

garantia: Um bem oferecido como garantia para o pagamento de um empréstimo caso o tomador não consiga cumprir com sua obrigação no prazo.

hiperinflação: Quando as taxas de inflação excedem 20 ou 30% ao mês.

inconsistência de tempo: Tendência humana de sistematicamente não entender o que seu futuro eu gostará de fazer. Causada pela *miopia*.

Índice de Preços ao Consumidor (IPC): A FIPE, Fundação Instituto de Pesquisas Econômicas, costuma medir as alterações nos preços de bens e serviços da cesta básica de uma típica família de quatro pessoas.

inflação: Quando o nível geral de preços na economia está subindo.

informação assimétrica: Situações nas quais ou o comprador ou vendedor sabe mais que a outra parte sobre a qualidade do bem que está em negociação.

insolvência: Ser incapaz de honrar com suas obrigações financeiras porque elas excedem o valor combinado de seus ativos atuais e renda futura.

investimento: Qualquer aumento do estoque de *capital* na economia.

jogo do ditador: Um jogo de *economia comportamental* em que uma pessoa (o ditador) divide anonimamente uma quantia de dinheiro com um segundo jogador. Fornece provas da tendência humana por justiça, pois a maioria dos ditadores divide pelo menos parte do dinheiro com o outro jogador.

jogo do ultimato: Um jogo de *economia comportamental* envolvendo dois jogadores em que um propõe como dividir uma soma de dinheiro e o outro aceita ou rejeita a oferta. Se rejeitar, nenhum dos jogadores ganha. O jogo fornece provas de que a possibilidade de rejeição aumenta o comportamento justo, porque observamos que as divisões oferecidas no jogo do ultimato são mais generosas e mais equânimes do que as dos ditadores no *jogo do ditador.*

lei de demanda: O fato de que, para a maioria dos bens e serviços, o preço e quantidade demandada têm uma relação inversa.

leis antitruste: Leis que regulamentam *monopólios* e *cartéis*.

lucro econômico: Quaisquer verbas recolhidas por uma empresa acima e além do que é necessário para manter um empresário interessado em continuar no negócio.

macroeconomia: O estudo da economia como um todo, concentrando-se nos amplos aspectos da economia, como taxas de juros, *inflação* e desemprego. Também engloba o estudo do crescimento econômico e do modo como os governos utilizam as políticas monetária e fiscal para tentar moderar os danos causados pelas recessões.

mão invisível: A famosa ideia de Adam Smith de que, quando constrangidas pela concorrência, a ganância das empresas faz com que elas ajam, socialmente, de forma ótima, como se fossem guiadas por uma mão invisível para fazer a coisa certa.

mercados financeiros: Mercados em que as pessoas comercializam os direitos de propriedade para ativos (como bens imobiliários ou ações), ou quando pessoas com disponibilidade financeira (credores) emprestam dinheiro para outras pessoas sem essa disponibilidade.

microeconomia: A parte da economia que estuda as pessoas e os negócios individualmente. Com pessoas, ela estuda como elas se comportam quando se deparam com decisões sobre onde gastar seu dinheiro ou como investir suas economias. Com os negócios, ela estuda como empresas que maximizam seus lucros se comportam isoladamente e quando competem com outras no mercado.

miopia: A tendência humana de ver custos e benefícios de curto prazo com clareza e desconsiderar custos e benefícios de futuros. Leva a decisões que favoreçam as opções presentes em detrimento das futuras.

monopólio: Uma empresa que não tem concorrentes em seu setor. Ela produz pouco, com custos altos e vende sua produção pelo preço mais alto, o que não aconteceria se houvesse restrições impostas pela concorrência. Esses resultados negativos geralmente acarretam regulamentações governamentais.

monopólio natural: Um setor em que um grande produtor pode produzir a custos muito mais baixos do que muitos outros pequenos produtores. Ele vende por um preço inferior para seus rivais e termina como a única empresa sobrevivente do setor.

nível de produção socialmente eficiente: O nível de produtividade que maximiza os benefícios que a sociedade pode obter da oferta limitada de seus recursos.

oferta agregada: A oferta total de bens e serviços em uma economia.

oferta e procura (ou oferta e demanda): Um modelo econômico dos mercados que separa compradores de vendedores e depois resume o comportamento de cada grupo com uma simples linha em um gráfico. O comportamento dos compradores é captado pela *curva de demanda*, enquanto o comportamento dos vendedores é capturado pela *curva de oferta*.

Ao colocar essas duas curvas no mesmo gráfico, os economistas podem demonstrar como os compradores e vendedores interagem para determinar quanto de qualquer item em particular será vendido, bem como a que preço será vendido.

oligopólio: Um ramo de negócio com apenas poucas empresas. Se elas conspiram, formam um cartel para reduzir a produção e elevar os lucros, do mesmo modo como faz o *monopólio*.

perda de peso morto: A quantia pela qual o total excedente é reduzido quando o nível de produção é menor que o nível socialmente ideal.

política fiscal: Política do governo sobre impostos e despesas. O aumento dos gastos do governo e/ou baixar as taxas de impostos ajudam a combater as recessões.

política monetária: Utiliza as mudanças na oferta de dinheiro para alterar as taxas de juros, de modo a estimular ou acalmar a atividade econômica.

preço máximo: Uma intervenção no mercado na qual o governo assegura que o preço de um bem ou serviço permaneça abaixo do preço de livre mercado.

preço mínimo: Uma intervenção no mercado na qual o governo mantém o preço de um bem ou serviço acima do preço de livre mercado.

preço real: Quanto de um tipo de coisa (tal como horas trabalhadas) você tem para abrir mão a fim de obter um bem ou serviço, não importando o que aconteça ao preço nominal.

preços nominais: Preços em dinheiro que podem mudar ao longo do tempo devido à inflação (veja também *preço real*).

preços rígidos: Preços que são muito lentos para se adaptarem aos choques. Estes preços podem prolongar as recessões.

pleno emprego: Quando todos os trabalhadores que queiram emprego conseguem obtê-lo.

produção em pleno emprego (Y*): Quanto é produzido na economia quando há pleno emprego no mercado de trabalho.

produtivamente eficiente: Um termo que descreve as empresas que produzem bens e serviços ao menor custo possível.

produto interno bruto (PIB): O PIB mede o valor final de todos os bens e serviços produzidos na economia em um dado período de tempo, geralmente trimestre ou ano.

quantidade demandada: Quanto de bens ou serviços um consumidor demandará a um preço específico, dadas as preferências e receitas dele ou dela.

racionalidade: Comportamentos e decisões que maximizam a probabilidade de uma pessoa atingir seus objetivos.

recessão: Período em um ciclo de negócios durante o qual a produção total de uma economia cai.

recuperação: Período em um ciclo de negócios durante o qual a produção total de uma economia se expande.

retorno crescente: Uma situação em que cada quantidade adicional de um recurso utilizado no processo de produção traz, sucessivamente, maiores quantidades de produtos.

retorno decrescente: Uma situação em que cada quantidade adicional de um recurso utilizado no processo de produção traz, sucessivamente, menores quantidades de produtos.

riqueza: Qualquer coisa que tenha valor porque produz um fluxo de bens e serviços desejável ou porque poderia produzir um fluxo de bens e serviços desejáveis.

salários nominais: Salários avaliados em dinheiro.

salários reais: Salários medidos não em termos de dinheiro propriamente (como os salários nominais), mas de preferência em termos de quanta mercadoria aquele dinheiro pode comprar.

status quo: Na *teoria da prospecção*, é a situação atual contra a qual as pessoas avaliam potenciais perdas e ganhos.

taxa de inflação: Uma medida de como o nível geral de preços na economia se altera ao longo do tempo. Se a taxa de inflação for positiva, os preços estão subindo. Se a taxa de inflação for negativa, os preços estão caindo.

taxa de juros: O preço que você tem que pagar para tomar dinheiro emprestado.

taxas de juros nominais: Taxas de juros que medem o retorno de um empréstimo em termos de dinheiro emprestado e dinheiro retornado (como oposto à taxa de juros real).

taxas de juros reais: Taxas de juros que compensam inflação, medindo o retorno dos empréstimos em termos de unidade de bens emprestados e unidade de bens retornados (o oposto da taxa de justos nominais).

teoria da perspectiva: Uma teoria da *economia comportamental* de tomada de decisão que tem três características principais: (1) as pessoas avaliam os potenciais resultados em relação ao *status quo*; (2) ganhos estão sujeitos à *utilidade marginal decrescente*, enquanto as perdas estão sujeitas a *inutilidade* marginal decrescente; e (3) as pessoas sentem as perdas 2,5 vezes mais intensamente do que os ganhos.

teoria quantitativa da moeda: A teoria de que o nível geral de preços na economia é proporcional a quantidade de dinheiro circulando nela.

total excedente (ou superavit total): A soma dos excedentes (superavit) do consumo e da produção.

Tragédia dos Comuns: Se um recurso é aberto ao público para o uso, normalmente ele se torna rapidamente exaurido ou arruinado, porque o incentivo de cada pessoa é utilizá-lo antes que qualquer outra possa fazê-lo. Este problema é resolvido pelos direitos de propriedade privada, que dão aos seus proprietários um incentivo à conservação do recurso e, assim, fazer a colheita a taxas sustentáveis.

utilidade: A medida de satisfação que os economistas supõem que as pessoas utilizam para comparar todas as coisas possíveis que elas podem experimentar.

utilidade marginal: A mudança na *utilidade* total que resulta do consumo da próxima unidade de um bem ou serviço. A utilidade marginal pode ser positiva ou negativa.

utilidade marginal decrescente: Uma situação em que cada unidade, adicional ou marginal, de um bem ou serviço que você consome traz menos utilidade que a unidade anterior.

vantagem absoluta: Quando uma pessoa ou país pode produzir mais bens a partir de uma certa quantidade de recursos de insumos do que qualquer outra pessoa ou país.

vantagem comparativa: Ocorre quando uma pessoa ou país pode produzir um bem ou serviço a um custo de oportunidade menor (comparado a outros bens e serviços que precisam ser substituídos) do que outra pessoa ou país.

vantagem relativa: O argumento desenvolvido por David Ricardo de que cada país deveria se especializar na produção de bens e serviços que pudesse fornecer, aos menores custos, para os demais países. Ao assim fazer, a produção em todo o mundo seria aumentada, e o padrão de vida, elevado.

viés do status quo: A tendência das pessoas de manter o status quo em vez de fazer mudanças. Explicado pela *teoria da prospecção* e *aversão à perda*.

Índice